吴运铎全传

赵长安
著

中国工人出版社

图书在版编目（CIP）数据

吴运铎全传 / 赵长安著 . —北京：中国工人出版社，2021.12
ISBN 978-7-5008-7772-1

Ⅰ . ①吴… Ⅱ . ①赵… Ⅲ . ①吴运铎（1917-1991）- 传记
Ⅳ . ① K828.6

中国国家版本馆 CIP 数据核字（2023）第 257455 号

吴运铎全传

出 版 人	董 宽
责任编辑	宋 杨 严 春
责任校对	张 彦
责任印制	黄 丽
出版发行	中国工人出版社
地　　址	北京市东城区鼓楼外大街45号 邮编：100120
网　　址	http://www.wp-china.com
电　　话	（010）62005043（总编室）
	（010）62005039（印制管理中心）
	（010）62379038（社科文艺分社）
发行热线	（010）82029051 62383056
经　　销	各地书店
印　　刷	北京市密东印刷有限公司
开　　本	880毫米×1230毫米 1/32
印　　张	19
字　　数	425千字
版　　次	2024年3月第1版 2024年3月第1次印刷
定　　价	88.00元

目　录

第一章　苦难童年

吴运铎祖籍是湖北省武汉市蔡甸区张湾街李湾村（原汉阳县柏林乡）吴家岭。他听父亲说过：老家没有地，穷得连瓦也没有一片，只好借宋家祠堂后围墙，搭了一间芦席棚。吴运铎的祖辈是个地地道道的贫苦人家。

吴运铎的父亲吴树棠，读过几年私塾，上过学堂。因为家里穷，没有读下去，曾在汉口市硚口摆过小摊，做过苦工，生活难以维系。为躲避生活饥寒，吴树棠跟着湖北一批人背井离乡，去了中国南方最大的、半机械化采煤的现代煤矿——江西萍乡安源煤矿。他凭着私塾功底和老乡的帮助，在煤矿运输股谋了个职员，每天早出晚归，忙着上下班，为生计不遗余力地努力工作。

1930 年，由于汉冶萍公司管理不善，把安源煤矿搞得百业凋敝，民生艰难。吴树棠一家在煤矿生活不下去了，不得不逃回湖北老家。

母亲万洪邱，生于 1886 年，祖籍浙江绍兴。“她幼年上了几天私塾，识字不多，但记忆力强，几十年前的事，仍叙述如昨、出口成章。直到 94 岁病故前，做事和讲话都还条理清楚。”

万洪邱是一个温婉、贤惠、淳朴、宽厚的家庭妇女。她足不出户，成天围着锅台转，操持家务，没有闲着的工夫。她一辈子生育七个子女：大儿子吴运钧，二儿子吴运铨，三儿子吴运铎，女儿吴淑敏，老五吴运铮，老六吴运锟，最小的儿子吴运锷。吴运铎排行老三，父母都叫他“小三子”。据江西省九江发电厂原副厂长、早已退休的吴运铎弟弟吴运锷说，他父亲吴树棠给他们兄弟起的名字还有一个吉利的说道。什么说道？年代久远，他已记不得了。为此，笔者访问多人，也都未知其义。于是，笔者便给吴运铎的外甥周宪同志写信询问，看他是否听母亲吴淑敏谈过此事。周宪回函说：“我不曾听母亲说过。从他们名字字面上看，都与金属有关，如‘铨’是指衡量轻重，‘锟’是指刀剑，‘锷’是指刀剑的刃，‘铎’是指古代宣布政教法令或战事时用的大铃铛等，我个人猜想，可能是他们的父亲给他们兄弟起名时，希望他们长大后能担当大任，做一个响当当、铁骨铮铮的男子汉。”这当然是晚辈对长辈做事的推断与评说，未必符合事实，也未必无懈可击。但是，笔者以为，周宪的诠释也不无合理性，是有一定根据的，总的意思不会错。

母亲性格开朗，乐善好施。她对每一个孩子要求很严，教育他们不做有损于他人的事，为人正直；立身处世，要学有一技之长。家里虽穷，但她还不时地拿东西接济更穷的人。她还经常告诫子女要多做善事，对人要诚恳。母亲深爱着七个子女，像盼星星、盼月亮那样，天天企盼他们快快长大，光宗耀祖，挣脱贫困的锁链，一家人能过上有吃有穿、和和美美的团圆日子。

吴运铎出生在何年何月，《把一切献给党》一书里虽有记载，但笔者感到他在年龄计算上说法不一，有些出入。1983 年 11 月，恰逢吉林省北方妇女儿童出版社主办的《小学时代》杂志社记者孙开里来京向他约稿，他便荐笔者为其撰写关于他的生平简介，于是笔者致函咨询了这个疑难问题。四五天之后，他回信写道：

……来信谈及我的出生年月，已是各有各的说法。这错误是《把一切献给党》一书而引起的。我是1917年1月17日出生的。这天正是民国五年旧历十二月二十四，出生后的六天即民国六年，但公历是1917年1月17日。

旧社会计算年龄的方法总要让人多活几年，我虽出生民国五年，只差六天就是民国六年，我父亲就在我出生只有六天就算了一岁。我在写作《把一切献给党》一书中，就是用旧法计算的，六天算了我一岁。按理说要经过了360天算一岁……

吴运铎生前的报告、著作、撰文中，涉及他的年龄问题时，有的是按虚岁计算，即人一生下来就算一岁，以后逢新年就增加一岁，这样就比实际年龄多一岁或两岁。现在我们应该改正过来。这也是吴运铎生前念念不忘的心愿。

吴运铎于1917年1月17日出生在江西省萍乡县的安源煤矿。童年和少年是在安源煤矿度过的。生于斯，长于斯，这座古老的矿山，在他幼小的心灵里，留下了许多难以磨灭的印象。这个政治风云际会的敏感地域，赐予他睿智、长于言辞，锻造了他无比坚韧的品格。

穷孩子的乐趣

吴运铎小时候很调皮，胆子大，兴趣也颇多。春天的季节，每当夜幕徐徐降临，归巢的小鸟正唧唧不已，家家户户将要掌灯时，他趁父母一不留神，便悄悄地溜出去找小伙伴们去掏家雀窝。他和小伙伴练出了一手掏家雀儿本领，每次出去都能大获全胜。他们把掏来的家雀或藏在帽子里，或捂在衣兜里，有时兴致上来了拿在手里嬉戏，放飞玩。那时候，穷人家的孩子自有他们的乐趣，自有他们的一番憧憬。

夏天的夜里，他爱和小伙伴跑到安源山去逮纺织娘。秋天，他爱捉蟋蟀。蟋蟀生性好斗，若是两只碰在一起，必一决雌雄。他也时常和邻居家的小朋友斗蟋蟀。他还经常去抓莎鸡，扣蝈蝈。他的手巧着哪！自己编了一个好大的蝈蝈笼子，把抓来的蝈蝈关在里面，挂在树杈上，天天去田里采丝瓜花喂蝈蝈。有时候，他还能像小松鼠一样，连蹿带跳地爬到两三丈高的树上逮知了。做着这些玩耍本来已经够开心的了，可他还觉得不过瘾，就约几个胆大的伙伴，钻到旷野的草丛里逮长虫。“哎哟，瞧呀！一条长虫！”不知是谁冷不丁惊叫一声。他听了赶忙跑上去。看着那长蛇往前一弯一曲地爬着，嘴里不停地吐着芯子，露出随时咬人的凶相，他一点儿都不胆怯，轻手轻脚绕到它的后边，蹲下身来，抽冷子一把捏住蛇的尾尖，旋即起身，使劲抡着蛇转起圈来。伙伴们一个个目瞪口呆、面面相觑，瞧着他那得意的神情，也都喜笑颜开，拍着巴掌，跳着……

安源，是江西萍乡城东南 6 公里处的一个古老矿区。夏季，有时闷得连一丝风都没有。每年仲夏之际，吴运铎宛如一条活蹦乱跳的泥鳅，天天都要跳进八方井那清澈的水池里游泳。他游得可自在了，忽而仰游，把小脑袋半露出水面，嘴里故意吐着水，就像滋水枪喷出的水一样；忽而又恶作剧，滑稽地搂着初学游泳的人，用原始笨拙的狗刨姿势，扑通通，扑通通……那沉稳而有节奏的击水声，吸引着他的小伙伴们。随后，大家都模仿着他的动作，鱼贯而入，尽情嬉戏。

吴运铎的家住在八方井附近，前面是矿上的医院，后面山坡上是外国人的住宅，叫作木架子洋房。矿局办公楼、发电厂、炼焦处、洗煤台、总平巷、修理厂，离他家都不远。所以，他在家里一天到晚都能听到机器轰鸣，看见浑身黢黑的矿工在门前来来往往，有时候还会看到抬着死伤的工人经过，家属跟在后面凄惨地哭喊着。这些场景，使他从小就对机器产生了浓厚的兴趣，对工人的苦难境遇很是同情。他总想进矿井看一看，妈妈却多次嘱咐他说："煤窑里小孩子可不能进去，进去就出不来了。"他听了半信半疑。有时，趁大人不在，他偶尔也到井口看工人推车把煤运到煤场。车里的煤卸了，他就钻空煤车，不怕脏，不怕灰。他常去离家不远的煤矿机器房玩，天天去那儿看机器，也去修理上厂和下厂玩耍，去火车房的修理车间转悠。若是有几天不去，心里就想得慌，好像丢了魂似的；若是走一趟，他脑子里就觉得充实多了，生活平添几分乐趣，仿佛长大了许多。有时，他一去修理厂看机器，可以半晌伫立在机器旁纹丝不动。看着工人师傅紧张地操作，听着机器的轰鸣，什么事都置于脑后了。他就像进入一种梦境，觉得每一台机器都很神秘，如同一尊尊神秘的大佛。它们像人一样是有生命的，有喜怒哀乐，要不然，它们为啥能够无休止地响个不停？它们从哪儿来的那么大的劲呢……这些问题，在他稚幼的心灵里成了不解之谜。

吴运铎的这些兴趣爱好，母亲从不去干涉，只是教他要老实做人，多做善事。父亲却是反对，阻拦他。在他们兄弟中，挨打挨训就成了他的专利。吴运铎每每谈起这件事，总是含着笑，非但不抱怨父亲对他的严厉管教，反倒感激父亲对他的常常敲打。父亲的体罚、打骂，只能使他皮肉受点苦，既不能改变他的观念心态，也不能抹去他童年萌生在头脑里的色彩斑斓的梦，更不能扭转他对生活的钟爱和对那个世道的蔑视。

在日常生活中，吴运铎对不明白的事，总爱追根问底。有一次，他父亲从外地买回一只鸭子，拴在自家院里的棚架底下。他看那鸭子长着白净的羽毛，挺逗人爱的，就想帮它解开绳子，玩一玩。可是，又听哥哥在一旁神秘兮兮地说："鸭子会凫水，能在水上跑来跑去。"他感到很惊讶，长这么大，真没见过这么有本事的鸭子。当真有那么神的鸭子吗？若是真的，那鸭子不就成了活神仙吗？他不大相信哥哥的话。怎么来证明那鸭子会凫水？他想了想，就趁家人不注意的时候，蹑手蹑脚地跑到棚架下给鸭子松了绑，然后抱起鸭子一溜小跑，钻过喷水池的木栏，把它扔进煤窑井前的喷水池里，以此验证哥哥说的话是真是假。池水是发电厂排出的热水，水流涌过粗大的铁管，喷到半空，又倒泻下来，发出低沉的隆隆响声，鸭子在水池里吓得直叫，乱蹿乱跳。这事凑巧让他父亲知道了，回家他被狠狠地打了一顿。

还有一次，那是一个炎热的夏天，他躲在家门前的树荫下玩耍，母亲看他饿了，就叫他："小三子，吃一块蒸熟的白薯吧！"他接过白薯，剥了皮，扔到地上，便大口地吃起来。这当儿，他意外地发现，白薯皮上爬了几十只蚂蚁，而且那些蚂蚁推着白薯皮向前移动。薯皮太重，半天也动不了多远。这时，他看见有的蚂蚁爬走了。为什么爬走？他垂下头仔细观察，心想，这些蚂蚁搬不动白薯皮，能善罢甘休吗？准是回去搬"援兵"了。于是，他顺着蚂蚁爬走的方向，寻觅着。果不其然，那些蚂蚁爬进了一个大蚂蚁窝里。他又想，这些蚂蚁回去干什么？是"汇报"吗？听听它们都"说"些什么。若能懂得它们说的话多有趣？于是乎，他便双膝跪地，两手撑着地面，耳朵贴近蚂蚁窝，聚精会神地听它们"说"些什么……不知听了多长时间，父亲从外面回来，看他跪在地上，猜他又在淘气，就悄悄地走过去，照着他屁股踢了两脚，厉声问他干什么？他回头一看，悚然一愣，父亲那严峻的面孔，使他不寒而栗，吓得起身就往外跑，顾不得向父亲说什么……

儿时的吴运铎经常去工厂的各车间玩耍，时间长了，和一些工人叔叔、伯伯混得挺熟。他常把脑子里装的问题，一个一个地提出来，请叔叔、伯伯给解答。叔叔、伯伯们都觉得他机灵好玩，除解答他提出的一些稀奇古怪的问题外，还常送给他喜欢玩的铁家什。他把这一件件小家什带回家，保存起来。日子久了，他家里的小木箱变成了“聚宝箱”，家里像是一个“玩具工厂”。这个“工厂”的工具有余，而原材料不足，怎么办？他思谋着能不能到东山“玻房”（外国人住的招待所）的垃圾箱里去“采购”一些材料？不出所料，那些垃圾箱里五花八门，什么东西都有。他从那里捡到一些罐头盒、铁丝、铁片、铁钉……

一天，吴运铎看见一个小伙伴吹的口哨很好玩，就好说歹说借回来，让妈妈照样子给做一个。妈妈说不会做，让他自己动手做。他说，小伙伴的口哨是大人给做的，哀求妈妈给他做。妈妈细看看那个口哨，还是做不成，要他晚上跟爸爸好好说说，让爸爸帮忙。吴运铎知道那是压根儿不可能的事。他怅然不快地到屋里去了。但他没有放弃做口哨的念头，独自翻来覆去看这个口哨。不知是看出了门道，还是突发灵感，他谁也不靠，自己动手做起来！“大人能做成，小孩怎么就做不成？”他问自己。

他把捡回来的罐头盒子，用妈妈的大剪刀铰开，开始做……一个多小时过去了，口哨做成了，他别提有多高兴啦。他拿着口哨送给妈妈看，说："这是我的发明创造！"妈妈笑着说："你这孩子真淘气，没有闲着的时候！"他端详着手里的小口哨，心里有说不出来的高兴，便拿着口哨跑出家门，使劲地吹起来。嚯，尖厉的哨声，清脆悦耳。他暗自琢磨：这回可震了，小伙伴们准会羡慕他，夸奖他。谁料，祸从天降，竟惹来很大的麻烦。矿山八方井围墙外的矿警听到他吹的口哨声，以为是出了什么事，报警求援，并气喘吁吁地循声跑来。等矿警们跑到吴运铎跟前一看，火冒三丈，骂道："小崽子，你找死呀！"便连推带搡把他拉到矿井东分区警局，拘在一间小屋里。他懵懵懂懂，弄不清是咋回事。

几个小时以后，他肚子里叽里咕噜地叫，就跟矿警吵着要吃饭。这时，一个年龄大一点的警长走过来，问他犯了什么罪，他抱怨地说："我在家门口吹口哨玩，不一会儿，矿警都向我跑来，说我成心捣乱，扰乱治安，把我弄到这里。我犯了哪一条规矩？"这个警长听后摇摇头，觉得好笑，又把他浑身打量一番，大概看他还是个孩子，训了几句，冲他说："滚回家，吃饭去吧！"就把他放了。此后，吴运铎就记下了矿警欠他的这笔冤枉债。

在火车厂当工人的毛师傅，是吴运铎父亲的朋友。吴运铎知道毛师傅在火车厂干活，就一个劲儿央求他，带自己去火车厂里看一看。毛师傅答应了，但叮咛他去了不要乱摸乱动。

一天，毛师傅带吴运铎去车间里，让他开了眼。吴运铎高兴得要命，东看看，西瞧瞧，感到什么都是新鲜的，禁不住惊叹道："这里真热闹，干起活来多痛快呀！"

毛师傅开始干活了，让吴运铎注意安全，他也乖乖地答应了。吴运铎一点也不惧怕车间里各种机器发出极不谐调的交响曲，仿佛他就是这个车间的学徒工。吴运铎驻足在毛师傅的机床前，看毛师傅把用钝了的旋刀从刀架上卸下来，往高速飞转的砂轮上一触，立刻迸发出一束束绚丽多彩的火花。眨眼间，钝了的旋刀，磨砺出锋利的刀刃。吴运铎把毛师傅磨刀的架势、动作暗自记在脑子里。觉得这砂轮是个宝，好玩，奇妙无比。它怎么会溅出这么多火花，真想试一试。此时，他脑子里倏地跳出一个想法：几天前，他在家做小木枪把菜刀砍卷了刃，妈妈为这事常在切菜时抱怨他不听话。他想把卷刃的刀拿来用砂轮打一打，修好它，妈妈会多高兴啊！次日，吴运铎不作声响，把家里的菜刀插到裤带里，带进了车间。

车间里的叔叔、伯伯都忙着干自己的活去了，谁也没有工夫去逗吴运铎玩。他趁人不注意的时候，在一台闲置的砂轮旁停下来，小心地按一下电钮，砂轮转动起来，他迅速地掏出菜刀向砂轮上碰，只见倏然一闪，当的一声，菜刀脱手而出，砍进地面，险些没砍在脚面上，吓得他手足无措。毛师傅闻声大步走过来，从地上捡起菜刀，看到吴运铎涨红了脸，困窘地站在那里，一句话也说不出来，显然他已经知道做错了事。毛师傅无奈，只好安慰他说："你快长大吧，到火车厂来当学徒。我教你磨刀，还教你开机器……"

像这样的事，还发生过几起。有一年夏天的早晨，吴运铎想去安源的老街玩一玩，就在他走到矿井南局门前时，看见几个人围着井口在那儿比画着什么。他急忙跑上前去瞧，原来那些人正在看一位老伯巧妙而又娴熟地用木桶从深井里提水。有的说，提水还真有学问，你要不懂窍门，就提不上水。懂行的人，手里的绳子一抖动，木桶就沉进水里，然后轻轻一提，满满一桶水就提上来了。吴运铎觉得怪好玩的，也想亲手试试。

他回到家里，找来一个罐头盒，又找来一个细木棍卡在盒口，两端钉上小钉子；木棍中间拴一根长绳，形似家里用的挑水桶。他拿着这个小水桶跑到医院的水池旁，趴在池边的栏杆上，把小水桶投入池中。不知这水桶犯了什么病，硬是灌不进水。他急了。人家的水桶咋不这样，是不是用力不对？犹豫少顷，他把桶绳往回一提，然后纵身向前一使劲，身体失去了重心，扑通一声，他便一头栽进水池里。水花翻腾着，他呛了几口水，幸亏挑水工人陶大伯把他拖了上来……

几十年以后，有人一谈起小孩子的模仿力这个问题时，吴运铎总是笑得合不拢嘴，毫不掩饰地说："我从小就爱模仿，看人家做什么新奇玩意儿，就动心，就想去做，不做心里痒痒，白天晚上兀自沉思着，确实出了不少洋相，闹出很多笑话……"

私塾里的"坏"小子

吴运铎的父亲看孩子太贪玩，常常厉声训斥他，偶尔打他。相反，吴运铎的母亲有一颗菩萨心，老是想方设法呵护他，怕他受皮肉之苦。因此，父母常为他的事发生口角。后来，父母统一了思想，决定让他去私塾读书。就这事吴运铎说过："有一天，爸爸买回一个崭新的书包，一本《三字经》课本，还有纸墨笔砚。父亲对我说，你在家也折腾够了，明天送你到后山胡老先生家去读书。"

私塾的胡老先生，家住在八方井后山，离吴运铎家还有很长一段路。吴运铎每天都背着书包按时去上课。父母看他早出晚归，以为他已经入门，走上了正道，真为他高兴。

谁知好景不长，像吴运铎这样一个聪明好动、兴趣颇多的孩子，怎么会天天跟着胡老先生摇头晃脑地念叨："人之初，性本善。性相近，习相远。苟不教，性乃迁……”它是什么意思？胡老先生也不解释。吴运铎渐渐地产生了厌倦情绪，觉得这是一种煎熬，继而便怨恨胡老先生，恨起编写《三字经》的人。为了把学过的东西弄明白，他想不能这样混了！一天上课时，吴运铎便问胡老先生：“先生，什么是人之初，性本善。性相近，习相……”话还没说完，胡老先生就怒目而视，大声呵斥道：“不许问，下去读！”

对这种读书方法，吴运铎觉得太枯燥乏味了，一点也没有兴趣。此后，他便采取消极的态度，找个省劲儿的小窍门，背书时不跟先生摇晃脑袋，不发出声音。未料到，他的“机灵”被胡老先生识破了。

胡老先生毕竟比稚嫩弱小的吴运铎高一招，他佯装无事的样子，不动声色。次日，课堂上，胡老先生若无其事，仍一边读，一边在屋里走动。当先生走到吴运铎跟前时，便抽冷子从袖筒里抽出戒尺朝他打去。戒尺打在吴运铎的后脑勺上，落在地下，先生气冲冲地向他嚷道：“把戒尺捡起来！”吴运铎捡起戒尺，送给先生。胡老先生惩治学生还真有两手，他趁吴运铎送戒尺的手未收回的一刹那，又狠狠地打了他一板。这次挨打，更坚定了吴运铎逃学的决心。

打那以后，吴运铎每天照常挎着书包去上学。走出家门口，他一路小跑，见前后没有人的时候，就把书包挂在长着浓密茂盛树叶的树杈上隐藏起来，尔后，自个儿跑到煤矿各处去看火车厂、上下修理厂、电车厂、压缩空气厂、发电厂……俗话说：“若要人不知，除非己莫为”，世上哪有不透风的墙。他逃学的事还是露馅了。

家里不放过他，父母仍逼他去读私塾。母亲拜托好邻居，也是湖北老乡张大妈再帮忙给送到胡老先生那里去，并向先生赔了礼、道了歉。胡老先生表面上客客气气、彬彬有礼，不住地点头。谁知张大妈走后，尖刻、古板的胡老先生却变了脸，声色俱厉地问吴运铎："你这些天都上哪去啦？"吴运铎实话实说："看机器去了！"胡老先生举起戒尺就要打。吴运铎看胡老先生把戒尺举起来，憋足劲往下落的刹那，动作敏捷地把身子往右侧一闪就跑了，戒尺打在桌上，胡老先生的手被震疼了，哎哟一声。胡老先生火了，便在屋里追着喊着打吴运铎。他没有打着吴运铎，却揪住了吴运铎的右耳朵，怒不可遏地叫着："我看你还敢不敢逃学？"先生拧着吴运铎的耳朵不放。不一会儿，吴运铎的右耳朵就变得又红又肿。

傍晚，吴运铎回家吃饭的时候，父亲看他的耳朵又红又肿，就问他："小三子，你的耳朵怎么啦？"母亲不平地说："逃学，先生给拧的。"父亲听了没说啥。第二天早饭后，父亲没有去上班，领着吴运铎去私塾找胡老先生。父亲指着吴运铎的耳朵对胡老先生说："老先生，我这孩子逃学是应该管教的，但不能拧耳朵呀！请先生往后拧孩子耳朵时，两只耳朵一起拧，别只拧一个，瞧，搞得一只耳朵大，一只耳朵小，有多不好看！"大概是吴运铎父亲的话刺激了胡老先生，先生发怒了，跳了起来，气呼呼地嚷道："你这孩子我教不了，往后别再来了！你带回去吧！"吴运铎还听胡老先生咕噜道："朽木不可雕也！"

短短两个月私塾生活，吴运铎生出这么多的事。他没有按部就班像别的孩子那样乖巧听话，照本读书。他不循规蹈矩，偏要问"人之初，性本善……"是啥意思；偏要躲闪先生的戒尺；偏要实话实说，在家"看机器去了"……他的"不耻下问"，他的诚实、直率，是正确还是错误？胡老先生的迂腐教学法有无问题，是否真正做到“师者，传道授业解惑？”笔者以为，其核心仍是胡老先生的思想观念有问题，缺少孔老夫子的“有教无类”思想。试问，假若吴运铎是有钱有势的富家子弟，胡老先生是否敢因五六岁孩子做的“区区小事”，如此胆大妄为，当着同学的面羞辱、动手打他呢？

孩子的童心，孩子的天真，孩子的真诚，孩子的求知，乃至孩子的新思维，作为教师应该“为人师表”，处理问题要理性、宽容、理解、引导、鼓励……

吴运铎在家待了半学期，每天都没有安静过，仍是天天去矿山的各个工厂玩。妈妈犯愁了，担心他惹出什么乱子，就对他说：“你这样下去，咋办？”“妈，不要紧，我长大要当工人，造机器，开机器！”吴运铎十分自信地安慰妈妈说。

上学去

6岁那年春天，吴运铎入了教会办的萍矿小学一年级。校长是美国人。学校里，每天早上第一节课是师生排队到教堂作祈祷，嘴里默念着：“我们在天上的父，愿人都尊你的名为圣……救我们脱离凶恶，因为国度权柄荣耀全是你的，直到永远——阿门。”成天念这些东西却并不晓得是什么意思，吴运铎和许多同学都不愿受这个洋罪，就索性把教堂后面围墙的单砖掏一个洞，一到早祷，几个人就从洞口钻出去玩。祈祷完毕，上课铃声响了，他们再从洞口爬进来。日子久了，不知是谁走漏了风声，被学校的训育主任杨胡子知道了。一天早祷，吴运铎和几个同学像往常一样，刚爬进洞口，就被已经等候在那的杨胡子主任堵住了。杨胡子把藏在袖筒里的竹板亮出来，狠狠地打了他们每人五板，并警告他们不准再干这种违纪勾当。第二天，他们又想出新招数来回敬杨胡子主任。

吴运铎看不上学校搞的那一套洋玩意儿。比如，祈祷完了，发给同学一些画片。画片上都是些耶稣上帝、圣母和天使的图像……

吴运铎更看不上杨胡子主任两只眼长到脑门上，盛气凌人、骄横跋扈的样子，他总想离开这个学校，去一个自由自在的地方。他忘不了安源煤矿的里街作坊，打铁的，做鞭炮的，做豆腐的，每天上学都要在作坊前看一会儿，弄得天天上学迟到。他曾在一份回忆材料中写道："我从小爱机器，甚至逃学去各工厂车间看机器，去看工人师傅们怎样制造和使用机器。"他还念念不忘工厂，想念毛师傅和工人伯伯、叔叔。1985 年，吴运铎给青少年讲自己读书生活时说："小时候，也曾有过许多美妙的设想。我好奇，喜欢那些嗡嗡作响、力大无比而又异常灵巧的机器，想立刻当一个工人。但父母却一定要我去读'四书''五经'，于是我便逃学，为此不知挨了多少打。"正因为他心心念念地想着机器，懒怠读书，加之常跟大同学一起去参加救国的活动，耽误了功课，期末考试的成绩很不好，成绩单上注明"留级"二字。他的父母伤心极了。父亲恨他不争气，说："怪不得私塾胡老先生说你是朽木不可雕也。"母亲为此事也懊恼不已，自言自语地说："当初，我要多识些字，还可帮一帮小三子，不会落到留级这个地步！"吴运铎听了母亲自责的话，心里比针扎还疼，从心底深处觉得对不起父母！他的自尊心受到了强烈的伤害，平生第一次感到自己太丢人了，暗自流下懊悔的眼泪。这件事大大激发了他的上进心，他心里想，不能低头，一定要学出个名堂，洗刷这一奇耻大辱。不能再让父母为我第二次伤心，也让胡老先生看我这块料是朽木，还是硬木；是废料，还是有用之才！这年假期里，他给自己制定了严格的学习时间表，每天足不出户，同学们来找他玩，他一概婉言推辞。

到了第二学期，吴运铎开始发奋读书，不再去里街的作坊逗留，按时到校，注意听老师讲课，学习成绩直线上升。老师表扬了他，他对自己说，不能好了伤疤忘了疼，仍旧刻苦学习。等到学期大考结束，他的成绩一跃而夺得了班里甲等第一名。从一个留级生，变成全班品学兼优的好学生。

后来，吴运铎转到安源俱乐部办的第三子弟学校读书。学校在盛公祠的下边，一座小院内，里面有四间教室，共四个年级。全校有 100 多名学生，多是八方井、西绞等东区工人的子女。吴运铎回忆说："学校的设施也很简陋。那时俱乐部的经费非常紧张，我记得两个同学共用一张没有抽屉的破桌子。坐的凳子，是打进地里的两根木桩顶上钉一片横板。""读书虽是免费的，但矿上资本家经常拖欠工饷，工人的生活非常困难，许多同学都穿着补丁打补丁的布扣对襟衣，还有穿草鞋的。我们的课本是俱乐部印的。好像是用木版手工印刷，字很大。课程有国语、算术、珠算和唱歌、体操。国语的内容是反映安源矿工生活痛苦之类的事，又识字又进行阶级教育。"

吴运铎就是在这样一个学校断断续续地读了几年书，尽管环境动荡不安，师资力量也不如正规的小学水平高，但是他很开心，加上爱动脑子想问题，勤奋好学，所以成绩一直在班里名列前茅。

人到老年了，总爱追忆年轻时经历的事，特别是儿时印象最深的事。吴运铎在同笔者交谈时，曾不由自主地说过："我小的时候，很调皮，贪玩，不用心学习。留级后，打击太大了。

我看那样下去不成了，就拼命学习。结果，在班上考甲等第一名。”从小学二年级到五年级，他一直在班里考前五名以内。父母亲每次看他的成绩单都夸他有志气。跌倒了，能够自己爬起来，长大了不会错。父亲也自言自语地说：“人，都是会变的。小孩子变好也快。胡老先生的话不是天经地义的。”

是的，小孩子在学校里读书的成绩好与坏，并不能百分之百证明他们一生是否有出息，是否能够成才。中外许多有成就者，为数不少的人在孩提时代不用功，学习成绩很差，但后来却成名成家了。从科学技术史上看，火箭的发明家冯·布劳恩，学生时代“尽贪玩，为此还挨了父亲一个大嘴巴子”。由于数学和物理成绩很不好，他留了级，不得不去补课。后来他进了大学，致力于火箭的研究工作，1932 年被选进新成立的“宇航协会”理事会时，年仅 20 岁。1934 年获得博士学位。因此，对孩子的教育不要短视，不要用静止的观点看问题，无端地、过早地给孩子下结论。幼年是好孩子，成年也未必是出类拔萃者。孩子是不断变化的，而且变数很大……

吴运铎从小便对安源煤矿的洋人恣意欺负中国人，横行霸道，深恶痛绝。凡是有洋人的地方、洋人的住地、洋人的学校，他都不屑一顾。小小的吴运铎有一身不可多得的傲骨。

1922 年 9 月，安源路矿[①]工人罢工获得了胜利。工人在安源路矿工人俱乐部的领导下，反帝反封建的怒火燃遍十里矿山。年复一年，愈烧愈烈。

有一件事，他回忆起来仍历历在目：一天，他父亲下班回家，带回来一本刚发行的杂志《小说月报》。他翻开一看，有

---

① 安源路矿是江西萍乡的安源煤矿和由湖南株洲到萍乡安源的株萍铁路的合称。该企业是德国、日本资本控制的汉冶萍公司的一部分，共有工人 1.7 万人。

一页画了一个匍匐在地上的穷苦人，脊背上压着一块千斤重的石头，石头上写了四个字："勿忘国耻"。当时，他还不明白这幅画的确切含义，只是为那个被石头压得喘不过气的人鸣不平。又过了些天，他哥哥放学回家，提的灯笼上面也写着："勿忘国耻"。他问这四个字是啥意思，哥哥说："今天是5月9日'国耻纪念日'，晚上在矿山广场开大会，还要举行提灯游行活动。"

当晚，吴运铎跟着哥哥去参加了提灯游行活动。他的灯笼上方方正正写着"勿忘国耻"四个醒目的大字。游行的队伍很长，他跟着队伍愤怒地高呼着："打倒日本帝国主义!""打倒卖国贼!""坚决反对二十一条卖国条约!"……这一天，一直持续到深夜他才回家。从此，《小说月报》上那幅"勿忘国耻"的漫画，好像飞进了他的心扉，又像镶嵌在他的脑海里，永志不忘。

安源群众的斗争声势引起了帝国主义和国民党反动派的惊慌和仇视。他们妄图扑灭这一斗争火种。但是，革命的烈火是永远扑不灭的。安源的大人、孩子对洋人恨得咬牙切齿。在安源的洋人，什么美国佬、德国工程师、日本经理呀，根本不把中国人当人看，他们骄横无忌，肆意欺凌中国人。吴运铎虽说年龄还小，心里却像明镜似的，知道烧日货的行为是对的，知道洋校长不是好人，所以大家才满腔怒火，高呼"抵制日货""赶走洋校长"等口号。

有一件事，他记得很清楚。一天放学回家，他走到电厂的铁栅栏外，用艳羡和好奇的眼光专注着工人伯伯、叔叔紧张地工作。忽然，他看见不远处走过来一个身材魁梧的德国人——电厂总工程师，拿着手杖，朝正在干活的工人们走去。德国工程师向蹲在地上干活的工人叽里呱啦地说什么。那位工人听不懂他的话，莫名其妙地瞧着他。这个洋人看那位工人两眼直盯着他不说话，急了，连忙用手比画，那个工人还是听不懂。洋人气急败坏地举起手杖，朝那个工人打了一棍子，气呼呼地走了。

这一场景，吴运铎看在眼里，民族自尊感骤然生起。他憎恶这个洋人。心想，我岂能不明不白地看他欺负中国人，非要治一治这个家伙不可。真是无巧不成书。一天早晨，这个洋人正好从他家门口经过，吴运铎仔细观察他走路的模样，发觉洋人向前迈步时，腿不打弯，像一根木棒。他心里琢磨，洋人是不是腿不会打弯，跑路不快……于是乎，想来个恶作剧，试验一下这个洋人是咋样跑的，跑得快不快。

有一次，这个洋人提着手杖，趾高气扬，顺着山坡的石阶小路去发电厂。当洋人拾阶而下的时候，吴运铎在坡上捡起一个小砖块向洋人掷去，真巧，打中了洋人的脊背。洋人猛回头一看，是一个七八岁的小孩，便大步冲上斜坡，向他凶狠地扑去。没料到，洋人跑得那样快，30 米、20 米，还有 10 米了……眼看就要被洋人追上，吴运铎急中生智，向旁边一拐，钻进矿医院的木栅栏里。高大的洋人瞅着栏杆过不去，急得像一头野牛吼叫着，比画着，骂吴运铎。吴运铎隔着栅栏得意地向洋人做着鬼脸，故意气气他。洋人无可奈何，悻悻而去。

几天之后，吴运铎在家对过的澄水池里游泳，那个洋人认出了他，便又记起那一石之仇，想趁机报复，就弯腰捡起一个石子向吴运铎打去。吴运铎早有提防，一个猛子扎进水底，游到池边对面的树丛下隐蔽起来。当洋人再弯腰去捡石子，向吴运铎掷去时，只见一泓碧水，晶莹如露，清澈见底，却不见吴运铎的踪影了。洋人做贼心虚，以为吴运铎被石子击中了，吓得扭头就跑。吴运铎敢于同这个洋人斗智斗勇，他凭借天时、地利和会游泳的条件，治得洋人无可奈何。洋人自以为了不起，狂妄自傲，气焰嚣张，可谓庞然大物。末了，气壮如牛的洋人，却变得胆小如鼠。

安源矿分四个区，办了四个职工子弟学校。吴运铎在东区职工子弟学校读四年级时参加了儿童团，担任东区分团的宣传员，还是个小号手。每天下午三点钟下课，他就和女同学朱运贞等人跑到街上搞宣传。先到街旁小店借一个凳子，然后跳到凳子上，举起小铜号吹起来。这算是开场白。接着，儿童团员们唱起儿童团歌："走上前去啊，曙光在前，同志们奋斗……"随后，朱运贞开始演讲，号召矿工团结起来，打倒列强，打倒帝国主义，打倒军阀，打倒封建势力；反对订立不平等条约，反对帝国主义瓜分中国，反对封建迷信，反对妇女缠足；奉劝矿工不要抽大烟，不要赌钱……演讲完了，吴运铎领着大家喊口号，唱歌。歌词是："打倒列强，打倒列强，除军阀，除军阀，国民革命成功，国民革命成功，齐欢唱，齐欢唱。"有时也唱《赤潮歌》《工农歌》。他认认真真做宣传工作，受到老师的称赞。

工人俱乐部还经常演出文明戏。男扮女装，只说不唱。一次，在俱乐部前的广场上，搭个大戏台演出，临时缺一个小演员，不知是谁喊吴运铎的名字，让他去扮个卖油条的苦孩子。他也不谦虚，叫上就上，叫演就演。演出中，他把这个角色演得惟妙惟肖，逗得大家前仰后合，一个劲儿地为他鼓掌。

吴运铎在小学念书时，有三门功课学得比较好，图画、英语是全校第一名，再就是作文。有一次，他写了一篇题目为

《猫》的作文，语文老师给他判100分，还奖励了他。他的图画成绩尤为突出，在全校小有名气！教图画课的肖老师对他特别注意。一天下午，肖老师碰见了吴运铎，就说："运铎，放学后，你先不忙回家，到我那儿去画画吧！"吴运铎不假思索地点了点头。肖老师一笑，便走了。蓦地，吴运铎想起放学后同学们还让他踢足球哪！足球中锋不出场，这场球怎么踢？可他不能失信于老师，不去学画呀！在片刻的两种思想冲撞中，吴运铎毅然作出"师命难违"的抉择，去肖老师那儿学画……

半年以后，由于安源矿的资本家不发给矿工工资，工人生活困难，吴运铎和许许多多矿工的孩子一样被迫走出学校。好心的老师和同学都鼓励他去江西景德镇瓷窑画碗画碟，当个画匠师傅，谋个职业，养家糊口。可是，在那个世道，有哪一个贪得无厌的资本家会救他这样一个可怜的穷小子呢？他没有接受别人的劝告。当然，那时他还怀有一个从未向别人讲过的梦想，就是长大了也能像教图画的肖老师一样，当个堂堂正正的美术教员。然而，在那有权有势的人把持的黑暗社会里，他仅有这小小的梦都太奢望了，犹如水中捞月。这以后，他便与画画无缘了。

没承想，几十年后，画画却与他结了缘。20世纪50年代，他住在美术学院附中写书时，参观学生的国画作品；60年代，即兴挥笔作过"苍松"和"螃蟹图"；70—80年代作"青松"和"竹"画，刊登在报纸上……

吴运铎的书法作品虽不能与当今书法大家相比，但也是拿得出去的。他在住院时，只要病情允许，就借活动手脚练习书法，而且一练就是几十张纸。笔者问过他："你身体不好，还有心情练字吗？"他笑笑说："一天24小时，老是躺在床上，谁能躺得住，无病的人，也会躺出病；有病的人，病情会更重。我有时起来活动活动，练练字，病痛会减轻一点儿。换换脑子，这也是一种变相的休息方式。”吴运铎晚年书法日臻成熟，全国各地读者向他求字的信，可谓多矣！不可否认，也有人是去求名的……

勇敢的儿童团团员

在吴运铎身上，从小就有天不怕、地不怕那股子劲。你对他硬气，他比你更硬。谁也不敢碰的东西，谁也不敢着边的事，他敢去挑战，敢去碰一碰。更可贵的是，他有正义感，为别人想得多，为自己想得少。这样说，是不是美化了他，或者说笔者有点世俗气，似乎英雄人物从娘胎里带来的，生来就是英雄的坯子。笔者从未以个人好恶信笔由之，而一向以事实为圭臬。吴运铎在童年、少年就是一个平平常常的孩子，甚至可以说是个顽童。这是他与别的孩子的共性。但他确实也是个极有个性的孩子。

良好的个性，得到保护和发展，就会形成优秀的品质。一天中午，吴运铎去矿区水闸门外玩耍，刚走到闸门口，只见伙伴小杨一不小心跌进水里。小杨在水中慌了神，用手拼命搏击着、挣扎着，却无济于事，眼看就要被水冲进涵洞。吴运铎急了，说时迟，那时快，纵身跳进急流。当他从水里探出头来喊小杨时，只见小杨两个小脚丫露在水面。他一把抓住小杨的双脚，奋力地往后拽。这时，水流得似乎更凶猛，几乎要吞噬小杨的生命。他使出全身的力气搏斗，顶住了急流，才使小杨化险为夷。小杨得救了，两条腿像筛糠一样打哆嗦，他帮小杨拧去衣服上的水，把他送回家。

1927年夏，萍乡的地主武装勾结起来，进攻安源。他们大造谣言："共产党共产共妻……"并扬言："安源是萍乡人的矿，定要夺回安源！"他们还挑动农民，不让运粮食和蔬菜进安源，封锁安源。安源的党组织为反击这股猖狂地主武装势力的侵犯，给以致命一击，便动员组织了矿工们参加保卫安源的斗争。修理厂成了兵工厂，日夜赶制梭镖、大刀、鸟铳等。矿工们加紧在安源四周修筑战壕和碉堡。安源山沸腾了！安源人愤怒地高呼："誓死保卫安源山！"

安源已是全民皆兵。拿不到武器的矿工担任侦察、通信联络工作；妇女在后方做饭、补衣、做鞋，送到前方，还帮助搞运输。稍大一点儿的孩子都成了母亲得力的助手，跟着大人一起去送饭、送水、送慰问品。有一次，吴运铎和邻居小赵一道去张公祠西山给矿工们送茶水。他一到矿工构筑的战壕里，吃了一惊，大开眼界。那里有各种各样的武器，步枪、长龙（土炮）、大刀、梭镖，还有使敌人闻风丧胆的"洋藠古"（在酒瓶里装上石子、碎铁片、炸药和雷管）。平时是看不到这么多、这么全的武器的。他看得着迷了，不想走，想在战壕里多待一会儿，多见识见识，心里盼着战斗打响，亲眼看看安源矿工英勇杀敌的场面。

去山上送衣、送水的人陆续都走了，激战前的紧张气氛笼罩着矿工的心头，大家都在忙碌着各自的事。唯有吴运铎和小赵在那不慌不忙，这里走一走，那里看一看，表现相当沉稳、老练。吴运铎与笔者讲述这段事情时，莞尔一笑，说："当时真是没有害怕的感觉，像是没有什么战斗要发生。要是战斗打响了，我俩下不了山，还可以借机赖着不走，目睹什么叫生与死的战斗！"吴运铎在那儿"视察"好长时间，矿工们不放心，一再催促他和小赵赶快下山，他俩才无奈地走出战壕。这次安源工人打了大胜仗，还缴获了好多武器。

不久，白色恐怖来到了安源，国民党反动派的大标语贴满了大街小巷。他们大骂共产党，搜捕共产党员，恫吓矿工，不准参加革命，要群众检举和共产党有关系的人。吴运铎与他的穷伙伴路过贴大标语的地方，一见没有人，就敏捷地上前把标语撕下来。这样，街上的标语有的被撕掉了题目，有的被拦腰斩断，有的被撕去一角……

驻守安源的国民党军队发现标语被人撕了，便倾巢出动，又贴出来一批新的标语。他们欲用这些标语作诱饵，暗中窥测，逮捕进步群众。矿工们猜透了他们的阴谋诡计，便从长计议，不去理睬那些标语。吴运铎和他的小伙伴听从大人的话，等待时机，有朝一日和他们算总账。

矿工们从来没有停止斗争。隔了一阵子，吴运铎家对过的澄水池开始清洗了。工人把池底沉积多年的污泥、煤渣掏出来，推到山脚的贮存池里。吴运铎和小伙伴们高兴极了。因为用这些烂泥煤渣可以更有效地涂抹掉反动标语。

他们想出的绝招是，小伙伴相互追逐玩掷泥游戏。吴运铎事先作了布置：他站在贴有反动标语的墙边，让小赵、小石头一大帮人向他掷烂泥。当小赵、小石头把一团一团烂泥向他掷去时，他迅速地左躲右闪，结果一团团的烂泥粘在墙上，标语被弄得辨不清字迹。有时，还让一两个小朋友往贴有标语的地方跑，他们追在后面掷烂泥。跑到无人的地方，就往标语上摔烂泥。这个办法很有效。国民党军队看见标语被烂泥盖住了，知道这不是大人干的，是小孩子干的。也猜到这是大人指使孩子有意干的。但上哪儿去找大人，上哪儿去找孩子，上哪儿去找证据？

安源的反动势力、矿主为监视进步群众的活动，镇压和逮捕涂抹标语的“破坏者”，打着维护矿上治安的幌子，在矿区建立了五个警察局，增设不少警棚，准备随时枪杀共产党员，逮捕进步群众和爱国人士，吞噬掉整个安源。安源矿工机敏地想出一条扰乱军心、捉弄矿警的妙计：在一个细雨霏霏的深夜，伸手不见五指。突然，一个警棚附近的柳树丛中传来了悲惨凄厉的哭叫声，诉说自己死得冤枉，是警察屈打致死成了阴间的鬼，指名道姓令矿警偿命。矿警若是再下毒手，就要报复其全家……警棚里的矿警听了这惨不忍闻的声音，吓得毛骨悚然、魂不附体，生怕丧命，立马逃回警察局……

次日，吴运铎与他的伙伴们竭力宣扬这件特大的奇闻，说什么，警棚里晚上闹鬼了。那厉鬼披头散发，穿着长衫，拉着警察给偿命，还要到警察家里去大闹一番……他们一传十，十传百，越传越神，越传越没谱。闹得安源满城风雨，警察不敢去那个警棚值夜班了。别的警棚里的夜班警察每天提心吊胆、疑神疑鬼，连自己的命都保不住了，哪还敢轻举妄动，监视矿工的行动。敌人镇压群众的狂暴气焰，很快就无声无息了！

安源社会动荡不安，波及工人子弟学校，时而开学，时而被查封。但是，安源的儿童团（1922 年 4 月成立时叫童子军）的各项活动仍然在进行。他们在安源路矿工人俱乐部（1922 年 5 月 1 日成立，李立三同志当选为俱乐部主任）领导下，成为最早的一支生力军，影响较大。特别是在非常时期，起到了特殊的作用。比如，把风、放哨、送信、散发传单、募捐活动、慰问和传递文件消息等。1926 年吴运铎参加了儿童团。“有一天，我的同学仇世昌拿着一把小铜号来找我，要我参加儿童团。

我在萍矿小学时学会了吹号，又喜欢它，就同意了。那时发展儿童团员都是公开的，只要愿意参加都可以。儿童团里还有朱运贞、小石头、小赵、小丁等，我们经常到俱乐部去听大人们讲时事、作报告……”吴运铎在《把一切献给党》中写道：“矿上有个儿童团的组织，我也是一个儿童团团员，并且是东区分团的宣传员。每天下了课，我们都跑到安源大街上去宣传。讲的就是我们在工人俱乐部里听来的道理，和在儿童团开会决定要讲的事情。我们从矿工的生活说起，说到天下大势，号召大家团结起来，打倒帝国主义，打倒军阀，打倒封建势力。也常常劝人不要抽大烟，不要赌钱。”

安源的儿童团团员，到 1927 年发展了三百五十多人，他们在中国革命活动中作出了重大贡献，同时为我军我党培养了一大批杰出人物。1955 年被授予少将军衔的王耀南、吴烈、幸园林以及中国人民解放军兵工事业的开拓者、被誉为“中国的保尔”的吴运铎。

安源的儿童团团员，像一粒粒革命火种撒遍了祖国大江南北，工作战斗在各条战线……

上“剪刀山”去

12 岁那年，吴运铎和一起捡煤渣的小伙伴们说：“我真想去‘剪刀山’当个小号兵，我会吹号。”有个伙伴说：“人家要你？看你长得像个瘦猴子。”有个伙伴问：“你不捡煤渣，你家里吃什么？”吴运铎说：“你就指望捡煤渣过一辈子吗？真没出息！‘剪刀山’上人人平等，不受压迫，人人有工做、有饭吃，将来革命成功，还用得着捡煤渣？”一次，笔者与吴运铎闲谈中，顺便就上述的事请教过他。他稍加回忆颇有兴趣地说：

“有一天，天刚放亮，我和几个小伙伴在东窑上捡炭，看见有二十多个工人离开安源向南边的山里走去。还有一次，我看见约三五十个人，有的拿着梭镖，有的背着背包、拿着雨伞，有的扛着枪。其中有一个工人是修理工厂的，我认识他，问他到哪里去，他说上‘剪刀山’去。听说，他们去‘剪刀山’，是去当红军的。

“那时，我们常听说有个‘剪刀山’，山上有许多红军，是为穷人打天下的。当时，传说很多，把‘剪刀山’说得神乎其神，说这个山像一把剪刀，敌人一进去就出不来，会被剪死的。所以，在我的心目中，红军和‘剪刀山’是神奇的，盼望有一天自己也能上‘剪刀山’去当红军。

“过去好多年，我参加了新四军，听了井冈山斗争的故事，才明白过来，我们小时候把井冈山误听成‘剪刀山’了。

“有一年，我们盼望已久的红军终于来到了安源。听说红军来了，我和一些小伙伴都跑到俱乐部的操场去看，看到很多人在大操场开会。有红军，也有工人。操场上搭了个讲台，有一位穿红军军装的人斜背着雨伞，站在讲台上讲话。事后，听大人们说，这位讲话的人就是毛泽东。”

安源工人的脊梁像钢铁铸成的。1921 年秋，毛泽东第一次到安源考察，播下了革命火种。之后，刘少奇、李立三等办起第一所工人补习夜校。1922 年 2 月，建立了中共安源支部，5 月，成立安源路矿工人俱乐部，矿工们更加坚定了革命信念。从 1922 年 9 月，安源路矿工人大罢工取得胜利到新中国诞生，安源为年轻的共和国奉献了 7000 多人的生命，谱写了一曲辉煌而又悲壮的赞歌。

第二章　安源记忆

安源，就其字义解释，并非是多灾多难的代名词。它应该是“平平安安，财源滚滚”。安源这个古老矿区，是20世纪初中国10大厂矿之一。然而，在矿区住久了的矿工都知道，那里是帝国主义、封建势力最猖狂的地方。有两处最悲惨的场所：一个是沿着东平巷电车修理厂向南走不远，路旁有一个高大的停尸房，每天不停地运去矿工们的尸体。资本家给死者一个小薄木板箱子就算打发了。他们对待一条人命还不如一条狗。另一个悲惨的场所是萍乡医院。因公负伤的，到医院去做手术，活着出来的少，绝大部分是不治身亡。医院里的大夫，是切胳膊、锯腿的“行家”。在他们的刀子下，有多少缺腿少手的矿工变为乞丐，遍布矿山的各个角落。饥寒逼人卖儿鬻女，妻子被迫出走异地……

为啥矿工明知安源煤矿是一个狼群虎豹出没、吃人不吐骨头的魔窟，还偏要去矿里做工，当牛做马？这一切都是生活所迫，为的是保住一家老小的性命，即便受尽屈辱，在当时也是求之不得的。

相比之下，在安源东山，只需仰眺山顶，掩映绿荫深处的深宅大院里，洋人和权贵们拥妻抱妾，灯红酒绿，在幽暗迷蒙的小舞池里扭动着腰身。色欲和钞票主宰着灵魂，时而响起女人做作的放荡笑声……就是这一伙人，残酷地吸尽了矿工的血汗，过着纸醉金迷、醉生梦死的日子……

揭穿信鬼求神真相

旧中国的十里矿山，是个“朱门酒肉臭，路有冻死骨”的罪恶渊薮。漫天乌云压得矿工们喘不过气，饥饿的平民百姓像是在人生漫漫黑夜走进一条干涸已久的河床，祈盼上帝赐予一口水，否则立刻就会渴死，又仿佛落入烟雾缭绕、重峦叠嶂的荒山，兀立在悬崖峭壁上，再向前迈一步，就要面临死亡的坟墓。

尽管安源人民历尽艰辛，生活仍然困苦。但是，一切反动派和封建势力绝不会放下屠刀，立地成佛，拯救安源人民。他们挖空心思蒙骗穷苦百姓，用软刀子——信鬼求神蛊惑人心，坑害、屠杀无辜。安源的资本家为了在恶劣的生产条件下维持生产，赚取更多的利润，早已窥探出一条邪道，那就是依靠宗教迷信、世俗愚见来麻醉工人。这是他们安身立命、剥削矿工的唯一出路。大多数没有接触过先进思想和文化教育的矿工，置身封建势力的包围中，信鬼求神，对灾害、疾病无法抵御，只有在魔幻的迷信里寻求精神依托。那时，矿山里的寺庙多如牛毛，五花八门的菩萨数不清。张公祠东山头有个天主教堂，方家凹有个圣公会，牛背山后有个慈云寺，筲箕街口有个城隍庙……十里矿山到处可见到土地庙。教士、修女、和尚、道士等，大肆鼓吹什么有灾有难，求神保佑；福祸甘苦，命里注定。最受顶拜的神是张天师，他的大庙离安源有几十里路，日夜弥漫着香火，烧香求福的人络绎不绝。每年秋天，还有许多人去拜南岳。当人们上山进庙时，走三步跪下叩头，连跪带叩，从山下到进庙，以示虔诚。

在安源山，矿工住的地方，家家户户门口都贴着同样的红纸对联：“晨昏三叩首，早晚一炷香。”门框上钉个铁叉，叉上有三个细铁管。每天早晨起来第一件事就是叩完三个头，点着一炷香，插在细铁管里。如此每日顶礼膜拜，以求神的保佑。

求神的内容和方法是形形色色的。筲箕街口的城隍庙香火旺盛。庙里挂满骗人的木牌，牌上写着什么“有求必应”，“心诚必灵，确保平安”……其实，心诚也不灵。这些木牌子不过是欺人的麻醉剂、迷魂汤。什么求神拜佛，统统是剥削穷人的谲诈手段。

有个求神治病的所谓“灵丹妙方”，就是盛一碗清冷水放在神龛前的案子上拜神。做完对神的祈祷后，道士帮你拿一张黄表纸点着火，让纸灰落在水碗里，病人把碗里的水和灰一齐喝到肚子里，名曰：神水。

最后一个求神治病的妖术叫“喊魂”。这是穷苦人家最常用的求神治病法。有一年春天，吴运铎和小石头一起去东山采竹笋。小石头的表妹——冬妹子，央求小石头带她去。于是，他们三个人就一起去了。

在归来的路上，当他们路过东山外国人住的洋楼时，不料，从楼里蹿出一只大黄狗，边狂吠，边冲过来。冬妹子年龄小，见那条狗的凶煞相，吓得丢下竹笋就跑。这条狗像它的主人，专欺弱者，趁势扑向冬妹子，照着她小腿咬了一口。冬妹子疼得哭了。吴运铎和小石头搀扶着她回了家。

冬妹子妈为女儿治伤到处求方找药。听说香灰可以治狗咬的伤口，她找来香灰给冬妹子敷在伤处。没想到冬妹子的伤病未祛除，反而发起高烧。冬妹子妈又听人说，冬妹子的魂被狗吓跑了，要把魂叫回来。冬妹子妈又为冬妹子“叫魂”。她顺着冬妹子经常走过的地方，喊着："冬妹子回来！冬妹子回来！"冬妹子仍是连日高烧不退，昏迷不醒。吴运铎回忆说："冬妹子的病到底怎样治好的我不知道，然而，冬妹子最后由于贫困被卖到妓院悲惨地死去，却是我终生难忘的。"

"喊魂"是一种封建迷信活动，多少穷人遭此厄运。为了彻底破除迷信，横扫妖风迷雾，吴运铎和儿童团团员走街串户，四处宣传，用冬妹子之死这个沉痛的教训，揭穿"喊魂"、挂"木牌"、喝"神水"的真相。这些都是旧社会统治阶级愚弄人民、麻醉人民的"鸦片烟"。

深山"挑脚"

1925年9月16日，汉冶萍公司大买办盛宣怀的少爷盛恩颐到了安源。他是汉冶萍煤矿公司的总经理。生活糜烂，挥金如土，仇视工人，崇洋媚外，无恶不作。

1925年9月18日这天，是安源路矿工人大罢工胜利三周年纪念日。那天，在安源工人俱乐部领袖黄静源等同志的领导下，安源一万多名工人举行了隆重的庆祝大会。会后，举行了游行示威。工人的正义行动，使盛恩颐极度恐慌和仇视。于是，在9月20日深夜，他听从日本主子的指令，与湖南军阀赵恒惕、赣西镇守使李鸿程勾结，派了一个旅的兵力包围了安源工人俱乐部、消费合作社、工人补习夜校等，开始了反革命的大搜捕。安源工人俱乐部领袖黄静源被捆绑起来，牺牲在俱乐部前面广场上。黄静源在临终前高呼："要杀就杀，我是共产党员……""中国共产党万岁！""全世界无产阶级联合起来！"

次年，北伐军从广东打下湖南和江西以后，安源煤矿总工会诞生了。安源煤矿工人成立了武装纠察队，参加了革命战争。

1927 年 4 月，蒋介石卑鄙残忍地发动了反革命政变。蒋介石的走狗许克祥派兵进攻安源，又烧又杀，口出狂言："巴巴头（发髻，指没有剪头发的妇女）万万岁；漂鸡婆（受革命影响，剪了短发的妇女。中国妇女剪头发，是北伐以来的事情）用枪毙。"他们对一切新鲜、进步的事情都看不惯。他们疯狂地封闭了工人俱乐部，大肆屠杀工人和革命者。安源矿工武装领袖杨士杰，株萍铁路工会主任朱少连都被捕了。朱少连在就义前，勉励同志们说："不要怕，革命不流血是不会成功的。"杨士杰铁骨铮铮地高呼："蒋介石，你瞧吧！将来一定有人来收拾你！"对于这段难忘的岁月，吴运铎回忆说："我那时年龄还小，但已经记事了，虽然不完全懂得这些死难英雄所做的事情的意义，但是，这些事情给我的印象非常深刻，一生都不能忘。"他还说："我觉得世界上有一种人是最伟大最美好的，是顶天立地的。那就是黄静源、杨士杰、朱少连这样的共产党员。他们为了天下穷人能够活命，不惜献出了个人的宝贵生命！做人，就是要做这样的人。"

国民党反动派占领萍乡之后，安源煤矿停办了。吴运铎读书的学校贴上了封条，从此便失学在家。吴运铎的父亲失业了，家里的生活陷入绝境。父亲平时攒下几个钱，全存在萍矿银行里。过去，同事和朋友曾劝他在湖北老家买点儿田，置几间房屋，给晚年留个落脚处。父亲说不要田地，也不买房，用钱供孩子上学念书，学些本事……父亲的愿望完全破灭了。矿山半停产，银行倒闭了，父亲一辈子挣来的血汗钱白白扔掉了。吴运铎兄妹几个只能张口等饭吃，这对父亲吴树棠是个相当沉重的负担。于是，吴树棠就向有钱人去借少许的债，寻思矿上恢复生产就马上把债还上。因为借了债，家里开头还有稀的喝，时间长了，连稀的也难喝上。这时，只有开始当东西，卖家具，换回吃的，父亲的书没有人要。这些书为吴运铎读书创造了条件。每天回来，他还可以读一读书，从中找点乐趣。

时间长了，矿上开工无望，要米钱，要油钱的债主成天找上门来，坐着不走。吴树棠看着来人逼债，一家人挨饿，不住地叹气。吴运铎的母亲低声下气地应付那些催命的债主。吴运铎的大哥吴运钧被送进萍矿医院学医、干活，学校里管吃，白干活，不给钱。二哥吴运铨饿急了，生怕父母心酸流泪，有时空着肚子跑到大街上，挤在人堆里听大鼓书。吴运铎看见家里穷得这个样子，心想，我不能眼看一家人饿死，要出去干活，把全家人从死亡线上拉回来。

1929 年，吴运铎 12 岁时，家里再也揭不开锅了！为了活命，他去给萍乡矿区私人开采小煤窑的老板“挑脚”。“挑脚”是从贾家冲一个小矿挑到三号桥，赚脚力钱。第一次去“挑脚”，半夜就得动身。家里没有灯笼，他不得不去电机房，找些用过的油棉纱，在机器上擦了点儿油，绑在木棍上，用来点燃照路。

母亲知道他去“挑脚”，很不忍心，可又不愿让孩子挨饿，瘦得皮包骨。这天她悄悄地爬起来，送他到门口。母亲身体不好，此刻鼻子一酸就哭了。吴运铎深深地感受到了人世间最伟大的母爱。

在那个冰冷的世界上，谁能比母亲更爱怜自己呢？他去约了从小在一起玩的好朋友小赵，匆匆忙忙地出发了。他们爬过几座山，穿过几处树林，赶到挑煤的地方，连个人影都没有。小煤窑办事的地方，没有灯火，里边的人还在睡觉。吴运铎见窑上开票记账用的两张桌子闲在那，便躺上去休息一会儿，谁知迷迷糊糊睡过去了，直到桌子被人抽走，将他跌在地上才醒过来。浑身一阵阵疼痛的他，找谁说理呢？只能把这口气咽在肚子里。

那天挑煤时，吴运铎想多挑几斤煤，多挣几个钱。开头，他挑着煤还跟得上人家，走出一二里地就渐渐落后了。扁担压在肩上疼痛难忍时，他就把担子从左肩换到右肩，走了不远，又从右肩移到左肩，等左右肩都吃不住劲了，只好放下担子，坐下歇一歇。又走了还不到10里路，他的肩上疼痛钻心，停下来，脱掉上衣一看，肩头肿了，肉皮磨破了。为了生活，为了挣钱，他还是鼓起勇气挑煤往前走。又走几里路，腿也软了，一不留神，却被石头绊了脚，一个跟头栽倒在半山腰，胳膊和腿擦破了几处，煤也撒了一地。挑煤的人都走远了，离交煤的车站还有五六里路，就是挑到地方，收煤站也关门了。他只好硬挺着身子，忍着伤痛，挑着两个空筐蹒跚而归。

一进家门，他一头倒在床上。母亲轻声问他：“小三子，你怎么啦？”他简单地说，煤炭没挑到站，都扔在半山腰了。母亲的眼泪扑簌簌地落在胸前的衣襟上。她用袖头边擦泪，边给他打来了洗脚水。吴运铎怕母亲看见碰破的伤口又要难过，不肯下地，便对母亲说：“妈，不要紧，明天我还要去挑。”妈妈问他：“你吃过饭了吗？”“我不饿！”他骗妈妈说。

第二天清早，吴运铎喝了一碗菜粥，又跟别人去挑煤。扁担一压上红肿的肩头，他头上直冒冷汗，他想应该趁力气还没使尽的时候，多赶几步路，免得磨到天黑又误事。这一次，他把这担煤一直挑到了车站……

从这天起，他挑着箩筐，从早到晚，日复一日，一直干着与他小小的年龄极不相称的重体力活。他平常身穿一件破棉袄，拦腰拴一根草绳，赤脚穿着草鞋，脚上是一道道血口子。

山路不好走，身子不住乱颤，像这样一天累得半死，也难挑满一担煤。每天只能挣五六个铜板，买十几斤地瓜。这就是全家七口人生活的全部口粮呀！为此，尽管他有多少沮丧，内心有多少苦涩，还得咬紧牙关，坚持干下去。

夜捡炭渣

谚语说："天无绝人之路。"就在吴运铎"挑脚"遭受煤老板李胡子刁难，一家人温饱也成问题的时候，有一天，他意外地碰见了穷朋友、小学的同窗。老同学告诉他去八方井锅炉房捡煤炭渣划算，一担炭渣可卖十多个铜板。有的人一夜能捡五六担，于是，他就打定主意去试试。

头一天去，他把簸箕往身后一挂，趁矿警不注意钻进了锅炉房。烧锅炉的工人，要在晚上9点以后才把炭渣从锅炉里掏出来。他看时间还早，就跑到锅炉后面的烟道旁，枕着底朝上的簸箕睡着了。突然，沉重的竹鞭抽在身上，接着屁股上又挨了一脚，原来是查夜的矿警来了。

他忙去拾簸箕，矿警举起鞭子又抽过来，他闪开了，拔腿就跑。矿警在后面紧追。他穿过横在铁轨上的煤车，弯腰拾起一个煤块，朝矿警打去。矿警挨了一下，更加紧追不舍。他绕着煤堆转了两转，跑出了锅炉房……

回到家里，家人都睡了，唯有母亲不辞辛劳，还在昏暗的灯光下补衣服。母亲见吴运铎脸都冻青了，打心里心疼他。吴运铎说他还要出去，母亲不让他去，他不由分说，从门后拿起一个簸箕，转身又向锅炉房跑去。

工人们正在清炉，通红的炭渣从炉里拉出来，用水一喷，蒸汽、炉灰混成一团雾，呛得张不开口。捡炭渣的穷孩子哪管这些，只顾围着渣子堆，寻找没烧尽的炭渣。

吴运铎捡满了一簸箕，就背着矿警，把炭运到外面堆起来。就这样，他忙了一个通宵，直到天亮，把炭挑到街上去卖，换回点儿钱。如此他从冬捡到春，从春捡到夏，每天干着这份偷偷摸摸的活。手指上烧的泡结成了又厚又硬的茧子；脚底下的硬皮长得很厚，赤脚走在煤堆里，也不怕疼了。后来，他二哥也来干这个活，当他的帮手。他俩每天挣的卖炭钱有 20 多个铜板，可以勉强维持一家人半饱的生活。

在苦难中煎熬，在苦难中成长的吴运铎，“苦难”二字成了他一生的“资本”。日后，一碰到困难，遇到危险的时刻，他能很自然地想起少年这段苦难的痛史。因为受的苦多了，后来心里就容易承受来自生活、工作等各种不同的困难、挫折和打击，终至成为一个坚强的男人。

父亲仍旧失业在家，焦躁不安，成天发愁。吴运铎天天背着簸箕到锅炉房捡炭渣。秋天，新谷上市，听说后山红薯便宜，他卖完炭，挑着箩筐去后山买红薯。那时，家里吃不起白米，红薯就成了他家的上等饭食……

外祖母过世

在吴运铎的记忆中，姥姥对他的疼爱，绝非是过眼云烟，随时可以忘掉的。姥姥从小管他、爱怜他。他无时无刻不在思念她，铭记和珍重姥姥这份深情。在他的脑海里，贮存着姥姥在他儿时讲的一个又一个动人的逸闻趣事。姥姥早已落户到舅舅家里去了，她身体怎么样，头发是否都白了，生活过得怎么样……

一天，吴运铎独自去安源新街卖完最后一担炭渣，挑着空筐回家。当他走过灯红酒绿的翠华楼饭店门前，忽然从不远处传来凄惨的求救声：“老爷，太太，行行好吧，救救俺这老婆子的命吧……”他听了这哀怜声感到非常耳熟，便提着箩筐，循声而去，看见翠华楼西侧一条污水沟旁，跪着一位蓬头垢面、衣衫褴褛、双目失明的老太太。再走近一瞧，老太太满脸刻着深深的皱纹，干瘪着嘴，瘦骨嶙峋。啊呀！他的心一沉，涌出了热泪，这不是我的姥姥吗？三年前，姥姥离开了他家，住在这条臭水巷尽头的舅舅家里，现在怎么变成……

此情此景，他急得不知如何是好，情不自禁地蹲在路旁，含泪看着姥姥，看是不是有好心的人施舍她些什么。然而，那些出入翠华楼的大腹便便的达官贵人，脑满肠肥的嫖客，肥头大耳的富商、大亨，腰肢纤细柔韧、臀部滚圆肥硕的女人，全都掩鼻而过，不屑一顾。

吴运铎再也忍不住了，便走到姥姥身边，颤抖着手，悄悄在她乞讨的破筐里投入两枚铜板，然后，抽泣着，头也不回地跑向舅舅工作的水泵井。

舅舅是开水泵的司机。在明亮的灯光下，正巡视着水泵的运转。吴运铎大声地喊舅舅。机器的轰鸣吞没了他的声音。蓦地，他想起了舅舅家生计窘迫，即使知道这事，又有什么解脱的办法？况且，舅舅还患有精神分裂症。他何尝不怕舅舅旧病复发，于是不得不噙着眼泪回家。

他本想告诉妈妈，但他看见妈妈满脸愁容，面色憔悴；兄弟姊妹饥肠辘辘，只好将濒于死亡的姥姥乞讨的事压在心底。

从这天起，他每天清晨卖完炭渣，便直奔新街翠华楼旁的臭水巷口给乞讨的姥姥丢下两枚铜板，借此宽慰自己，赎回他不安的灵魂……

吴运铎忘不了姥姥。她右腿瘸了，不能站起来走路，只靠两手端着一只木凳，先向前移动木凳，左腿再向前挪动一步。据说姥姥年轻的时候，有一天在家里做针线活，突然楼下失火，烈火封了楼门，她纵身跳楼摔伤而致残。伤残之后，虽干不了活，但尚能自理。吴运铎就是在姥姥呵护下长大的。她不识字，也不过问家门以外的事。她会讲许多故事。要么讲“孟母择邻”“岳母刺字”的故事，要么讲天宫里的玉皇大帝和王母娘娘的故事，要么讲地狱里十殿阎罗和判官小鬼的故事……听着那些神奇的、跌宕起伏的故事情节，他将信将疑。姥姥讲完一小段故事后，时有评论和总结性的箴言警句，什么“善有善报，恶有恶报”，“任官唯贤才”，“男儿当投死为国，以义灭身”，“朱颜尽变，丹心难灭”，“民生在勤，勤则不匮”。还说：“举头三尺有神灵。”她像无数的穷苦人一样，有爱国爱家爱生活的一面，也残存中国封建社会之糟粕，将自己的命运寄托在神灵保佑上。但神总是不作脸。因为天下本无神，岂能显灵验？

有一年，春雨连绵，淅淅沥沥下了半个月还不停。吴运铎望着门外的毛毛细雨直抱怨老天，姥姥要他甭急，说她能求天帝下令停雨。于是，她用纸剪成九个纸人，让母亲把纸人脚板朝天钉在院墙上，纸人淋成了落汤鸡。她点燃三炷香，插在过道栏杆的裂缝里，跪在地上磕头祷告，祈求天帝停雨。尽管她虔诚祈求上苍，可是，绵绵细雨仍白天黑夜下个没完。姥姥完全是受了封建迷信宣传的欺骗。可悲的是，直到临终她对天地鬼神仍笃信不疑。

大约又过了很长一段时间，在一个阴暗潮湿的早晨，吴运铎像平时一样卖完炭渣，匆匆跑向翠华楼旁臭水巷口给可怜的姥姥送铜板去。未料，不幸的事发生了，姥姥在饥饿与苦难的煎熬中，忧愤成疾，栽进了臭水沟里，孑然一身，撒手人寰，落下了她人生的帷幕。吴运铎痛苦得撕心裂肺，泪如泉涌。他仰天长啸，发问苍天：老天爷呀，你为什么如此不公平？像我姥姥这样忠厚仁慈的好人，你咋能不开恩典，让紫气东来，降下五彩祥云，赐予她在这个世界上多活几年，尽享人间天伦之乐！

问天，天不应；问地，地不灵。天地，没有给吴运铎回答。红尘间万物迥异，芸芸众生，千姿百态。不能靠天，不能靠地，一切全靠自己主宰。当时吴运铎还是个天真烂漫的孩子，人间炎凉知之甚少，无力诠释人世间光怪陆离的现状……

第三章　煤矿生活

吴运铎 12 岁那年，家境困窘，他仍然靠捡炭渣卖钱维持家里的生活。母亲到地里挖野菜，采撷小竹笋，晒干菜等来度日。后来，矿上从各方面加强“防守”，下令不在矿里干活的人，进矿捡炭渣视为违纪犯法，逮住严惩。这条活路被堵死了，吴运铎家的生活无法继续维持下去了。

做学徒工

1930 年，阴霾笼罩在多灾多难的祖国上空，中国老百姓处于水深火热之中。吴运铎的家是这些穷苦百姓中的一个缩影。矿山彻底没有指望了。父亲带着一家人逃回湖北汉阳县蔡甸老家。

吴运铎的父亲流落外地二十多年，家乡依然贫困如故。亲戚朋友见到他那穷酸的样子回归故里，谁也不敢沾边，饥寒仍旧无情地威胁着他们全家。父亲无奈，又带着家人逃难到大冶县。

汉冶萍公司下设大冶铁厂，还有四个煤矿。吴运铎父亲的同乡、曾在安源煤矿工作过的老同事高寿庭在大冶县黄石港富源煤矿做事，父亲就到黄石投奔他。那时吴运铎的父亲年纪大了，矿上不要他，只收下了吴运铎和二哥吴运铨。吴运铨进了黄石富源煤矿机器修理车间，吴运铎分在电机车间当学徒。

工头带吴运铎到陈师傅面前拜了师傅，又把师兄叫来，要师兄交代给他具体干什么事。师兄道：“早晨上班以前要烧开水，泡茶，扫地，打洗脸水……”

这年春季，偏偏井底发大水。直井里的水泵日夜不停地把水从深井里抽出井外。一次，最大的一部水泵的电动机出了故障。师傅们忙换上下井的衣服，收拾工具和材料。吴运铎把装工具的小铁桶往肩上一挂，随着师傅们进了升降机，降落到离地面几十丈深的井下。师傅们站在水里抢修，他蹲在旁边，拿着手电灯替师傅照亮。

突然，吴运铎浑身剧烈地抖动起来。原来是手电灯的电线皮磨破了，漏电抓住了他。陈师傅急忙冲向配电盘，一把扯开了电门，吴运铎的两脚一滑，从水泵底座倒栽下去，摔在运煤的铁轨上。大家赶紧把他抬起来，放在木板上，帮他脱去连泥带水的湿衣服。吴运铎半晌才缓过气来，忍着疼痛，一直忙到半夜，修好了水泵，才随师傅们回家。

吴运铎没有因为摔伤而休息。第二天，一大早他赶在汽笛没响以前就到了班上。车间还没有人，他提着茶壶在伙房里烧水。烧水的工夫，他坐在炉旁就睡着了。

汽笛响了，他在蒙眬中惊醒。铁水壶烧脱了焊，只剩下几块通红的铁片。他慌忙又找来一把铁壶，重新守在炉旁，烧开了水，冲好了茶，又提着瓷壶匆匆下坡去给工头冲茶。因为头一天受伤熬夜，浑身又酸又疼，他一不小心，踩着了一块石头，两脚一滑，一个倒栽葱跌在地上。瓷壶被摔成几块，开水四下飞溅，他的手背烫起了许多水泡。他心想，祸是闯下来了……

工头正堵在门口大声嚷嚷：“什么时候了，还不给我沏茶？”吴运铎伸出烫伤的手给工头看。

“烫死你活该，我管得着吗？给我拿茶来！”工头瞪着眼喝令他。工头对他没有同情，心肝叫狗吃了吗？顿时，激怒了吴运铎。他气冲冲地和工头嚷道：“茶壶，我摔了，你瞧着办吧！”工头瞪着眼，喊道：“好小子，你还敢造反哪！”工头一撸袖子，就想打他。幸好陈师傅碰见了，忙上来拉走吴运铎，并劝慰他：“吃点亏算了，跟他闹气没有好处呀！”

果不其然，以后大大小小的工头都挖空心思地整吴运铎。粗活、苦活、累活、危险活，都派他去干。不干，就要失业，没有饭吃；要干，就得忍气吞声，吃苦受累，甚至把命搭上。一次，工头硬要吴运铎去清洗煤气过滤器，他刚钻进去，就被煤气熏倒，不省人事。等人发现，把他拖出来，只见他嘴角直冒白沫，奄奄一息，再迟误一会儿，就没命了。还有一次，小泵房的蒸汽管道破裂了，蒸汽喷出来，整个煤井和泵房像一个高温蒸笼。资本家为了赚钱，不肯停机修理，工头硬逼着吴运铎下去检修。按理说，吴运铎是个电工，蒸汽管道坏了与他毫不相干。但是，蛮不讲理的工头和机电工程师要报复他，非让他下井修理不可，不去就要开除他。吴运铎本想和他们讲讲理，让大伙评评谁是谁非。可是，又一想，即便是我有理，又能怎么样，就可以不下井修理吗？那是不可能的，他们还会再出难题，想法子害我。况且，我不下去，别的师兄弟就要下去，他们也要吃苦受罪，他们都拖家带口啊！他还想到，我不下去修，他们开除我，一家人的生活怎么办？妈妈和妹妹整天给人家洗衣服不辛苦吗？她们不是也受人家的气吗？为了活下去，全家人都在豁出命地给人家干活。我不下去就失去了这份工作，将给全家生活带来更大的困难。于是，在被逼无奈的情况下，他只好脱光衣服，冒着灼人的高温，钻进泵房抢修管道……

吴运铎浑身就像装在笼屉里一样，闷热难耐，眨眼之间，汗流如雨，皮肤蒸成了紫色，头昏眼花。他咬紧牙关，含着愤怒的眼泪，抓紧抢修，直到把蒸汽管道修好才爬出来。狼心狗肺的资本家看他活着出来了，狠狠地骂了一句："你没死到里头！"

那时候，当学徒的，没日没夜地爬煤井、钻煤窑，像老牛老马一样干活，一天只挣一角钱的工资，连喝稀粥都不够。不仅如此，还要常挨打挨骂，受欺辱。吴运铎对煤矿里的资本家、工头一伙人狼狈为奸，榨取工人的血汗，毒打工人，有着切身的体验。资本家、工头一撅屁股，他就知道拉的是什么粪蛋。他不止一次地对笔者说："对矿里这些'白领人'，我的态度是惹不了他们，离远一点，万一惹上了他们，也不用怕。你越怕，他们越找碴儿，收拾你。你知道，我这个人脾气不好，他们骂一句，我就会骂他们两句，他们打我，我也动手打他们，不会让他们占便宜。""我这个倔脾气，把各车间的工头都得罪了。工头们对我动辄吹胡子、瞪眼睛。我不服，他们说我的头难剃，纷纷来陷害我。他们把最险和最苦的活给我干。电线上正通着电流，就要我去接电线。矿上有些高压线，电流很大，我去接线，一下子被电流打得摔了老远，'死'了半天，才慢慢地'活'过来。当时，我的遭遇比别人惨，成了全矿学徒工中受苦最深最多的一个。那年头，上哪儿去说理，工头们想坑害你，不费吹灰之力。就连与工头沾亲带故的人你都得罪不起，你惹了，轻则挨打受骂，重则开除回家。"吴运铎这番话，是从亲历的许多事中总结出来的，是血与泪的控诉！

一次，吴运铎把煤矿一个工头的弟弟得罪了，几乎被置于死地。事情是这样的：

在矿里锅炉房烧开水的一个青年人，平日里就狗仗人势，欺侮工人，辱骂工人，谁都得让他三分，不敢惹他。因为他哥哥是个心狠手黑的工头，谁都怕被“炒”了。一天，吴运铎去洗澡，这人看吴运铎是个新来到这里的小徒工，便想找碴儿，教训教训吴运铎。因此对吴运铎说话总带个“妈”字，还立眉横眼地骂吴运铎：“你这小子别太狂了，给爷放老实点！”“想在这儿干，就得他妈的乖一点！”吴运铎哪里咽得下这口气，就厉声警告他：“你小子别太牛气，老子可不吃那一套，你别认错了人！”两个人你一句，我一句顶撞起来，嗓门也越来越高。突然，那个青年跳上来，气势汹汹地打了吴运铎一拳。吴运铎忍无可忍，冲上去，一连狠狠地回敬他几拳。那青年知道自己不是吴运铎的对手，不敢再打了。过了片刻，便像犯了精神病一样，操起煤铲一边骂，一边喊，向锅炉上的水管、水表、开关砸去，打坏了锅炉房里的一些设备，然后，栽赃陷害，跑出去找他哥哥告状，说是吴运铎打坏的。他哥哥找吴运铎问罪，扬言要开除他。这还不算完，他哥哥又去找矿长汇报了假情况，从中添油加醋。矿长听了很气恼，把吴运铎叫去，不分青红皂白地训斥一顿，并以恐吓加威胁的手段，逼吴运铎承认错误。吴运铎把事情的前前后后照实陈述了一遍，矿长觉得这不完全是吴运铎的责任……

旧社会官官相护。有几个当官的讲道理、不欺压工人？这件事本来吴运铎是有理的，其结果他还是输了，矿里贴出告示：“……扣吴运铎一个月的工资。”吴运铎非常气愤，深深感到在旧社会，任凭有钱有势的、当官的、工头和狗腿子横行霸道，欺压工人，而没有工人说话的权利。中国土地辽阔，广袤千里，穷人在旧社会却无立锥之地呀！尽管是这样，吴运铎并未灰心，多年后，他在给笔者的一份材料中写道：“在万恶的旧社会，我们煤矿工人是被人们视为最卑微的人，有钱的人老是白眼相视，还叫我们‘煤花子’。生活在那世俗的偏见中，我从不自甘卑微。我常想，我们工人用自己的劳动来创造世界上的一切，我们是最高尚的创业者。只有那些花天酒地、纸醉金迷的剥削者才是真正的微不足道的寄生虫。可是，那年头就是这样的是非颠倒。”

当了“小师傅”

“我跟着师傅干活，在不满三年规定出师的时间里，当上了‘小师傅’”，结束了一天挣一角钱的学徒生活，成为一个真正的机电工人。机电工程师还分给他两个学徒，吴昆和小阮。同事们一见吴运铎都笑着说：“小师傅带小徒弟。”

出徒后的吴运铎，每天挣三角工钱了，手里比过去宽松点儿。但物价飞涨，这些收入仍仅勉强够自己吃的，还需母亲和妹妹替人家洗衣服，赚钱养活全家。父亲一直找不到事情做，心里难过，慢慢变得疯疯癫癫，以至于瘫痪，成天躺在床上。到大冶第二年，没有过冬天就饮恨离开了人世。

中国有一句民间谚语：“多年的媳妇熬成婆。”吴运铎以为，当了师傅，可以改变自身的地位，不受人欺侮了。这当然是幻想。他的境遇没有得到根本改变，还是受歧视、受责骂。工头对他颐指气使，稍有一点不同意见，就又吼又叫，用扣工资、开除厂籍来威胁他。为此，他心里郁闷，想不明白。他说：“那时我常常喜欢去听街头艺人唱大鼓书，其中有几句词，至今不能忘：‘月儿弯弯照九州，几家欢乐几家愁。多少人高楼把酒饮，多少人流落在街头。’这正是中国旧社会的真实写照。

我苦思冥想，暗道不平。但我并不懂得这到底是因为什么。有人把这归为‘命运’，言下之意，就得服从这‘命运’的安排，忍受这个‘命运’，是上天注定的。我不相信，我也忍不了。”是的，吴运铎做人的原则不是“忍”字当头，他不能忍受侮辱，不能忍受压迫，不能忍受歧视，工头们谁要欺负他，他就和谁干，绝不后退半步。因此，有的工头变着法整他。

那个年头，煤矿工人的工作，既艰苦又危险。煤矿里经常发生塌顶、瓦斯爆炸和洪水淹灌矿井的事故。人们都说：进窑就是鬼，出窑才算人。矿工一进窑什么事都可能发生。

有一年春天，大水冲倒了煤井，淹了井底所有的采煤横井。矿主为了多赚钱，继续采煤，在竖井里，用升降机吊着电动水泵抽水。水泵安在井口，抽完一段，用升降机吊起来，让工人下去垫好枕木，再往下移，如此不分白天黑夜地抽水，不停地移动水泵……

这天，又要移动水泵了，苦差事派到吴运铎头上。凭着经验和熟练的技术，他和机器修理间的工人攀着木架往下溜，很快安好枕木，移下了水泵。最后，还得安一盏电石灯。他背着工具袋，拿着电石灯，爬上爬下。当他抱住一根木柱，想把线接上时，不料这根粗大的木柱底部被水泡烂了，倒了下来。吴运铎便随着木柱左碰右撞，直往黑洞洞的井底落去。眼看他就要摔下去，粉身碎骨，谁料却被下井的梯架挡住，一头撞到搁梯子的木板上。他昏迷了，却没有掉进井底，幸免于一死。

在井口等他的伙伴们，听见这可怕的响声，喊了半天也没有回音。他们一齐顺着木梯爬下去。当下到第五架梯时，发现吴运铎昏倒在木板上，还在喘息。大伙就用绳子捆住他的腰，把他抬到升降机吊篮顶板上，送出井口。

工头走过来，冷冰冰地看了一眼，说："回家给老祖宗烧香磕头吧！没死就算便宜了。"

第二年春天，煤窑又被大水冲倒，一时无法恢复生产。老板决定和后山的富华煤矿合并，改名为源华煤矿，并且趁机裁人。在翻砂厂学铸工的弟弟被裁了，失业在家。吴运铎带的学徒吴昆也被裁掉了，没法生活，逃难到萍乡煤矿去了。吴运铎能吃苦，又肯干，工资少，勉强被留下来。但他一个人的工钱怎么能养活全家？母亲只好和妹妹逃到萍乡煤矿去了。工头心怀鬼胎，借两矿人员调整之机，把吴运铎调到离家很远的富华煤矿电机修理厂。有什么办法？一回忆起这档子事，吴运铎就愤慨难当。在采访中，他激愤地告诉笔者："那时，我每天头顶满天星星去上工，看着月亮下班，到家很晚。有苦找谁诉，有冤找谁申，苦不堪言。上哪儿去找公平，你都不知道去找谁说理。"

到富华煤矿没有多久，有一天早晨刚上班，胡工头对吴运铎说："吴师傅，你来得正好，电动机昨天烧毁了，你去给修理吧！"他心里一怔，这分明是一张考卷，想考考他有无真本事。名曰修电机，实为考评技术，看他称不称职。吴运铎不假思索地回答："修就修吧！"

他拆开电动机一看，线圈全烧毁了，要装新的，才能行。怎样修理调试线圈，他从来没有亲手做过，心里没有底。幸好他找到了平时读书记录下来有关电机的一些资料，比如关于电动机线圈的连接法和一切数据，等等。他重温了一遍，做到在理论上弄懂弄通，心中有数。然后，他去领了材料，便开始工作起来。

仅用一个星期时间，吴运铎便把电动机修好了。胡工头亲眼看见了电动机的正常运转，瞟了他一眼，说：“你的运气不坏!”其实，“运气”是什么？是机遇？是巧合？还是时下流行的一种谦虚、安慰和寄托的口头禅？笔者以为，“运气”对每个人都是平等的，问题是“运气好”和“运气坏”不是上苍赐予的，而是在理论与实践良好结合的基础上，在日积月累的磨砺中，展示出一种雄厚实力的必然结果。一个懒惰、不思进取、缺乏智慧的人，是永远不会有好运气的！吴运铎的运气，就在于天资聪颖、勤奋好学、务实肯干……

又过了几天，下班的汽笛刚响过，煤窑里的升降机突然发生了故障。胡工头找到吴运铎说：“吴师傅，先别走，麻烦你下去一趟吧!”

吴运铎清理了工具，走进煤窑。司机黄师傅对他讲了升降机的毛病。他抓紧时间修理。不多时，运转器修好了。黄司机走上司机台，握着运转器的手柄，启动升降机。不知是怎么搞的，黄司机很紧张，把手柄推错了方向，机器立刻发出像牛叫的怪声，电动机的电刷环上喷出了火花，升降机的吊篮顶住了大滑车。黄司机吓傻了，呆呆地握住手柄不动，眼看升降机就要毁了。吴运铎正准备出窑，一看不好，要出事，连忙跳到配电盘前，拉掉总开关，切断电源。

检查了机器，幸亏没有毛病。这样一来，既救了黄司机，也保住了升降机。黄司机连连向吴运铎道谢。

次日早晨，吴运铎刚走到车间门口，胡工头堵着门说：“吴师傅，明天你不用来了。”

“为什么？”

“上头的命令。矿师说你昨天把升降机弄坏了。”

吴运铎立刻火冒三丈。他这个人，为人处世一向是直来直去，不明不白的事容不得。他想，不给我说清楚，就让我糊里糊涂把饭碗丢了，没门！我不能窝里窝囊，受制于人，被开除，那太便宜了。我拼上这条命，也得出这口冤气。于是，他去找黄司机，把胡工头说的话和盘托出。黄司机气愤地说："亏得你救了我，怎么还要罚你？那是我的错，要罚就罚我。我去替你证明！"他俩一起找矿师。矿师问："你们来干什么？"

黄司机把昨天发生的事情经过说了一遍，并且承认是自己的错。矿师却瞪着眼骂道："放屁！人家都说是吴运铎弄坏的，你怎么知道不是他的错！"

吴运铎勉强压住怒气，问道："你到底讲理不讲理？"

矿师立刻大发脾气，拍着桌子大声吼道："来人！拿棍子来！"

吴运铎心想，你这个鸦片鬼，还想动手打人，我和你拼了。我的气也受够了，顶多坐上几年牢，死了还是几根硬骨头。他卷起袖子，向前迈了一步，拉开架势，说："来吧！只要你敢动手，看我把你打扁不！"

那听差的拿来了棍子。一进门，看见这阵势，知道没有好果子吃，回头就走了。矿师心里知道，真的打起来，吴运铎这么高的个头，一身力气，他是占不了便宜的，自己找梯子下台阶，说："你把升降机弄坏了，是胡工头来报告的。"吴运铎反问："工头没有下窑，他怎么会看见？"矿师道："等会儿，我叫他来问问，去吧！"

第二天，吴运铎照常上工……

在阁楼上读书

吴运铎在学徒时受了那么多苦，出徒后，又让那些坏透了的工头们逼得走投无路，多次险些丧命。那时候，他还未明白穷人之所以受穷的真正原因，只觉得世道不公平，是因为坏人太多，铲除了坏人，就不会受气了。幻想多学一些本事，多挣点钱，生活会好一些。因此，他出于这样一种简单、直观的想法，便一心一意学着多做活，钻研技术。他面对机械和电气方面的原理，使用和修理不清楚的问题，越学难题越多，越追越深，苦于没有地方找到答案。怎么办？走自学之路，抓紧一切时间学习不懂的知识。他一不下窑，就去车间里学电气钳工应知应会应做的事，练习打锤，学锉，学焊……陈师傅把钳工技术一样一样教给他，让他照着做，日久天长就熟了。可是电是什么？怎么产生电压和电流的？发电机为什么会在旋转中产生电流？电是怎样输送出去的？发电机和内燃机为什么不同？煤气发动机为什么自己会转……这些童年时代存贮在脑际中的"为什么"，一直没有解惑、解疑，越学越没有底，心里焦躁不安。他想，我不能仅仅满足于打锤、使用锉刀等钳工的基本操作，必须从老根上弄清机电工人在电气这一行当的若干个"为什么"，起码也要懂得有关机电的基本常识，一旦徒弟要我解答某个问题，我应该立刻做出正确的解释，要么算个啥师傅？

他没有地方去找人请教。陈师傅是个受苦人，没念过书，也没有专门学过电的知识，怎么可能从原理上来说清楚？师傅跟电打了一辈子交道，全凭丰富的经验。如果你问他电是什么？师傅会惊愕地望着你，说："你疯了吧？电就是电呀！"去问问工头吧，工头嘴上常挂着"将钱学艺"，没钱别想去惊动他。这样前思后想，他不能这样再做有名无实的师傅了。有朝一日，他的徒弟向他提出"电是什么"，他怎么回答？不能误人子弟，让徒弟们也做"技盲"吗？在那种条件下，没有别的出路，唯一能请教的老师就是书本。他把一切希望全寄托在书本上，渴望读书的心情就像一头骆驼在大漠中渴望清凉的甘泉。他自信书本能解答他脑子里的各种疑难问题。

为了在有限的时间多学习一些知识，他从住得拥挤的家里搬进低矮、漆黑、不通风的车间的阁楼上。他用旧报纸糊好顶棚，装上电灯，搭个小木板床，找来一个装过机器的破箱子当桌子。一下班，就钻进阁楼里全神贯注地读书……

要学习新知识，不断充实自己，就得买一些必备的书。钱从哪儿来？他打定主意，从嘴里挤，宁肯每天少吃一顿饭，两三个月理一次发，或者头发长了，找把剪刀请同事帮助剪短些。别人丢掉的破鞋烂袜子，拾来洗一洗，缝一缝再穿。这样省吃俭用，可以把一天三角工钱省出来一点。时间长了，由少积多，攒够了一个大数，便去书店买来几本商务印书馆出版的“工业小丛书”。书里讲的知识都是过去他从来不知道的。什么交流电机和直流电机，还有什么发电机、电动机、内燃机……后来，他还买了几本价格比较便宜、文字通俗易懂的物理学小册子来读。一有空就琢磨书上说的道理。他如饥似渴地读着想着，恨不得把书本里讲的知识一夜之间全装在脑子里。书，给予他力量，给了他快乐，也改变了他的生活，尤为可嘉的是改变了他的传统思维观念。以前干活，师傅怎样教，他就怎样做，从不问个“为什么”？做对了，是学得快，悟性高，师傅教得好；做错了，是脑子笨，与师傅无关。现在，做的和读的书本知识一碰头，他就豁然明白了，为啥要这样做，而不那样做，干起活来，信心也大了。

光阴荏苒，转瞬已有两年了，吴运铎长期坚持业余自学。他每天上班干活很累，吃不饱、吃不好，回到阁楼上勤奋学习，边读、边抄、边记笔记，委实不轻松！没有正确的学习目标是做不到的，没有睿智求实的眼光是不会持久的。为了获取知识，将来能有一番作为，为了给贫苦的师兄弟扫“技盲”，他日复一日、年复一年努力学习。

师兄弟们多半不识字，学习技术困难重重，他就利用晚间的工夫，开了个学习技术小组，把他从书本上学到的东西讲给他们听，现买现卖。后来，他学习的知识就比较广泛了，不限于科学技术知识，还有社会科学知识、医药知识，乃至书法艺术方面的知识。

有人说吴运铎有“爱画之癖”，不错，但这样说并不全面。他岂止是“爱”画，有时也喜欢画画，涂涂抹抹。到中年、老年有条件了，他“爱画之癖”不仅痴心不改，而且常动手作画，什么苍松、翠竹，写写毛笔字……

每逢一年一度的春节到来之际，无论师兄弟家里怎样穷，都要在自家门上贴个大“福”字，两侧贴上春联；窗户上还要贴一张“姜太公在此，百无禁忌”，鸡笼子上贴着“六畜兴旺”，等等。写这些春联的事当然要包给吴运铎。他可以借此大显身手，练一练毛笔字。

大年初一，按中国人的传统习俗，人们都要出去走走，忙着拜年。他自然也要走街串巷，给师兄弟祝福祝福，道些吉利话。老实说，吴运铎出去主要是想联络一下感情，欣赏和学习人家门楣上的春联，琢磨那些春联上的字体、间架、笔锋，春联的内容出自什么历史典故，有什么奥秘。那时的他已对传统书法艺术爱不释手，有一种难以割舍的情愫。

法小姐之死

旧社会的煤矿，说它像一座人间地狱，一点都不过分。工人在那里吃尽了苦、受够了罪，每天都是用血和泪换取生的权利。因此，工人最懂得什么是爱、什么是恨，最能体悟阶级的情深恩重。一次意外使吴运铎心灵受到了巨大的震动。

法小姐是一位妙龄少女，因为父母双亡，无钱上初中而辍学，进入一家私人医院当护士……

吴运铎出师后，有很长一段时间住在电机车间的阁楼上。不知道他是不是属小龙的，还是从娘胎带来的一种嗜好，从小就跟蛇有了交情。他喜欢蛇，当了师傅之后，年龄渐渐大了，逮蛇的兴趣却有增无减，经常把逮来的小蛇放在阁楼上的一个木盒里。

吴运铎爱逮蛇，因为这个，让他不期而遇，结识了一位笑靥如花的小姐。他回忆道：

我 20 岁那年夏天，发生过这样一件事，我们煤矿医院有个护士，她的姓很特别，姓法，叫什么名字我记不清了。

那年夏天的一个夜晚，狂风大作，长江的大浪咆哮着，暴雨到天亮时才收敛。

早晨我刚上工，工头就来找我说狂风刮断了电线，让我赶紧去查线。沿着长江，我一路走一路查，在江边的小山坳里，我查到断线后接上。我折回来，由于刚下完雨，路面有很多积水，我看见一条小青蛇在积水里游动，就伸手去抓。

“别动，蛇有毒。”

法小姐穿着高跟鞋和一件藕荷色的旗袍，在离我几米远的地方惊慌地叫着。

我抬头看着她，手还是伸进水里，一把捉住了小青蛇。

她害怕，可又不愿走，说：“你的胆子真大！”

过了几天，我干活时把手碰破了，到医院去包扎。一会儿来了个小护士。她一边给我包扎一边说：“是让蛇给咬了吧？”我一看，认出她是法小姐。

夏天天长，下工时太阳还高呢。我沿着煤渣路往家走，在矿区医院门口我看见法小姐在树荫下站着，手里托着荷叶包。我问："你等谁呢?"她说："我等你呢!"她把荷叶包打开，露出几个白面包子。她往我手里一塞，转身走了。

几天以后，我听说矿医院有个护士喝毒药自杀了，姓法，是被披着人皮的矿医院院长奸污后自杀的。

她死了，可我在往后的几十年里，仍没有忘记，她的音容笑貌、举手投足在我的印象里像烙上的一样深刻。在那样的社会里，像法小姐这样屈死的又何止她一个呢?

据张炳安同志在题为《吴运铎在黄石源华煤矿》一文中，还补充了一些细节。他是这样写的："他们一起散步、交谈，从交谈中吴运铎得知，这位护士名叫法德官，父母早逝，初中未能读完就来到普爱医院当了名小护士。她说她恨透了这个不合理的社会制度，为什么有人不劳而获却过着花天酒地的生活?有人终年劳累却饥寒交迫卖儿卖女?这和吴运铎的想法产生了共鸣。他们之间由共同的语言开始，直至产生了爱情。19 岁的吴运铎在风雨人生中终于找了一个同病相怜的异性知己。"（摘自《湖北方志》1998 年 3 月）

当吴运铎回忆起几十年前法小姐不幸的往事，心里愤慨异常。他从心底里憎恨那吃人的旧社会和那残忍、无耻的院长。

穷人的命朝不保夕。许多年过去了，一提起法小姐之死，吴运铎觉得她死得很冤枉。这个流血不流泪，一身阳刚之气的硬汉子，双眸有些湿润……

第四章　抗战开始

在生活的激流里，吴运铎不屈不挠，左冲右撞，处境却一点儿不见转机。他跟矿师闹翻以后，又被调回富源煤矿，兀自受人欺负。这时，他对自己的处境进行了冷静的思考，为什么拼来拼去，吃亏的总是自己？是自己没有道理，还是走的路不对？到哪儿去寻找社会的公理，到哪儿去寻找人间正道，到哪儿去寻找生活的真谛。

武汉沸腾了

苦恼之中，九一八事变旧仇未报，新恨卢沟桥事变爆发；八一三全面抗战开始。旧仇新恨把吴运铎带进了热血沸腾、群情激愤的抗战旋涡。

日本强盗掠夺我国华北大片土地，并丧心病狂地驱兵南下，先后占领了上海、南京、广州，继而围攻武汉。他们血腥屠杀无辜的中国百姓，全国人民同仇敌忾，掀起了山呼海啸般的抗战怒潮。而在蒋介石的所谓“先安内后攘外”的不抵抗主义之下，祖国大片土地沦丧，人民在战火中呻吟，吴运铎想，不能再眼睁睁地看着日寇铁蹄践踏我国锦绣河山，迫切想扛起枪杆走上前线，消灭日本侵略者，保卫家园！

全国人民关注武汉。各个沦陷区的救亡青年团体，如东北、平津和上海的流亡学生剧团，还有背井离乡的儿童组织的“孩子剧团”，也都到了武汉。武汉的抗日运动如火如荼。

全国 18 个戏剧团，95%以上的戏剧人才都集中到武汉。武汉成了全国政治、经济和抗日救亡的中心。武汉人民愤怒地高呼“保卫大武汉”的口号。

许多救亡剧团又从武汉来到黄石工业区演出，著名作曲家冼星海赶到黄石工业区，在铁厂俱乐部教吴运铎等青年矿工唱《打长江》等抗战歌曲，给他们鼓劲。上海救亡演剧总队各救亡团体一到武汉就大刀阔斧地开展演出活动，著名演员赵丹演出了田汉执笔的剧本《最后的胜利》，获得了巨大的轰动。16 岁开始投身戏剧艺术活动，已过而立之年的实力派演员王莹，在黄石演出歌德小说《威廉·麦斯特》中的一个小故事移植为适合我们国情的短剧《放下你的鞭子》，在抗日宣传活动中起到了很大的作用，令矿工们振奋，受到鼓舞，表示坚决斗争到底，夺取最后胜利。

各地流亡学生剧团的演员也都纷纷来到鄂东工业区的黄石，开展抗日救亡宣传。他们说，日本侵略军的子弹对准我们的胸膛，我们的抗日活动力量大，也要快、狠、准地打击侵略军。由著名演员金山发起，在武汉举行联合大公演的倡议，立刻得到响应……

20 岁的吴运铎心潮澎湃，精力旺盛，完全沉浸在这抗击日本侵略者的滚滚大潮中。每天一下工，他就和工友们听收音机，把听到的消息写成大字报贴出去。他特别注意工人的爱国行动。那时，报上登载过这样一个故事：1932 年 1 月 28 日，日本帝国主义进攻上海，日本兵强迫一个叫胡阿毛的中国司机替他们开车，运送一大卡车的武器弹药和日本鬼子上前线。胡阿毛开到黄浦江边，猛然将汽车开进滔滔的江水里，全车的鬼子一个也没有跑掉。这个赤手空拳的工人，亲手消灭了几十个全副武装的日本兵。

吴运铎非常佩服这个工人伟大的勇于牺牲精神，特别把这件事情写成壁报公之于众，并到处进行口头宣传。矿里的工人很为这件事情所感动。吴运铎每天奔走在矿里的各个车间，宣传抗日打鬼子的道理。他要工人团结一心，抗日救国，消灭日本帝国主义。与此同时，他在观看一些演出活动中，深受爱国主义和抗日救亡的教育的熏陶，对血与火，正义与邪恶，保卫与侵略有了更深层次的认识和理解。

成立《新华日报》发行站

在抗日浪潮风起云涌的时候，周恩来、叶剑英、董必武等领导同志也来到武汉，成立了八路军武汉办事处，领导抗日斗争。《新华日报》是中国共产党抗日战争时期在国民党统治区内公开出版的党报，自 1938 年 1 月 11 日在汉口创刊，同年 10 月 25 日迁至重庆。

干仲儒同志于 1939 年任中共萍乡县委副书记，他介绍吴运铎到南昌新四军办事处参加了新四军。

周恩来同志亲自领导了《新华日报》。毛泽东同志曾给予《新华日报》很高的评价，说它如同八路军、新四军一样，是党领导下的又一个方面军。吴运铎与新华日报社派到黄石工作的同志及大冶铁厂的中共党员取得了联系。经铁厂中共党员干仲儒同志介绍，他认识了新华日报社的中共党员张明同志。从此，他在张明同志的具体指导下工作。

吴运铎从张明同志那里了解到《新华日报》是共产党办的，是替穷人说话和办事的，所以他非常信任这张报纸。他在过去那么多年坎坷生活道路上碰到的挫折和问题，都在这张报纸上找到了答案。老百姓之所以受苦、受穷，受压迫和剥削，不是别的原因，它源于社会分阶级，存在阶级压迫和阶级斗争。自己是属于受压迫、受剥削的阶级一边的。矿里受苦的工人，都是自己的阶级兄弟。那些有钱有势的官僚、地主、资本家……是另一边的，是压迫者、剥削者，是少数。一切被压迫和被剥削的人，要想彻底消灭阶级压迫和剥削，获得自由平等，当时首要的是反对民族压迫，集中一切力量消灭最凶恶的日本帝国主义，彻底把他们赶出中国。然后，与国内的统治阶级，地主老财、资本家，包括矿里的工头作坚决的斗争，消灭他们，要他们退出历史舞台，向人民低头认罪，老百姓才能永远不受奴役，过上好日子。

像这样的道理，过去在安源工人俱乐部里听人讲过，因为那时他年龄小，没有亲身和资本家、矿师、工头们斗争过，体会不深。现在不一样了，他是一个吃过苦、受过压迫，并具有一定觉悟的工人，最容易理解党的政策，最懂得共产党讲的道理。

吴运铎在工作中，积极宣传《新华日报》，成立了《新华日报》发行站，传播其刊登的重要报道。但国民党反动派出版的《扫荡报》和《武汉日报》专门骂共产党，并利用军警到处强迫人订报。吴运铎在矿工中间组织了“读报小组”，并对工人们说：《新华日报》的内容适合工人阅读，登的都是咱工人关心的事，通俗易懂。他还花了两块钱，专门找了一个逃难来的小孩，按时去取报送报。吴运铎坦诚地向张明表示：“党要我做什么我就做，拼了杀头也干……”

在矿山的工人还没有完全觉醒的时候，宣传和推销《新华日报》并不是件容易的事。国民党反动派伪装成两面派，一方面装模作样，口头上允许《新华日报》公开发行；另一方面却贼眉鼠眼地监视《新华日报》，暗中下绊子，用尽一切卑鄙伎俩阻挠和限制《新华日报》发行。有时借故没收报纸，或毒打送报的报童……

吴运铎识破了敌人这个花招，便组织工人来“护报”，轮流值班，跟报童一起到码头上取报。特务在光天化日之下，不敢与众多工人为敌，无奈地看着《新华日报》每天从眼皮底下过去。工人们可以天天看见自己的报纸，及时了解抗日的斗争形势，自由谈论，各抒己见……

在抗日高潮的影响下，矿里的工人思想逐渐起了变化。冲破了资本家给工人规定的不少禁令，什么不许工人聚众议论，不准工人开会，不准成立工人歌咏队，不准贴标语，现在这一切大可不必管它。工人们学唱歌，学演戏，参加报告会，自觉认识到自己是矿上的主人，肩负着挽救中华民族危亡的重任，以雄壮有力的歌声，表达誓与帝国主义、国民党反动派斗争到底的决心。

向前走，别后退，

牺牲已到最后的关头。

……

同胞被屠杀，

土地被抢占，

我们再也不能忍受！

……

组织“工人时事座谈会”

吴运铎在富源煤矿组织“工人时事座谈会”，进行爱国活动。国民党反动派异常恐惧，并预感到会给他们带来灭顶之灾。资方和黄色工会也恨透了这个“工人时事座谈会”，害怕它团结工人搞乱煤矿的秩序，动摇他们的“宝座”。于是，派人三天两头去找碴儿，搞破坏活动，逼迫吴运铎自行解散。吴运铎是一个硬汉子，是在风雨中经过几多磨难成长起来的优秀工人，岂能屈服于一伙背叛民族利益的无耻之徒，他据理驳斥了这些躲在阴沟里的丑类……

反动营垒越是害怕的事，吴运铎就越要大张旗鼓地去干，让他们心惊肉跳、不得安宁。他向矿工们宣传党的抗战方针和政策；读报，召开座谈会，教唱抗战歌曲；在矿区交通要道旁设立了墙报板，介绍八路军在抗日前线频频取得胜利的捷报；摘要刊出《新华日报》的重要社论、评论和消息。有一天，他在《新华日报》上看到一则消息：朱总司令号召全国人民募捐为八路军战士制备防毒面具。他像接到总司令亲自给他的命令一样，半夜三更跑到矿区小学借来一台油印机，自己刻蜡版，印了收款条，天一亮，就去找工人们募捐。他们凑了 40 多块钱，当天通过邮局寄给《新华日报》。他想，寄去的不只是钱，而是矿工和他的拳拳之心。他是在用自己的赤胆忠心保卫我们的八路军战士。

由于绝大多数矿工不识字，吴运铎又在“工人时事座谈会”的基础上，每天放工后，在自己家里召开“读报会”，给伙伴们读报，帮助他们学文化，学习抗日的道理。这一举动，唤起了和他一起工作过的富华煤矿的工人。他们特意派人来要求吴运铎去帮助做工作。因此，吴运铎经常坐上煤车，沿着空中索道，越过丛山到富华煤矿矿工住的工棚去开会研究工作。在那红红火火的斗争年代，吴运铎感到十分欣慰，他看到工人都想抱团了，都想团结起来，把那些阎王小鬼拉下马。

反动统治阶级和资本家的鼻子比狗还灵，他们又大肆造谣：“吴运铎提着头玩，总有一天把头玩掉。”吴运铎不屑一顾，心想，还不一定是谁提着头玩，硬往石头上碰，总有一天，他们的头要落在地上。他仍干着自己的事，继续走自己的路，每晚召集工人开“时事座谈会”“读报会”。御用工会的头子、吴运铎小学的同学，跑到吴运铎的家里说：“现在‘工会’已经成立了，应把‘时事座谈会’取消。”然后，话锋一转，诡秘地说：“老弟，放着清福不享，当共产党有什么好处？”吴运铎怒不可遏，冷淡地问道：“说完了没有？”“我劝你是为你好，你看共产党有几个落得好结果……”吴运铎听到此人一派胡言乱语，与残害安源工人俱乐部革命烈士的杀人刽子手是一丘之貉，顿时，觉得在他眼前站着的不是一个人，而是一个强盗，是一个张着血盆大口吃人的魔鬼。吴运铎握紧拳头，对着这个御用工会头子吼道：“你再不滚蛋，它就认不得你了！”资本家靠恐吓、诱劝都不能奏效，就恶意攻击吴运铎“在组织什么暗杀团，担任团长……”工人们心里像明镜似的，安慰、支持吴运铎说："只要干得对，我们什么也不怕!"

资本家为拆散"工人时事座谈会"，又想出一个对付工人的花招：派工人上夜班，特别是让机电工人上夜班，企图阻止他们参加"工人时事座谈会""读报会"活动。这个愚蠢的决定，导致工人与资本家的矛盾越来越尖锐，斗争一天比一天激烈……

谈判代表

抗日战争进入第二年，战线逼近了武汉。一个夏天的深夜，吴运铎参加完"工人时事座谈会"，已经很晚了。他回矿山车间的阁楼上睡觉，但他刚进矿山，就发现矿主家里往停泊在江边的小火轮上匆匆忙忙地搬箱子、保险柜等物品，连哈巴狗也跟矿主的太太、小姐少爷上了小火轮。面对这般场景，他心里一怔，难道矿主要丢下拖儿带女、缺衣少食的矿工不管，逃到汉口租界里去过醉生梦死的日子，难道是想炸毁煤窑……他的肺都要气炸了。怎么办？稍稍梳理一下纷乱的心绪，他便立刻把矿主这个反常举动通报给矿里的工人兄弟。

次日晨，矿工们一上班，他就发动全矿机电工人带头罢工。接着，又联合了锻造车间工人一起组成全矿一千多人的大罢工。他跳到铁砧上，高声喊道："矿工们，是咱们拿出力量来的时候了！他们是人，咱们也是人……我们只有一条路，敌人来就跟他拼。经理是中国人，就该爱国，不能叫他们逃跑!"罢工队伍把经理大楼层层包围起来。他义正词严地向矿主提出不准逃跑，共同抗日；对回家的矿工，矿里一律发给每人三个月工资遣散费等条件。资方说，这不行，条件苛刻，拒绝签字。拖到当晚6时许，资方仍未同意矿工提出的条件。正赶上这时候是上窑和下窑的矿工交接班时间，他跟矿工们讲了要罢工的理由，提出的条件及其经过。矿工们听到这一消息，就像火把点干柴一样，顿时怒火万丈，矿山沸腾了！

工人阶级是最有组织的阶级。他们的力量无比巨大，如同山呼海啸，任何力量也撼不动。罢工的汽笛长鸣不息。这长达四小时的汽笛声，动员和召唤全矿职工聚集公司经理大楼，强烈要求国民党资源委员会的官僚资本家答复工人提出的神圣条件。

罢工继续到第三天，资方仍未作答。有个姓肖的机电工程师找到吴运铎说："运铎，你怎么那样傻，要我可不闹，让别人去闹，同样也少不了你一分钱。经理说，只要你不闹，他给你双份也行。"吴运铎气愤极了，这分明是让他出卖同事！他慷慨激昂地大声说："我不闹，就没有人闹了？让我不闹办不到！"后来，资本家又偷偷摸摸地派人给他许愿，说："我们先给机电车间工人发三个月工资，挖煤的矿工不发！"他听了斩钉截铁地厉声喝道："那不行。要给，全矿的职工一个也不能少！"

狡猾的资本家看用软的一手碰了一鼻子灰，就采取硬的一手，诡秘策划杀害手无寸铁的工人，镇压大罢工。

当晚，恐怖的枪声划破了漆黑的矿山上空。警察局局长易介甫率一个连的反动军警冲上来，向罢工群众开枪，有20余名工人倒在殷红的血泊里。另据《赤诚》画册载文：罢工继续到第三天……资本家决定用枪杀工人来镇压罢工。当晚，警察局局长易介甫率警察冲击罢工的群众，罢工工人被打死7人，伤11人。这就是著名的"源华惨案"。

罢工的工人像潮水般涌进经理大楼，愤怒地高呼：“打倒反动军警，严惩杀人凶手!”面对拼命的矿工，资本家胆怯了，若再不作出让步，后果不堪设想，于是，提出召集劳资双方会议的建议。资方派的代表是一个姓黄的副矿长。矿工代表推举吴运铎等为工人代表与资方谈判。

在会议桌上，吴运铎坚决维护矿工的权利，强烈斥责了他们，严峻提出：一要答应工人的全部要求；二要严惩凶手；三要把打伤的工人送进医院治疗，支付医药费、家属补贴，工资照发；四要把死难者安葬好，发给抚恤金。给全矿工人发三个月工资……事后，吴运铎还把此次工人罢工的情况写成文章，投给《新华日报》，严厉谴责了军警杀害工人的凶残暴行。

资方在真理和正义的攻势下，又得知武汉一些工厂停工停产，声援大罢工。资方在群众斗争的强大压力下，瘫软下来，无计可施，乖乖地答应了工人谈判代表提出的全部条件，大罢工取得了胜利。

这次罢工的胜利，是吴运铎终生难忘的。因为这是源华煤矿（原富源煤矿与富华煤矿 1936 年合并而成）工人与国民党反动派第一次在谈判桌上争输赢、斗智斗勇的较量。他更加深刻认识到，要斗争，要消灭敌人，工人阶级必须坚决地拿起武器，永远跟着共产党走。

在“七七事变”第二年，煤矿被大水淹没了，矿工们走投无路，不少矿工被迫回到老家种田；也有的矿工老家生计不好，去别的地方谋生。吴运铎的师傅也劝他去自己的老家河南信阳火车修理厂做工。师傅还好心地把侄女的照片从小本本里拿出来给他看，问他中不中，想介绍吴运铎与自己的侄女成婚。吴运铎想的不是个人出路，不是找个对象，建立一个小家庭，过上“两亩地，一头牛，老婆孩子热炕头”的舒适、宁静、安乐的田园生活。他想得更远，心气很高。他想，在这个时候——中华民族到了生死存亡的危险时刻，自己一拍屁股走了，为建立个人小家庭而远离革命斗争的激流，未免太自私了。“我掀起发动的大罢工为了什么，殉难的工人兄弟的仇谁去报……”因此，他恭敬地拜别了师傅，中肯地说：“师傅，我要去找部队，要去找党，要去打日本鬼子。打死一个鬼子够本，打死两个赚一个……”

这时，日本鬼子占领了煤矿，源华矿工被遣散，许多工人拿起武器，参加了鄂东抗日游击队。国民党反动派放出风来，说要追查罢工的“肇事人”。吴运铎受尽了八年的“煤花子”罪，懂得了阶级、阶级压迫和剥削，懂得了爱和恨，懂得了自由和斗争。他决心离开矿山……

第五章　找新四军

血气方刚的吴运铎，志向高远，既想找自己的队伍，也渴望能找到关系，介绍他去当时大批进步青年向往的革命圣地延安。可是，他又听说去延安的交通被国民党军队封锁了，加上自己路费不足，这个心仪已久的希冀便成了泡影。

皖南云岭

1938 年夏天，吴运铎乘船离开煤矿，准备去武汉。他乘上去湖南的难民小木船，逆水而上。第二天下午，他到了洞庭湖旁的岳阳，搭上南下的难民车。晚上，他偷偷爬上了开往长沙的火车。

群山逶迤，火车气喘吁吁地向前蠕动。当一线黛色的山脉晃动在窗前，直到一点点隐去的时候，他的心情着实不好受。祖国在危难中，满目疮痍的大地，老百姓境遇十分悲惨！车上难民的呻吟，母亲的叹息，老年人咳喘声，这凄惨场景无时无刻不在撞击着他的心。他的眼睛感到阵阵酸楚，想流泪……但是，他想得更多的是，自己将要奔赴前线去跟日本鬼子拼个你死我活，为穷苦老百姓，为抗日战争献身……

次日清晨，他在长沙下火车，大着胆子爬上开往萍乡的火车。已经两天没有吃饭了，他饥肠辘辘，身上只有几个铜板没舍得用。到达萍乡下车以后，浓重的思乡情结，催促他朝东南步行

12里，到达了出生地，童年生活过的安源矿山。在那里，他见到了去年逃难来的母亲、妹妹和弟弟……

第二天，吴运铎去安源新街见到了安源党支部书记干仲儒同志（他是去年从武汉来到安源煤矿的），讲明了自己要去参加新四军的目的和打算，干仲儒同志非常支持他果敢、明智的行动，便写了介绍信，让他到南昌找新四军办事处主任黄道。吴运铎又约了在富源煤矿跟他一起做工的徒弟吴昆。吴昆又带了两个钳工来找吴运铎。

吴运铎和久别的母亲、妹妹、弟弟短暂的团聚，各自有多少话要说，有多少苦要吐，有多少泪要流，这一切只能埋在心底。相见时难别亦难。这次将是长久的分离，何时还能再相见，是一个谁也说不定的未知数。吴运铎的心情非常沉重，母亲的心里更不好受，妹妹和弟弟的眼睛哭得肿了。妈妈怎么能不牵肠挂肚“小三子”？妹妹和弟弟尚小，由衷地盼望三哥能在身边，为他们一家人打恶狗，挡豺狼，遮风避雨。母亲知道吴运铎要去前方，难过地哭起来。她说：“你们兄弟几个的翅膀都硬了，想飞到哪儿就飞到哪儿吧！”母亲一边抹着眼泪，一边帮儿子收拾行装。母亲的一片亲情，是人之常情，是可以理解的。在阶级仇、民族恨的利害攸关时刻，她是深明大义的，坚决赞同儿子去寻找革命队伍。

吴运铎等四人持安源煤矿党支部的介绍信，乘车离开了萍乡，心里不免荡起依依不舍的思乡之情。

车行两天两夜，才到达南昌，找到了新四军办事处。“办事处里的同志听说我们是煤矿工人，特别欢迎和招待了我们。他们的亲热，让我感到不安和奇怪，我们工人从前到哪里都被人看不起，未料到了这里，却受到如此的尊敬。从这一天起，我感受到做一个工人的荣耀，才开始发现世界上还有这样一个地方，人与人之间是这样的无比亲热、无比的真诚。”当天，办事处黄主任发给他们每人一套军装，还有军帽、绑带、袖章。办事处想得很周全，又发给他们每人 13 块银圆做路费，要他们去皖南云岭新四军军部报到。

这一天，吴运铎心花怒放，抑制不住兴奋的心情。他是这样描述的：“我穿上军装，戴上军帽，扎好绑带，还在左臂的衣袖上，戴上了新四军袖章。我高兴得不由自主。我站在玻璃窗前，转来扭去地瞅着窗玻璃映现我一身的穿戴，我是越瞅越美。这衣服虽是粗布衣，但它是世界上最珍贵、最光荣的战士的服装。”是啊，他是那么潇洒、自豪，完全沉醉在从未有过的幸福和快乐之中。他心仪已久的愿望终于变成了现实。从这一天起，他暗自警示自己：吴运铎，你已经是一名新四军战士了！从今天起，你肩负着中华民族解放的重大使命！

他们在南昌休息了几天后，又持南昌办事处的介绍信，乘车至浙江兰溪。不料，火车到金华站出了故障，要停车一小时。吴运铎下车后直奔大街，钻进了新知书店。

书店的大长桌上，整齐地排列着许多抗战新书。他拿了一本《西行漫记》，站在桌前看。琳琅满目的新书，像一块巨大的磁铁把他吸引住了。他翻阅一本又一本，竟忘了还要继续乘车去兰溪。后来，他匆忙地买了几本新书，有《西行漫记》《西行漫记画册》《大众哲学》等，离开书店，拔腿朝车站跑去。

火车早已开走了，他只好待在候车室里等候最后一趟车……

他下了火车，碰到等在那儿的三个伙伴，又一起乘长途汽车到皖南太平县住下。次日，他们步行在山间小道，一路跋山涉

这是安徽云岭，新四军军部修械所旧址。吴运铎曾在此工作过。

水，两天后才到达新四军的军部皖南泾县云岭。他们四人住进了招待所，等待着领导同志分配工作。在那里，时而隐约听见前线低沉的炮声，一种将要投入战斗的激情和喜悦，一种对新生活的礼赞，让吴运铎心驰神往，美滋滋、甜蜜蜜的……

时间一分一秒地推移，还没有消息。原以为参加新四军就立马扛枪上前线打仗。现在到了新四军，却让他们吃、住在招待所里，看看书报，好好休息。又过几天，吴运铎被三个同伴催着去找司令部，请求快给任务，快给发枪……

军政治部副主任邓子恢首长和供给部部长宋裕和同志亲自和吴运铎谈话，问他有什么困难。那时天气还不冷，就发给每个人一件棉背心，每人每天还发香烟抽。首长平易近人，先简单地介绍了我军光荣历史，然后又谈到我军的三大纪律、八项注意，以及我军优良的革命传统。首长最后对他说：“运铎同志，你是矿工吗？你会修机器，会修步枪吗？”他说：“会呀！”首长又说：

"好，我们部队的武器不够又不好，有的战士还用鸟枪、土铳，你到兵工厂去吧！"还再三嘱咐他："拿枪和修枪、造枪都是革命的需要。你们是技术工人，应该到那里发挥自己的专长，为革命作出贡献。"吴运铎想，既然是工作需要，就不能凭个人的感情用事，造枪、拿枪一样是为革命，有什么可讨价还价的。于是，他很干脆地说："好，首长，快分配吧！"

吴运铎自己觉得憋足了一身能量，该是释放的时候了！吴运铎勉励自己，一定要做好工作，完成领导交给的任务。然而，他担心自己对修枪、造枪这一行陌生，心里有点不踏实。可是，又一想，我参加革命，不是为了自己，不是把自己存在银行里，打算捞一笔优厚的利息。我投入革命队伍，是要跟党走，听党的话，把自己毫不保留地交给党，献身于党的事业。不会的东西，不熟悉的东西，是可以学会的，任何困难都是可以克服的。

山沟建厂

1938年秋，吴运铎一行四人到了皖南歙县的麻岭坑修械所。朱副所长高兴地接待了他们，并简单地介绍了情况和生产任务。之后，带他们到车间里去看了看。

车间是借用老百姓家的祠堂。这里没有车床、刨床、铣床、插床。锻工车间里，只有两座土筑的锻铁炉和两个铁砧，连最起码的鼓风机也不见，只有两个人力风箱。桌上，摆满了锤子、钻头、锉刀一类零用工具。钳工车间，没有任何机床，只有十几部台钳和一部手摇的台钻……但最吸人眼球的是墙上贴着一幅鲜红的大标语："我们多流一滴汗，战士在前方少流一滴血！"

当晚，修械所的全体人员在俱乐部召开了欢迎会。会上，还宣布了四个人的工作，吴运铎分到钳工车间，制造刺刀。

吴运铎做刺刀，手脚显得十分笨拙。每天累得满头大汗，顶多能造四把刺刀，怎么也提高不了效率，他感到惭愧。心里纳闷，我过去做活从来没有落在别人后面，现在到了革命的工厂，给自己干活，干得也挺卖力气，反倒不如别人？和大家一起吃饭时，他心里很不是个滋味：我长的个头不比别人矮，吃得不比别人少，一碗一碗地往肚子里装，为啥别人每天能制造那么多刺刀，有的同志最多一天能够造16把，而我为啥这么差劲！他真的急坏了。用蛮劲硬拼不行，得使巧劲。从此，他开始注意向别人学习，处处留心别人怎么拿工具，怎么操作，身体各个部位的姿势；工具钝了怎样去处理；几个工作环节怎样有机配合……在班上看好了，记在心里，下班后，他一个人在那儿研究工具，模仿别人的做法，苦学苦练。经过很短的时间，他的技术水平一天天提高，工作方法逐渐改进，造的刺刀也多起来。“我们多流一滴汗，战士在前方少流一滴血！”他一看到这鲜红的大字，就热血沸腾，觉得自己的工作已经和整个人类的解放事业联系起来了，工作起来更有劲。碰到困难，能想办法克服，总觉着多做些工作才舒服，才对得起前线每天流血的战士。他造出来的刺刀质量越来越好，速度比较快了。有一次，车间里开展造刺刀比赛，军工们都按工时数自己做的刺刀，没想到，吴运铎居然在这一天造了24把刺刀。当负责同志把比赛成绩一公布，军工们诧愕不已，吴运铎却很激动，高兴得跳起来！

随着战争的需要，从前线不断送回来大批损坏的枪支，修械任务重了，吴运铎被分配去修枪。小组长罗克绳同志对他说：“所长说你没有修过枪，要我来帮助你。不过，我也不怎么会，咱们一起研究吧。”罗克绳同志向他介绍了各种各样的枪支，这是德国的老套筒，那是日本的三八式，这是国民党的汉阳造，还有以前红军使用的武器……罗克绳把步枪上的零件一件一件卸下来，又一件一件安装上，给他讲解零件的名称、性能和起的作用。罗克绳怕他记不住，每讲一遍，还再三问他记住了没有。要他照着再背一遍，又做一遍给自己看。罗克绳工作认真，一言一行给吴运铎留下了很深的印象。他不知不觉模仿着罗克绳同志的一举一动，学习罗克绳同志刚毅、沉着、诚恳、谦虚、关心别人的优秀品质。吴运铎在回忆中写道："我的这些思想活动，似乎已被钳工、在红军队伍中长大的罗克绳同志意识到了，他常找我谈心，在政治上帮助我、激励我。"罗克绳同志在吴运铎心里成了修枪技术的能手、共产党的化身，学习有了榜样，工作起来劲头更足了。因为吴运铎在煤矿干过钳工活，对钳工技术较为熟练，在较短的时间里，就学会了修理各种枪支，制造各种步枪零件，工作技能提高得很快，一天能比别人多修好几支枪。没有多久，他就当了修械班的班长。

冬雪消融，春光洒在那静谧的有着百十户人家的麻岭坑山沟里，给军工们带来了好运。军部给修械所下达了新的任务，所长宣读命令：在山沟里建立第一座兵工厂，制造新步枪。组织上把吴运铎调去开辟新的战场。

修枪和制造枪是不一样的。这可是白手起家的事业呀！吴运铎原来干的工作是把破损和失效的枪支零件修好，换上新的性能好的零件。只要修械所备些枪支零件，就可以满足需要。现在不同了，制造枪支技术含量高，任务急，工作面宽，涉及方方面面……

摆在吴运铎面前的困难不是一两件，三五件，不仅要选厂址、建厂房，还要解决材料、机器设备和技术人员缺乏问题，等等。上级一纸命令要有人去办，一件一件落到实处，吴运铎就是落实者。他的信心，他的情绪，他的思想方法，他的办厂方针，他的干劲，非常重要，直接关系到建厂的快与慢，成与败，走没走弯路。吴运铎说，先干起来，边干，边实践，边解决，摸着石头过河，在干中增长智慧。他那青春之心、生命之绿，洋溢着勃勃生机，催人进取、催人奋斗。困难再大，压不倒他的创造热情。他下定决心，赶快把兵工厂建起来，赶快投产，完成军部的重托。

他做事果断，说干就干起来，立刻和几个战友出发去勘察新厂址。他们沿着麻岭坑山脚下的小河向前走，进入一片没有开垦的森林……最后落脚在一块不大的盆地。它的四周被古老的松林遮蔽着，显得异常幽暗，让人觉得静谧有余，阳光不足，这就是新厂厂址。

山村里的农民，听说他们在那里办厂，成群结队地带着斧头、锯、镰刀来帮助他们干活。不到一个月，制造车间、修枪车间、锻工车间、枪托车间和炊事房、宿舍、办公室、俱乐部，都建立起来了。他们很快就从麻岭坑搬进了新家。组织上派吴运铎担任青年班班长。

各车间里安的都是土机器。枪筒本来是用旋床旋出来的，他们没有旋床，就用木凳、铁叉、铁棍、木轮代替旋床。枪筒里要刻来复线，他们没有造来复线的机器，就用土法刻来复线。没有打光机，没有发动机……没有的东西太多了。

1959 年，吴运铎给《中国工人》杂志撰写的回忆文章，讲得具体而又生动。他是这样描述的：

搞兵工，头一件得有钢有铜，有炸药火药。可是山沟里，只有木头和石头，猴子和老虎，大雪天，那些猴子还会跑到我们住处来讨吃的。说起原料、材料，那是要什么没什么！说起技术力量，也可怜，连个懂技术的大学生也没有。我们这些人，有的会抡镐头，有的会修锅补碗，可都没有造过枪。不过，我们都有股劲头：党指到哪里就干到哪里！困难是可以克服的。不然，世界上第一部机器，第一支枪，又是怎样造出来的呢！就这样，我们硬是和困难作了对头。没有专门机床，一样造枪造炮，没有金属，一样造工作母机。黄山不是有木头和石头吗？我们就用木凳子，把四条腿埋在地下，凳子一头钉两个铁叉，架一根铁轴，安个木轮子，凳子那一头，再钉个铁叉，安上工作物——就成了机床。我们又用石磨穿上铁轴，当发动机，把布条缝成传送带，这就是造枪的全套设备。没有设计图纸，我们就量了枪筒的长短，口径尺寸，零件大小，照样翻制，边干边学。

步枪一支又一支造出来了。可是那根布做的“传送带”真给我们造成了不少麻烦。用不到一天，就拉长了，我们只好把它截短，截过两次，就断了！我们哪有这么多布供糟蹋呢？恰好有一天，炊事班去集上买菜，路上遇见一群狼在树林里撕斗。打了几枪，狼跑了。地上留个大怪物，说牛不像牛，说羊不像羊，头上两只角，浑身毛漆黑。原来老虎吃了它一条腿，现在狼又来捡便宜。我们把它拖回来，吃了肉，剥了皮，就拿那皮子做了传送带，一直用了几个月。

我们想方设法，来解决设备问题。没有钻床打眼，就用做秤的手摇钻来代替，打大眼，就把铁条做成“⊐”形，上边钉在木座上，握着凸出部分旋转。没有坩埚，就用锔锅的土罐子。靠着这些简陋的办法，使我们造出了步枪……

在党的领导和群众的支持下，他们发扬了艰苦奋斗的精神，克服一切困难，把若干个“没有”，都化为有。这就是吴运铎因地制宜，因时制宜，勤俭办厂的思路。

他曾对笔者说：“我这个人做事虽不要求至全至美，但也不是一个容易满足的人。特别是在工作中总想有所发现，有所发明，有所创新，不敢凑合，不甘平庸。”他认为，新建起来的兵工厂仅仅是个过渡阶段，所以他时刻都在考虑改造计划，做好工作，保证战争的需要。对待工作的责任感、使命感无时无刻不在撞击着他的心，激荡着他那火一般的情怀。一天，吃晚饭的时候，他偶然听说，在宁国县有个灰山煤矿，因战争而停止了生产，机床闲置起来……他高兴极了，饭也没吃完，就找朱副所长商量。次日早晨，他和朱副所长急匆匆地奔向灰山煤矿。矿主答应借给一台旧机床，两部旋床和一台牛头刨支援抗战。他们又买回来一台被烧坏的单缸煤油机。这些机器大大加强工厂的实力，成了兵工厂的宝贝。经过这么一番设备更新，步枪的产量在原有基础上，又增加了几倍。

造枪的技术要求很高，工人的文化、技术水平却较低，什么叫英尺都不懂；什么叫公分、二分之一、四分之三也不懂。很多工人本来就是文盲。吴运铎的文化程度满打满算是小学五年级水平，算是高学历了，为了提高大家的文化和技术水平，吴运铎每天除了管发电机，做钳工活，还要在晚饭后把军工们集中到俱乐部讲文化和技术课。他擅长文艺，担任歌咏教员、俱乐部主任、青年队的队长、生活三排副排长，后来，又被选为工会主席。工作紧张有序，生活舒心而又愉快。

虽然他的工作很多，但他一有时间就看书，从不浪费光阴。在他的作息时间表上，还安排学政治、学时事和哲学等科目。在那种艰苦、紧张的战争环境里，他常想，今天的兵工厂尽管有些简陋，设备土、老而陈旧，但它毕竟不是别人的，而是属于我们自己的工厂……

吴运铎正想甩开膀子大干一场的时候，意外地接到逃难到四川的弟弟吴运铮的来信。信中说，大哥吴运钧在武汉被敌人逮捕，关进了国民党的集中营；二哥吴运铨于1938年壮烈牺牲在日本鬼子万恶的屠刀下；妹妹吴淑敏逃难到广西，不知是凶是吉；年迈的老母亲，孤身一人颠沛流离，回到祖籍浙江绍兴，现正在浙赣铁路线上的樟树镇乞食度日。家庭的不幸遭遇，像压在他胸口上一块巨大的石头，心情非常沉重。他思母之念萦系心头。回想起小时候慈祥的母亲对自己的温存和疼爱，世界上有哪一种爱能比母子之爱更真挚。有谁能比母亲那样更包容、更无私，更长久地眷念自己的子女。他依稀记得，就在他告诉母亲他要去找新四军的那天，母亲知道后没有惊诧、没有阻拦，只是偷偷流泪。他后悔自己为什么没有给她一点安慰、一句温馨的话语，他太粗心了。他竟然生硬地向母亲解释：日本鬼子侵入中国，到处杀人放火，千千万万家庭家破人亡，千千万万母亲遭受苦难和折磨，连生命也保不住了。现在，只有靠大家去战斗，赶走小鬼子，打败敌人，我们才能有好日子过。如今回想起来，吴运铎悔恨自己为什么没跟久别重逢的母亲多说几句贴心话，多陪母亲畅叙衷肠……母亲啊，您像温暖的太阳，儿子永远报答不完您的养育之恩。他还想起自己小时候，大哥吴运钧时时处处保护他，给予他的厚爱。他还想到比自己小一岁的妹妹，从十一二岁起，就跟着母亲去给人家洗衣服、挖野菜，双手裂开了一道道血沟。现在，兵荒马乱年月，一个人逃难，遇上坏人怎么办……吴运铎不敢再想下去了，心如刀绞。然而，他又安慰自己说，天下穷人多，天下好人多，但愿他们平安无事。

继而，吴运铎又批评自己：如今我是一个革命战士，一生全部交给了党，怎么能在紧张的战斗时刻分神，去记挂自己的家人呢！自己家的不幸，只是我们祖国人民所经受苦难的一部分。过分的悲怆、流泪，丝毫也不能结束这种苦难。只有英勇地战斗，彻底干净地消灭敌人，才能夺取胜利，换来幸福。个人的幸福，只能包括在集体的胜利之中。因为个人不过是大海中的一滴水，谁能从苦海中捞出一滴甜水？想想这些，他终于想通了，每天忘我地工作，提高造枪的技能，为前方多造枪。

史沫特莱女士

吴运铎和军工们一起克服困难，以简陋的厂房，笨重的土机器和工具，源源不断生产出新的步枪。新步枪一批又一批送到前线，消灭拥有装备优良武器的敌人，这不能不引起世人的瞩目。中国人民的朋友、著名美国记者史沫特莱女士的嗅觉最灵敏。她知道这深山老林里有个新四军的兵工厂。

1939 年春，兵工厂忽然热闹起来，厂门口贴出大幅横标："热烈欢迎国际友人史沫特莱女士。"军工们列队迎接这位以记者身份，从中国革命圣地延安来到皖南抗日战场采访的客人。

史沫特莱生在美国一个贫苦农民家庭。1929 年底，她作为《法兰克福报》特派记者来到中国。她冲破国民党的新闻封锁，深入根据地报道人民革命斗争，揭露了日本帝国主义者的侵略行径和国民党恐怖活动……1937 年初，她到了延安，会见了朱德总司令和许多中国共产党的领导人。之后，随八路军、新四军转战华中等抗日根据地，写了大量的报道。她第一次将"红色中国"的真实情况告诉了世界人民，宣传了工农红军胜利的消息，揭露了帝国主义反动派对中国人民解放运动的无耻造谣；她向全世界人民宣布了领导中国人民坚持抗战的不是蒋介石集团，而是中国共产党……

一会儿，史沫特莱女士穿着一身新四军的军装，腰间扎着皮带，脚上蹬着草鞋，在所长陪同下来到了工厂。她在一阵热烈掌声中，不住地挥手，频频点头，向军工们致谢。

参观开始了，这位四十多岁的记者，很懂行，也很细心，看样子是有备而来。她先要了一支新枪，拉开枪栓，仔细看了各部分的构造，禁不住地称赞军工们造枪的技术，并且要求试一试枪的性能。她来到靶场，举起枪朝距离 100 米左右的钢靶连打三发子弹，子弹穿透了钢靶。

当她提着枪跑过去，看见钢靶（钢板）被穿了三个洞时，高兴地举起枪，向在场的军工们致意，还举起左手，伸出了大拇指，激动地流出两行热泪……

作为一个职业记者，她不能不思考，这么好的枪，在这深山老林里到底是怎样制造出来的？为求得一个真实答案，她迫不及待需要回到车间进一步深入采访。

她指着手里的枪，惊异地问李友生所长："这是用什么机器造的？"李所长看了吴运铎一眼，说："运铎，你给史沫特莱女士介绍一下吧！"他把吴运铎拉上前去，向史沫特莱女士说："这新枪都是他带着伙伴造出来的。""噢，吴——运——铎。"史沫特莱用不太流利的汉语说。吴运铎简单地作了情况介绍，她不停地往本子上记录着什么。当吴运铎说完之后，她兴奋地说："吴运铎同志，我以一个国际友人的名义，向你表示敬意！"她恭敬地向吴运铎鞠了一躬，并且还问道："你用什么宝贝造出新枪的……"吴运铎腼腆地指着车间里的长桌子、短凳子、木桩、旋转的石磨，还有那些旋床……坦诚而又自豪地对她说："我们就是靠这些东西造出来的……"史沫特莱女士感触很深地说："我从美洲到欧洲，到过很多国家，看到过许多兵工厂，就没有看见过这样的兵工厂。像你们这样的兵工厂，真是世界上唯一的一个兵工厂了！这真是奇迹！奇迹！”

史沫特莱女士的到来，鼓舞了长年隐蔽在山沟里干活的军工。谁也没想到，这样的小山沟，在中国有成千上万个，这位外国友人怎么偏偏来到他们这个小山沟，她怎么知道在这里生产枪支？由这件事，吴运铎想了一个晚上，想到他们的工作是极不平凡的，他们这个兵工厂是在全世界挂上了号的。干革命，不啻是在大城市里，在敌后根据地，在这小山沟里也同样是干革命，最后他们要走出山沟沟，到平原去，到大城市去……他们全厂军工的心是和全国人民连在一起的，是和全世界被压迫、被剥削的人民连在一起的。史沫特莱女士的到来，使军工们的干劲更高涨了，一个人能干几个人的活，夜以继日，停人不停机，工作效率大大提高。

无数的水滴汇聚成巨流，无数的巨流汇合成汪洋大海。一个人只是革命战争中的一份力量，几百人，几千人，几万人的力量凝聚在一起，其势不可当。吴运铎决心做一个革命战士，把自己交给集体、交给党，为无产阶级的伟大事业奋斗终生。

庄严宣誓

一天吃过早饭，吴运铎想借星期天好好放松一下，便跑到工厂的后山坡，躺在草地上看起书来。不一会儿，钳工秦永祥也拿着一本书从山下跑上来了。他坐在吴运铎旁边，深深地吸了一口山野间纯净而又清新的空气，像诗人朗诵诗一样，高兴地说道：“这地方真美，就跟花园一样……”秦永祥，1937 年入党，由上海地下党派送，来到皖南参加新四军，分配到修械所工作。他也是修械所党支部委员，特别关心吴运铎的进步，作为支部培养吴运铎的联系人。是生产能手，又是俱乐部文娱委员，他爽直、热情，两人第一次见面就成了很好的朋友。

蓦地，秦永祥站起来，望着山洼里那一片黄色土房，凝神微笑着说："看我们的工厂有多好！才一年时间，就发展这么大，再过几年，说不定真能造出大炮呢！"吴运铎望着山下的厂房，也感到很欣慰、很自豪。秦永祥忽然问他："老吴，你将来准备做什么？"吴运铎想了想，说："我是个工人，机器永远对我有一种魅力。当它平平稳稳地转动，像琴键弹出一个个动听的音符的时候，我心里就愉快；当它发出杂乱的噪声，像一个醉汉发着呓语的时候，我心里就不安，好像是亲人得了重病，恨不得把心掏出来，放进他的胸膛里去。这种感情，是任何一个热爱自己事业的人都会有的。可是，在我内心深处，还有一种最让我激动的感情，不仅要做一个热爱自己事业的人，而且要做一个共产主义战士，'吃苦在前，享受在后'，'冲锋在前，退却在后'。做这样的人，是最光荣，也是最幸福的。因此，我要做个共产党员！"秦永祥的眼睛立刻闪耀着光亮，紧紧抓住吴运铎的手，激动地喊道："太好了，太好了。"两人沉浸在幸福的遐想之中。

吴运铎说："老秦，我早就想参加党，为党做更多的工作。只是我有不少缺点，性情又急躁，恐怕离党员的标准太远了。"老秦说："只要努力争取，党一定会吸收你的！"接着，老秦又特别叮嘱吴运铎说："做个革命战士，最重要的是得有坚定的立场，对党无限忠诚，经得起任何考验，不管什么时候，都跟党走，不变心！"

这一次，他们谈了很多，除了说工作、学习，也谈了思想修养。老秦有段话，特别启发了吴运铎。老秦说："个人主义最害人，自私自利，虚伪欺诈，都是从这里产生的。做个真正的革命者，要像对待毒瘤一样割掉它！”吴运铎说：“我也想过这个问题，人活着，不是为了生儿育女，不是为了消耗五谷，生活中应该有自己的目标。专为个人打算的人，实际上没有生活方向。成天在自私自利的阴沟里爬来爬去，弄得满身泥，脸上也是黑的，走到哪里，都会发出臭味。这样活着，又有什么意思。”秦永祥很同意吴运铎的观点。这一天，吴运铎的话就像开了闸门的水，滔滔不绝，很自然地流淌出来：“为人类最美好的理想共产主义事业而奋斗，就是终身最大的幸福。我要把自己完全交给党，听党的话。希望你好好帮助我。”秦永祥热情地鼓励他，说：“共产党员都是从旧社会过来的，不是‘超人’，即使入了党，也需要在斗争中锻炼，靠批评与自我批评加强党性。一个人，只要不掩饰缺点，善于听取别人的意见，就能够不断提高阶级觉悟。一个人，如果是真心革命，就不会让个人主义的灰尘迷住眼睛。”这次谈话使吴运铎更加了解到革命战士要改造世界，同时也要改造自己。此后，吴运铎时时警惕自己的缺点，决心不惜牺牲一切，把自己的一生献给党。

一个初夏的傍晚，吴运铎正和几个年轻小伙子在菜园里浇水，只见不足20岁的罗克绳连蹦带跳地向他跑来。他拉住吴运铎就走，高高兴兴地说：“告诉你一个好消息！”吴运铎莫名其妙地跟着他跑出菜园。“老秦已经把你的要求向党支部汇报了，”他边走边说，“经研究，支部认为你可以正式申请入党。”“真的？”“真的！我做你的介绍人。”当晚，吴运铎就坐在菜油灯下写入党申请书和自传。他思索着过去的日子：罗克绳同志曾是我们的小组长，比自己小二三岁，工作中有不懂的地方，就去问他，他给予的是热情的帮助，使自己的技术提高得很快。还记得，有一次和罗克绳去河边洗衣服，他告诉我他与敌人有不共戴天的仇恨……父母为革命壮烈牺牲。罗克绳从小在军队里长大，独具军人气质和坚定的革命信念，他曾经说过：“共产党把我抚养长大，党就是我最亲的人。”由于吴运铎长时间与罗克绳接触，耳濡目染，无形中罗克绳成了他工作和生活的榜样。

1939年5月18日晚上，罗克绳带领吴运铎翻过一道小山梁，顺着林荫小道，走进一块不大的草地。月光穿过茂密的竹林，照着挂在树枝上的党旗，环境严肃异常。吴运铎的心怦怦直跳。这是兴奋的跳动，是感情无法控制的跳动，是理性、精神升华的跳动……支部书记宣读了吴运铎的入党申请书和自传，罗克绳把对吴运铎的了解作了介绍，然后全体党员表决。“一致通过！”支部书记宣布。在党旗面前，吴运铎同志在新四军军部修械所党支部大会上的庄严誓词：“我的一切都是党和人民给的，我要把自己完全交给党，为了党和人民的事业，我要奋斗终生，献出一切。”

吴运铎曾对笔者描绘过那时的心情：“当天晚上，我真高兴。我想，我能成为一名共产党员，这是我一生最大的幸福、最大的快乐，至高无上的荣誉。我必须把工作做得更好，处处起带头作用，丝毫不能辱没共产党员这个崇高的称号，为抗日战争、为中华民族的解放事业献出一切，乃至生命。”他还在给笔者的信中写道：“我常回忆自己的青年时期有两个最高兴、最自豪的日子：第一个是穿上军装的这天，第二个是我入党宣誓的那天。”

第六章　转战江北

1938 年 1 月，新四军一成立，党中央和毛泽东同志就指示，新四军应该东进作战，直迫上海，并向北发展，进入苏北。次年，成立了以陈毅为指挥，粟裕为副指挥的新四军苏南指挥部和以张云逸为指挥，徐海东、罗炳辉为副指挥的新四军江北指挥部。1939 年冬，新四军已发展到近 3 万人。1940 年 7 月，陈毅同志坚决贯彻执行党中央向北发展的指示，率一、二支队主力从扬中渡江，向北进军，在泰兴、六合、仪征一带开展游击战争，建立抗日政权。新四军的胜利发展，壮大了敌后人民的抗日力量，但却引起了国民党顽固派的嫉恨。1940 年 9 月，国民党顽固派韩德勤竟调集八十九军，独立六旅等大举围攻驻黄桥的新四军。10 月，黄桥一战，新四军歼灭了国民党顽固派的军队，打开了华中抗日的新局面。

毛泽东同志说过：“帝国主义者及其走狗、中国反动派对于他们在中国这块土地上的失败，是不会甘心的。他们还会互相勾结在一起，用各种可能的方法，反对中国人民。”果然如此，日本帝国主义和国民党反动派没有违背捣乱、失败、再捣乱、再失败，直至灭亡这个逻辑。不久，日本帝国主义和国民党蒋介石勾结，阴谋制造了罪恶的“皖南事变”。

脚踝骨负伤

“皖南事变”前，吴运铎在工作中左脚受伤。这是他参加革命第一次受重伤。大约是在1940年7月底，吃过早饭，吴运铎走进车间，检查一下发动机的油箱，加进了煤油。在握住摇柄启动发动机时，未提防，摇柄滑脱下来，把他左脚踝砸了一道口子，流了血。干活碰破手脚，在工厂里是家常便饭。特别是干军工这一行，更是常有的事，他也没有去看医生。

过了十几天，伤口不但没好，反而不停地流黄水，时而隐隐作痛，他也没吭声。8月13日，李所长要他外出茂林执行一项任务，并要争取时间，当天赶回来。因为晚上要在麻岭坑的大操场召开纪念“八一三”① 大会，会后还有话剧演出，要求大家都去参加。

吴运铎接受任务后，急如星火地出发了。来回近百里，疾步如飞，天黑才回来。他的左脚伤口处红肿得越来越大，阵阵疼痛，他也没当一回事。晚饭后，他硬挺着和大家一道兴致勃勃地参加晚会。那天，他还登台演出了歌剧《一条扁担换一条枪》。演完了，他走下台，坐在地上观看一个个精彩节目。这时候，脚上的伤口越发疼痛难忍，他一直坚持到晚会落下帷幕。

散会后，各单位都整队走了，喧闹的大操场寂静下来，他的伤口处开始剧烈疼痛，以至于坐在地上起不来。不一会儿，他就昏迷不省人事了。同志们把他抬上担架，送到留守处门诊所时体温已升至40度，此时才知道伤口已经感染。医生用刀割

---

① “八一三”，1937年8月13日，日军在虹口、杨树浦一带抢占有利据点，并向中国军队进攻。这就是八一三事变。张治中率部奋起抗击，中国空军也出动参战。淞沪战役由此开始。

开伤口，乌黑的脓血涌出来，淌了半杯，原来伤口里的肉全烂了。

两天之后，他又被抬到军司令部后方章家渡军医院治疗。医生给他挖去腐烂的肌肉，沿着踝骨挖了一个月牙形的、足有小半个碗口大的洞。他在医院住了一个多月，伤口不见好转，因为心里惦记着工厂，便请求医生给他带一些药膏、绷带，想拄着拐杖，一条腿跳回工厂去。事情也巧，因工作需要，那天工厂也派担架来接他。一回到工厂，吴运铎忘了自己的伤痛，马上投入紧张的劳动。他的伤口成了慢性溃疡，短时间内不能治好。这时候，国民党顽固派调动了几十万军队，妄图一举消灭江南敌后坚持抗战的新四军。军部命令，非战斗部队先撤，吴运铎和战友们向苏北转移。

什么时候转移？《把一切献给党》的多种版本描述大体相同。《把一切献给党》（1953 年 7 月北京第一版第一次印刷本）中说："1941 年 1 月，蒋介石发动了罪恶的'皖南事变'。在这以前，我的左腿被机器砸坏，中了破伤风，抬到医院去开刀……不能动弹。发生战斗，只好请两个妇女抬一副担架，把我抬出了战地。"所谓"发生战斗"，即指"皖南事变"。也就是说，吴运铎等军工们是在"皖南事变"前几天离开军部北上的。

1954 年 6 月版本的《把一切献给党》中写道："兵工厂接到了司令部的撤退命令，连夜把机器都埋了，随着非战斗部队先撤。军医处和军械所跟着前卫部队走在最前边，刚离开茂林不远，反动派军队从中间插了进来。猛烈的战斗开始了。"

《把一切献给党》的 1963 年 1 月、1979 年 8 月、2006 年 6 月及至 2021 年 4 月的版本，均未改动。不仅如此，还写道："我们终于到了苏北。”“当天晚上，我瘸着腿跟着老秦兴奋地参加了庆祝黄桥战斗胜利的军民大会。”

笔者查阅和学习了《中国共产党历史》（中共中央党史研究室著，中共党史出版社 2011 年 1 月版），书中指出：“1940 年 9 月初，中共中央获悉国民党政府军令部已向顾祝同发出‘扫荡’长江南北新四军命令。9 月 6 日，中共中央军委电示叶挺、项英、刘少奇准备自卫行动，并嘱皖南尤须防备……”“11 月 9 日，中共中央以朱德、彭德怀、叶挺、项英名义复电（即指佳电）何应钦、白崇禧，据实驳斥‘皓电’的反共诬蔑和无理要求；同时表示，为顾全大局，坚持团结抗战，新四军驻皖南部队将开赴长江以北。”

鉴于此，新四军军部吴运铎等全体军工应于 1940 年 11 月 9 日后转移。

1941 年 1 月，“皖南事变”发生了。

驻皖南泾县的叶挺、项英率新四军军部等 9000 余人开始转移，准备绕天目山到苏南，待机渡江北上。1 月 6 日，当新四军军部三个纵队到达泾县茂林地区时，突遭顾祝同、上官云相所部国民党军队七个师八万余人包围袭击。新四军部队英勇奋战七昼夜，终因寡不敌众，弹尽粮绝，除 2000 余人突出重围外，一部分被打散，大部分壮烈牺牲和被俘。

震惊中外的“皖南事变”发生后，党中央领导全党采取了坚决斗争的方针，对国民党顽固派进行了坚决的回击。1941 年 1 月 20 日，党中央革命军事委员会发布重建新四军军部的命令，任命陈毅为新四军代理军长，刘少奇为政治委员，张云逸为副军长，赖传珠为参谋长，邓子恢为政治部主任。1 月 28 日，新四军新军部在苏北盐城成立，随即将全军整编为七个师

1941 年 1 月 23 日，新组建的新四军代军长陈毅（中）与军部人员合影。

和一个独立旅。全军共 9 万余人，继续坚持长江南北的抗战。

日寇、国民党反动派和伪军，为了逮捕新四军在“皖南事变”中突围的同志，加紧了封锁，还派不少便衣队，四处探听消息。兵工厂军工在皖南北上途中被日寇抓去了六名军工，都给活埋了。所以，军工们北上时特别小心。组织上要求心细，做到万无一失。由于吴运铎的脚伤还没有痊愈，经过长途行走，左脚肿得又粗又大，日夜淌着脓血。组织上让他住院，等伤好后再追赶队伍。他生怕离开自己的队伍，坚决要求跟队伍一起北上，领导也只好同意了。

吴运铎一天走不了多少里路，并且随时有被敌人发现抓去的危险。地下党组织怕他暴露身份，就想了一个办法，把他化装成一个乞丐。他拿着一根打狗的棍子，挎个要饭篮子，买一帖狗皮膏药贴上，成天不洗脸，蓬头垢面，又弄了一个难民符号别在胸前，化名“周其村”。如此一番乔装打扮，还恐怕躲不过敌人的探子，党组织又派一位地下党的同志暗中保护他，一站一站往前送。吴运铎感到路很长，很艰难，有时累得真想躺在路边，可一想起他是在战场上，是在同敌人进行你死我活的斗争，他不能被困难吓倒，入党时的誓言在他心中升腾。

疲倦和伤口无情地折磨着他。一天下午，太阳西坠，他浑身觉得冷，不停地打哆嗦。剧烈的颤抖过去，就是发高烧，头晕睁不开眼，他患了疟疾。在一位老大娘的帮助和照顾下，住进了她家的牛棚子里，又由大娘的儿子找人抬担架，把他送到离队伍很近的地方——溧江和句容交界。吴运铎按约定的记号，没找到人，就借一位老大爷的小屋住下了。第二天，天未亮，一群狗特务来搜查，老大爷已把他送到另一个村子里躲起来……

一天晚上，地方上党支部的同志把吴运铎送到一个小学校，校长把他和二三十个男同志、十多个女同志召集到一起，编成小组，叫他们准备次日过江。第二天清晨，烟云氤氲着水面，湖光潋滟，吴运铎和这一伙人乘上木船，走了水路。

为了麻痹敌人，组织上还想出一条妙计：让吴运铎陪一位从新四军来的女同志，带着一个孩子同行，让人一看就像是一对夫妻。出发前，组织上还给吴运铎规定一条纪律，不准在船上说话，免得口音被人听出来，暴露自己。一路上，那位女同志总坐在吴运铎身边，有时她抱着孩子累了，就推给吴运铎。坐在吴运铎身边的一个女人总想找话茬儿说话，问他是从哪里来的……吴运铎就是不吱声。那个女人问别人："他是哑巴吗?"吴运铎索性顺水推舟，装起哑巴来了。就这样，吴运铎没有露出任何破绽，敌人也没有找到疑点。

吴运铎能够安全通过敌占区，穿过七道封锁线，完全是由于地下党组织的精心安排，高度责任心和人民群众的保护才能顺利撤往江北。特别要提到一位热爱新四军的老大爷，趁着敌人兵舰去上游巡逻的空隙，撑着船，划着桨，破浪前行，把他送过江。到达苏北，在黄桥招待所住了一天。次日，吴运铎奔赴新四军军部所在地——盐城。

研制子弹

1941年2月，江苏盐城新四军军部决定成立军工部，下设三个兵工厂：一厂生产炮弹，二厂修理枪炮，三厂生产子弹。吴运铎被分配到三厂，主要是研制武器，担任政治指导员兼工务主任。具体任务是研究怎样把用过的步枪子弹壳再改装成子弹，还研究并试验怎样做炮弹……

军工部部长韩振纪对他说："老吴，这个任务交给你了。我知道你没有造过子弹，可是，别人也没造过。更糟糕的是，一无材料，二无机械，困难当然困难，不过革命就是从无到有、从小到大。只要拿出革命毅力和创造智慧，总能想出办法。"吴运铎还能说什么呢，组织上命令一个战士去执行这样重要的战斗任务，是对他的最大信任。因为党相信他不会碰到困难就向后转，变成可耻的逃兵。他珍重这个信任，愉快地接受任务。

吴运铎的伤口一直没有好，连脚背也肿得很高，有时疼痛难忍。紧张的战斗生活使他把个人的伤痛完全置于脑后。然而，伤口是客观存在的，走路疼痛钻心，休息不好，心情一直很压抑……

窗外，北风卷着棉絮般的大雪，漫天飞舞着，越下越多。吴运铎和军工们驻扎在盐城西边的古庙覆盖着一层厚厚的雪被。庙的正殿耸立着三尊大佛，吴运铎睡在佛座下铺的稻草上，挨着窗棂搭上了一块门板当写字台。这古庙的大殿既是宿舍、办公室，又是车间。在古庙的外墙根下，散乱地堆放着收集来的破铜废铁、钢轨、铁板什么的。吴运铎天天望着这些硬家伙出神，心里琢磨着：子弹厂就要从这堆废钢铁里诞生。

吴运铎到二厂（修械厂）领了几发步枪子弹，回来后小心地把弹头拔掉，仔细地量着子弹各部零件的尺寸，计算各种材料的重量，写在随身携带的小本子上，成天揣摩着子弹的制造步骤和方法。

要制造子弹，得先造弹壳。制造弹壳要用铜。铜又很缺乏，只有要求每个战士都要珍惜空弹壳，放一枪就把它保存起来，然后聚集到一起送回工厂。军工把空弹壳用钢模重新压制，使它恢复原形，再造成子弹壳。不过弹壳底部的火帽在发射时被撞针击毁，必须换成新的。当时，他们没有做火帽的铜片，只好把那些不能用的裂口的空弹壳剪开，锤成薄片，来代替火帽的用料。

在敌人的重重封锁下，找不到火药原料，就想法寻找“代用品”。这个“代用品”是什么呢？吴运铎凭生活经验，决定用红头火柴代替火药。他把一根根火柴头刮下来，用酒精泡开，制成起火药。可是又找不到酒精，想来想去，才想到从酒里提炼酒精。于是，他去小铺子里打了二斤老烧酒，又做了个洋铁罐子，把烧酒蒸馏一下，当酒精使用。没想到用火柴头做起火药，爆炸力太强。他又跑到厨房里，刮下锅烟子，掺在一起，才配制成功。不过，要是这样配起火药的话，需要多少红头火柴呀！那时，根据地不生产这东西，从敌占区运来又不方便，怎么办？他听说药店里卖的雄黄和洋硝可以代替红头火柴，就去药店买了雄黄和洋硝，混合配制，才算解决了这个难题。靠这种办法，毕竟是有限的，很可能供不应求。他看到从敌人手里缴获的各种炮弹堆放着派不上用场，想着是否可以利用呢？我军当时又没有大炮，堆在那是个浪费。他幽思良久，决定把那些炮弹一个一个拆开，取出里面的发射药。

他看那些火药粒大，又做了一个小碾子，把它碾成碎末，来做子弹的发射药。谁都知道，这种易燃物，摩擦过度容易起火，把人灼伤，所以每次碾发射药末都要冒着很大的危险。

一个问题解决了，另一个问题又冒出来了。制造子弹头的材料缺乏，怎么办？吴运铎试着把铅熔化了注入模型，做子弹头。但铅经不住高热，发射时，铅头子弹经过枪管，柔软的铅渣沾满了枪筒的来复线，步枪有被炸毁的危险。后来又经过分析和对比，他决定改用铜板，放在弹头钢模里压成空筒，做成尖头的子弹头，里面灌上铅。这样一试验，果然成功了。

接着，还要制造机器。他从废铁堆里找出几节切断的钢轨，中间钻个洞，安装模型，然后把钢轨钉在案板上，算是“冲床”。修械厂也为他们制造了一批手模、冲子等简单的工具。上级还调来一部分人员，成立了子弹试验厂。试验厂开工了，材料就用过去市面上用的铜板，一个铜板做一个弹头。起初，制造的子弹头上下一般粗，慢慢地也能制造尖头鼓肚的子弹头了。短短几个月，三厂就以手工方式，试制少量的翻造子弹，即利用原有的弹壳，配上底火、弹头及发射药制成，有力地支援了前方战士。

由于蒋介石消极抗战，积极反共，所以把大部分力量集中对付八路军和新四军。就在这时候，吴运铎所在的子弹厂接到上级命令：日寇即将对苏北抗日根据地进行大规模扫荡，各单位准备好应对的策略。果不其然，7 月 17 日清晨，刚吃过早饭，庙里的大钟当当地响了，这是空袭警报的信号。当时，军工们是“一手拿锤，一手拿枪”，平时做工，战时打仗。此刻，听到钟声响，吴运铎立刻吩咐大伙收拾零碎工具装进袋子里，隐藏好主要工具和材料……大家心里都明白，一场激烈的战斗即将打响。

吴运铎迅速地换上便衣，拿起步枪和子弹就往大门口冲去。刚到庙门口，六架敌机迎头冲来，耳边一声呼啸，三颗炸弹落下来。他急忙卧倒，顺着土堆滚下斜坡，车间发出震耳欲聋的爆炸声，火光冲天。大庙倒塌了，机器埋在里面。

当天夜里，漆黑一团，敌机不停地来疯狂扫射。情况万分危急，军工部决定三个分厂马上转移疏散。吴运铎和军工们一起从倒塌的庙里抢救出机器和材料及工具、半成品并迅速地装上船，沿着小河向东北海岸大荒地撤退。女工们背着孩子，手里握着竹篙撑船；男工们拽起纤绳，沿着堤岸一步一步往前拖，好不容易才来到了大海的荒盐滩上。

稀稀落落的几个盐民的草屋点缀在那里。军工们走到哪，哪就是家。他们在那里安了家，好像什么都没有发生过似的，随后架起机器，重新干起来。当时生活很艰苦，不要说没有大米、白面吃，就是苞米面也看不见。黄豆吃完了吃绿豆，大麦吃完了吃红薯，最后连红薯藤子也吃完了。大伙喝的水，全是咸的。后来，敌人追到荒滩上，他们又化整为零，并且派一部分同志带些机器上了大盐船，张开大帆，在海上建立了分厂，仍坚持武器和弹药的生产。

补给完全断绝了。材料、粮食眼看快用完了，吴运铎决定立刻离开海边，转移到盐城附近的水网地区。在那里，他们经过休整，制造子弹的工厂又开工了……

冲破包围

军工们不光要用战斗精神来劳动，还要随时与来犯的敌人进行作战。每个军工都身带两种武器，一种是钳子、锉刀，另一种是步枪和手榴弹。平时都把子弹压进步枪的弹仓，放在身边，随时准备战斗。有人误解了，认为吴运铎一生只是研制各种弹药和枪炮，没有跟敌人打过仗。其实，吴运铎不仅指挥过军工及家属大转移，与敌人斗智斗勇，周旋了40多天，而且还面对面与敌人交火多次，没有损失一兵一卒。

1941年7月一个早晨，远山的雾霭尚未飘尽，忽然听见不远处有枪炮声，军工们马上就断定是敌人又来偷袭兵工厂。大家立刻放下手里的工具，拿起武器，准备抵抗敌人的机枪扫射。吴运铎作为子弹厂的政治指导员兼工务主任，一面组织女同志和军工家属向阜宁转移，一面带领着一个青年军工小组掩护家属和照管机器、材料。这支队伍连老带小100多人。妇女们有的生病，又有孩子。那些娃娃们有的刚会走路，有的还没断奶，一有动静就哇哇直叫，行动起来很不便，极容易暴露目标。谁都知道，兵工厂是敌人的眼中钉。敌人要消灭一个兵工厂，就等于供给新四军的弹药被截断，因此敌人紧紧地跟着追击，一步也不放松。敌人追到东边，吴运铎就指挥军工向西走；敌人向西，他们就转移到东边；敌人向前扑，他们就向敌人后面钻……一切为了保护自己。保护好自己的队伍就是胜利。

日本鬼子的扫荡虽遭到重挫，但仍不甘心，到处寻找新四军主力和兵工厂。一日，鬼子的汽艇沿着河道清剿，冲到子弹厂转移的地方。吴运铎即刻调动军工埋伏在河堤，严阵以待。等汽艇进入射程之内，他一声令下，机枪、步枪、手榴弹一齐开火，打得鬼子晕头转向，以为遇上了新四军正规部队，仓皇逃命。吴运铎第一次面对真枪实弹的鬼子兵，打得痛快，终生难忘。

一天中午，他们到了四面环河的一个小村庄，打算在那里休整队伍，做顿饭吃。同时，把一些生产出来的半成品埋藏起来，减轻行动的负担。他和两个同志把要藏起来的东西抬到一个小菜园里，刚刨了几个坑，把一个个小木箱放进去。忽然，有人叫："鬼子又追来了！"吴运铎闻声对他俩说："你们快回去，带队伍过河，绕到敌人后面走，我埋完东西再去找你们。"敌人的一个小队很快就到了这个小村庄，看见南河岸的木桥被拆掉，发了疯似的哇啦哇啦大叫大骂，并站在桥头向庄子里乱开炮。吴运铎埋完了几个箱子，上面放了一些浮土，便向北面河边跑去。敌人发现了，打来一阵乱枪，吴运铎一翻身滚下河堤，嘴里咬紧手榴弹的布袋，左手举着枪，游过了小河……

日本鬼子步步受挫，变得更加凶残，在根据地实行烧光、杀光、抢光的政策，用"拉网"清剿战术，妄图把新四军和一切革命力量一网打尽。此时，军工部要求各工厂化整为零，各自为战，尽可能保存机器设备和大家的安全，实行钻网突围的作战方针，破除敌人"拉网"清剿战术。吴运铎带领子弹厂的军工、家属把不便携带的机器设备埋藏好，以班为单位组成战斗组，坚决执行突围的命令，紧密依靠根据地的人民，反制敌人一次又一次围剿，逆境脱险。

军工部带领各个小队，冲破敌人的包围，退到阜宁去了。吴运铎带领的这一小队跟领导机关失去了联络，只好向西北方的阜宁前进，沿途又收容了一些掉队的同志。白天行动不方便，就在树林里休息，晚上互相牵着衣襟赶路。就这样跟敌人周旋了一个多月，最后他们走到一处叫丁家渡的地方，发现陷进了敌人的包围圈。情况紧急，不容犹豫，他们必须连夜冲出去，否则被敌人发现，后果不堪设想。

吴运铎把队伍先带到一道土埂下面隐蔽起来，然后便和一个同志去找船。他俩轻轻地走进村外一个小茅棚子，唤醒了主人。这个农民听说是新四军，马上拉他俩往河弯跑，那儿正锁着六条船。农民告诉吴运铎说，这是地主的船，向他借用一下。他们又反身去找那个老地主。“船借我们用一用，弄坏了赔你的。”那个老地主说：“你们新四军还赔得起船呀！”说完眯缝着眼睛，装着打瞌睡。任凭吴运铎怎么说，老地主就是不吐一个“借”字。不能再等待了，他把枪栓拉得哗啦一响，大声说：“干脆点，你说，借不借？”这个老地主吓坏了，连说：“借——借——借！”

当天夜里，雷声大，雨也大，天黑得伸手不见五指，他们冒雨把机器和材料搬上了船。船逆流而上，走得相当慢。当地许多农民得知消息后，半夜里跑来帮助拉纤。船行不远，就碰到敌人预先布置的两道封锁网。敌人把河岸两边的大树砍倒，一排排埋伏在河里，树和树之间用铁条连上。这些障碍，农民都帮助他们顺利地排除了，终于冲出了包围圈……这一夜大家累得筋疲力尽，连饿带冻，没有一点力气了。

离阜宁有四五十里的地方，一天傍晚，队伍刚渡过射阳河，碰上几百人的地主武装、土匪，想消灭他们。吴运铎组织好火力，大家排成一字形趴在河堤上英勇抵抗，十多支枪难以压住敌人的嚣张气焰。但因天色渐渐擦黑，敌人不知深浅，也不敢扑上来，怕中了埋伏。正在情势危急时刻，侧翼忽然响起了密集的枪声，原来是住在附近的新四军三师七旅二十一团三营的战斗部队赶来了，这伙地主武装、土匪被击溃，有的被俘，有的被击毙……

吴运铎带领的这支由军工、家属和孩子编成的小队，经过43个日日夜夜的艰苦战斗，以高超、绝妙的战略战术，终于突破了敌人的包围，到达了上级指定的归队地点，无一人伤亡，无一人受冻挨饿，机器没有丢失一件。在党的领导和根据地军民的帮助下，赢得了反扫荡战斗的胜利。

第七章 淮南二师

1941年秋，苏北军民粉碎了日寇、伪军和伪国民党浙江省韩德勤部队的秋季大扫荡，取得了反扫荡的胜利。华中抗日战争的形势有了新的发展。红色根据地继续扩大，新四军遍布长江两岸。部队扩大了，敌后抗日迫切需要枪支弹药来补充。尽管上级向每一个战士提出要夺取敌人的武器，武装自己，但仍感到我军武器和弹药非常不足。新四军司令部决定把从苏北来的40名军工，分配到华中各根据地去，建立更多的兵工厂。吴运铎和军工部副部长吴师孟9人被分到罗炳辉同志率领的新四军二师淮南敌后抗日根据地（地处南京以北，津浦路以西）。

吴运铎左脚的伤口还未好，成天淌脓流血，已成了慢性溃疡，没有特效药可以治愈。医生叮嘱他，每天在太阳下晒伤口……

从苏北到淮南要步行几百里，怎样才能完成这艰难的行军任务？吴运铎对这不争气的脚伤无可奈何。上级非常重视这次行军的安全，特地派了一个营的部队护送他们。在行军中，吴师孟副部长把马让给吴运铎骑，他们穿越了敌人的层层封锁，一个月之后，进入了淮南根据地边界，又乘大帆船，驶进了洪泽湖。白茫茫的湖水，生长着密密层层的芦苇，给湖水点缀着生机盎然的绿色，真是坚持游击战争的好地方。渔民们

新四军二师师长罗炳辉。

看见他们来了，老远就举起十多斤重的大鲤鱼，高兴地打着招呼……他们回到根据地，像久别的儿子回到了娘的身边，心情格外激动。

1941 年 9 月下旬，在二师师部所在地淮南盱眙县黄花塘，罗炳辉师长非常热情地欢迎他们，陪他们一起吃饭。晚上，又陪他们一同坐在地上看文工团演戏。他高兴而又郑重地说："你们来得太好了，不是锦上添花，而是雪中送炭。咱们每个战士只有两三发子弹、一颗手榴弹。一颗子弹消灭一个敌人，我们都觉得不合算！"

艰苦创业

吴运铎很快就接受了任务：要建立一个年产 60 万发步枪子弹的兵工厂。随后，二师军工部在黄花塘以南 15 里的翟庄成立。被任命为二师军工部部长的吴师孟把任务传达给了吴运铎八人，其中两个钳工，一个锻工，两个车工，两个小鬼算是学徒。在这毫无工业基础的农村，建立一个工厂谈何容易，特别是要建立一个兵工厂，更是难上加难。

吴运铎接受任务时，没有向上级讲存在的困难。他觉得有党的领导，有党的自力更生、艰苦奋斗的革命传统，坚信一定会胜利。如果说有困难的话，谁也无法帮忙的最大困难是他的左脚伤口害得他不能走路，一动弹就出血，折腾得他不得安宁，身体渐渐消瘦下来。他一边去医院取药治疗，一边工作。

吴运铎带着繁重的任务，打起背包便离开司令部，去金沟区平安乡小朱庄（今属江苏省金湖县金南镇福寿村）借用农民的两间茅草屋安了“家”，开始筹建生产子弹的“茅屋工厂”。

据淮安市金湖县黎城街道副主任沈启虎同志提供：“80 年前，来到淮南的新四军二师兵工吴运铎等人，在小朱庄建厂。借房子的农民叫徐万学，1918 年出生，和吴运铎相差一岁。吴运铎当年住在他家。他的后人叫徐延西，至今家里还留有吴运铎离开时给的两块银圆。当年吴运铎第二次负伤时，挨炸的小桌子、用过的脸盆、睡过的床在去年（2020 年）7 月拆迁时扔掉了，太可惜了。”

那时候，新四军打仗主要靠步枪和手榴弹，可是步枪里缺少子弹怎么打仗，只能挨打。在最艰苦的战争年代，每个战士最多给三发子弹。可见，部队是多么缺乏子弹，战士特别需要子弹！

一年要生产 60 万发子弹，需要多么大的兵工厂，需要有多少生产子弹的设备和机床，这些庞大而又要求精密的机床从何而来？他们决定先从小工具、台钳、钻子起步，然后设计和制造各种不同的机床。

工具、机床都是由钢铁做的，上哪里去找钢铁？办法主要有两个：第一个办法是要求我们的战士到津浦铁路的火车站上打一仗，把日本鬼子轰走，将钢轨抬回来。这是钢的主要来源。

第二个办法是军工部材料科的同志千方百计为他们收废钢烂铁，用骡马大队运回厂里，作为生产机床的原材料。与此同时，上级还为他们创造一些条件，比如从别的修械厂调来一部四尺长的皮带车床、两部老虎钳和一台手摇钻。

那段时间，他们利用唯一的一部四尺车床，分成三班干活，24 小时都不让车床歇气，每个人一天至少要干 14 个小时的工作。每天鸡叫头遍的时候，吴运铎上最后一班。他们常常一夜不睡觉，干到天亮再接着干。吴运铎回忆说："有时因为过于疲倦，我倒在机器旁边，不知不觉地就睡着了。同志们看见我累成这样子，也不忍心喊我，就找件衣服替我盖上，怕我冻着。我睡一下就醒了，爬起来再干。吃饭的时候，别人把饭拿到我的机器上，我满手机器的油腻，嘴上脸上都是脏的，也不管，就吃了下去。吃过了，把筷子一丢，嘴也不擦，又继续做工。"

吴运铎的任务是设计生产各种制造子弹的机床。设计思想是因陋就简，本着节约原材料、方便适用的原则。机床不要过大，而且轻便容易转移；能够代用的，尽量废物利用，节省资金。他的设计室没有窗户，他就在东西墙上掏了两个小洞，早晚随着太阳光线的照射而挪动绘图板。绘图板是借老乡家里不用的门板。白天绘图用，晚上当床板。制图仪器也少得可怜，丁字尺、三角板是自己做的；圆规，不知是谁捡来的，锈得发黄；绘图铅笔，是两个半截子硬铅笔，条件相当简陋。

在那艰难的日子里，军工们都知道任务是光荣的，干起活儿来劲头很足，决心要从无到有，用自己的力量造出工厂所需的机器。

在那令人难忘的岁月，军工们每天工作时间长，没有叫苦叫累的。吴运铎打心眼里感到上级交给的任务无比重要，试想，前方战士能用自己生产的子弹歼灭敌人，岂不就等于自己为国杀敌，为民除害吗？

雷管爆炸

一天黄昏，大家刚吃完晚饭，军部材料科的骡马运输队送来一大批军品。牲口背上的驮篮里装着破铜碎铁，还有几匹牲口驮着废了的迫击炮弹。这些迫击炮弹全是日本鬼子、伪军打过来的“瞎火”炮弹，同志们打扫战场时候收集到的。有的炮弹是日本的、意大利的、德国的，还有的是国民党的。有的炮弹的零件全没有了，只剩一个空弹体。运输队长交给吴运铎一封军工部部长吴师孟捎来的信。信上说：“运铎同志，前方战斗打得十分紧张，我们炮兵连的同志迫切等待你们的炮弹，请抓紧把这些炮弹修好，送到前线去！”在“一切为了前方”的战斗口号下，吴运铎和同志们把紧张的建厂工作停下来，夜以继日地去修迫击炮弹。

炮弹上缺的弹尾、尾管、引信全都做成新的装上了，只缺起爆的炸药——雷汞。当时他们没有硝酸、水银等原料，做不了雷汞。没有别的办法，如果等地下党的同志从白区搞来炸药，那就不知要等到什么时候，唯有收集旧炮弹的引信，从旧引信头上的雷管里挖出雷汞来用。军工们心里都明白，做这样的事是非常危险的。但是，战争需要，工作需要，总要有人去做。如果能挖出旧炮弹中的雷汞，造成新的炮弹射向敌人，就可以更多地杀死敌人，解放更多的老百姓。即使牺牲了，也是很有价值的。所以，吴运铎在去做这件赌注生命的事情时，就不再考虑个人安危。他不要别人去挖，一定要亲自去挖。因为他是一个共产党员，哪里最艰苦、最危险，就应该到哪里去！

他收集了许多旧引信的雷管，没有让别人知道，把它放在床下的木脸盆里用水浸泡着。据专家们透露，即使将雷管放在水里，遇到金属撞击，也能起爆。由此可见，吴运铎当时尚未从更深层面认识雷管里雷汞的性质。

一个星期后的上午，他一个人坐在桌旁，动手挖雷汞炸药。他从脸盆里拣出一支最大的雷管，把管口对着从窗户射进来的阳光，仔细观察，发现炸药已浸透了，便凝神屏气，专心致志，用小签子取出雷管口部的一点炸药，看它是否真的被水浸透了，特意用小锤子敲打几下，检查是不是安全，炸药并没有爆炸。他稍有点放心了。接着，他又拿起签子往里挖，没想到这雷汞只是被水浸透了表面一层，里面还是干的，签子轻轻一碰，轰的一声巨响，雷管就在他手里爆炸了。

眼前火星一闪，鲜血喷流！泡雷管的那个脸盆里的水，顿时成了血水。吴运铎的左手齐着手掌炸掉的四个半指头，落在盆里。他赶紧用右手握紧左手腕，阻止过多地流血。肉和皮肤炸得飞了起来，粘在东面的土墙上、桌面上。左腿被震麻，直打哆嗦，裤脚管里淌着血。左腿的膝盖炸得皮开肉绽，裸露出膝盖骨。左眼流出的血，又热又黏。全身麻木，失去了知觉。可是，他脑子还是清楚的。他想，我还有一只手、一只眼，就没有办法使我离开心爱的工厂和车床，但是我的腿要是被炸伤了，在这随时都要战斗的环境里自己不能行动，还会拖累别人。于是，他站起来试试自己是否还能走。后来，吴运铎在 1957 年 3 月的一次报告中说，他当时不仅能走，还围着屋子转起来，而且越走越快，屋子的四周滴满了血。他的脸上血迹斑斑，布满了像蜂窝般的小伤口……

在外面工作的军工们，听到爆炸声，急忙跑到吴运铎的屋里。推门一看，他像是一个血人，浑身上下都是血。有的女军工就哭起来。吴运铎说：“别哭别哭，同志们！轻伤不下火线，重伤不哭。你们不要急，没什么，等我好了再来……”

一时找不到担架，老乡们拿来耙田用的耙当担架抬起他就走。工厂驻地离医院很远，大家担心迟了误事，就抄近路走，直奔黎城镇南附近的三分所医院。荒地无路，坎坷不平，抬耙的人一闪脚，把他摔了下来，滚在荆棘丛里。同志们含着眼泪，又把他抬起来，安置在耙上，两旁加人扶着。赶到医院，已是满天星斗。

同志们把他放在院子里，院长、军医和护士们忙着替他止住了血，洗好伤口，又用棉花球蘸红汞在伤口上涂着。敷好了药，扎好绷带，接着为他换衣服。因为衣服上沾满了鲜血，紧紧地粘在身上，无法脱掉，护士就用剪刀把衣服一块块剪开。

厂里的军工、老乡们紧紧地围在他周围不肯散去。“回去吧，前方等着要炮弹！”吴运铎嘴唇翕动，吃力地对他们说。可同志们哪里忍心走开呢？

后来，他在病房里处于休克状态，双眼紧闭，不吃不喝，每天只能从牙缝里灌进一点糖水。他已经严重休克，生命垂危，可还有一丝丝气，脉搏还在慢慢地跳动着。同志们都在为他的生命担忧，悬着的心始终放不下来……

在那些难忘的日日夜夜，他有时醒了，猛地从床上跳下来，往门外跑，挥舞着那缠满绷带的胳膊，高声喊叫：“我要回去，前方等着炮弹！”

因他流血过多，精神失常，腿又受了伤，身体衰弱支持不住，跑不了多远，就摔倒了。同志们含着泪，又把他抬进病房。

有时，他突然用右手撕开包扎左手的绷带，一面撕一面叫喊：“为什么把我的手捆起来？这样怎么能干活呀！”伤口被他撕得鲜血淋漓，急得护士们流泪。为了不影响他的伤口愈合，医护人员还在病床边多加了几条凳子，加强对他的监护。与此同时，又让工厂派人来坐在床边，抓住他的右手，小心看护他。就这样闹腾了十多天，护士一步也不敢离开他。

一天下午，吴运铎清醒过来，感觉到额角上沁出了凉生生的小汗珠，身上有些闷热，全身像瘫痪了一样，他揭开了白被单，轻声说：“渴！”

医护人员看见他清醒过来，个个脸上都露出微笑，连忙端来开水，一匙一匙往他嘴里喂。大家团团围在旁边，告诉他，在昏迷不醒的15天里，军工部的领导同志来看望过他，老乡们也来看望过他。首长和乡亲们的热情关怀，使他感动得流下了热泪……

突然，小顺子提着水壶走进病房，他问小顺子：“小鬼，你怎么也来啦？”小顺子见他醒过来，高兴地说：“十多天来，你可折腾得够厉害啦！医院里人手不够，指导员就派我来啦！”“小顺子，厂里够忙的，你回去干活吧！”他说。“没有指导员的命令，我不回去！”小顺子嘟囔着说。

伤势渐渐好转，只是不能动弹，急得吴运铎暗自哭了几次……

晚饭后，天渐渐暗下来，值班护士小张提着一个生了锈的马蹄钟走进病房。她把体温表插在吴运铎的舌下，拿起他的右手测脉搏。她看着马蹄钟，默数着脉搏的次数，还吩咐小顺子去厨房打水，准备给吴运铎洗脸。一会儿，小顺子回来了，把热水倒进盆里，护士小张用毛巾给他擦脸。当毛巾遮住他的右眼时，他突然觉得病房顿时全黑了，像是有人把小油灯射出的一点亮光给吹灭了。他告诉小张、小顺子说：“我的左眼瞎了。”说着，他又一次用右手遮住右眼，尽力睁大左眼看，仍是漆黑一团。小张急忙要小顺子拿过油灯，俯下身子检查他的左眼，最后她直起身子说，没有发现什么，只是眼球深处似乎有个米粒大的东西。随着她叹了一口气，不平地说：“唉！多倒霉，炸掉了左手，又瞎了一只左眼。”声音哽咽，眼眶里噙满了泪水。小顺子也难过得一声不响。病房里沉寂无声，只有马蹄钟嘀嘀嗒嗒……

吴运铎转过头来对两个小鬼说：“小张、小顺子你们不要难过。”接着，便慢慢地告诉他们：“我是一个工人。但今天我是个革命工人。从小家里没有吃的，13岁我就下了煤窑，给资本家当牛做马，就凭这双手，一天挣一角钱工资养家。要是在那个年头，像我这次负伤，肯定活不了啦。即使活了也是个残废，狠心的资本家就会一脚把我踢出煤窑。我只能乞讨街头，最后就会像一条野狗似的死在荒郊野外……”

小张再也憋不住了，难过地哭了。吴运铎接着又说：“今天我还是个工人，但我是在共产党和毛主席领导下成长起来的工人。虽然炸掉了左手，我还有右手；炸瞎了左眼，我还有右眼。革命总是有牺牲的，不是我，就是我的同志。只要我能够回到工厂，只要我能站在机床前，我仍要操作高速旋转的机床，生产更多的子弹、炮弹，打击敌人。只要我能坐在设计画图的桌子旁，我仍要设计更好的武器，来装备我们的部队。我只希望能早日回厂，我要请领导批准我的建议，在建立子弹厂的同时，把生产炮弹的工厂也建立起来。我们自己制造新的炮弹，不再修理捡来的破炮弹了。”

天更黑了，窗外传来熄灯号声。小张把他的被子盖好，说：“厂长，你安心睡吧！我去别的病房看看。伤口痛，就让小顺子叫我。”

小顺子忙着倒掉木盆里的水，吹熄了油灯，坐在病床边守着吴运铎，直到吴运铎再三催促他去睡，小顺子才走开。

这次爆炸事件发生的时间和吴运铎左手伤残的程度怎样？吴运铎二次身负重伤的时间，据王吉文同志所说，他从《新四军军工史料》的大事记中查到：“1941 年 11 月 22 日，二师，吴运铎拆旧炮弹雷管时，发生爆炸，身负重伤。”至此，吴运铎二次受伤时间无须质疑了。

有关吴运铎左手炸残一事，《把一切献给党》里写道：“我那只拿雷汞的左手，齐手掌炸掉了四个指头，肉和皮肤炸得飞起来。”此书未涉及拇指。显然，拇指与其他四指伤残有别。如若相同，他会写左手五指炸掉。为此，笔者持析疑的目的，多次与吴运铎的儿子吴小荣交流。

笔者坦诚地对小荣说，20 世纪 80 年代初，我在采访吴老时亲眼看见他左手拇指还剩半截，所以我在后来写文章时，一直坚持用“炸掉了四个半指头”来表述，亦征得过吴老的多位同事认可。为此事，吴小荣在 2020 年 3 月上旬给我发了四次微信。现引证少许，给关心吴运铎的读者有个准确的共识：

“我上小学时，知道老爸左手拇指是为了恢复功能，而特意加长的（整形手术）。按照大姐吴克的说法，五个手指都炸掉了，但手掌还在。大拇指剩下一点点……目的是恢复功能。”2020 年 3 月 6 日，吴小荣发微信说：“我感觉用你的说法比较准确。”于是便有了左手炸掉“四个半指头”的结论。其他多种流传，恳请改正。

思念工厂

秋天，中午的阳光洒在病床上，暖融融的。入夜，老天陡然变脸。窗外秋风瑟瑟，刮得窗户呼呼作响，吵得吴运铎感觉伤口更加疼痛，确实让他难以入睡。想到工厂里许许多多工作，他的心久久不能平静。正在建厂之际，多少工作急待他去完成，可是他偏偏在这时候倒在病床上一动也不能动了。他几次试着坐起来，却起不来，就像是把他钉在这床上似的，急得他偷偷流眼泪。

他思厂之心愈炽，惦记工作之心愈甚。他想，还有那么多工具和机床需要他画出设计图来。子弹壳和子弹头在经过每一次冲压后，都要产生内应力，变得又硬又脆。怎样才能科学地解决这个难题？雷汞异常缺乏，能不能很快找到出路？哪怕是临时的也行，军工们会不会因迟迟未找着雷汞而情绪低落……他整天躺在医院，心里急得像着火，多想偷偷跑回工厂，赶快和军工们一块儿干起来，完成上级交给的任务。他越想越睡不着，想得头痛。

子弹壳和弹头的“硬”“脆”，如同两个拦路虎，战胜它、超越它是个关键。他想，必须经过退火，使其恢复塑性，才能继续下一道工序。为了退火，就要建一个退火炉。退火炉里必须鼓风，这就要制造一个手摇的鼓风机。为了加快鼓风机的风轮转速，要安装齿轮增速装置。可是齿轮的原理和设计，他从未学过和尝试过，必须从头学起。

吴运铎翻来覆去，床板被他压得吱吱作响。小顺子急忙起床点着油灯，走近他的床边，心情沉重而轻声地说：“厂长，你疼得厉害吧，分点痛给我多好！”

“小顺子，别说孩子话，我不痛，你快睡吧！我是想工厂的事睡不着！”

“厂长，今晚你就别想了，快睡吧！”

一天，看护吴运铎的一名小鬼，欣喜地抱着一捆书跑了进来。“厂长，厂长，你看……”吴运铎一看有几本数理化的书，便高兴地问：“哪儿来的？”“是何区长从地主家抄来的。”吴运铎一向喜爱看书，因为党把这样重的担子交给他，不读书学习是不行的，一定要像列宁所教导的那样，“学习，学习，再学习！”

他高兴得用右手撑起身子，靠在墙边坐起来，又从挂在墙上的挎包里拿出小本子和铅笔，用仅从纱布中露出的右眼贪婪地看着书，画着图。心想：我不能回厂，若是在病房里把要制造机器的结构草图画好送回去，不是同样能够争取时间吗？越想越入迷，周围的一切都忘记了，连护士小张进来送开水，他都没有发觉。

突然，门外一阵急促的脚步声把他从沉思中惊醒。“不好啦！”院长他们来了。吴运铎赶忙放下书，抽身想躺下，可是来不及了。

“老吴，你又干什么私活了？”院长严肃地问道。

他像犯了错误的小学生在老师面前一样，不知说什么才好。

“老吴，这样干可不行啊！”院长怜惜地扶着他躺下。

“血！”军医大吃一惊。再一看，他的左胳膊用力过度，把伤口的动脉血管挣断了，绷带上一片殷红。血不住地往外喷着，医院里连一个最简单的止血钳都没有。护士用橡皮管扎紧他的手腕，血流才缓慢下来……

天黑了，屋里灯光暗淡，做不了手术。万一再流血咋办？

军医想了个办法，把一根绷带拴在屋梁上，系住他的左手，高高吊了一个晚上，次日才进手术室。

这次事件，吴运铎被院长严厉地批评了，并没收了他的小本子和铅笔。他躺在床上，并不甘心，还想着机床的设计，脑子里一直在苦思冥想……

敌人扫荡了，医院要转移。区上派了四个民工，准备了两副担架，专门抬着吴运铎。担架队的负责人小徐，是个精明、壮实的小伙子。

小徐他们抬着吴运铎迎着风雨随医院转移，一个个都累得满头大汗。吴运铎心里一阵难过，低声恳求道："放下我吧！""吴厂长，我们一家人可不能说两家话呀！"小徐用那双深沉的大眼睛看了看他，亲切地对他说。深夜，风停了，雨住了，小徐他们吧嗒吧嗒的脚踏烂泥声和呼呼的喘气声，交织成一种特殊的声乐，这声乐是那样的动人心魄。吴运铎心里有点酸，心想：多好的人民啊……我只有安心养伤，及早返回工厂，用百倍工作劲头来报答乡亲们……

吴运铎转到二师的中心医院，条件好多了。

一天，司令部周骏鸣参谋长到医院检查工作，最后走到吴运铎的病床前，看了他，问道："你是拆信管炸坏的吗？""是的。"周参谋长坐在床边摸摸他的额角烧不烧，看了水杯脏不脏，被子是不是单薄，又问伙食好不好，吴运铎说："一切都好！"参谋长还问他："真没有一点困难吗？""就是没法工作。"吴运铎回答。"那你就好好休养。"参谋长微笑着说，"你不要为残废担心，一个革命战士，只要心在跳动，他就能工作。"参谋长的话，给了他很大的鼓舞。但也加重了他的心思，他一心想早日回厂工作。

次日，周参谋长派了好几个战士送来一些补品，还有鸡子儿、鸭子儿，而且还写了封信：“运铎同志：你这次的负伤，和在前方与日本帝国主义肉搏负伤的战士是一样的光荣，希望你安心休养。”

吴运铎在医护人员的精心治疗和护理下，脸部的伤口已经愈合，体力也渐渐恢复，能够下床走动了。只有腿上的伤口没有长好……

转瞬之间，冬过春回，前方胜利的消息不断传到吴运铎耳朵里。越是这样的喜讯传来，他就越是心神不安。有一天，吴运铎的病房里又增加两个年轻的伤员。傍晚，几个病友让他俩讲讲前线的事，他们就讲起一些打仗的故事，鼓舞了大家的斗志。最后，他俩谈到了部队弹药缺乏的问题。一个伤员说，我们吃亏就吃在弹药不够，如果弹药充足，我们胜利还会更大，枪会缴得更多；敌人逃跑，我们可以追到底，叫他们有来无回，一个也跑不掉。另一个伤员说，我们那个连每个战士只有三四发子弹。行动的时候，怕汉奸看破，故意在子弹带里塞满了假子弹……吴运铎听了这两个战士实实在在的话，心情尤为沉重。这天晚上，他就是睡不着，回忆起在皖南、在苏北艰苦斗争的日子里，战士们每人也只有三四发子弹，部队行军时，子弹带里是空空的，战士们不得不找些粗高粱秆，切成子弹一般长，排列起来装在子弹带里……这些往事刺痛他的心，他想马上回工厂。第二天，他去找女院长。院长问：

“你怎么起来了？”

“院长，我要求出院！”他回答道。

“什么？”她瞪着惊诧的眼神看着吴运铎。

“我要出院！”

“你别胡闹啦！你的伤口还没有长好，怎么能出院呢？”

吴运铎把昨晚听到的故事和自己想的事，一股脑儿地讲给院长听。

“这些情况我清楚，我也愿意你早回去。可是，你伤口不好也不能工作嘛。”

“我回去就安心了，自己不能工作，帮助同志们出点主意也好。我们工厂附近还有门诊所，我每天可以去换药。”

院长最后同意了，并给他开了介绍信。

吴运铎回到病房，对照顾他的小顺子大声说：“小鬼，快打背包，把书捆好，咱们开路吧！”

小顺子不相信，便跑到院长室问清了这件事，才背上背包和书准备出发。

吴运铎缠上块新三角巾，把左手吊起来。和同志们告别后，拄着一根竹棍跟小顺子走了。20 几里路，平时一两个钟头就到了，这回他们走到了天黑。膝盖上的伤口，又淌血了。当吴运铎看见茅屋工厂时，便忘记了伤痛。全厂的军工多么热切盼望他回来……

虽说吴运铎出院了，伤势仍是挺重，身子虚弱，伤口不时地流着血。但他毫无顾惜自己，从未停止工作。他不甘心蹉跎岁月，仍抱着明确的目标，那就是继续设计制造机器，加快建厂的步伐。许多制造子弹的机器尚未完全落实，军工们在等待着图纸加工制造……此时，军工部通过上海的党组织买来两台旧皮带车床，一台旧牛头刨床和一台旧钻床，大大增强了实力，加快了建厂速度，但离兵工厂的要求和上级交给的生产任务，还有很大差距。因此，吴运铎没有一丝懈怠，用包着绷带的左手腕按着绘图纸，右手握着笔，埋头在桌上画图。不讲休息天，不讲八小时、十小时工作制；不管是晨光熹微，还是暮色苍茫，他想的第一位是工作，第二位还是工作……

设计齿轮

吴运铎住院期间，一想起鼓风机里齿轮增速装置，就整夜不能入睡，这成了他的一块心病。所以，他一回到工厂，先啃这块硬骨头。

他深感自己知识贫乏，便开始寻找书籍和有关资料来读。他把何区长收集来的那捆书打开，从中挑出《机械原理》等书。这些书成了价值连城的珍宝，他日夜伏案苦读。从书中，他知道要制造子弹壳，不是一件简单的事，加工要求复杂，要达到连续退火，需要建立一座退火炉和一台相应的鼓风机。他们简陋的小厂没有这样的动力，仅有的一台鼓风机也是很原始的，叶轮转速不标准，尚须加一组增速的齿轮装置。

齿轮是什么？它是怎样设计出来的？向谁去请教？吴运铎向中国著名的工程教育家和机械工程学家刘仙洲所著的《机械原理》请教。真是太幸运了，吴运铎在这本书里找到了关于齿轮原理的论证。开始看不懂，他就一字一句地读，理解其大意。然后，他多次反复地读，每读一遍，就有深一步的理解。读了十几遍之后，就能理解其要义，提出一些“为什么”。最后他终于用蚂蚁啃骨头精神，啃完了该书关于齿轮这一章的内容。道理明白了，怎样把书本知识体现在设计图纸上？幸好他少年时代就有一手天生的模仿本领，不管看见什么东西，脑子里一转，就能仿造出来。几十年过去了，这个本事一天天增强了。

设计工作开始了，吴运铎把《机械原理》一书有关“齿轮原理和设计”一章摊开，读一段书里的文字，思索一下，然后，按照书上所列的计算公式计算着，又把得数按书上说的方法在右边绘图版上一笔一笔地绘制在图纸上。纵横交错的粗线、实线、虚线、曲线，还有大小不等的圆，相交、相切，构成了一张规范、标准化的图纸。经过十几天苦战，鼓风机里要装的一组齿轮设计图完成了。

与其说设计工作难，不如说加工各种机件难度更大。因为原材料匮乏，没有工作母机，技术力量不足。好在吴运铎是喝苦水长大的，是从困难中跋涉过来的，没有什么阻力能挡住他的去路。他从小在工厂里玩，见过各种各样的机器；长大了进煤窑干过电工、钳工、铸工、水泥工，学过电机制造和维修，从而开阔了眼界，粗略懂得一些机器的使用及其性能。在加工各种部件时，有了困难，他就亲自动手。

鼓风机里的一组齿轮加工生产出来了，实验效果很好。之后，吴运铎的思想解放了，胆子渐渐大起来，各种机器里的齿轮装置他都敢试一试。这为兵工厂生产子弹、炮弹奠定了良好的业务基础和开拓性的工作。

制造各种机床

知识武装了吴运铎的头脑，拓宽了他的思路，解决了制造子弹存在的理论问题。但从生产的角度看，他们还缺少各种机床，特别是冲压弹壳、弹头的冲床。怎样去完成设计冲床的任务呢？先前他不懂，也没干过。打退堂鼓吗？他说不行。我只能进，不能退。另请能人吗？这不是他吴运铎的性格。他的性格是：你硬，我比你更硬；越是困难，越是艰险，越冲上前。经过若干天的刻苦钻研，他完成了弹壳大冲床图样设计。之后，立即将人分成三班，日夜苦干，人停机不停。每天鸡叫头遍，他上最后一班，常常是一连几个通宵不睡。累了，就倒在机床边睡，醒过来，就用冷水擦把脸，再接着干。吃饭的时候，炊事员把饭送到机器旁边，他顾不得洗去手上的油腻，拿起碗筷就吃。吃过了，把筷子一丢，嘴也不擦，又继续干起来。在那段时间里，军工们都争着干，心里只有一个念头：一切为了前线，要赶快造出打击敌人的子弹。

他们需要制造的机床很多，困难一个又一个接踵而来。但吴运铎没有被困难吓倒。他挺起无畏者的胸膛，恪守的格言是："顽强战斗，用创造性的劳动克服困难。"

他们要造的螺旋冲床，单是那根杠杆，就有半吨重。没有起重机，全靠人力搬来搬去。这个杠杆应该是中间加粗，他们没有气锤，只有打铁的铁锤。屋子小得转不开身，他们就在屋外的空场上，用砖砌好炉子，支起风箱，开辟"露天车间"。又在地上挖了一尺多深的坑，埋上铁砧。四周搭起一人多高的木架，上面铺好板子，安装上木滑轮。等杠杆中间烧红了，就用粗绳子把一头拴牢，拖到铁砧上竖起来，五个小伙子光着膀子，爬上木架，抡开铁锤，一边吆喝一边往下砸。晚间，木架上吊起汽灯，军工们不顾疲劳，轮流干活。吴运铎在一旁拉风箱。小小的工地成了热火朝天的练兵场。他们终于把碗口粗的铁杠挤鼓了。

造子弹的机器设备必须齐全，缺一不可。比如，造螺丝杠就是一个大难题。按要求，用铣床，他们没有铣床设备，只能用手工硬刻。刻完公螺丝，再用公螺丝翻砂制成坯模，灌进去铜水，铸成母螺丝……

春去夏至，岁月其徂。多少个白天夜晚，忙忙碌碌，吴运铎和军工们一起总算造出了生产子弹所需要的各种机床，一共有30余台。

据子弹厂的指导员洪泽回忆："子弹厂的技术和生产都是由吴运铎指挥的。他白天搞设计，晚上就下车间用一只好手操作……他对技术很钻研，一次弄到一本刘仙洲教授编的《机械原理》他硬是钻进去吃透了。1942年6月，他曾约我到20里以外的一个地主家去找书，结果找到一本《化工大全》，他乐得简直像找到了宝贝。他钻研技术是紧紧围绕子弹厂的生产和武器弹药的制造，一刻也没脱离当时军工生产的需要。"生产子弹的机床具备了，但厂房狭小，开工生产有很大的困难。村里的老百姓告诉吴运铎，离小朱庄不远（约3里地）有个仙墩庙，地方很大，房子也敞亮。他就带人兴致勃勃地跑去。好家伙，两间大瓦房，前殿的十八罗汉和四大金刚张牙舞爪，咧嘴瞪眼，后殿莲花玉座上盘坐着一尊偌大的镀金佛像，香火迷蒙，青烟缭绕。他们向当家的如光和尚说明了意图，和尚点头称是，说是要念经三天，请上天恕罪，同时也请上天保佑他们这些"神兵"。

三天之后，他们满怀喜悦地把全部机器搬进了前、后殿，看着经过他们亲手制造出来的崭新机器，吴运铎心里像喝了蜜似的。

有了厂房，有了机器，吴运铎给司令部参谋处写了个报告，上级从部队里调来100多名战士。他们终于依靠自己的力量完成了大部分机床的生产，为新四军淮南根据地建成了第一个子弹厂。

开工那天，吴运铎像过节似的心花怒放，兴奋异常。军工们都换上了干净的衣服，铁钟一响，秩序井然地走进了大殿。吴运铎装上原料，推动沉重的冲床。在机器巨大的吼声中，第

1942 年，在新四军二师淮南敌后根据地任子弹厂厂长时的吴运铎（中）。

一颗子弹诞生了。作为子弹厂的厂长，吴运铎拾起那一颗颗黄澄澄的弹壳，握在手心里，舍不得丢开，兴奋的心情溢于言表，激动得热泪盈眶，说不出话来。

吴师孟部长特地骑马跑了 90 里路，赶来道喜。吴部长看着黄色的弹壳从冲床下面滑出来，满意地笑了。子弹厂年产 60 万发子弹没有问题，按月计算，每月都能超额完成任务。

新四军二师子弹厂，是新四军淮南根据地第一个具有相当生产规模，有相当技术含量的兵工厂。它的诞生，庄严宣告了新四军不能制造子弹的历史被打破了。我们完全可以自力更生、艰苦奋斗，建立自己的兵工厂，去生产大批量子弹，消灭一切敢于进犯的敌人。

第八章　研制炮弹、地雷

子弹厂已经建成了，并投入了生产。吴运铎左手残了，左眼失明，腿、脸严重受伤。但是，他的革命豪情未减，工作热情高涨，时时刻刻以共产党员的标准严格要求自己。他曾多次自责：吴运铎，你全身的劲头还没有完全使出来就负伤了，给工作带来多么大的影响，你没有把首长交给的任务完成好，必须全神贯注投入工作。

研制迫击炮弹

战斗的生活是紧张、有序的。任务一个接一个。吴运铎的工作劲头没有因为身体致残受到影响。他把自己要建立一个炮弹厂的大胆设想写成请示报告，交给上级。他说，我们不再去捡那些破烂儿修理，而要用自己的智慧和劳动把炮厂建立起来。不久，一个秋天，上级交给他们兵工厂制造迫击炮弹的任务，同时还要不影响子弹的生产。吴运铎召开全厂军工动员会，重新组织力量，抽出一些人员学习……

吴运铎从来没有造过炮弹，为了完成这项任务，非常需要学习书本知识，但那里根本找不到制造炮弹的科学技术书。所以，只好去收集敌人打过来的各种各样没有爆炸的炮弹，把它拆开，再把每个弹壳、弹尾和引信锯开。这会不会有危险呢？会不会在锯的时候发生爆炸呢，谁也无绝对把握。但是，上级的指示就是至高无上的命令，不能有丝毫的犹豫。他把锯开的弹壳、弹尾和信管实地解剖，从中掌握炮弹的内部构造原理和制造技术。对其中的每个零件都提出了问题：为什么要这样构造？它起什么作用？反复论证，直到断定不会发生错误为止。他把敌人炮弹的优点综合起来，再根据自己工厂具备的条件，设计迫击炮弹的图样。

又是一场艰苦的跋涉，又是一次智慧的较量。他因地制宜，因材量体，没有多久，就把新的图纸绘制了出来。

同志们根据图纸制造出一颗新的炮弹。

试验那天，在靶场的土丘上，架起了一门迫击炮，吴运铎在炮身旁，右手高举起炮弹，准备打这谁也不知道会发生什么结果的第一炮。为了防备万一炮弹在炮筒里爆炸伤人，他身先士卒，命令别人伏在远远的洼地里。

他用敏捷的动作，把炮弹投入迫击炮口，一翻身滚下土丘。谁知炮弹根本就没响，给靶场带来了可怕的沉寂。吴运铎沉稳地站起来走近炮身，大家也跑过去，一人双手堵住炮口，一人双手抬起炮的底部，把炮弹从炮筒里倒出来……

第一炮失败了。检查的结果，发现炮弹直径过大，底火药调制不好。他们回去连夜重配了底火药，修正了弹带直径的尺寸。次日早晨，又去靶场试验。当吴运铎再一次把炮弹投进炮口后，迫击炮大吼一声，把炮弹喷射出去。炮弹在半空里疾驰向前。可是，炮弹落在前面的荒草地上，静悄悄地钻在土里，无声无息，没有爆炸。

这是什么原因？必须找到这颗炮弹才能做出结论。当天没有找到这颗哑巴炮弹。这一夜，吴运铎一直思考这颗炮弹的去向和没有炸的原因，想来想去也找不出“为什么”。

天刚亮，他和大家又去找这颗炮弹。结果在荒草地里发现了这颗入土一尺多深的炮弹。经过分析，他认为是信管里撞针的弹簧太软，减低了撞针冲击力。

第三次试验开始了。这次一共试验了三颗炮弹。三颗炮弹一飞出炮口，在空中呼啸着向前飞奔，一接触地面，立即闪出火光，发出巨大的轰响，泥土冲向半空。试验成功了！

吴运铎当即给军工部部长吴师孟写信，报告炮弹试验的经过。吴师孟部长要他们试制造 300 发炮弹。一个月后，300 发炮弹出厂了。

炮弹送到司令部的第四天，军工部的小通信员带来一封信。吴运铎拆开一看，上面写着：

第一批 300 发炮弹已发给部队。炮兵在演习射击时，将炮弹加足药包，只打 30 公尺左右，落地还不爆炸。现在炮弹已全部退回，师长要你明天一早赶到司令部。

吴运铎看完信，心里很不好受。可是，他又提醒自己，在失败面前，不能张皇失措，必须冷静地分析失败的原因。他下定决心，哪怕失败 100 次，也要做第 101 次的尝试。不胜利不罢休！他立刻收集那些制造炮弹的零件，回到宿舍里，在铺板上摊开图纸，仔细检查。零件都合乎规格，图样也找不出什么毛病……他后悔炮弹出厂时，为什么不来一次射击试验呢？

这是一个不眠之夜。吴运铎点起油灯，沉思默想炮弹不爆炸的原因……不知想了多久，最后他问自己，只打 30 公尺远，是不是发射火药还没烧完，炮弹就出了炮口，未充分发挥火药的效力？因为火药完全是靠缴获来的火药乱七八糟凑的。想到这里，他蓦然醒悟，心里一亮，问题多半在这里。

他跑去问装配工：“老王，你记得炮弹装的是什么火药吗？”“日本鬼子的山炮弹火药。”吴运铎又问：“上回试验炮弹用的火药呢？”“早用完了。”老王道。问题就在这里！山炮弹的火药，用来做迫击炮弹的火药，当然不行。可是不用这种火药，又上哪去找迫击炮弹的火药？眼看这300发炮弹，就因为没有合适的火药而成了废物。

回到宿舍里，他又想，怎样把火药的燃烧速度加快，使它成为迫击炮弹的火药呢？从化学上来改造它，我们没有制药厂，根本做不到。想来想去，觉得把火药片压得更薄一些，更细小一些，可能燃烧得更快一点。他连忙起身，又跑去叫醒老王，两人一起跑到车间压火药。

天一亮，吴运铎带着两个技工，携带压得粉碎的火药和工具，赶到了司令部。

参谋长命令在靶场架一门迫击炮，再试验一下。大家都关心这一批炮弹的命运。

吴运铎拿起一颗炮弹，卸掉信管上的保险，有意不让炮弹爆炸，以免发生危险。他用力把炮弹投入炮口，只听炮筒里轻轻响了一声，炮弹无力地飞出炮口，落在20多公尺远的田里，炮弹尾翼上的绸布药包还在空中燃烧，原来真是火药燃烧太慢。

吴运铎立刻拆掉10个炮弹的火药管，换上自己带去的火药。炮兵同志马上又架起一门迫击炮，吴运铎给炮兵同志每人5发炮弹，要第一发炮弹加一个药包发射。两门炮同时一声怒吼，炮弹射到500公尺远的山坡上，发出闷雷般的爆炸声。

第三发和第四发炮弹各加了三个药包，在炮口巨大的吼声里，炮弹飞过对面山头，在2000公尺外的山地里爆炸了。成功了！成功了！于是，他们建立了一个炮弹车间。不但能修理坏炮弹，还可以制造新炮弹……完成了月产 300 发迫击炮弹的任务。

地雷显威力

在整个抗日战争时期，鬼子和伪军经常向根据地进行疯狂的扫荡。国民党反动派也没有停止对我军和根据地人民进犯。为了更有效地、狠狠地打击敌人，我军在事先估计敌人要奔袭的目的地，布下地雷，等敌人一到就炸他个人仰马翻，这样不仅能大大挫伤敌人的反动气焰，而且也能更多地消灭敌人。当时各个敌后抗日根据地都相继开展了地雷战，使敌人寸步难行。罗炳辉师长指示吴运铎要争分夺秒地研究并生产拉发、踏发和定时地雷。

研制地雷，困难也很多。缺材料，少机器，最糟糕的是全厂一二百人，谁也没有见过地雷是啥样子。吴运铎当了几年军工，也未见过地雷，不知那东西的构造原理。但他脑子里有一个明确的概念：名曰地雷，即是埋在地里的炸弹，以其爆炸的破片杀伤敌人。如果是定时地雷，不用人触动，叫它在规定的时间爆炸。怎样叫它在规定的时间起火爆炸呢？用什么装置来控制起火时间？他思考再三，想不出所以然。没有专家可以请教，没有设计地雷的资料可以参阅。那么怎样设计制造出地雷？有了问题咋办，他唯有一个信念：“没有的就把它建立起来，不会的就把它学会。”他知道，凡是世界上诞生的第一个有价值的东西，都是人创造出来的。世界上每一条路，也都要第一个人先走出来，对于首次开路的人，头一次必须披荆斩棘，克服万难。吴运铎想，自己是革命者，也是新事物的创造者，更是新生活的描绘者。要立志做点事情，走自己没有走过的道路，总是要有困难和艰险的。没有工具、机床自己造；没有资料，自己研究。怎样研究？他设计地雷的理念是：地雷酷似埋在地里的炮弹，敌人一踏上它的引信，就会爆炸，遭到灭顶之灾。他找了许多军工征求意见，大家议论纷纷，莫衷一是。也有的同志责任心很强，画出自己想象的地雷草图。当时，最大的困难是缺乏火药。吴运铎发动大家寻找代用品。他的老战友程仁涛写文说：“我们的兵工厂造子弹、炮弹需要大量的火药，但当时敌人封锁很严，黄火药根本买不到，根据地则由于条件限制也无法制造，我们便用黑火药代替。”

“木炭是制造黑火药的主要原料。一天，科长吴运铎派我和姜兆甫同志到龙岗东面一个小村庄去烧炭。”“姜兆甫和我在苏南烧过窑，兆甫还懂得建窑的技术。我们找到了民工把烧炭的木柴锯成一段一段的。”“我们烧出的炭……为二师军工自制黑火药做出了贡献。”

夜很深了，吴运铎根据大家画的地雷草图，认为先设计一种定时地雷比较好。于是，他联想起人类历史上的许多计时方法。我们祖先开始时是利用竹竿的影子来计时，后来发展到铜壶滴漏，用滴水的方法来定时。那么，怎样使地雷定时爆炸呢？采用哪一种定时好呢？

他用马口铁做了一个圆形的水壶，壶底装有小开关。水壶注满水，水面浮着一块圆形木板，在木板中心装个小木杆，上面刻着时间刻度。木杆夹着一个可以移动的电极，壶盖中心挖一个孔，使木杆可以上下活动。壶盖上固定一个电极。打开壶底的开关，壶里的水一滴滴地滴下来，浮在水面上的木板和木杆逐渐下沉，两个电极相碰，地雷就爆炸了。

经过多次试验之后，他认为滴水装置爆炸时间不准确，流出的水滴大小难以调节，否定了。后来，他决定采用现代的计时方法，按照钟表的结构，用发条齿轮装置代替滴水装置。虽然制造要复杂一些，定时地雷却达到了准时爆炸的要求。

吴运铎还研制了脚踏地雷和拉火地雷。

脚踏地雷的设计，同样是用电起火的。它的优点是一踩就炸，更灵活机动一些。拉火地雷，可以由人选择时机。最初设计时，是根据步枪撞针的装置来设计发火机构，里面有弹簧、钢珠和许多零件。为了使设计图与各部件严丝合缝，一天，吴运铎带着草图去钳工车间照图样制造。钳工老高在旁边看他锉一根撞针，随口问道："老吴，你在试验拉火地雷吗？是不是像手榴弹那样一拉弦就炸？"吴运铎连忙放下锉刀，琢磨着老高的话。是啊，如果按照自己那种复杂的设计，机件多，需要的材料多，也费工时。如果按照手榴弹发火的装置设计，既不影响质量，也可以大量生产。他受到老高的启示，重新修改了设计方案……

经过大家七议八议，地雷的正式设计图完成了。

设计图样有了，材料却成了问题。从哪儿找到制造地雷的铸铁呢？材料科的同志冒着生命危险，出入敌占区，收了大量的废铁、破锅、破犁和无法加工的白口铁。这些材料不适合造地雷用，并且加工很困难。于是，他们不得不改变加工办法，雷壳铸成后不再加工，装满炸药，安上信管就成了地雷。这样做，既省去了机械加工，又适于大批量生产。

经过艰苦奋斗，刻苦钻研，生产地雷所需要的机器设备、原材料、工艺技术全都具备了，生产地雷拉开了序幕。开始时，生产铁地雷，铁用完了，就生产石头地雷。在坚硬的石头上凿开个洞，填进炸药改造成石雷……

第一个地雷从设计、研制到大量生产，是经过多次试验、多次失败才成功的。在多次试验中，每次失败，吴运铎就分析失败的原因，修改原有的设计方案。“失败”促进设计方案更加完善，“失败”为他带来新的知识，“失败”使他变得更聪明了。

每一次失败同样也给他带来新的困难，但每一次与困难斗争也给他带来新的胜利。

一个真正的人，

他对困难的回答是战斗！

他对战斗的回答是胜利！

他对胜利的回答是谦虚！

生产出来的各种地雷分配到淮南二师部队和各县民兵队以后，各部队成立了地雷训练班，请吴运铎去讲课，每天吴运铎都要扬鞭催马去各个训练班上课，并做地雷试验。同时，还要回去照顾工厂，搞好生产。

地雷制造成功了，特别是在定时地雷生产后，罗炳辉师长曾托人从上海买回一部英文版的《现代工厂实习法》，送给吴运铎作为奖励，要他好好学习，并在书的扉页亲笔题上：“只有把科学和无产阶级的利益结合起来，才是真正的科学家。”吴运铎时刻铭记罗师长亲切的教诲，不断督促自己。他知道，在科学的殿堂上，自己才刚刚起步，还没有真正迈进科学殿堂的第一层台阶。在兵器科学领域里，他还是个一无所知的小学生。但是，作为一个革命战士，为了战斗的需要，他将无所畏惧，努力掌握科学知识，一步步摸索前进，让科学和无产阶级革命事业紧紧结合起来。

学做坩埚

铜是制造炮弹和地雷引信的必需材料。怎样制造引信？那时，通常是先把碎铜熔化，铸成铜棍，再用车床加工。100 斤的铜棍，约有 50 斤铜被切削后变成了铜末。如果能够制造一副铜模，把熔化的铜水浇入模型里，倒出来，再一加工，就是成品。这样不仅节省了原料，而且也会缩短地雷和迫击炮弹引信生产的过程。

首先，他们建立了一个压铸车间，进行新生产方法的试验。没有化铜的坩埚怎么办？过去，是用打扫战场收来敌人的炮弹壳当作“钢埚”，代替化铜的“坩埚”，事实上，“钢埚”不能有效地代替“坩埚”，况且“钢埚”已经用完了。

那就自己制造坩埚。他们买来制造坩埚的黏土，制造了一个小坩埚。当把新制造的坩埚放在炉火中间时，刚一转身，坩埚炸得粉碎。第二个、第三个、第四个坩埚，命运都是一样。

他们立即召开“炉前会”，研究其原因是什么？大家都认为，坩埚没有烤干，一放到炉火上，干燥太快，里面的水分化成蒸汽，就爆炸了。

总结教训之后，又进行了实验。炉火把坩埚烧得通红，在烈火上待了 10 分钟也没有炸。吴运铎拿起铁钳把一块块碎铜添进坩埚里，蓝色的火焰从炉底升起，车间里飘浮着柳絮般的白色氧化物，金黄色的铜液熔满了半个坩埚。突然，又是一声爆炸，铜水向四面八方喷射，拉风箱的同志头被烫伤了，几小滴喷出的铜水溅在吴运铎的手臂上。铜水流下了炉底，把炉桥也凝结了。火停了，修好炉子，继续干，一连几次都失败了。怎么办？大家都急得饭吃不下、觉睡不好。

夤夜，静悄悄的，满天繁星一闪一闪地眨着眼睛，仿佛都在盯着兵工厂这件事情。军工们议论着，有人说，买的黏土原料质量不好，缺少制造坩埚的石墨粉；也有人说，没有制造坩埚的经验……区上的干部也来了。

“老吴，试验失败了？”何区长关切地问。

“是呀，我们的技术力量太薄弱了。”吴运铎微微一笑。

几秒钟的沉默。

“补锅匠的‘坩埚’是怎么造出来的？”何区长这么一提醒，倏然化解横亘在吴运铎眼前的一道艰难关隘。他茅塞顿开，高兴地一拍大腿，说：“对呀！为什么不能拜他们为师呢？”

清晨，吴运铎拿着区长的介绍信，跑到离小朱庄不远的龙岗镇，把一位补锅匠请到车间里来。这位老师傅看了他们制造的“坩埚”和用料，摇摇头。老师傅带领管材料的同志，去买来另一种灰色硬得像石块的黏土。师傅不用焦炭粉，在炭渣里找了一些没烧尽的炭块，再把黏土和炭块捣碎，动手制造了一个坩埚。然后师傅烧了些木柴和树枝，慢慢地把坩埚烤干。

大家留心观察老师傅熔铜时的一举一动，看他怎样安置坩埚，怎样加料和调节火焰。老师傅若无其事地操作着。吴运铎把铁勺伸进坩埚盛了一些铜水，注入钢模，压铸成一个又一个引信体。试验真的成功了。

吴运铎和军工们学会了老师傅的手艺，保证了压铸车间按新方法顺利生产引信，使炮弹和地雷成批量生产，有力地支援了前方。

还差 90 秒

1942 年夏季，淮南抗日根据地的田野一片金黄，十里麦地，味道分外馥郁，军民洋溢着丰收的喜悦，夜以继日地抢收。为了保卫夏收，我军加紧了备战。师参谋处下达指示，催要一批定时地雷，次日工兵来厂搬运。

武器弹药出厂，按惯例是要做抽样试验的，而且要在出厂的头一天试验完毕。为了备战试验，吴运铎到装配车间，向军工们传达了上级的指示。他要钳工老李和老张从库房里抬出一个定时地雷作检查，并将定时引信校准好，决定晚 8 时作试验。

老李凝神思索片刻后对吴运铎说："厂长，试验场准备在哪里？"吴运铎说："就定在我们工厂到西村之间的那个干水塘里。"老李担心地说："水塘离工厂和西村都只有 200 多公尺，那地方不安全。"吴运铎说："选择水塘作试验场是较安全的，地雷爆炸后的有效杀伤弹片均被水塘四周堤岸阻挡住了，那些超越堤岸射出的弹片，只能越过工厂和村舍的上空飞向远处的田野和荒地。只要没有人走上堤岸就不会发生事故。"说完，他就去通知工厂警卫连，到试验时，把通往水塘的大小道路封锁，不让任何人通过。

夕阳西下，暮霭渐浓，试验的准备工作开始了，军工们抬着一个大型的定时地雷安置在干水塘中。警卫连的战士到邻近村舍挨家挨户通知今晚试验地雷，要求大人小孩不要出门。另一部分战士在大小路口站了岗哨，禁止行人通过。

夜幕笼罩大地，几点星光闪烁，四周万籁俱寂，唯有老李提着的马蹄钟在嘀嗒嘀嗒响个不停。老张拿手电筒照着钟面，不停地报钟点。当老张报告 8 点整时，老李朝天上打了一枪，发出了试验开始的信号。吴运铎把定时引信的定时针移到了 8 点 20 分，按下了电钮，将引信置入地雷引信室里。他们三人走出了干水塘，隐蔽在干水塘东面堤后，盯着钟面指针的移动，等待20分钟后的地雷爆炸。

当马蹄钟的长针快要转到8时20分时，吴运铎突然发现干水塘北岸上有一人影在走动。并径直向地雷侧方走近。他们顿时紧张地站起来，向那人影高喊：“快趴倒！快趴倒！快……”那人影听到喊声反而站立不动，并回过头来高声问：“什么？啊？”那人影距离地雷只有十几公尺，死亡严重地威胁着……

吴运铎急问：“还差几分钟爆炸？”

老李盯着钟面，说道：“还差90秒！”

吴运铎心急如焚，在这千钧一发之时，全力向那人影冲去。当他冲上北堤岸时，老李、老张接连高喊：“厂长！快趴下，要炸啦！”

在喊声中，吴运铎奋力冲过去，用尽力气把那人推倒在地，一同滚下堤岸。就在他俩倒下时，地雷准时爆炸了。干水塘像火山爆发，伴随耀眼的闪光发出了霹雷般的爆炸声。爆裂的弹片撕裂长空发出尖厉的呼啸，射向四面八方。被爆炸力掀向空中的泥沙土块暴雨般落下，尘土弥漫，黑雾茫茫，什么也看不清。

老李和老张亮着手电筒跑来，一位中年妇女搂着个男孩躺在堤后，她被爆炸声吓得号啕大哭。老张搀扶她站起来，向她说明是地雷试验，不要害怕。老李问她：“你是从哪条路走来的？你没见到哨兵吗？”她取下高邮妇女特有的黑布包头，给孩子擦眼泪，掸擦她和孩子遍身的泥土，用浓重的地方口音唏嘘着说：“我由娘家回来，天晚了，我惦记着家，就抄近道绕着田埂过来了。我没走大路，也没见到什么人。”

老张抱过她的孩子说：“真险，今天你们娘俩算是捡了两条命。走吧，我送你回家。”

吴运铎和老李走进干水塘检查了地雷的爆炸威力，一切合乎设计要求。

在三人回厂的途中，老李说：“厂长，这次试验太紧张了，假若我们自己牺牲了是为了革命，要是那位妇女也被炸伤，可怎样向上级和群众交代？我都为你出了一身冷汗！”

老张也跟着抱怨说：“你腿残废跑不快，为啥不叫我去？瞧你今天干得多悬。”

吴运铎沉默了。思绪在飞速回忆刚才发生的一个个镜头，心想，你是比我跑得快，可我是领导，我怎能让你去冒险！老李深深地叹了一口气，说：“从皖南到淮南你已经两次负伤了，断了手指，瘸了腿，剩下一只眼。唉，这是多么不幸啊！今儿晚上你又几乎送了命……”

厂里的人入睡了，车间里上夜班的听说试验中出了意外，都到吴运铎住屋去探望，为他没出事感到庆幸。

夜间十分漫长，吴运铎久久难以入眠。他想到老李和老张的那些体贴入微的话语，充满着对共同事业的多少热爱啊！这使他想起一些往事：

他在敌后的深山老林里和在茅屋、庙宇里建兵工厂时，由于条件太差，既缺材料，又缺试验设备，因而他们的工厂也出过不少事故。有人说：“搞兵工的容易有流血牺牲……”吴运铎说：战士们在枪林弹雨中浴血奋战，不是更有可能会有流血牺牲吗？革命是你死我活的斗争，革命并不像诗人想象的那样浪漫。人们各有自己的幸福观。但是，作为以解放全人类为己任的革命者，他的一生应该是为祖国的富强、为人民的解放而斗争的一生。流血、残废，当然不是幸福。但为拯救多难的祖国，为人民的解放而有必要牺牲时，这是完全应该的。因为这

新四军二师军工厂生产的轻型迫击炮与迫击炮弹。

是为了实现崇高的共产主义伟大理想而付出的代价，即使像许多先烈那样献出了宝贵生命，也是光荣的。因为流失的血和失去的生命，将要换来全人类的解放。

人生的价值是要用对祖国、对人民所作出的贡献来衡量的。因而吴运铎内心时刻都有祖国和人民。每个人的能力有大小，但只要他有为祖国和人民献身的崇高的理想，尽自己最大能力作出贡献，虽贡献微不足道，他也无愧是真正的战士。

第九章　研制枪榴弹

淮南已建立起了子弹厂、炮弹厂、地雷厂等。相对来说，吴运铎的研制任务不那么紧急，可以缓一口气了。另外，上级要他准备研制小炮，三七口径步兵炮。造这种炮弹筒的来复线要有精密机床。国内没有这种机床，通常是要进口。没有机床怎么画来复线？做炮弹筒，要用20吨重的水压机，他们哪有这样大的机床？一连串的问题摆在面前。他觉得自己急需扩大眼界，学习更高深的科学知识，否则，只能是望洋兴叹。

吴运铎在多年工作实践中，深切地体会到自己在业务上还不精通，政治上也还不够成熟，革命的理论水平也有限，他想趁自己还年轻，工作任务尚可缓一缓之机，要求调他到司令部学习一段时间，拓宽自己的眼界和思路，再回到工厂。他的申请书被政委批准了，要他等候通知。

没过多久，通知下来了，上级决定调他去延安马列学院学习，委派秦永祥担任厂长。秦永祥曾经在上海学习“外国铜匠手艺”（钳工）修理机器。后来，在兵工厂修理枪械，复装枪弹，生产地雷、手榴弹等，工作能力突出。

吴运铎兴高采烈，连夜给秦永祥同志交接完了工作。

第二天一早，他告别了工厂。

“去延安，以后有机会”

1943年初春，大雪纷飞，遍地都披上了银装。吴运铎踏着积雪，顶着凛冽的寒风去二师司令部，准备办一下手续。周参谋长热情地说：“来得正好，赶快到供给部换便衣，准备出发吧！”吴运铎拿上介绍信，匆忙地往外跑，正巧碰见了从前线回到师部的罗炳辉师长。“运铎同志，上哪儿去呀？”罗师长问。“到供给部换便衣。”吴运铎兴奋地说。“干什么？”罗师长奇怪地问。“到延安去学习！”吴运铎回答。“噢？是这么回事。来谈谈吧。”罗师长拉着吴运铎走进了自己的住所。

吴运铎一向非常敬重罗师长。罗师长早在红军时代就是智勇双全、屡立战功的人民英雄，英勇善战的指挥员，也是战士和老乡们亲切的朋友。群众称呼他“我们的罗司令”。在二万五千里长征中，他率领红9军团屡担重任，掩护中央机关和红军主力北上，表现出高超的指挥才能。中央军委赞誉红9军团为“战略轻骑”。

记得有一次，罗师长在屋里找来找去，也没有找出什么东西可送他的，便带着几分神秘和幽默的口气说：“运铎，你等着，我马上就回来。”旋即转身而出，去地里摘了一个他亲手种的西红柿拿回来，用水洗了洗送给吴运铎吃。

这一次，罗师长像往日一样，亲切地和他谈话。并用征求意见的口吻对他说：“运铎同志，和你商量一下，到延安学习，这是很好的。但是，现在我们部队的武器虽有改进，火力还是太弱。我们的战士只有步枪和手榴弹。你是否能留下来，继续研究武器，加强我军的火力。到延安去学习，以后会有机会的……”吴运铎听了师长恳切的话语，坚决地表示：“师长，只要你定了，有任务不去也行!”接着，又补充说：“学习是为了更好地工作，既然是工作需要我留下，我就不去了!”罗师长非常高兴。微笑着，频频地点着头。停了一会儿，罗师长两眼闪出严峻的目光，一字一句地说：“运铎同志，你们能否发明一种新的武器，加强部队的火力，装备我们的部队，来狠狠地打击敌人!”吴运铎说：“我的一切都是属于党的。党要我做什么我就做什么。我自己很笨，但是党会给我智慧。”沉思一下，师长又说：“对敌人，就应该狠，狠到连他们的骨头都给敲碎，叫他们永远爬不起来。我们现在就需要有各种各样能敲碎敌人骨头的武器!”吴运铎聆听师长极富感染力的话语，觉得很过瘾，从心底里感受到这话蕴含的分量。但他还是坦诚地把自己喝墨水少，能力有限等实际情况向师长作了汇报：“我参加革命以后，一直到今天，说真的，让我建工厂，做子弹，造炮弹，那是依样画葫芦。因为有子弹、炮弹，照着做就是了。但是，让我凭空去发明一种武器，我可不是什么发明家，没那本领。”罗师长从吴运铎的言语中知道他有困难，就鼓励他说：“这样好了，运铎同志，明天你回去，召开一个会，充分发扬民主，让大家帮助出出主意，看有什么高招。我相信，一定会有办法的!”

第二天，早饭以后，吴运铎将要离开司令部，罗师长来了，他拍了拍吴运铎的肩膀，送到门外，双目注视着他，殷切地叮嘱道：“运铎同志，要有信心，要顽强。回去要跟大家好好商量商量!”师长的话给了吴运铎很大启示，对敌人，只有坚决地消灭他！但是，如果仅仅是我一个人，那又能有什么办法呢？任何一个人都离不开群众，离不开集体的力量。严格地说，在我们当今的时代，没有个人的记功簿，有的只是革命集体创造的英雄史诗。尽管你个人很笨，知识不够全面，只要你忠实于你的集体，遇到问题找群众帮助，虚心向别人学习，你就能变群众的智慧为自己的智慧，你也就会有坚定的信心迎接最艰巨任务的挑战。

请大家出主意

吴运铎回厂后，召开了军工大会，传达了罗师长的指示。接着，又召集部分人开小组会，征求对制造新武器的意见，请大家想办法、出主意。会上，经过短暂的沉默之后，便七嘴八舌议论开了，像是开了锅的水，但谁也说不清要研究一种什么样的新武器。

吴运铎认为，当时的困难很多，一是没有材料，二是没有机器设备，三是缺乏知识。所以，他初步想分三步走：第一步是找材料；第二步是找工具和机器设备；第三步是根据这些材料、工具、机器设备，学习和研究新武器必需的知识，讨论设计思路。

先到哪里去寻找材料呢？经区、乡干部动员，群众立即把家里的废铜烂铁和香炉、烛台献给了兵工厂。年老的乡亲们还回忆说，以前国民党打着“治淮河”的幌子，说是要在洪泽湖附近的高良涧一带建造水闸，运来了一批铁棍；也有人说在洪泽湖蒋坝一带兴修水利，堆了很多钢材，后来国民党官僚捞满了腰包就跑了，水闸没造成，铁棍也没影子了。根据这些线索，他们和军工部材料科的同志立即去洪泽湖那边寻找这批遗物。区乡干部也纷纷带领民工前去支援。他们像打鱼一样，撒开网，沿着湖滩寻找。两天下来，如同大海里捞针，什么收获也没有。第三天，民兵中队长小于突然惊叫一声：“厂长，快来呀!”“什么?”吴运铎一阵高兴，跑过去一看，是一窝野鸭蛋，雪白的野鸭蛋像珍珠一般摆在沙滩上。吴运铎细瞧瞧这片芦苇和别处不一样，水面上一层枯黄的落叶，生长的芦苇七倒八歪。他脑子里一闪念，问自己："会不会铁棍就在这里？"他把同志们都喊了过来，仔细研究一番，大家认为不是没有这个可能，决定集中力量细细寻找。果然，就在这片腐烂的芦苇中发现了第一根铁棍，人们像发现金矿一样高兴。再仔细察看，大部分铁棍都埋在泥水里，怎么办呢？

"潜水队"很快组成了。民兵和军工的小伙子们像鱼儿在水里一样，忽上忽下地游着，一个猛子扎下去，把绳子拴在铁棍上。岸上的人一阵吆喝，一根铁棍子就拉上来了。大伙忘记了疲劳和寒冷，洋溢着喜庆欢乐的气氛。

经过几天的奋战，好几百根铁棍全部从现场运回了工厂。

究竟用这些铁棍制造什么样的新式武器，新式武器是什么面孔，开始提到议事议程上来了。吴运铎的心里发毛，也很着急。在那些难耐难熬的日子里，他白天黑夜想着研究新武器。吃饭、走路、睡觉之前，醒来之后，脑子里没有一点空白，全被新武器占领了。他想，身边若是有一个老师多好呀！可是，当时没有这个条件。眼看半个月过去了，他心里没有一点谱，脑子里乱糟糟的，梳理不出个头绪，更未获得有用的资料和信息。

新武器是人的智慧结晶，是靠科学知识开发的。在知识面前来不得半点虚假，必须踏踏实实，一步一个脚印往前走。没有知识什么事也办不成。吴运铎到淮南以后，能在工作中解决研制武器存在的一些科学技术问题，主要是靠读了不少科学技术书籍。当时，在高邮县金沟区的何区长帮了大忙。那时，吴运铎就对何区长说："何区长，请你在根据地把那些数学、物理、化学、机械等各方面的书籍收集起来给我……”没过多长时间，何区长给他拿了一捆捆破破烂烂的旧书和刊物。这些书刊对吴运铎设计研制工作帮助很大。

一天深夜，吴运铎辗转反侧，睡不着，独自想来想去，要发明一种什么样的新式武器？罗师长的话回荡在耳畔。他无意识地伸手去翻阅以前何区长送给他堆在床头的一些旧书刊。他一本又一本地浏览着，也不知疲倦。大概是他锲而不舍、忘我的求知欲，虔诚的工作和严谨治学态度感动了上帝，在一本破旧杂志上他发现了一篇介绍法国布朗德的枪榴弹的短文。顷刻间，吴运铎如同绝处逢生，宛若涓涓清泉注入全身，兴奋极了。他急忙从床上坐起来，拨亮昏暗的油灯，对该文反反复复地读着，字斟句酌地思索着。说起来很可怜，那篇短文总共不过两三百字，而且多半是空话，无非是讲枪榴弹如何厉害之类。唯一收获是从文章里知道了所谓的枪榴弹，就是制个筒子装在枪口上面，利用步枪子弹的力量，把炮弹打出去。更通俗地说，就是利用步枪发射一个小型的炮弹。至于炮弹的构造，只说是用钢片制成的小炮弹。

但在那非凡的年代，这几百字的短文，犹如大师们的经典之语，对他有不小的启发。在这篇短文的指导下，吴运铎凭借仅有的知识和经验，凭借他对武器弹药的敏感，开足马力，展开了智慧的翅膀。他拿起铅笔在纸上一遍又一遍地画着枪榴弹结构的简单草图，一次又一次地发挥大脑的想象力，总算把枪榴弹的模样勾勒出一个雏形。其构造原理是：在步枪口部装上一个小炮筒，炮筒里装一发小炮弹；在步枪的枪膛里推进一发没有弹头的子弹。一扣扳机，子弹壳里的火药燃烧产生的高温、高压气体，可通过枪管把炮筒里小炮弹射出杀伤敌人。他为这个在枪口上既可安装又可取下的小炮筒取名为枪榴筒，炮筒里的小炮弹取名为枪榴弹。

那阵子，他收集了不少敌人的掷弹筒和各种迫击炮弹，白天夜里摆弄着、思索着。经过一番深思熟虑之后，他决定把粗铁棍锯断掏空，制成枪榴筒，像装刺刀那样套在步枪口部；再用铸铁造成形状像迫击炮弹一样的小炮弹，装在筒内，利用没有弹头的步枪子弹的火药气体，把筒内的枪榴弹发射出去。

人的主观想象总是美好的，也是诱人的，但一碰到具体问题，困难便一个一个冒出来。

窗外，满天星斗在闪闪发光。吴运铎的心也像星星一样，忽而闪出一线希望，忽而又现出一丝失望。他在屋内已经翻了四个小时书了，仍找不到任何线索。熬了大半夜，眼睛也睁不开了。睡吧，又睡不着。他熄了灯，拿着草图，下到车间里。上夜班的同志看到他来了，呼地围上来，探听新武器的消息。

他向同志们讲了要制造的新武器叫枪榴弹。又讲了这种“怪物”的构造和威力及枪榴弹的口径为5公分……

钳工老高，拿起草图，仔细地看着。他提议把底座和底座柄分开，成为两个零件，这样既节省材料，加工也方便，可以大量生产。吴运铎借老高的兴头，又把十多天来一直困惑他的“用什么样的装置来调节射程”问题提出来，让大伙想想辙。车工老李手里掂量着那份草图，眼睛紧紧盯着正在“呼呼”转动的车床，嘴里讷讷地说道：“又快又慢……又近又远……”忽然，他好像发现了什么神奇的妙方似的，慢吞吞地问：“厂长，车床怎么能叫它又快又慢呢？为什么枪榴弹不可以按调节车床的速度来设计装置呢？”

“对，完全可以。”

“是嘛，不是一个理吗？”

“哎，老李还真有两下子！……”

吴运铎心里由衷感到：这些朴实的军工才是真正的英雄！

根据草图和军工们提出的许多宝贵意见，吴运铎经过缜密的思考作了科学的、合理的修改。

一天，他正在画图时，模型工小丁一本正经地说：“老吴，你这玩意儿不行呀！搞来搞去，别没把敌人打死，倒打死了自己，我看算了吧！”小丁是他的好战友，对工作一向劲头足、信心大，此刻，突然冒出这么一句怪话，是什么意思呢？他正在寻思，小丁又拍着他肩膀说道：“咱俩打个赌吧！”“赌什么呢？”“你要是成功了，我就输给你一只老母鸡。”小丁很得意，蛮有把握地说。

在那个年代，抗日根据地哪有老母鸡？要吃老母鸡可不是件容易的事。吴运铎细心揣摩一下，小丁用的是“激将法”，不过是激自己快快把枪榴弹制造出来。

吴运铎说：“好吧！这只老母鸡我是稳吃了！”

话是这么轻飘飘地出口了，真正要把枪榴弹造出来，可谓问题多多，困难大如山！

第一个难题是计算枪榴弹筒内火药的压力。这需要有高深的数学、力学等多学科知识，可他只学过加减乘除、分数和体积，别的全不懂，只好用笨法子做试验。先做个筒子，量好直径，打一枪，量一量，看它胀出多少。再打一枪，再量一量，不行，再改一改。射程距离的调整也是一道难关。怎样叫发射的炮弹可远可近，远近自如呢？他想用调节枪膛压力大小的办法来调节枪榴弹的射程。怎样去调节？用一种什么样的机械装置呢？没有一个非常聪明、充满智慧的头脑也是难以解决的。

第一次试验

天气渐渐暖和了，柳树枝头已经绽出了鹅黄色的嫩芽。设计工作进入了最紧张的阶段。吴运铎日夜忙着绘图，忙着去做试验。当他感到过度疲劳的时候，就跨上小红马沿着去小金沟的大道上奔驰，让空旷田野的习习凉风吹得清醒些，身体感到舒适和轻松多了。当他的思绪又重新回到设计的图纸上时，吃饭、睡觉，似乎都成了多余的。晌午，勤务员小顺子轻轻地推开门，把饭菜放在桌子上，倒了一碗开水。到天黑，小顺子又来送晚饭，桌上的饭菜还一点没动，筷子整整齐齐地放在一旁。小顺子噘着小嘴，用手掩住图纸不让他看，抱怨道："厂长，你怎么不吃饭？只顾你完成任务，我的任务就完成不了！"

"对不起，小顺子，现在做'总结'吧！"吴运铎端起饭碗，狼吞虎咽地吃起来……

装配车间的女同志和那些家属大嫂们，一下班就去找小顺子问吴运铎换下衣服没有，要不就跑进屋里翻床底，寻找要洗的衣物。她们还给吴运铎送煮熟的鸡蛋当零食留着晚上饿了吃。

一种对事业的共同责任感，一种阶级的友爱把大家的心紧紧地连在一起。大家的心都为一个目的在跳动。共同分担愁苦，共同分享快乐。

又过了十多天，吴运铎把图纸交给车间加工，自己也去车间和大家白天夜里一起赶制枪榴弹筒和枪榴弹。半个月后，第一批枪榴弹和第一支枪榴弹筒造成了。第一次实弹射击试验开始了。枪榴弹的杀伤力相当于手榴弹，射程只有 30 公尺远，与设计要求 500 公尺相差太大了。

这以后，吴运铎白天黑夜不断研究、不断改进。枪榴弹的射程还是不远……

由于过度劳累，吴运铎明显消瘦了。军工们看他不分白天黑夜地干，心疼他。十几天又过去了，吴运铎脸上终于露出笑容。他认为有点门路了，可以再试一试。

4 月下旬，工厂后边的荒地铺上了一层新绿。警卫连在四周布置岗哨，不让行人走进射击区域。

扛着枪榴筒的小顺子，跟着吴运铎一起去了靶场。谁能猜出这一枪是什么结果，也许打不响，放了哑炮，也许枪榴弹在枪筒内就爆炸……为避免意外事故，吴运铎在一个干水塘边，选中一棵大柳树，用绳子把步枪捆在树干上，枪口卡上枪榴筒，筒口对准荒地；再把枪榴弹装进筒内，拉开枪栓，推进无头子弹，扳机上系了一根绳子。等同志们都隐蔽好之后，吴运铎蹲在干水塘里，一拉绳子，轰隆一声，枪榴弹射了出去。火光一闪，在爆炸声中，尘土卷着黑烟向上冲去，碎弹片在空中呼啸着……

吴运铎听到枪榴弹的爆炸声，心里的喜悦、激动是无法形容的。枪榴弹的初步试验成功，包含着军工们多少心血，集中了多少人的智慧！

然而，冷静地想一想，吴运铎又觉得这次试验效果并不理想，枪榴弹在空中的飞行速度不快，摇摇摆摆。射程 220 公尺的数字很可怜。但不管怎么样，至少说明他们苦苦寻求制造枪榴弹的路子是对头的。现在的困难离成功仅有一步之遥。

吴运铎和全厂军工们取得的成绩，使敌人慌了神。几天后，制药车间发生了突然爆炸事故，官塘乡三个民夫牺牲了。同时，司令部派人传来消息，送往前线的一批手榴弹出手就炸，炸伤了我们的战士。更令人奇怪的是，兵工厂内部又放出来一些谣言，说仙墩庙的狐狸大仙夜里发怒，要踏平仙墩庙。紧接着，又出现了一张反动标语……

这一连串的怪事像闪电一样掠过厂长吴运铎的脑际，他感到发生的问题非同小可。厂党支部立即召开了紧急会议。他们像过电影一样，把厂里所有的人在脑子里都过了一遍。最后决定从那几箱手榴弹查起。大家找线索、谈疑点，都觉得唐玉成很可疑。为防止打草惊蛇，决定先对他进行暗中监视。

唐玉成是国民党伪江苏省省长韩德勤派遣的特务。他混入我手榴弹厂后，虚伪谲诈，伪装积极，暗地里却经常窥测机会搞破坏。当厂里正在清查这两起破坏活动时，他常常是深更半夜独自盘腿坐在床上，呼噜呼噜地抽烟锅子，满脸沮丧，神情不安，不知要搞什么鬼。有一天夜里，唐玉成妄图盗窃枪榴弹的图纸逃跑，去向其主子报功请赏。狗特务慌慌张张地溜出了屋棚，窜到吴运铎的住房前，就在他要动手的一刹那，群众逮捕了他。当一支支乌黑的枪口对准他时，他吓瘫了。

在仙墩庙前的大广场上召开了公审大会，小朱庄修械所、地藏庵榴弹厂的军工们都来了。吴运铎与军工们同悲同喜，同爱同恨，在会上严正宣读了经上级批准的判决书，判处了唐玉成死刑，交给警卫连战士立即执行枪决。

活生生的阶级斗争教育了大家。敌人害怕枪榴弹，想要破坏兵工厂，军工们就更要办好兵工厂，造好枪榴弹……对于军工们来说，任何成果都不是最后的。第一次试验虽说是成功了，可问题还不少。需要快节奏、高效率去改进它。现在还不是结论。真正完美的结论还在后头。

射程 700 公尺

“敢”字当头，是吴运铎搞科研工作的一个重要思想。他又重新设计了一个枪榴弹的图样。把弹体弧线加大，减少空气阻力；把枪榴弹重心再往尾部移。经过试验，枪榴弹能够一直向前飞奔，不摇动了，可是总射程不过230多公尺。

又过了多少个难眠之夜。吴运铎在想，究竟是什么原因影响了射程呢？所有的办法都使光了，真可谓“黔驴技穷”。脑子累得发疼了，躺在床上老睡不着，浑身上下火燎燎的，像是臭虫、跳蚤翻了窝。他强迫自己入睡，以默念数字一、二、三、四……来催促自己入睡。刚一合眼，又像掉进了一个无底的大海，他大声喊叫着。跟他睡在一起的老马叫醒了他，说：“喂，老吴，你叫唤什么，我看你是着了魔了。”的确，为了提高射程，吴运铎对枪榴弹作了多次的改进。眼看半个多月过去了，射程仍是老样子，岂能不着急？

一天下午，吴运铎去装配车间拿了一发枪榴弹，谁料，这是一发废品弹，军工们和他都未发现。吴运铎只身一人去靶场试验。有几个军工站在工厂门前观看试验。就在吴运铎举枪向远方荒草地开枪时，突然火光一闪，随着雷鸣般的巨响，枪榴弹在枪榴筒内爆炸了，强大的冲击波，把他轰到三米之外，摔倒在地上。他两眼冒着金花，两耳嗡嗡作响。他受伤的左手因靠爆炸点较近，受爆炸波冲击，从手心到胳膊都肿起来。站在厂门前的军工们看吴运铎躺在地上起不来，都以为他牺牲了。他们大声叫喊：“吴厂长……”跑进靶场看他还活着，就把他扶起来，搀回宿舍。军工们坐在床边监督他，不许他起床。他告诉军工们不要大惊小怪，立刻回去，并让车工连夜再造一支新的枪榴筒，换下被炸断的枪榴筒，准备明天继续试验。一股子视死如归，轻伤不下火线的韧劲儿，强烈地撞击着他的心扉。

这天晚上，吴运铎又过了个不眠的夜晚。他再也睡不着了，起来点燃油灯，努力使自己镇静下来，理性一些，把所有的细节又想了一遍。当想到枪榴弹的发射火药必须提高燃烧速度时，意识到过去多次试验没有达到预定的射程和这回弹筒爆炸，会不会毛病出在无烟火药上？刹那间，他精神亢奋，眼眸发亮。半夜里，他把助手老马叫起来：

“快点，快点，有门儿了。”

老马一时摸不着头脑，吃惊地问：“出什么事啦？”吴运铎把想法告诉了他。他俩连忙到了装配车间，把油灯点着，开始配制新火药。他俩将发射药碾成碎末，又混合了少量的粒状黑色火药，使它燃烧加快。他俩一连装好了几发无弹头子弹，准备再次试验。

窗外，晨曦微露。试验场上，已经有许多军工等候在那里了。吴运铎气概昂然，装好枪榴弹，推上子弹，左腿跪在地上，朝荒地打了一枪，枪榴弹没有影了。同志们翘首张望，忽然远处传来雷鸣般的爆炸声，大家立即奔向爆炸点，打开皮尺一量，射程为540公尺，增加了一倍多。此时此刻，吴运铎乐不可支，很难用形容词来表达他激动难抑的心情。

在归来的路上，他和大家哼起了柔婉轻盈的小调……

在那些日子里，吴运铎一直忙着搞枪榴弹，司令部几次来信了解情况，他都回答暂时无可奉告。现在可以详细汇报了。第二天，他带着两个同志，扛着枪榴筒，挑着枪榴弹到司令部去。

司令部的红小鬼见到是他去了，就奔走相告，他们高声喊着：“一只手的厂长来了！不是试枪就是试炮，快去看哪！”

参谋长看过枪榴弹，拿起电话筒，命令立即布置靶场……

靶场上人山人海。师长、政治委员、参谋长都去了。一连打了十几发枪榴弹，个个都炸得很漂亮。靶场上响起了暴风雨般的掌声……

试验完了，罗炳辉师长拉住吴运铎的手，一起走进韩振纪参谋长的办公室。参谋长问：

“你们一个月能生产多少？”

怎么回答呢？他们只有一部车床，每月要制造300发迫击炮弹，其他机器只能造子弹，造不了枪榴弹。参谋长看到吴运铎有些迟疑，就问：“有什么困难吗？”

罗师长也关注地等着回答。吴运铎微笑着，觉得叫苦不好，在革命战士面前任何困难都得低头。于是，便回答首长：“困难不少，我们一定要想办法克服。”

参谋长又拿起枪榴筒，娓娓而谈，提出许多改进意见。吴运铎根据首长的指示，在仙墩庙大殿里新建了一个车间，改进制造工艺，缩短了生产时间，枪榴弹的射程一下子提高到700多公尺。

吴运铎设计的枪榴弹在桂子山地区战斗中，击毙日伪300余人。

由于精兵简政，二师决定撤销军工部机关，缩小编制，改为军工科，吴运铎任军工科科长。当时，淮南根据地的四个兵工厂，都归军工科领导，责任重大。吴运铎除了管技术工作，还要处理行政事务，财务支出，材料采购等。但他最挂心的还是枪榴弹的生产。他住到工厂里，一面布置各厂的生产，一面计划枪榴弹和枪榴筒的生产。他们设计并制造了加工枪榴筒的机器和几部制造枪榴弹的车床。又建立了一个生产枪榴弹的工厂。6 月份，开始投入生产，制造出来大批枪榴弹。

从此，我们的战士又多了一个新的武器装备。部队行军时，战士多挂了一个绿色的帆布袋，袋里装的是枪榴弹。枪榴弹第一次立功，是在 1943 年日寇入侵淮南根据地时，枪榴弹在桂子山战斗中显示了威力。这次战斗是我淮南独立旅旅长罗占云同志指挥打主攻，我五旅旅长成钧指挥打外援。在激烈的战斗中，密集的枪榴弹像倾盆大雨般飞向敌人，打死了 80 多个日本鬼子兵。成钧旅长特地把一支从鬼子军官身上缴获的手枪赠给吴运铎，作为制造枪榴弹的特殊奖赏。吴运铎也被评为功臣。

稻子成熟了。兵工厂的军工们也组织起收割队，轮流帮助老百姓抢收。有一大队日本鬼子和汉奸、伪军，到根据地来安县抢粮。这个县周围是山，日本鬼子到了半山腰，就不走了，便坐在山洼里休息，命令伪军打头阵。伪军刚翻过山梁，民兵的枪榴弹就打过去。

那次，民兵的瞄准射击技术还不大高明，把枪榴弹打飞了，没有打中伪军，却歪打正着，恰好落在山梁后边鬼子休息的地方，一下子炸死了十几个鬼子。鬼子做贼心虚，大概在寻思：新四军真厉害，我们躲在山梁后也被看见了，赶快跑吧，不跑命就完了。伪军见鬼子都害怕，也夹着尾巴溜走了。敌人的抢粮计划破产了。

第十章 拆卸美国炸弹

1944年，新四军建立的兵工厂，非常缺乏钢、铜、炸药等材料，尤其是炸药成了最紧急的军需物资。军工们为搞到钢、铁、铜和炸药，冒着生命危险，化装成收破烂的生意人。有多少同志为此而壮烈牺牲。没有炸药，对于兵工厂就意味着停产！没有炸药，一切工作都等于零……

过去，炸药的来源多半是敌人打过来的炮弹没有爆炸，军工们把它挖出来，装在自己的枪弹、炮弹里杀伤敌人……

"请首长放心"

1941年12月8日，日军偷袭美军珍珠港基地得手，太平洋战争爆发。此后，日军在太平洋上一度占据优势。第二年6月，在中途岛海战中，日方损失惨重，美军开始局部反攻。到1943年4月，美军击毙了日军海军主帅山本五十六，同年11月，开始大举反攻。美国利用我国西南部一些基地，出动战斗机、轰炸机去轰炸日本占领区。1944年秋天的一个深夜，美国出动了一个轰炸机群，袭击日本占领区。当机群从我淮南根据地上空飞过时，吴运铎听到了声音，他披上衣服走到院子里，只见美国飞机向南飞去，一会儿，便觉得大地在轻轻地震动。

次日早晨，司令部接到报告，说在我仪扬地区发现了8颗没有爆炸的炸弹。师参谋长马上打电话给军工科科长吴运铎。

电话中说："运铎同志，你们的炸药已经没有了吧？""是啊，眼看就要停工了！"吴运铎说。"你不用急，美国佬又给送来了！"参谋长显然十分高兴地说。吴运铎急着追问："美国佬给送什么？"参谋长说："美国佬昨天晚上在仪扬地区扔下了8颗炸弹，到现在没有爆炸。那里的炸药有的是。你就把它挖出来吧！"

吴运铎放下电话，就像打了一针兴奋剂，旋即找了三个人，跟他一起骑着马风驰电掣般向仪征、扬州方向奔去。吴运铎赶到当地驻军司令部，又接到了参谋长的电话："你是吴运铎同志吗？我刚才忘了嘱咐你，你现在只剩下一只手，千万要当心！如果有困难，你们就回来。不要冒险。"吴运铎听了心里一热，忙说："请首长放心，我一定完成任务！"

到了现场一看，当地的区政府早已动员三四百人在那儿挖炸弹！驻军派了一个连在四周警卫。

炸弹钻在地里两丈多深。在一次采访时，吴运铎曾对笔者说过：他是第一次看见这样大的炸弹，竖起来有一人多高……

当8颗炸弹露出地面后，吴运铎便说服农民赶快离开，隐蔽到远处的山坡后，避免无谓的牺牲。他心里明白，不管这8颗炸弹是不是哑弹，它随时都有爆炸的危险。如果这8颗炸弹有一颗爆炸，其他几颗受到震动，也会爆炸。8颗炸弹都爆炸了，这一带的村庄将会全部被毁灭！

这8颗炸弹，每一分每一秒都在威胁着战友和自己的生命安全。

吴运铎从来没有接触过这种美国造的怪物，心里没有一点把握，多留一位同志在现场，就有可能多造成一分损失。于是，他劝另外三个同志赶紧走开，由他一人来对付这8颗炸弹。

“不，不能让你一个人冒险!”说着，那三个同志拿起工具就向弹坑走。

吴运铎上前拦住他们说：“同志们，这样做完全没有必要，任务是上级交给我的，我不能逃避危险让你们去!”他挡着坑口，不让他们下去。

吴运铎看他们还不让开，缓缓地说：“让我先去了解一下构造，你们再去。”三个同志这才无奈离去。

吴运铎拿着管子钳下到弹坑里，细看一眼，那炸弹两只胳膊都抱不过来，又高又粗。他暗自高兴，这回可好啦！8颗炸弹里至少可以挖出1000斤炸药。现在，首要的任务是先排除炸弹爆炸的可能性。怎样才能迅速排除危险？当务之急是拧下炸弹的引信。他在炸弹旁细心观察，发现信管的外壳有个钢套裂了一条缝，他用螺丝刀将裂缝撬大，嗬！吓了他一跳，引信的结构真复杂，里面跟钟表构造差不多，有两根上弦的发条和一些传动齿轮，还有延期爆炸装置。他由此断定，这是重型定时炸弹。

炸弹何时爆炸？在那种紧急的关头，是上还是下，是立即拆卸还是回去研究研究再说。吴运铎的心怦怦乱跳，有慌乱，也有恐惧。慌乱的是一时不知从何处下手，心里没有底，怕延误时间，引起炮弹爆炸，损害人民的生命和财产安全。恐惧的是这玩意儿随时都有爆炸的可能，不知在哪一分钟，哪一秒钟把自己送上天……他问自己，我是不是冒险？参谋长的嘱咐响在耳畔。他有点犹豫了，身不由己地退到弹坑的出口。就在他刚要走上地面时，一阵冷风拂面，刹那间，吴运铎那又急又闷的心，豁然敞亮了，脑子清醒了许多。他责问自己：我这在干什么？是被美国这个“怪物”吓破了胆吗？是想临阵退缩吗？是不是怕死呀？生命，对于每一个人都只有一次，当然是无价

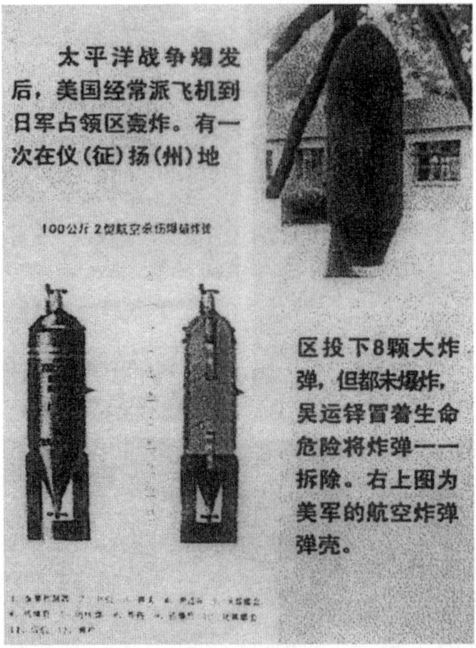

太平洋战争期间美国投下的航空炸弹被吴运铎拆除。

之宝。但我是为工厂能够搞到炸药，继续生产消灭敌人的武器。我是为排除这些“怪物”，挽救人民的生命和财产，即使牺牲了，又有什么值得遗憾的呢？今天，我有幸接受党交给的这样一个光荣的任务，即便再把我的右手炸掉，右眼炸瞎，甚至把我从这里消灭掉，又有什么可怕的呢？人总有一死，就看你是否死得其所，看你是为谁而死！此时此地，绝不能有一点贪生怕死的想法。想到这儿，他马上镇定下来，无所畏惧，充满了必胜的信心。一种对革命无限忠诚的事业心，激发了他的豪情壮志，激发了他一心为革命的高度责任心。面临重任，面对党和人民的重托，他想的就是争分夺秒，在 8 颗炸弹还没有起爆之前，拆下引信管，完成师首长交给的任务。

他用管子钳的钳口紧紧咬住引信管，心想，炸或不炸也许就在这一瞬间。可能轰隆一声巨响，把他炸得粉身碎骨……他用力转动管子钳的手柄，信管的螺纹被拧动了。他放下管子钳，右手抓住信管旋转，最后使劲拔出了信管，竟没有爆炸。接着，他又把弹尾上的信管也卸下来。他抱着两个危险的信管，爬出弹坑，将可能随时爆炸的信管扔到离弹坑不远的水塘里。接着用同样的方法，在四个小时内，他一鼓作气把另外 7 颗炸弹的 14 个信管全部拔下来……

吴运铎拖着疲惫的身体，爬上挖炸弹堆起的土堆，摇摆着军帽，大声疾呼农民兄弟们和军工们。人们都跑来了！用绳索捆住 8 颗炸弹从弹坑里拉出来。

这次从美国炸弹里共挖出 1000 多斤炸药，利用这些炸药生产了各种炮弹、地雷、枪榴弹、迫击炮弹等，有力地支援了抗日战争。

对于吴运铎拆卸美国炸弹一事，有的读者提出质疑：

吴运铎下到弹坑里拆卸炸弹时，一度“踌躇不决”“犹犹豫豫”，是不妥当的。他是英雄，一事当前，先考虑生与死，怎么会有凡人的思想呢？

笔者认为，吴运铎是当之无愧的英雄。但他也是一个有血肉之躯的人，而且是一个平平凡凡的人。

生命对他也只有一次，他同样是珍惜自己生命的，也想继续生存，不想过早地消亡。他具有正常人应有的一切。他把生离死别看得重，是毫不奇怪的，无可厚非。

他之所以成为英雄人物，是因为他为了党和人民的利益，为了战争的需要，不怕困难，不怕流血牺牲，作出了突出的贡献。他在人民创造历史的伟大进程中，大公无私，成为一个勇敢者、开拓者、带路人，推动了历史的前进。

我们不能有那样畸形的想法，凡是英雄人物，就得像小说、电影、剧本里描写的那些刀枪不入、出神入化的大侠，或者是天不怕，地不怕，俨然一尊矗立的钢铸铁打的巨人，或者是没有七情六欲的菩萨。

某些专家认为，吴运铎拆卸的不是美国的定时炸弹。其理由是：定时炸弹，把它置于某处，不受外界撞击，不发生滚动，是可以保证定时起爆的。然而，美国投下的 8 颗炸弹，经过滚动、撞击，落地后受到了强烈震动，不可能不爆炸。此其一。其二，在第二次世界大战中，中美是同盟国，美国不可能投弹轰炸中国的领土。那样做，会遭到全世界人民的谴责和唾骂。据悉，美机真正目的是去轰炸日本占领区，但日本的战斗机紧追其后，美机为逃避跟踪追击，跑得快些，半路甩下来 8 颗炸弹。其三，据有关资料证实，美军内部规定，凡是带弹离开机场的飞机，绝对不允许以任何理由，将运载的炸弹带回机场降落，以免酿成爆炸危险。

基于上述理由，专家们的结论：这 8 颗炸弹不是定时炸弹，而应该叫作“安全投弹”。

过去，吴运铎一直认为，他拆的是 8 颗定时炸弹，并在撰写《把一切献给党》一书中，公之于世。在以后的演讲、报告、文章中便沿用下来。其实，20 世纪 50 年代，有的专家曾提出过质疑，因理由尚不充分，不了了之。

今天，科学在发展，认识和区别定时炸弹与普通炸弹的构造及其原理，科学地揭示引信科学的奥秘，对我们社会主义现代化国防建设仍是一个非常重要的课题。

庆功会上

罗炳辉师长不断把研制各种武器的任务交给吴运铎。吴运铎和军工们一起先后完成了制造年产60万发子弹的任务；完成了研制迫击炮弹的任务；研究并生产了各种各样的地雷；克服了重重困难，设计和研制成功枪榴弹。这些实实在在的发明创造成果和吴运铎个中的奇思妙想令人难以想象。然而，军、师首长心里是有数的。为此，罗师长在淮南新浦组织召开了一次吴运铎设计和研制的武器、弹药演习大会。

这次大会相当隆重，规模也很大，淮南军区各支队及各旅首长、部队均参加了。吴运铎表演得非常出色，几乎做到了完美无缺。

会后，罗师长高度评价了吴运铎和军工们克服困难，制造出战争急需的武器、弹药，并大力表扬了吴运铎。罗师长讲话的嗓门很大，从来没有看到他那样激动过。他说："……我们的运铎同志是上海大学毕业的大学生……我们淮南兵工厂有如此之发展，是与吴运铎同志的努力分不开的……"

此后，吴运铎声名大噪，根据地就有人喊出来，说他是"中国的保尔"。特别是他研制出来的新武器——枪榴弹，在桂子山战斗中，发挥了巨大的威力。这是我军在淮南消灭日本鬼子最多的一次战斗！

在胜利和喜悦中，吴运铎的大名传遍了根据地。淮南抗日军政大学知道后，便派几位老师到兵工厂请吴运铎给讲解枪榴弹的构造、原理，回去作为教材好给学生们讲课。老师们在与吴运铎交谈中，都深信他是大学生，甚至问他是哪所名牌大学毕业的，获得过什么学位。吴运铎郑重声明："我没念过大学。我不是大学生，是个小学生。"老师们说啥也不信，说他太谦虚了。还说什么，"凡是成功者，有学问的人，都虚怀若谷，可以理解……"

吴运铎以为，这事就此完结了，谁知又过了几天，罗炳辉师长给军工部发了命令，让搭一个台子，要来开大会。军部里上上下下的人员都很纳闷：罗师长跑 90 多里路，来这儿干什么？想必又有大仗要打了，还是有啥重大军事行动。总之，肯定有新消息、新精神。谁也没猜对，罗师长这个不寻常的举动，原来是特意为表彰吴运铎的功绩而召开大会的。会上，罗师长高兴地说："……吴运铎同志是大学生，他为抗日战争作出了很大的成绩……我们应该向他学习……"

在抗日战争胜利前夕，"吴运铎是大学生"，在军工部已是尽人皆知的。为此，吴运铎在各种场合，多次解释："我不是大学生""我念了五年小学"。罗师长几次讲话却说他是大学生。为什么呢？吴运铎想，这不过是师长对他的嘉奖和厚爱。同时，师长也在倡导大家向大学生学习，向有墨水的知识分子学习，鼓励大家勤奋读书，刻苦钻研军事科学知识。

"吴运铎是个宝"

在淮南的干部中有不少人说："师长把吴运铎当个宝！"罗炳辉师长说过："吴运铎是个宝。""是一只手的将军！"那么，吴运铎是不是一个宝？是不是"一只手的将军"？首长的话是否言过其实，抬高了吴运铎？笔者以为，这是罗师长积多年战争实践和对军事科学知识的深刻认识，也是对吴运铎在军工事业作出贡献的总结和高度概括。言之凿凿，所言极是。

试想，在旧中国，真正有多少高级军事干部能把在军事科学领域具有重要发明创造的专家看成"宝"，看成"将军"？那时，军事科学不过是反动统治的点缀品，科学家则是他们的门下清客、穷书生。在人家需要，而又不悖其意愿时，偶尔也会露出一个笑脸，送你一点残羹剩饭；当权势者不需要你的时候，且言行又悖于其利益或理念时，他们会逼你逃匿、出游、自刎，以至于举起屠刀结束你的性命。罗师长对待吴运铎的态度是有远见卓识的，是共产党人的开明之举。他把吴运铎视为有价值的人，而且认为这个伤残人的思想、精神是健全的，智能是超人的。话说至此，使笔者联想起一件颇有兴味的往事：

1980 年 5 月 18 日上午，我国向太平洋预定海域发射的第一枚运载火箭获得圆满成功。两天之后，美国合众国际社向全球播发了一篇专稿。记者罗伯特 · 克莱伯在题为《中国导弹之父——钱学森》一文中写道："主持研制中国洲际导弹的智囊人物是这样一个人：在许多年以前，他曾经是美国陆军上校，由于害怕他回中国，美国政府竟把他扣留了五年之久。"

"他的名字叫钱学森，今年 68 岁（应为 69 岁——笔者注）。在这个名字的背后，有着一段任何科学幻想小说或侦探小说的作者都无法想象出来的不同寻常的经历。"

《钱学森故事》（解放军出版社，2011 年 11 月）中也有相似的描述。美国五角大楼海军部副部长金贝尔在电话里怒吼："钱学森是制造火箭导弹的顶尖专家！他太有价值了，在任何情况下都抵得上 3~5 个师的兵力！我宁可毙了他，也不要放他回共产党中国。"

"我宁可把这家伙枪毙了，也不让他离开美国"，20 世纪 50 年代的美国海军次长丹 · 金布尔说。"那些对我们来说至为宝贵的情况，他知道得太多了。无论在哪里，他都值五个师……"

以上所述，并非是拿吴运铎与钱学森相比。因为不同的政治形势，不同的社会背景，不同的人物经历和从事不同的职业，是无法比拟的。但是，它至少说明一个科学家，或者说一个兵器专家，对科学技术的发展，对军事武器的研究和在战争中的价值，绝不亚于在战场上持枪与敌人搏斗的官兵。具体到吴运铎在战争中起的作用是否能抵得上“五个师”，笔者不敢妄言。那么，他是否抵得上五个团、五个营……

吴运铎超人的创造力，是几千、几万个不懂军事科学技术的外行能做到的吗？是凡夫俗子孜孜以求能研制出来的吗？请问，他不是个“宝”，不是个“将军”，又是什么？

当然，这些功劳不能全归功于吴运铎一个人。然而，当时他的确承担了全部的设计研制的重任，是无人可替代的专家呀！今天，我们不应该否定他个人在战争岁月所起的重要作用及其存在的价值。对此，吴运铎却异乎寻常地谦虚、大度、冷静……

他听到这一类的议论就给人解释：“我是个工人出身，哪里是什么‘宝’，我不过是能照师长的话办事。师长说搞什么武器、弹药，我就搞什么，而且在大家的共同努力下搞出来！”这番话不是套话，说得很中肯、很实在。因此，罗师长每次见到吴运铎，总要同他谈形势说任务。忽而问兵工厂的生产情况，存在什么问题，忽而问他有什么新发明、新打算。等到分手时，还要找点小礼物相赠，留作纪念。

吴运铎依稀记得，第一次去罗师长那里，谈完话，临走时，师长从柜子里找出一支日本制造的驳壳枪，兴奋地对他说：“来，运铎，这是从鬼子手里缴获的，送给你作个纪念。”吴运铎太喜欢枪了。从孩童时代就梦想玩枪玩炮的。小时候，在安源老家玩过用泥巴做成的手枪。孩子们玩抓特务、抓坏蛋的游戏，多么想有一支真的枪。年龄稍大一点，又做过木头手枪，并用烧得通红的铁丝在木枪柄上烙出各种花纹，它比泥手枪又先进了一步。现在，他看到罗师长送的这支油黑锃亮的驳壳枪，不知道要怎样谢谢师长，是师长圆了他二十多年的梦想。工作之余，他一有空，就拿出这支驳壳枪，端详、思索，罗师长那可亲可敬的面容总是浮现在他的眼前。他常想起罗师长对敌人不抱任何幻想，表现出那种狠劲是自己终生铭记的，然而他对下级和战友那种平易近人的态度在我军的将领中是有口皆碑的。

他第二次见到罗师长，是师长从前线作战回来，把从鬼子手里缴来的装烟的皮盒子送给他。他想，师长为啥对自己这样好？就是因为自己能够按照党的教导，为革命战争做了一些微不足道的工作，所以，师长把对革命事业的满腔热情倾注在我这个普普通通的军工战士身上。

第三次见到师长，是师长托去上海的同志为他买回《现代工厂实习法》一书送给他。这本书寄托了师长对他和军工们的无比关爱和深情。

上级首长的褒奖，是一个革命战士的无上光荣，吴运铎为此感奋不已。

“抗战不胜利，我不找对象”

吴运铎已经二十四五岁了，身边应该有个生活的伴侣，关心他的吃住、冷暖。新四军副军长张云逸怕他生活不便，特意配给他一匹马，又派一名饲养员，并叮嘱他说：“你的手坏了，腿也伤了，走路不便，以后就骑马吧！”

张副军长是个古道热肠的细心人，还给他介绍了一个对象，让他抽空去 45 里外一个地方见见面。吴运铎对此事表态说：“抗战不胜利，我不找对象！”副军长耸耸肩，莞尔一笑说：“你一个人生活怎么能行呢？比如，打饭、洗衣服都不方便呀！”他说：“吃饭由小鬼帮我打来，洗衣服让别人帮一帮嘛！”副军长看他的思想不通，就让别的同志帮助做做工作。又经过几个人好说歹说，吴运铎仍不同意，坚定地表示：“现在我想的是怎么把工厂搞好，多生产子弹，多消灭敌人，没有工夫去谈对象。”

1945年初，新四军二师的军工部赫赫有名。作为军工部的工务科长，吴运铎带领军工们不但能修理枪械，还能以简陋的设备制造部队急需的枪炮弹药等重型装备，这引起了在新四军政治部工作的两名上海姑娘的关注。她们是胡序同和俞启英。她俩不约而同地想去工务科当军工，认为那才具有挑战性，才能发挥自己的力量，实现经年抗战的心愿。

初到工务科的胡序同、俞启英对军工生产一无所知。为做好生产技术工作，她俩与吴运铎经常在一起，碰到不明白的问题，随时请教这个顶头上司。吴运铎持“知之为知之，不知为不知”的诚实态度，耐心地给她俩讲解，不懂的问题就共同切磋。比如，师长罗炳辉曾送给他一套英文版的《机械制图》，吴运铎看不懂，便由她俩借助于英汉字典，给吴运铎翻译出基本内容。

当吴运铎了解《机械制图》一书的内容之后，便把书天天放在桌上，终日翻读，读了就画。他从书本上学会了机械制图，还办了培训班。吴运铎的老战友程仁涛回忆说：“自从我遇到了吴运铎同志，在他的教导下，我学会了机械制图，看懂了各种机床、各种枪炮弹药的结构。部队战士来培训班学习，他亲自为学员们讲课。”这本书使吴运铎的设计工作如虎添翼，像是增加了一双力大无比的翅膀。两名年轻的姑娘也从中掌握了机械制图的基本知识。当吴运铎设计出草图，她俩再依样画工作图。几个月里，她俩画过手榴弹、炮弹和大炮的加工图纸，学会了简单的车工、钳工和淬火技术，学会了制雷汞等炸药。

由于她俩在技术上有突飞猛进的进步，逐渐成为工务科的骨干力量，相当于吴运铎的秘书或得力助手。与此同时，吴运铎的才干、率直的性格和勤奋学习的钻劲得到了两名姑娘的认可和青睐。于是，吴运铎和她俩在一起的时间渐渐多起来，自然也就招来了误解，或者不分场合搞点不太妥帖的“幽默”。一次，吴运铎和胡序同去炮厂检查工作，一进门，有的工人就和吴运铎开起玩笑，扯开大嗓门喊：“吴科长，什么时候结婚呢?”面对突如其来的敏感话题，吴运铎的脸色绯红，幸好他没在言谈举止间献丑或有什么失态，便若无其事地向那位工人微微一笑，善意地点点头，避而未答。让他不尴不尬的问题，算是闯过了关。还有一次，时任新四军二师政治部主任，参加过二万五千里长征的萧望东同志要来给军工们作报告，吴运铎和胡序同是一起去的，他俩进了会场门后，见人很多，就坐在靠门的过道旁。不一会儿，萧主任来了，会场立马鸦雀无声。时年30岁出头的萧主任看见了吴运铎，就像见到久别重逢的战友，高兴地问：“吴科长，你什么时候结婚啊?”全场发出一阵笑声，弄得大家都知道了。

世界上的事情，有时并不是按人们想象的轨道运行的。吴运铎和胡序同的事，由于种种原因，后来无声无息了。那时，吴运铎的想法：她是知识分子，个性、脾气与自己这个大老粗不一样，难以结合。“我从来不想高攀，咱是小学生，说话做事，与知识分子不会是一样的，人家肯定看不起我这个土包子。”事后证明，胡序同丝毫没有看不起他的意思，相反对他很信任、敬重……

1945年7月，日军的汽艇在淮河活动猖獗，为防止他们从淮河上岸，罗炳辉师长命令军工部一周内试制出水雷，用以封锁淮河。当时库存有一些地雷，吴运铎就想改制成水雷。他经过亲自试验后，做出决定，将地雷引信帽锯掉一半，用石棉布、蜡和火漆等把帽口封严，防止进水，这样便可改制成水雷。锯引信帽的危险性大，引信一发热，会引起爆炸。但不这样干，就无法准时执行造水雷的命令。

胡序同和俞启英接受改制任务后，遵照吴运铎的吩咐，把地雷夹在工作台虎钳上，一人锯铁帽，一人用油壶不停地向锯口浇水，使之冷却，以防爆炸。锯下铁帽立即封口。几天下来，工作顺利。但在7月末的一天下午，胡序同锯铁帽时，一个从分厂调来的车工徐玉才，见她慢慢地锯，心里着急，便拿了一把榔头，将快锯断的铁帽砸下来，既节省了时间和锯条，也没有发生什么事。但第二次却引爆了地雷，六七名军工被炸伤。徐玉才当场牺牲，时年才20来岁。吴运铎抱着小徐的遗体，泣不成声。胡序同在这次事故中，左耳膜被震破，落下终身残疾(被评为三等残废军人)，两条腿被炸伤，住院治疗。那年，她刚满22岁。受伤后的胡序同没有退缩，仍勤勤恳恳地工作。那时她已是工务科党小组长，俞启英是机关支部委员。胡序同凭着在上海地下党的工作经验和敏锐的政治嗅觉，与俞启英一起找出了混进工务科准备搞爆炸和暗杀吴运铎的反动分子。经师保卫部查实，将其逮捕。这件事，吴运铎永远铭记于心。如果不是她们坚守在吴运铎身边，在那极端复杂的斗争中，什么事情都是有可能发生的。

1946年6月，短暂的和平日子很快过去。不久，国共内战爆发。1947年5月，孟良崮战役打响，胡序同已是连级干部了。从 1940 年入伍至此，七年的战斗生活，使她成为一名坚强的革命战士。

1949 年 5 月，上海解放，胡序同回上海，转业到华东工业部工作。次年 6 月，她作为军代表被派去接管上海同济大学附属高等工业学校（后来，迁到南京）。此后的 30 年她至真至诚地献身党的教育事业。

胡序同离别新四军二师工务科之后，从未忘怀吴运铎这位好领导、好老师、好战友。1960 年，吴运铎去上海医治眼睛，胡序同特邀他去南京一叙。她向吴运铎倾诉了坎坷的经历，道出了年轻时对吴运铎的爱慕之情。

此后，30 多年来，两位战友彼此思念着。胡序同每次回京探亲，总要拜访吴运铎和跟自己同岁的陆平，亲如一家人。

俞启英是一位很能干的大学生。她在接受制作雷汞的任务中，因炭火加温而起火，四肢烧伤。但她仍坚持工作，一直战斗在兵工战线上。

第十一章　研制平射炮

吴运铎为革命负伤致残后，没有把负伤当成包袱，仍积极工作，无忧无虑，乐观向上，仿佛在他身上什么事也没发生过。吴运铎只能用一只手从事武器设计研究工作，但其工作效率、作用和意义并不亚于驰骋沙场、指挥千军万马的将军。这就是当时首长们对他所从事的工作意义、生命价值的最高评判。

在军长家吃饭

新四军副军长张云逸同志爱战士是有名的。他对吴运铎这个工人出身的“一只手将军”更是偏疼偏爱。一天，吴运铎从淮南战地回来，半路上，碰见了张副军长，便赶快下马，避让道旁，向仰慕已久的副军长敬礼、问候。副军长一见是吴运铎，也跳下马来。这位50岁出头的副军长走上前来拍拍吴运铎的肩膀，拉住他的手，用广东文昌县的口音同他随便地叙谈起来。“你现在去什么地方，吃饭了没有？身体能受得了吗？工作怎么样……”张副军长问。率直的吴运铎如实地回答：“我从外地出差回来，还没有吃饭，回去就吃！工作挺忙的，身体健康！”副军长听他回答得简单、干脆，很有风趣，便笑着说：“走，到我那里去吃饭！”没等吴运铎表态，便把他拉到家里。

这顿饭普普通通，没有佳肴珍馐。吴运铎吃得很香，无拘无束。每吃完一碗饭，副军长和夫人、孩子就忙上前夺他的碗，

新四军副军长张云逸。

给他盛上满满一碗送上来。一连吃了几碗饭，吴运铎真觉得不好意思。饭间，副军长关切地问：“兵工厂现在有什么困难没有？每月生产的进度怎么样？还需要多少钱……”面对副军长提出的若干问题，吴运铎对答如流，详细地向副军长作了汇报。

饭后，这位久经沙场、参加过二万五千里长征的副军长，向他投去坚毅的目光，微笑而严肃地说：“为了战争的胜利，为了我们的战士少流血牺牲，你们尽力多造一些有强大杀伤力的武器。钱，我们不多，但是，你们要多少钱，给多少钱，一定先保证你们！”这些话语真让吴运铎感动，其分量可不轻呀！他从中领悟到副军长请自己吃这顿饭可不是一次平平常常的饭，这是一顿异乎寻常的便饭。

吴运铎把“多造一些有强大杀伤力的武器”当作他研制工作的重点目标，思考问题的重中之重。他把副军长的话作为座右铭，哪怕有天大的困难，也要克服它、战胜它。吴运铎和军工们没有辜负首长的心愿，他们光荣地获得了上级赠予的一面鲜红的奖旗。

摧毁“碉堡战术”

在整个的抗日战争时期，蒋介石口头宣称抗日，实际上始终反共，卖国贼之心不死。

他抽调所谓的精锐部队进攻解放区。利用“碉堡战术”，每向前推进一步，沿路拆毁民房，筑起一个个碉堡和工事，直逼津浦路以西地区。鉴于日伪在淮南津浦路四处修筑了碉堡，步枪、手榴弹难以对付。

那时，我军没有爆炸力极强烈的炸药，要想摧毁敌人的碉堡，减少攻击部队的伤亡，只有用平射炮。于是，军部下达紧急命令，要兵工厂立刻制造攻坚的平射炮。

根据上级指示，1944 年 4 月，军工部召集会议，决定抽调人员建立大炮制造厂，原先的迫击炮弹厂改成制造平射炮弹。责成吴运铎主持整个设计和制造工作。

吴运铎手里有关兵器知识方面的书籍少得可怜。他一面贪婪地学习仅有的书本知识和保存的资料，一面结合自己造迫击炮弹的经验，与同志们商量办法，没日没夜地开始平射炮的研究和设计工作。

制造大炮的主要材料是钢。上哪儿去找钢？他们能找到的钢料只有钢轨，无法造成粗大的炮筒。怎么办？退缩吗？不行。吴运铎因地制宜，因材制宜，土法上马。每当遇到困难，他总能突发奇想，独辟蹊径。这时，吴运铎想，历史上不是也有不用钢做大炮，而用生铁做的大炮吗？今天我们不妨用铁炮代替钢炮，反正也不准备用它一辈子。先把敌人的碉堡削平再说。

造枪榴筒剩下许多铁棍，还存放在材料科，估计造出几十门炮不成问题。只是这铁棍不够粗，口径不大。这也不碍事，只要炮多，这个缺点是可以弥补的。

要使炮弹能够打出去，炮筒内壁必须刻出一种凹凸的斜线，就是平常说的来复线。刻来复线的机器是一种非常精密的机器，他们没有。来复线的加工问题不解决，即使有了图样，炮也无法造出来。

以前他们在皖南兵工厂造步枪，枪筒里的来复线是用手工方法拉出来的，可是炮筒比枪筒粗好几倍，拉是不行的。吴运铎还清楚地记得，他的战友罗克绳同志生前曾谈过造来复线的方法，可以“挤”。罗克绳根据什么总结出这个“挤”字呢？这次倒应该试一试。

炮筒的来复线20多英寸长才转一周，怎么挤？他想，如果做一个橄榄形的钢柱，在钢柱圆周刻上凹凸斜线，把这钢柱硬楔入炮筒，也许就能挤出和钢柱上螺旋形一样的来复线。这办法成不成，只有实践才能证明。吴运铎马上绘出一张简单的钢模图样，交到车间去。

军工们立刻根据图纸制造了炮筒、钢模和钢垫片。钳工在钢模上忙着刻凸凹的斜线条。八匹马力的柴油发动机，拖着车间里的全部机床飞快地旋转。军工们累得满头大汗，越干越起劲。那时是战争环境，一粒子弹，一颗炮弹，都是和敌人作生死斗争的力量。因此，突击任务成了军工们经常的工作方法。再加上制造大炮又是头一回，小伙子们拗劲一上来，滚油也泼不开，直到把活干完，才肯放手。

天黑了，大院里点起了明亮的汽灯，院子中间摆上铁砧。军工们把炮筒竖在铁砧上，再把钢模插进炮筒口，四周注上润滑油。几个军工抡起大锤，把钢模打进炮筒。接着，把钢垫垫在钢模上面，继续往下打……所有的钢垫全打下去，那钢模被压挤着通过炮筒，从另一端钻出来了。再把筒子里的油污洗净，抬起炮筒对着灯光一照，里面的来复线又光又滑，跟吴运铎要求的标准一样。

半个月来，吴运铎没日没夜地赶着设计图样，左眼又红又肿。看得出他倦怠无力，但从不言休息。他点上眼药水，扎上手帕，继续工作，常常晕倒在工作台上。

造炮弹没有钢料，就用铸铁来做。缺少容纳发射火药的炮弹铜壳，别说是他们没有铜，就是有，也没有制造铜壳的机器。吴运铎又回想大炮的发展史：开始人们不也是用没有弹壳的炮弹吗？那现在为什么非要用铜壳呢？我们可以用绸子缝成火药包来代替铜壳嘛。再用黄杨木做成炮轮，周围包上铁箍；把小铁轨锯断，用螺丝钉连接起来做成炮架。这样，大炮的设计算是初步完成了。

图纸送到炮弹厂以后，吴运铎感到一阵阵头晕，两眼疼痛难忍，浑身绵软无力，瘫倒在工作台上。医生给他吃了药，又上了眼药水。大家扶他躺下。第二天，他仍是那样生龙活虎，跑到炮弹厂去帮助大家干活……

没有多少天，试验炮造好了。在厂外荒坡上，筑起一座高大的土墙，离土墙 300 多公尺远的地方，筑了一道壕沟，架起他们造的第一门大炮。第一发炮弹没装炸药和发射药包，把四尺多厚的土墙穿了一个大洞。第二发用真炮弹打出去，土墙被揭去了一半。又连试了几发，土墙全倒塌了。

参谋长特地从几十里路以外赶来参加试炮，并提出许多改进意见。这天晚上，又开会总结造炮的经验。根据军工们的意

新四军二师生产的平射炮。

见和参谋长的指示，吴运铎修改了草图，绘制出正式的大炮设计图样。炮弹厂的同志也改进了生产方法，制造了铁模型代替翻砂，来嵌装弹带，又用铁模子铸造引信的毛坯，减少了材料的耗费，提高了产品的数量。据军工部部长王新民回忆："8 月份生产了四五门平射炮。"

到了秋天，他们一共造出了 36 门平射炮和大批炮弹。据江苏省淮安市金湖县委党校高级讲师张来林先生在给笔者的信中强调："枪榴弹不算是大杀器，攻坚能力不如平射炮。平射炮能摧毁碉堡等工事，是真正的大杀器。1945 年 8 月 17 日柘塘街战斗，二师一口气敲掉日伪军碉堡 12 座。"

占鸡岗是日伪共守的一个据点，碉堡坚固，敌人凭险据守，十分猖狂。新四军二师四旅、五旅联合攻击，守敌顽抗。守敌团长蒙培琼狂妄地叫喊："新四军！你们没炮打什么仗？赶快回去吧！瞧我的钢炮……"

喊话声音未落地，"轰"的一声，第一颗炮弹钻进了碉堡。

蒙培琼又喊道："兄弟们不要怕，新四军二师只有一门平射炮，总共三发炮弹，再打两发就完了！"战士们气急了，把36门平射炮集中在一起对准敌人的全部碉堡一连发射了200发炮弹。急风暴雨般的炮弹从四面钻进了碉堡，沙石尘土弥漫半边天，眼看着那高大的碉堡一个个坍塌了。敌伪军被慑服了。守军另一个营赶来增援，战士们冲上去，展开了肉搏战。此战歼敌700余人。顽军举枪投降。那个反共的少将团长蒙培琼，躺在碉堡下的水沟里藏身。战士们拿枪一指，吓得他浑身发抖，结结巴巴地说："别打别打，我出来！"对此，张来林先生写文说："1944年11月发生的占鸡岗战斗，新四军刚粉碎上万日伪军的扫荡，正准备休整，顽军蒙培琼部不攻击日伪军，却乘机袭击新四军二师，二师用兵工厂新研制的平射炮将其碉堡一个个轰掉，顽军团长眼看全军覆没，只得投降。"

申请结婚

占鸡岗战斗结束不久，日本鬼子发动了"扫荡"。

初冬的雨点夹着碎雪粒落个不停，兵工厂开始了紧张的备战，同志们抬着笨重的机器和材料，踏着烂泥，隐藏好机器，在工厂的四周埋满了地雷。一天，吴运铎正忙着在屋里清理资料，忽然，原来在炮弹厂当火药装配工的陆平大大方方地走了进来。

她平时一有空，常找吴运铎谈天。吴运铎生病时，她也照护过他。现在开始反"扫荡"，为了随时掌握敌人的情况，司令部派她到敌占区建立秘密联络站，传递情报。这几年来，在六师，在二师，陆平常常担任这个工作，历尽了艰难。

"怎么啦？你又要回娘家？"吴运铎问她。

“你看像不像?”她身着花衣花裤花鞋，头后挽个发髻，瞅着吴运铎微笑，“我特地来看看你，打仗，就见不着了，这一阵子你身体太坏，可要当心，别搞垮了。知道吗?”

看着她那一本正经的“老大姐”口气和派头，吴运铎忍不住笑起来。

此后，吴运铎与陆平就很少有见面的机会了。

反“扫荡”结束后，陆平随着炮弹厂迁到盱眙的一个山洼里，彼此相距70里地。但是，她那矮小结实的影子，却深深地留在吴运铎的心里。

陆平生于1923年11月24日（农历），公历为1923年12月31日，小时候读过五年书。她老家在江苏扬中的一个小村里，父亲是贫苦农民，全部家当就是两间茅草棚子，1942年秋天鬼子“扫荡”时，被一把火烧光了。一家人落得无处可归，而陆平被迫寄住在姨母家里。后来，她下了决心，包了两件衣服，瞒着年老的父母，和一些人一起参加了丹北人民抗日游击队。

入伍后，陆平被分配到文工团。不久，经唐英等同志介绍入党。1943年，在抗战最艰苦的岁月，她从文工团调到新四军六师当过侦察员，在火药厂当过装配工人，因信管爆炸，负过伤。后来，她又调到二师火药厂当工人 。在吴运铎心目中，陆平是一个好同志，一个勤劳、纯朴、善良的女工，一个真诚的朋友。以前和她在一起也不觉得怎样，现在一离开，像是生活中缺少了什么。这究竟是什么原因?人的感情世界，千姿百态，心灵的密码确实难以破译，连吴运铎也解释不清。也许这就是缘分吧?

1943年，六师一部分军工在副部长王新民同志的率领下，

1944 年，吴运铎（左）与新四军二师军工部部长王新民同志在安徽天长县铜城镇合影。

调到新四军二师成立了军工部，任部长。吴运铎任工务科科长。一天，吴运铎与王新民部长闲谈时，透露了自己的隐私，讲了他对陆平的感觉。部长笑着说："原来是这样。我来做媒吧！"顿时，吴运铎慌了手脚，为难地说："这太莽撞吧？如果她没有这种感觉，就太不好意思了！"

"你的顾虑真多！"王部长笑了。

一次，王新民部长去陆平工作的炮弹厂检查工作，在许多女工面前，像半开玩笑似的问陆平：

"……吴科长怎么样啊？你对他有什么意见？"当时，陆平虽赧然笑了，却也未表示什么。事后，王部长又找到陆平，郑重其事地说："吴科长说你人不错，他很喜欢你，你有什么意见？你们应该到一起好好谈谈。抽空你去一趟，看看他。"

自吴运铎炸伤致残后，同志们都非常关心吴运铎的个人生活，希望他能够结婚。可是吴运铎想，如果仅为个人生活起居有人照顾，找一个爱人，那太自私了。一个战士，对待工作和对待生活的态度应当一致，没有理由让别人背包袱。

这时候，到了抗战胜利的前夜。在欧洲战场上，英勇的苏联军队已经向德国法西斯展开了全面进攻。在国内，解放区军民打退了国民党第三次反共高潮，正在积极准备对日本侵略者实行反攻。他们的炮弹厂也在继续扩大，只是大炮还不能满足战斗需要，必须继续改进，增强它的威力。

当时的分工是：吴运铎负责加大炮的口径，秦永祥负责改进炮弹，用钢制造，信管也要改为自动化的。当时，全部力量都集中在争取最后胜利这个目标上。

不幸的是，老秦在拆一个日本信管时发生了剧烈的爆炸，光荣牺牲了。这使吴运铎非常难过，他督促自己要把老秦未完成的工作继续做好。他骑着马跑到前方，实地察看大炮的杀伤力，又跟战士们开座谈会，了解他们对大炮有什么要求。他在部队住了几天，帮他们组织了一个随军行动的流动修械厂。临动身时，部队特意派了一个骑兵班护送他到炮弹厂。

刚走进工厂的院子，一群女工就把他包围了。“哎呀，老吴同志，你怎么现在才回来呀？”

吴运铎正在猜测她们话里的意思，女工们哈哈大笑起来，弄得他更加莫名其妙了。

新任厂长出来解了围，把吴运铎拉到屋里，谈了一阵提高炮弹威力的问题。后来，吴运铎问厂长：“你们这里出了什么事？”“她昨天已经出院了。”厂长没头没脑地说。接下去才解释道：“陆平受伤了。起火管把她的胸部、腹部炸伤了。你去看看她吧！”吴运铎心急如焚，急忙跑出屋子。刚一出门，就碰见了陆平。

“我来看你，瞧见你们谈问题，没敢打搅，就在外边等你。”

他俩走出了厂门，俨然一对恋人的样子走进了山脚下的林荫道。微风拂动茂密的枝叶，轻轻地摇曳，却没有一丝动静。吴运铎的心跳得比平日快多了。

“你受伤了，怎么不给我写信呢？”他抱怨地说。

“怕你着急呀！听说你上前方去了。”陆平嫣然一笑说。双方谁也不知此时此刻说什么好，缄默无言。

突然，陆平停下脚步，微笑着，专注着他，好像有句要紧的话哽在喉咙里说不出来。

“老吴，你跟部长说什么啦？”她终于憋不住了。

“什么也没说呀！”吴运铎一时不知从哪儿说起，想不起来。

“别打埋伏了。人家都知道了，要我请客！部长来检查工作，找我谈过。你到底是怎么想的？”她脸色微微泛红地说。

吴运铎这才猛地记起那次跟王部长的谈话，就说：“我是个残废，你不觉得有什么遗憾吗？”

“怎么能这么说呢？你是为革命事业受的伤，我应该向你学习……”她笑吟吟，两颊绯红，脸上洋溢着幸福……

那天，他俩谈的时间较长，谈得非常和谐、自然，是认认真真的。第二天，他俩郑重其事地给师政治部写了一份报告，申请结婚。

回到军工部，吴运铎又忙起设计工作，一边画图样，一边到工厂试验，把大炮口径从 36 厘米扩大到 42 厘米。这时正赶上各工厂向军工部附近集中，炮弹厂也从盱眙搬回来，吴运铎担任了军工部副部长兼工务科科长，负责领导生产。紧急的任务使他和陆平顾不得考虑个人生活问题，结婚的事只好延期。

1945年8月8日，苏联发表对日作战宣言。8月9日，苏联军队进入中国东北，向日本关东军大举进攻，加速了日本法西斯的覆灭。也就是8月9日这一天，毛泽东主席向解放区军民发出号召："在这种情况下，中国人民的一切抗日力量应举行全国规模的反攻，密切而有效地配合苏联及其他同盟国作战。八路军、新四军及其他人民军队，应在一切可能条件下，对于一切不愿投降的侵略者及其走狗实行广泛的进攻，歼灭这些敌人的力量，夺取其武器和资财，猛烈地扩大解放区……"8月10日，朱德总司令向各解放区所有武装部队发布命令："……如遇日、伪武装部队拒绝投降缴械，即应予以坚决消灭。""命令各解放区的武装部队，向一切敌占交通要道展开积极进攻，迫使日、伪军投降。"淮南解放区军民以英勇的战斗回答了党的号召。战士们向日、伪盘踞的城镇进军。吴运铎领导军工厂日日夜夜赶造炮弹。工厂的院子里，搭起了两丈多高的支架，上面架上滑车，拴上一个100多斤重的生铁疙瘩，当作"大汽锤"，再把烧红的一节钢轨放进炮弹钢模内。"大汽锤"从两丈高处一起一落地锤打，就制成了钢弹壳。

经过长期的反复试验，大炮的射程也已经提高到4公里。在前线，新四军的大炮，抬起了头，张大了口，要消灭那些敢于拒绝投降的一切敌人。

8月14日，日本政府正式照会中、美、英、苏四国政府，表示接受《波茨坦公告》。8月15日，日本天皇裕仁以广播《终战诏书》的形式，向公众宣布无条件投降。日本宣布投降后，日军并没有立即停止作战，中国解放区军民的反攻仍在继续。八路军、新四军和华南人民武装力量在对日军实行全面反攻中，取得了巨大的胜利。从 1945 年 8 月 11 日到 9 月 2 日，共解放县以上城市 150 座……

1945 年 9 月 2 日，在东京湾的美国“密苏里”号巡洋舰上，日本外相重光葵和日军参谋总长梅津美治郎分别代表日本天皇、日本政府和日本帝国主义大本营在投降书上签字。至此，中国抗日战争胜利结束，世界反法西斯战争也胜利结束。

1945 年 9 月 3 日，被确定为中国抗日战争胜利纪念日。

抗日战争胜利了。人民渴望着和平生活。在炮声弹影中历尽千辛万苦的吴运铎和陆平何尝不是如此呢？吴运铎曾向首长表示过“抗日战争不胜利，我不结婚”，此时，抗战已取得了胜利，解放战争的号角吹响了，他们结婚是很自然的。笔者于 1999 年初给陆平同志打电话，请教过她和吴运铎结婚的准确时间。她不无遗憾地说：“那是战争年代，时间长了，真是记不清啦。只记得当时天气很冷，是要过什么节日。我们没有举行正规的结婚仪式，甚至俺俩谁都不知道，没有一点思想准备。” 2001 年 3 月初，陆平同志告诉我，说：“可能是在 1946 年元旦

1946 年元旦，吴运铎与陆平结婚之后的留影。

晚上，我和大家去三里之外老吴的住地看文艺节目和探视战友。平时关心我俩婚姻的女友俞启英、胡序同等骗我到老吴的住处，把我们反锁在屋子里……”今天听起来这事像个笑话，其实在那个特殊的年代，从战争环境走过来的人，是平常事，并不感到稀奇。为此事，陆平很用心地回忆过。2001 年 4 月，因为审读北京电视台的吴运铎电视剧本，笔者又向陆平提出几个相关的问题，她在电话里告诉我：“结婚的当晚没有举行啥仪式，我也没有唱《兄妹开荒》。事后组织出面请了我们各分厂的领导作为客人，简单操办了一下。大家还让我为客人斟酒，我都不好意思……”显然，这是战争环境中那一代人一个典型的简朴的婚礼。简朴，并不等于草率，并不等于感情的淡薄。只要他们的爱是真诚的、执着的，透着深沉、透着厚重，是心的连接、情的碰撞，婚礼的形式又有何妨？徜徉在爱恋旅程中的男女，无不由衷地品尝过爱的欢乐、酣畅与惬意。真爱是可遇不可求的，是人世间的缘分。“真心”的靠近，心心相印！

“三国造”

1946 年夏末，淮安华中军区军工部部长孙象涵（原名孙绍琨）把吴运铎介绍给苏皖边区实验剧团的文艺工作者，也是和他一个村（原名桃山集，现名为铜山）的沙惟同志。

20 世纪 30 年代末，孙象涵曾是中共地下党员。当过游击队大队长、司令员等。张爱萍同志任新四军三师九旅旅长时，孙象涵任副旅长。孙象涵是沙惟同志的远亲，也是沙惟走进革命队伍的引路人。

一天，沙惟同志看见他的老乡孙象涵部长上衣兜里插着一支钢笔。钢笔构造很独特，沙惟看了倍感兴趣，就和孙象涵要这支笔。孙部长说，这支笔叫“三国造”，是“一只手将军”吴运铎同志的杰作，也是吴运铎送给他的纪念品。美国的派克笔尖，日本的笔帽，中国的笔杆。沙惟拿在手里端详，觉得这支“三国造”很有创意，外观精巧，做工考究，就对孙部长说：“送给我吧，留个纪念。”孙部长见这个比自己小十几岁的老乡很真诚，为难了。因为他也很喜欢这支“三国造”，并把它当成心肝宝贝，不想给小老乡，所以便对沙惟开玩笑地说：“送你可以，但条件是你必须去吴运铎同志的兵工厂‘体验生活’，写出个好的文艺节目来……”沙惟点点头。他也真想写写吴运铎。沙惟听说过，吴运铎那个厂就是凭着一股不屈的战斗精神，硬是把缺钩短弦的掷弹筒、哑巴了的定时炸弹和“老驴破车”般被小日本丢弃的枪拆装改造，派上了用场……因为重庆谈判破裂，第三次国内革命战争爆发，沙惟同志尚未来得及深入地去“体验生活”，剧团就跟随苏皖边区政府主席李一氓同志执行华中局战略北撤的任务，经鲁南、胶东、烟台，渡海到了大连。

沙惟盼着得到“三国造”的愿望落空了。但他心里却一直惦记着“三国造”，思念着吴运铎。

新中国成立后，沙惟同志的工作很忙。“三国造”在他脑子里渐渐淡忘了。可是，一旦有人提起吴运铎，或者在报刊上看见吴运铎的名字，记忆的闸门便会立刻打开，很自然地想到当年吴运铎亲手制作的“三国造”，想到当年若能得到它并收藏到今天，赠给中国革命历史博物馆那该多好啊！

一段佳话

凡是与吴运铎打过交道的记者，都知道他待人接物可谓热情而又真诚。面对记者提的问题，有问必答，答而详尽，偶有拿不准的事，还主动提供线索，让你心里感到热乎乎的。然而，年轻时的吴运铎，却对来访者提出的问题谨小慎微，过分谦虚，避而不谈自己，多谈他人，或者答非所问。沙惟等几个文艺工作者经孙象涵部长介绍，结识吴运铎后，便有意识地采访了他。2003 年，沙惟同志回忆，“我们和吴运铎一起坐在门边的草堆上交谈过。当我们问他的左手是怎么被炸残的，‘一只手将军’称谓的由来，吴运铎大概顾虑有自我吹嘘之嫌，故作闭口道士，把话题转到孙部长身上，说孙部长是有名的‘修理匠’，不仅能指挥打仗，每到一地，还为部队和老百姓修理电筒、手摇唱机、驴车轱辘、破马鞍子什么的……”怎么办呢？采访处于无奈的境地。沙惟等人并未灰心，仍力争和他多接触，改变这种尴尬的现状。直到后来，他们之间熟了，也未有明显的改观。沙惟问吴运铎是怎样从“皖南事变”的腥风血雨中，冲破艰难险阻，转战到大苏北的，吴运铎依然守口如瓶，不肯谈个人因公致残的遭遇和心态的种种变化，却大谈军工中的好人好事和厂里的工作……

即便是吴运铎对自己封锁得再严实，沙惟等人也毫不气馁，便采取迂回的策略，在他不经意间，还是从他口里搜索出来两则有必要记述的佳话：

和吴运铎一起工作过的同志，都说他特别爱动脑筋，善于思考问题。这几乎是记者采访中大家公认不争的事实。一天，吴运铎去看《一个打十个》话剧演出。剧团用鞭炮做效果，来替代真枪真炮的响声，十分形象、逼真。吴运铎觉得这个做法既经济，又实用，颇受启发，于是他想把这一做法搬到战场上试一试，以假乱真地迷惑敌人。有一次，我军三师某部在连续攻打两天两夜、拿下淮北敌伪的一个大据点后打扫战场时，战士们捡到几口袋鞭炮，当场就打算点燃借以庆祝取得的胜利，却被吴运铎给阻止了。他找来几个大铁筒，让战士们把鞭炮放在铁筒里点燃。好家伙！在百米之外听到的鞭炮声，犹如两军交战的杀场上传来密集的枪炮声。吴运铎喜上眉梢，高兴极了！在以后敌我包围和反包围的拉锯战中，曾多次拿出这一绝招来恫吓、迷惑敌人，被战士们传为佳话。

吴运铎的战友回忆当年的厂长，都不约而同地说："吴厂长爱唱歌、演戏，吹拉弹唱样样都行。"在沙惟等人采访他的时候，涉及这类事，他就放松多了，不那么戒备森严。所以，他道出了这样一件趣事：在修械所工作时，他参加业余剧团演过《放下你的鞭子》，感动了台下的观众，以至于有些观众情绪激昂，一散场就有几个青年要求跟他走，参加新四军。吴运铎说，我们是搞后勤军工的。青年们说，只要能打鬼子，干什么都成。于是，有的青年就当了军工。他们工作肯于吃苦，爱憎分明，立场坚定，从没有人开小差。可是，过了一段时间，条件变了，环境好了一些，却出现了意想不到的情况——在消灭反共五十七军、打了几次胜仗后，有的人竟私自藏掖缴获的金条、金表、金首饰、金元宝，甚至有个别人去死者嘴里敲下金牙，准备携带这些不义之财逃走，回家过"太平"日子。一次行军中，吴运铎看大家走得很累，几个新参军的军工表现也挺好。为鼓舞士气，他就给军工们唱了"流亡三部曲"这支歌。唱毕，听到有人哭泣，吴运铎一看，是当初看他演戏后参军的一个青年军工，坐在拉枪弹的驴车上呜咽。吴运铎走过去，关切地问他为什么哭，那个青年随手递给吴运铎一个金元宝，愧疚地说：都是它造的孽。自从身上藏了它，我好几夜都睡不着觉，要不是听吴厂长唱这支歌，我今夜还真开小差了。后来，这个青年逐渐提高了阶级觉悟，进步很快，可惜在一次执行引爆任务中，不幸光荣牺牲了。

指挥转移

抗日战争胜利以后，我军收复了一批城镇，给人民兵工事业的壮大和发展提供了新的技术和物质基础。新开辟的东北解放区，在各地的支援下，于 1945 年 10 月在沈阳成立了东北军工部。1947 年 10 月在哈尔滨成立了东北军区军工部，何长工任部长，伍修权兼任政委，统一领导全区兵工生产，辖九个办事处和两个直属工厂，成为人民兵工事业的重要生产基地。根据战争形式的发展，其他解放区的兵工机构也都进行了调整。新四军的人民兵工根据战争形势的发展也在随军北上，同山东人民兵工合并组成华东军区军工部，吴运铎、吴屏周都到那里去了。

自武汉被日军侵占以后，蒋介石和他所指挥的大部分部队躲在峨眉山（泛指中国西南、西北部山区），坐观解放区军民在敌后同日本侵略者作艰苦的斗争。此时，蒋介石看日本帝国主义彻底失败已成定局，便妄图下山抢掠人民的胜利果实。与此同时，蒋介石勾结美帝国主义，于 1946 年夏天，指挥国民党军队大举进攻解放区，首先向淮南开炮。淮南又成了硝烟弥漫的战场。

一天夜里，吴运铎接到上级紧急命令，要他负责把所有兵工厂连夜向北转移，并要在战争中继续生产弹药，供应战斗需要。他把各工厂编成了战斗大队，军工们扛着步枪，挂好手榴弹；拆下机器，把材料装了箱。好几百个农民带着杠子、绳索来帮助搬运。军工们扛着机器、带着生产工具打游击，历尽艰辛……

敌机在低空盘旋，不断投下炸弹，追着他们的队伍扫射，军工们在枪林弹雨中前进。

黎明前，工厂撤到南山河附近一个村庄的树林里隐蔽，离前线有 40 多里。当时，吴运铎既要照料军工部撤退，又要负责工厂的撤退。他不能歇脚，也不能合眼。军工们抱着枪，倒在树根下、草堆旁睡着了，有的双手抱膝蜷缩着，冻得浑身颤抖……

吴运铎累得眼睛也睁不开，可是不能睡呀！敌人随时都会追上来。他命令军工们把步枪和手榴弹挂在树枝上，利用战斗的间隙，制造炮弹。一部分军工担任警戒，爬到树上监视敌机；另一部分军工把天轴抬进村子，在一所茅屋梁柱上架起来。各小组长带领组员们忙着安置旋床、老虎钳，筑起锻铁炉，架上柴油机……不到吃午饭时间，工厂的机器就全部旋转起来，开始制造炮弹……

敌人疯狂地进攻，吴运铎准备利用晚间指挥军工们再撤退，但宽阔的南山河横在他们前面。敌机封锁了河面，轮番扫射，打得河里水花四溅。为了赢得撤退的时间，吴运铎命令各队负责人，集中暂时不用的机器、工具和材料，连同军工家属、小孩和病号，先渡过大河。随后，他又骑上马，跑去通知军工部材料科，带上所有的材料、工具，准备渡河……

吴运铎还派了十几个军工沿河找船，动员了上百个农民，在河里打捞起十多只被敌机击沉的小木船。工厂的木工隐蔽在树荫下加紧抢修，等到天黑渡河。

傍晚，天昏地暗，降下倾盆大雨。军工们把修好的小船放下水，装上机器、材料，渔民撑开竹篙，大家帮着摇桨，把军毯拴在两根竹竿上，两个人撑住竹竿。军毯鼓满了风，带动小船迅速地直达北岸。河那边，早就动员好老乡们等着接运了。

当晚，敌人占领了南山河下游的黎城镇，离他们工厂仅有5里地。军工们立即停止生产，准备撤退。

一连好几个白天夜晚不能休息，吴运铎的左眼又红又肿，不停地流眼泪。在转移中，军工部部长劳累过度，连日吐血。指挥工厂转移的担子全落在吴运铎肩上了。他找医务员给洗了眼睛，扎上绷带，坚持工作。

又是一整夜的抢渡，天亮时，他们安全地渡过了南山河。接着，敌人侵占了整个淮南。

兵工厂继续向北转移，敌机也紧跟着骚扰。一个月后，他们撤到淮阴新四军华中司令部所在地，跟华中的军工部门合并，吴运铎被调到华中司令部军械处任副处长，并兼任华中一个最大炮弹厂的厂长。他在这个厂工作不到两个月，蒋介石的国民党军队疯狂地向北进犯，战争的中心移到了淮阴，后来又移到淮安。吴运铎又接到上级的指示，当年冬天，把兵工厂的机器和材料转移到山东沂蒙山区，再建立起一个制造炮弹的兵工厂。

工厂里忙着拆机器、装材料。从车间向外铺设一条临时铁道，直通到射阳湖的岸边。军工们推着铁车，把笨重的机器运到湖岸，再用粗大的树干搭起架子，把机器、材料吊起来运到大帆船上。数十条大船张帆越过了射阳湖，驶进中山河的支流。他们离开了中山河的船只，准备跨过旧黄河，继续北进。

忽然，前面有一座小山堵住去路，船停住了。这小山就是旧黄河的堤岸。在又高又陡的旧黄河堤岸上，他们选了一棵粗壮的大树，架上起重滑车，滑车的巨钩套住捆在机器上的绳索，把又圆又粗的木棍垫在机器下面当车轮，上面的同志拉滑车的铁链，下面的同志拿铁棍撬着机器，上下一阵吆喝，那笨重的机器，缓缓爬上100多公尺高的斜坡。接着，又把滑车移到前面大树上或木桩上，一步一步把机器拉到两里地外的渡口上。军工们跳下水，推着仅有的一只渡船，把机器、材料往返运过了旧黄河。最后，在新沂河换了船，经过小河道，斜穿陇海路，进入了山东境内。

他们的船再向西北行进。河水浅，船搁浅在河底，军工们就卷起裤腿，爬上两岸，拽起纤绳，拖着淤泥上的木船前行。后来，他们不得不转入陆地行军。老百姓套上双轮牛车，推着独轮车，赶来搬运机器。1000多头牛，200来架手推车，排满了10里长的堤岸……

再向北去，路更窄，双轮车走不开了，只好让一个车轮在小路上滚动，另一个车轮由同志们抬着走。一到天黑就住在树林里，军工们燃起一堆堆的篝火，啃着冰冷的干粮，夜里就钻在大车底下睡。吴运铎疲于奔命，骑着马东奔西跑，寻找区村干部，安排明天的行程和粮草。刚一合眼，队伍又要出发了……

军工们离开淮南根据地时，还是炎夏季节，到达沂蒙山区，已经是漫天飞雪了。吴运铎和军工们在河滩上一个背靠悬崖的村庄里，安下了家。在茅草屋里架上天轴，继续制造弹药。

对上述这段艰难的历史，吴运铎的亲密战友程仁涛同志撰文说："1943年夏天，我从江南茅山地区随队渡过长江，来到淮南根据地，遇上了运铎同志。当时我们兵工厂的军工部在天长县铜城镇东北20里的费庄，后来移到铜城镇西20里的大王庄。""我们淮南根据地，地处南京以北，只一江之隔，抗日战争时期，我们南面和日寇对垒，津浦路西则与国民党广西军周旋。日寇投降后，我根据地面临南面是国民党的新六军与西南面的七十四师蠢蠢欲动。我们自制枪炮弹药，痛击了当年日寇和国民党顽固派。”“后来，大规模自卫战争爆发，新四军二师作了战略转移，我们兵工厂也作了转移。我随运铎同志调到苏中新四军第一兵工厂，后来一直转移到山东。”“100 多台机床和大量物资的转移，也是‘土’法转移，是举世空前的壮举。在运铎同志带领下，胜利到达山东山沟里、孟良崮以北一个村庄——朱位。”

朱位是山东军区司令部所在地，吴运铎一行军工与山东军工合并组成华东军区军工部，吴运铎、吴屏周都到那里去了。为了适应形势，合并后不叫军工部而为军工处，李钟麟为处长，吴运铎为副处长，吴屏周为政委。原一师军工部为合并后的华东军区军工部一厂，多为上海来的机器、材料，规模大，设备先进，把吴运铎调去兼厂长。开始，吴运铎受排挤，后来由于他工作努力，事事带头，很快就把大家团结起来，做出了成绩，受到军工们称赞。

吴运铎与军械处机关的技术人员等密切配合，充分发挥每个人的聪明才智，仅两个多月，就生产四五万发炮弹。

没有多长时间，战火燃烧到了山东解放区。敌机四处扰乱，邻近 10 多里的村镇都被炸平了。但是他们的工厂始终平安无恙，因为那险峻的崖顶向前凸出一大块，正好可以做掩护。敌机怕撞上高峰，不敢低飞，炸弹丢不准，不是落在河水里，就是落在山头上。只要山不塌，机器声就不会停止。

转移到山东进行军工生产时，吴运铎听说当地民兵和驻军为了破获敌人扔下的定时炸弹，时有伤亡，发生过多起惨剧。

吴运铎听到他们讲述的凄婉、惨烈的事件，甚为气愤，恨自己来之晚矣。这以后，一有排除定时炸弹的事，无人命令，他就自告奋勇，挺身而出，大胆而又小心地去工作，安全排除了好几起肆虐一时、传得神乎其神的定时炸弹，稳定了军心和民心，粉碎了恐弹的谬种流传。

经过长途转移和行军，陆平身体大不如以前，日渐瘦削。吴运铎也经常头晕，炸坏的左眼，老是红肿不退，流着黏水，不想吃饭，夜夜失眠，有时工作着就晕倒了。一次，吴运铎因事去军司令部，碰见了司令员张云逸。这时的司令员已被岁月的雕刻师在额角留下了深深的皱纹，但55岁的他，依然那样神采奕奕，自信、乐观而亲热。“运铎同志，你身体怎么样？”司令员充溢着欣喜之情问他。

“不太好，特别是眼睛。”吴运铎眉宇紧蹙，缓缓地说。

“工作呢？”

“现在厂子都建立起来了，继续生产啦！”吴运铎笑着说。

“好吧，你到东北去。东北那边有很多外国医生，你去把眼睛治好吧！”

吴运铎心里热乎乎的，带着浓浓的感激之情，他舍不得离开爱兵如子的张司令员……

军首长与吴运铎亲热交谈，笔者感觉像是偶然相遇做出的临时决定，不像是组织下达命令，一直心存疑惑。近年来，张来林先生深层次地诠释了这一难题。他写文说：“1947年，中央决定在大连利用日伪军留下的设备办现代化兵工厂，解决我军有炮无弹问题，中央领导特地点将，让吴运铎等去大连创办兵工厂。”此语澄清了吴运铎是病号，难以分配，或因该公司某位领导同志个人意见而留下的等传言。”

第十二章　难忘的大连

1947 年初春，吴运铎与陆平等人奉命穿过胶济铁路，离别鲁南到达了胶东的烟台，与一部分中央派去东北工作的干部会集在八路军兵站——烟台附近的一个渔村里。吴运铎曾回忆说："我们都脱掉军装，穿上便衣，准备渡渤海北上，同志们选我当领队，把中央文件交给我。晚饭后，夜色渐浓，同志们钻进小火轮的底舱。"船在惊涛骇浪中，冲破敌人的封锁线，到了东北一个海港——大连。

他们在大连船渠（今大连造船厂）厂内码头上岸，船渠厂的党组织接待了他们，还派大卡车送他们到沙河口招待所。

在海港的山坡上，上级安排他们住进一幢房子里，并嘱咐吴运铎好好休养，治好眼病。组织上给吴运铎找了许多医生诊治，会诊的结果是：眼睛红肿流黏水，是因为左眼里留有弹片，在当时的技术条件下，是无法取出来的。唯一的办法是静养，多休息。

4 月，东北的残雪已渐消融，山坡向阳处的柳树透出一抹新绿，大地一派生机盎然。在这样美好的春天里，吴运铎觉得自己不能工作，是莫大的憾事。每夜躺在床上，他总是翻来覆去不能入睡。心想，如果医治无效，就赶快回工厂去吧！每时每刻，我们的同志、我们的人民都在从事艰苦的战斗，而自己却这样白白荒废时光。休养了一个多月，他再也不能安心住下去了，就向组织请求恢复工作。

炮弹爆炸试验

人民解放军迅速转入反攻，国民党反动派在各条战线上都遭到惨败。敌人的美式装备大批落在人民手里，我们的野战军装备了大钢炮。战争已经是大规模的攻坚战和阵地战了，没有大量的炮弹，就不能保证战斗的胜利。当地党组织得到指示：争取在较短时间内，建立大规模的炮弹厂，支援伟大的人民解放战争。为了更好地完成上级交给的任务，7 月，吴运铎参与建立新的兵工厂。

东北要建立一个大连联合兵工企业，下设炮弹厂、引信厂、炼钢厂、火药厂等九个工厂，职工近 2 万人。吴运铎很快在甘井子地区安营扎寨。原新四军二师军工部政治委员吴屏周同志任政委兼炮弹厂厂长。吴运铎任大连联合兵工企业建新公司工程部副部长，负责建立引信厂，兼任厂长和党委书记。

基建施工开始了，工地上车辆如梭，工人和技术人员挥汗如雨，大打一场保质量、争时间、比速度、没有硝烟的战争。不久，在荒凉的山沟里，建起了钢筋水泥的工厂。高大的水压机一座座已经安装在车间里。各种工作母机整齐地排满了加工车间。无数的电动机拖动了全厂的机器。座座近代化的电气炼钢厂、火药制造厂等矗立起来啦！

为了提高炮弹产量，吴运铎提出建议改变生产方法，用水压机压制来代替半手工切削，可以使产量提高数十倍。领导同意了他的意见，并委托他去帮助吴屏周建炮弹厂，同时负责安装水压机。

吴运铎废寝忘食地工作着。白天，他在炮弹厂的车间里和

吴运铎在大连兵工总厂时期。

工人一起安装工作母机，研究制造炮弹的方法，也经常回引信厂，和同志们一起计算引信零件的工时和所需要的机器，或研究制造的方法，计算材料的需要量。晚上，他就住在引信厂里，常常工作到深夜，设计新机器的图样。为了赢得时间，决定提前进行炮弹试验，准备厂房完全建成以后，立刻正式生产。

他们是第一次用大型机械，大批量地生产炮弹，生产中碰到的问题很多：怎样挤压弹体毛坯？怎样加工弹体？怎样装炸药？怎样改进机床？……这些难题都被他们的能工巧匠解决了。特别是二百吨水压机的压力塔问题，全是工人和技术人员一起自行设计制造成功的。但在炮弹的试验生产中，炮弹上的弹带始终无法压紧，因为他们工厂没有这种专用的巨大水压机。如果弹带嵌压不紧，就会引起炮弹在炮筒里爆炸，把大炮炸毁。可是，时间已经不允许他们去造这样庞大的特种水压机了。这个具体问题不解决，生产就无法进行。吴运铎忽然想到，可不可以研究一种简单的工具来加大弹带的压力呢？长期和炮弹打交道的他，已经逐渐掌握了它的性能……

他立刻开始设计，用一段粗钢柱制成一个漏斗形的钢模，迫使弹体连同弹带从钢模大口挤进去，从小口挤出，牢固地把弹带固定在弹体上。试验成功了。

炮弹生产技术上的问题，在大家共同努力下，一个个被解决了。最后碰到炮弹钢的热处理问题。炮弹钢最后要不要热处理加工，选定什么样的钢材品种，只有进行炮弹爆炸试验，检查破片的情况才能决定。

吴运铎搬运了 8 枚炮弹壳，准备装上火药，明天试验炮弹爆炸。他来到火药装配车间，车间主任陆平正带领女工们整理工具，安装新机器。陆平看他来了，问明来意，就帮他找齐要用的工具。吴运铎一直工作到深夜，装好了 8 枚炮弹。

9 月 23 日早晨，几个人把炮弹搬上车，运往试验场。曾与炮弹、火药打交道多年的陆平，深知炮弹的厉害，在吴运铎临上车时，赶来嘱咐他："老吴，可要当心一点，不要又挨炸。""得了吧！炮弹总算跟我有了交情，这回也许客气点。"吴运铎顺口回答。陆平的话简洁有力，像警钟一样鼓励他要机智、谨慎，胜利归来。谈到这里，笔者很自然地想起斯巴达克女士在丈夫出征前说的话："去吧，要么带着盾牌归，要么睡在盾牌上归！"显而易见，这是一种"马革裹尸"的精神。笔者以为，斯巴达克女士鼓励丈夫去前线作战，一是胜利而归，二是光荣战死而归。在那个时代，妻子用心是好的，是爱国的。但是，在我们当今时代，需要一个革命战士既要不避艰险，勇往直前，为祖国、英勇战斗，又要有谋略，机智斗敌，避免牺牲，保存生命，以利再战。陆平的话，正体现了这一精神理念。

午饭后，开始做炮弹爆炸试验了。在傍海岸的山脚下，选好了试验场。吴运铎怕发生意外情况，让同志们都留在山外边。

吴屏周和他走进山里，在山脚下的乱石坪上，把一颗炮弹埋进挖好的坑里，上面压些大石头，外面露出炮弹的信管。又在信管撞针的横梢上系一根绳子，拖到远处小土丘的背后。他俩卧倒在土丘后面，张大了口，免得耳朵被爆炸声浪震聋。

第一颗炮弹试验开始，吴运铎把手里的绳子一拉，山脚下立刻像火山爆发，喷出一条火柱夹杂着尘土和浓烟直冲天宇，那巨大的爆炸声冲击着山岩，震得悬崖上的石头和泥土纷纷下坠。炮弹的破片和碎石凶猛地向四面八方飞去。

他俩站起来，掸掸身上的灰土，忙去搜寻破片，做了爆炸结果的记录。接着埋下了第二颗炮弹。第二颗炮弹也同样爆炸了。又埋下了第三颗炮弹。吴运铎使劲一扯绳子，撞针的横梢掉了，炮弹无声无息，他们伏着一动也不动。吴屏周忍耐不住了，站起来，要跑上去看个究竟。吴运铎连忙扯住他的衣服说："再等一下！像这样的事也是常有的，炮弹当时不爆炸，等你走近它，它又正好爆炸了。我们抽支烟吧。"

等了一会儿，炮弹死沉沉的没有动静。吴运铎心里烦躁，丢掉烟头，一跺脚，对吴屏周说："你蹲在这里等着，我先去看看。"

他蹑手蹑脚地走近炮弹，卧倒在地上仔细观察着，寻找它不爆炸的原因。神经一阵阵地紧张，心里怦怦直跳，他长长地呼吸了两下，尽量让自己镇静下来。

撞针打下去了，有没有打中起火雷管呢？得不到答案。唯一的办法，只有冒着危险把信管拧下来。他勇敢地冲上去，紧紧地握着信管，使劲一拧，信管动了，慢慢卸着信管，警惕它受到震动。吴屏周不放心，紧跟着也跑去了。他俩刨开炮弹周围的泥土和石块，把炮弹挖出来。吴运铎一看，是引信不好。

他把引信取出来，说："引信没有弄好，回去研究一下，再试吧！"

这一颗炮弹作废，他们继续进行试验。第四颗、第五颗、第六颗都爆炸得很好。在试验到第七颗炮弹时，吴运铎拉动绳子，炮弹没有爆炸。他怀疑这绳子某一处被拉断了，实际上绳子头牢牢地拴在钢丝的横梢上。他俩彼此望了一眼。"怎么又不响啦？""照老规矩，抽烟！"吴运铎说。他俩点着香烟，不声不响地蹲在土坡后面，一面抽烟，一面低着头苦苦地思索炮弹不响的原因。

"难道又是信管的毛病？"吴运铎脑子里快要炸开了。

"那可不一定！"吴屏周说。

忽然，吴屏周用力甩掉手中的半支香烟，向炮弹跑去。吴运铎一抬头，见他已经上了土坡，便急忙丢掉香烟追上去。

"等一下，别动手！"吴运铎一边跑，一边喊。

"这回该我了，你别来！"吴屏周边说，边往前跑。

他俩同时到达埋炮弹的地方。吴屏周背着高山蹲下去，准备着手检查炮弹。吴运铎背着大海，两条腿刚往下弯，这颗炮弹就像山崩地裂一样在他俩中间爆炸了。巨大的爆炸波浪把吴运铎从地上抛起来，轰到五六丈外海滩的沙地上，那一瞬间，他以为自己死了。然而一阵剧烈的疼痛告诉他，爆炸没有夺去他的生命。他还活着，还活着。可是，他的伙伴呢？他一翻身，想站起来去寻找吴屏周，却站不起来。他的左手腕被炮弹截断了骨头，右腿膝盖下被炮弹炸劈了一半，炸成粉碎性骨折，右脚被弹皮削去了一半，右眼迸进了一粒弹片，脸上许多伤口不停地流血，衣服被血水浸透，成了个血人。他翻身跪在地上，右手撑着地，向山坡爬过去，刚移动一步，又摔倒了。他挣扎起来，向山脚那边寻找吴屏周……只见不远处岩石旁躺着一个模糊的黑影，吴屏周被轰到山岩脚下。他拼命地高喊："老吴——老吴——"吴屏周一声不应，静静地躺在那里。

顿时，他感到这山里从未如此萧索寂静，漫天飘零着的灰烟尘土遮住了太阳。

等在山坡外的同志们听见巨大的爆炸声，意识到发生事故了，连忙沿着山脚跑去。

"同志们！快把吴厂长送到医院去。快点！快点！"吴运铎上气不接下气地喊着。有两个同志跑到吴屏周面前，蹲了下去，不一会儿，又慢慢地站起来，摘下帽子，默立着。吴屏周同志牺牲了。这位党的优秀儿子，为了党和人民的解放事业，流尽了最后一滴血，尽到了自己神圣天职。

哀痛使吴运铎忘掉肉体的痛苦，泪水掺着脸上的鲜血，一滴一滴地滴下来。

一辆大卡车开到山脚下，车上垫好了三床棉被，同志们把吴运铎抬上去……总厂党委书记带着护士慌忙地赶来，给吴运铎注射强心剂和止痛剂，做了止血手术。党委书记爬上汽车，抱住他的头，说："运铎同志，我来晚了……"

汽车到了医院，同志们把吴运铎抬下来。陆平同志恰好赶到。事后她回忆说："我上去一看，老吴躺在那儿，血肉模糊，不像人样了，我的心冷冰冰的……"

吴运铎昏迷地躺在手术台上。医生用剪刀剪去他身上的衣服，想把那些大块弹片取出来，却没法下手。因为全身都是伤，没有办法进行局部麻醉。如果施行全身麻醉，又怕麻醉过去醒不来，造成生命危险。医生无奈只好不用麻醉药，把他按在手术台上，用刀、用钳子硬取……

疼痛折磨得吴运铎昏过去了。醒过来后，他像经过了好多个漫长的日日夜夜。他忍受着，默默地忍受着，竭力不叫出声来，又昏过去了。一周之内，吴运铎昏昏沉沉，不知昏过去多少次。同志们以为他十有八九是完了，所以，在工厂后山顶上做了两个坟墓，买了两口棺材。在吴屏周厂长的坟墓旁也给吴运铎留了一个位置。谁知吴运铎福大命大，与死神擦肩而过，奇迹般地从昏迷中苏醒过来了，又回到了人间。

吴运铎做炮弹爆炸试验的思路是完全正确的，但因发生意外，未能得到肯定的结果。直到 1947 年 11 月，由王旭九、叶英两位同志改用电发火引爆的方法，才完成了炮弹静止爆炸试验，得到了明确的答案。

吴屏周和吴运铎的炮弹爆炸试验，事先的准备工作、试验的过程及两个人的伤残与死亡情况，五二三厂（吴运铎原工作的宏昌厂和裕华厂合并为“八一”厂，1956 年改名为国营五二三厂）老工人崔金寿是知情者、现场的目击者。他是这样回忆的：1947 年 9 月 23 日，那天吃完午饭，秋后的太阳照在身上火辣辣的，两个吴厂长和我们十几个人用筐抬着 8 发才制出的山野炮炮弹、镐头和铁锨等一些工具，来到了离厂房很远的龙头山的一块坡地，一边紧靠着山根，一边是大海沙滩。那时，我的任务是试炮弹前，选个地方，把坑挖好。

埋炮弹的坑挖好后，在埋炮弹前，吴运铎让我们撤到山坡外，我们不走，坚持要留下来。吴运铎说：“这个活很危险，你们没经历过，伤着人是常事，你们必须离开。”吴屏周说：“我和吴运铎留下，其他人服从命令，到山坡外隐蔽起来。”我们趴在较远的山坡外，看到吴运铎把第一发炮弹埋好，把炮弹底部拉上一根绳子，拉到远处一个土丘后面，两个吴厂长趴在土丘后，吴运铎拉动绳子带动撞针击发炮弹的火帽，“轰”的一声，第一发炮弹炸了，隔得那么远，把我们的耳朵都震痛了。炮弹崩起来的石子儿砸在附近的地上扑扑响，工人们从隐蔽的地方高兴地跳起来。进行第二发试验，又成功了。可是，试验第三发时，我从远处看吴运铎怎么拉绳子炮弹也没响，把绳子拉断了还是不响。他俩掏出烟来抽，拖了挺长时间还是不响。吴屏周先站起来，被吴运铎拽住又趴下来。没一会儿，吴运铎跑出来在靠近“哑弹”的地方，匍匐过去，把“哑弹”的火帽拆下来，吴屏周紧跟上来，两个人把“哑弹”抠了出来。第四发、第五发、第六发炮弹成功地爆炸了。第七发炮弹又不响了，我看见土丘后两个吴厂长先是抽烟，大约抽了三袋烟，炮弹仍是不响，这次是吴运铎先站起来，被吴屏周一把拉住，摁在地上，随后吴屏周跑出土堆，吴运铎从地上爬起来追他，谁知，就在他俩一前一后到达第七发炮弹的时候，炮弹突然爆炸了。我和工友们一看，大叫“不好了，快!”一齐冲向爆炸现场。那现场太惨了，吴运铎被炸到北面近 20 米的沙滩上，浑身是血，一只胳膊和一条腿被炸断，筋还连在上边儿，可是人还有意识，嘴里面喊着“老吴！老吴!”吴屏周则被炮弹崩到西面更远的山根儿下，人已经不成个了，我看到的是一团团血和肉。我抱起吴运铎和工友们一起把他抬上疾驶而来的大板车（卡车）上……

吴屏周的坟墓是我亲手砌的。英烈的血没有白流，经过那场试验，发现炸开的炮弹皮块儿大，而且炮弹皮也不锋利，杀伤力不够，必须让炮皮再脆些（也就是给弹体热处理渗碳），我在工程技术人员主持下和工人们一起用钢砖（耐火砖）砌筑了焖炮弹皮的发券（拱形的）的窑（用于金属热处理的耐火材

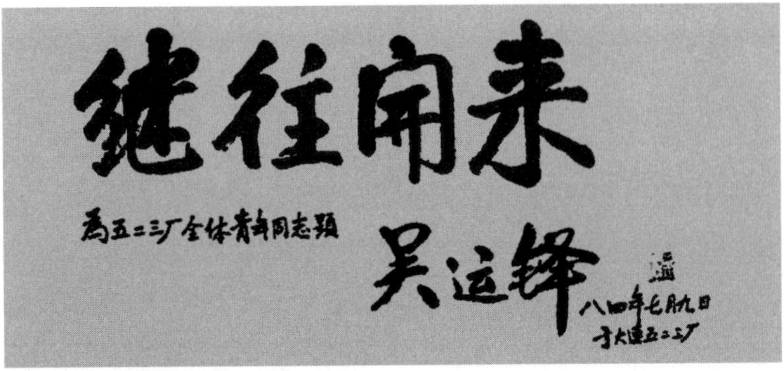

1984 年，吴运铎为五二三厂题词。

料炉)，裕华铁工厂终于试制成功定型为“一二四”式炮弹。

崔金寿老人刻骨铭心的回忆，让我们看到了两位吴厂长在生死关头，把生命希望让给工人，把死亡留给自己的崇高品质，是我们永远学习的榜样。

吴运铎尽管工作繁忙，但他经常怀念老战友吴屏周。1962 年和 1984 年，吴运铎两次回五二三厂看望职工，拜访老同志，每一次他都要到吴屏周墓前扫墓，寄托他不尽的哀思。并亲笔为五二三厂青工题写了“继往开来”，对工厂的发展壮大寄予厚望。

“死神与我无缘”

当吴运铎在医院里第一次睁开双眼，看见陆平红肿的双眼，泪汪汪地坐在他的床前，便目自翕张地对她说：“你哭什么，轻伤不下火线，重伤不哭，这是我们革命队伍的优良传统！”满脸笼罩着愁云的陆平被他这么一说，眼泪倏地涌出来……

陆平每天带着忧虑的神色，在他床边伺候他，紧紧抓住他的手，不让动弹。伤口剧烈地、钻心地疼痛。工厂派去的小朱双手抬起他的右腿，医生们给他换药。吴运铎咬紧牙，紧闭双唇，轻轻地哼了一声，又晕过去了。医生又是一阵紧急抢救。清醒过来之后，陆平更紧地抓住他的手腕，生怕他从床上滚下来。陆平看他一眼，轻声命令似的说：“别动，马上就换完了！”

吴运铎昂起头，眼睛随着医生的手转动，只见右腿下半截全炸烂了，像手指那么粗的青筋也炸断了，有两三寸长一段吊在伤口外面；左手腕被弹皮截断了骨头；右眼又迸进一小粒破片，脸上、身上尽是芝麻大的窟窿。医生在他右腿的伤口上，一连塞进去几大卷纱布。换药延续了一个多钟头。

吴运铎觉得胸部一阵阵疼痛。陆平忙掀开棉被，解开他的衣服，发现左胸凸起一块茶杯口大的紫黑色伤痕。她略加思索，急忙转过身去，拉开床头小桌的抽屉，拿出一块破损的怀表，递给他，说：“你看巧不巧，这是在你上衣袋里掏出来的。”

吴运铎也愣住了。原来是有一块凶恶的弹片，正巧被左边上衣袋里的怀表挡住了。表里的机件被打得粉碎，只剩下击扁的外壳。如果没有这只怀表，或是弹片偏一点点，那就一切全完了。

吴运铎端视这块保住自己性命的怀表，对陆平幽默地说：“死神与我无缘。革命尚未成功，还不到见马克思的时候！”其实，他说这话完全是出于对陆平当时心境的了解。如果他像怕死鬼一样贪恋人世，表现出一种痛苦不堪的精神状态，那陆平一定会更苦恼，或者更为他担心。吴运铎是真心实意为减轻陆平心理上的负荷呀！吴运铎还想到，陆平那时已经怀孕两个多月了，她是多么需要我在身边，细心照顾，有个好的心情。然而，我受了重伤，还要她为自己焦急、担忧，吃了不少苦头，由衷地感到很对不起她……

谁也无法想到，像吴运铎这样一个人，一辈子都是与硬家伙——枪、炮、子弹、地雷打交道，对敌人是那么深恶痛绝，铁面无私，以牙还牙，以血还血；对自己的同志，也可能是梆硬的、冷冰冰的。然而，事实却不然，他对待革命同志，对待自己的战友，尤其是对待自己的妻子是很理解的，是包容、体贴、细心……

吴运铎躺在床上，左手腕和右腿都被夹板牢牢地固定，头部、腹部一直到脚尖全被纱布缠满，就像被楔子楔在床上一样，一动也不能动。他知道，伤势是严重的。在皖南，启动机器的摇柄砸坏了脚踝骨；在淮南，雷管炸掉了左手四个指头，炸瞎了左眼，身上留下大大小小的伤疤；这一次，又会落个什么结果呢？从那些来看望他的同志的脸上，可以得到答案。但是，他相信死亡跟他无缘。他战胜死亡已经不止一次了。而且，即使是死，或者落个重残废，在他看来也没有什么遗憾！既然是战斗，总有牺牲者，不是自己，就是别人。在这个时候，他禁不住想到《钢铁是怎样炼成的》里的保尔·柯察金所说的话：

“人最宝贵的是生命。生命每个人只有一次。人的一生应当这样度过：当回忆往事的时候，他不会因为虚度年华而悔恨，也不会因为碌碌无为而羞愧，在临死的时候，他能够说：我的整个生命和全部精力，都已经献给了世界上最壮丽的事业——为人类的解放而奋斗！”

是的，正如他自己常说的那样：“一个人的生命是短暂的，而我们的事业却无限长久。个人总会遇到许多不幸、许多痛苦，但是只要我的劳动融合在集体的胜利里，那幸福也就有我一份。”

解放战争正处在紧张的关头，前方多么需要炮弹。吴运铎躺在病床上，一动也不能动，总觉得没尽到责任。为能够静养，他曾强迫自己不想心事，可是精神好一些时，脑子里就立刻出现工厂、前线紧张激战的场面。他的心早已飞出病房，回到工厂，想象着车床在飞速旋转，大批大批的炮弹生产出来，送到前方。一颗颗炮弹像急风暴雨般落在敌人的阵地上……

然而，一睁开眼睛，望见的只是雪白的天花板。他感到不安起来。他开始挣扎，不料刚一挪动身体，剧烈的疼痛又向他袭来。他恨自己的身体，总不能快好起来，曾为此流下了眼泪。

腿上那根炸断的筋已经被割掉了，只剩下一根细骨头连接着脚和腿，腿骨缺了一寸多，短时间是长不好的。听医生们说，如果把腿锯掉，一星期就可以出院。吴运铎几次下决心锯掉腿，装一只假腿，回去马上可以工作。但是，他和陆平一商量，她却不同意。陆平严肃地对他说："最简单的方法，不一定是最好的办法。腿能锯掉，眼也能挖掉，对个人来说，顶多有些不方便。可是今后怎么工作呢？快别胡思乱想啦！"他再也无话可说，不得不丢掉锯腿的念头。

吴运铎躺在医院里老是想做些力所能及的事情。他曾经多次拆过信管，也读过不少有关信管的材料，如果能把他的心得写出来告诉同志们，他们一定会少走一些弯路，对建厂也许会有帮助。经过再三请求，医生们才同意，大家把他扶起来坐在病床上，背后垫上两床棉被，又给他找来一块方木板，摆好纸。他用绕满绷带的左手和夹板按着纸张，右手慢慢地写文章。头一天，写了 2000 字，他心里充满了愉快。一连三天，他咬着牙，忍着痛，连写带绘图，完成了关于"引信"的科学论文初稿，送到总厂。总厂党委把吴运铎写的初稿油印成小册子，并在前面加了按语，号召全厂职工向吴运铎同志这种奋不顾身，为党为人民事业工作的精神学习。这给了他非常大的鼓励。

浑身疼痛还没有减轻，又咳嗽起来了，他怀疑自己有肺病，医院给他拍X光照片，证实肺部正常，只是脑壳和两腿内有些碎弹片。医生也不瞒他，坦率地说："你的左眼失明，是弹片崩的；现在据X光照片诊断，你的右眼里也有一小粒碎片。"那就是说，剩下的一只眼睛也碰到麻烦了，以后年复一年，要过黑暗无光的生活。他着急地问：

"很快要瞎了吗？"

"很难说。"医生惋惜地说。

吴运铎不愿再问了，双目失明，的确是致命的打击。没有眼睛，能做什么工作呢？工厂不需要失明的人，机器也不愿意和盲人做伴。他想起儿时，安源矿山常有一个盲人坐在街头的树荫下说书，弦子一拉，周围就集拢来一帮人。盲人那充满情感的声调，引起了许多老人的叹息、青年人的愤慨和孩子们的好奇。吴运铎和二哥吴运铨常常听《岳传》到半夜，不肯睡觉。那些矿工们也忘记了劳累，一直听到散场。想到这儿，他不愿再想下去了。蓦然，他想起保尔两只眼睛瞎了以后，曾经说过那样振奋人心的话："瞎吧！瞎吧！只要能够给我一点维持生命的东西，或者是一叶肺，或者是一个心脏，我还要继续顽强地战斗下去。"保尔的坚强意志震撼着他的灵魂，他暗自决定，如果眼睛瞎了，就到农村去，做一个盲人宣传员。

做一个歌唱宣传员，得学会一种乐器。他和陆平商量，让她给买了一个胡琴，他用左手仅剩下的半个大拇指头，在弦上滑动，学习拉胡琴……

左手腕的骨头已经接好了，在X光照片上可以看见折断处四周长了一圈新骨头。可是，右腿骨仍旧有一寸来长的空间，新骨头一点也没长，瞧着X光照片，他发愁了。医生用石膏绷带，从脚趾直到大腿全裹上，把伤口部分的石膏绷带挖了一个大洞，每天照样换药。为了使他早日康复，医院特别照顾他，饮食做了科学的安排，多吃含有钙质的东西：鸡蛋、牛骨髓、螃蟹、虾、海带。不过，要让一寸长的骨头重新长起来，至少还要几个月……

抓紧学习和工作

每次受伤，同志们都劝吴运铎安心休养，不给他报纸看，不让他知道战事发展情况。但吴运铎说，我不能过这种不看报的生活。我要知道目前的政治形势，非看报不可。一次，他对护士说："不让我看报，比不让我吃饭更难受，你不能让一个共产党员不明白当前的时事政治呀！"

怎样度过这痛苦而又漫长的日子呢？吴运铎给自己排了一个课程表，抓紧时间学习。以前，因为缺乏必要的知识，工作中碰到许多困难，现在正应该奋起直追，趁着眼睛还有用，赶快把自己充实起来。他如饥似渴地读着各种文学书和理论书，也学了外科医药知识。后来，又决心学习外国语。

因工作需要，吴运铎一向注意收集日文技术资料，可惜看不懂。现在他要求组织给请一位日文教师帮助学习日语，组织上同意了，找来一位30多岁的日本妇女。这位热心的女教师有一个12岁的小女孩，教书很有耐心。每天她教吴运铎念日文，次日再复习前一天的单词和课文。经过四个月左右的学习，吴运铎的日语水平大有长进，借助字典，可以阅读日文技术资料。

这位女教师善良、心秀，很能体贴吴运铎这样一个病残人。当她从陆平那儿知道吴运铎的生日时，便让孩子给他送去生日蛋糕，并祝他健康长寿。在那一段时间里，吴运铎为排遣内心因伤病迟迟未愈的不快，请了那位日本女教师教他日文，不然整天在床上躺着，真的要闷死了。他不能忘记日本人民的友情和那位令人尊敬的女教师。

吴运铎身上的伤口只剩下右腿的伤没有长好。但因半年多来一直躺在床上，不运动，各部位关节逐渐丧失了机能。怎样把身体尽快养好，他在病床脚头的栏杆上拴了一根粗绷带，用手拉着，天天练习。到了 4 月，腿上的伤口完全长好了。他右手能拉着系在床头的绷带，坐起来了。他又试着移动右脚，沉重的石膏腿像生了根一样，一动也不能动，但是左脚已经不知不觉落地了。陆平连忙递给他两根拐杖，小朱抬起他那沉重的石膏腿，轻轻地放在地下。他把拐杖支在腋下，左腿一蹬，离开躺了七个月的病床，站了起来。虚弱的左腿一下子支撑不住全身重量，不住地颤抖，身体前后乱晃，吓得陆平和小朱赶紧扶着他。他撑开双拐，左脚向前迈一步，就移动一下拐杖，又向前迈右脚，再移动一下拐杖。如此第二步、第三步……

春天和煦的风，带来一股扑鼻的清香，令人心旷神怡，吴运铎跃跃欲试，多想回工厂，听听那隆隆的机器声。再也不能等待了，他要回到工厂去。一种倾情于事业迫不及待的心境，驱使他坐下来给区党委写了一份报告，请求让他搬到疗养院去疗养。当天下午，接到组织上的指示，让他去离海岸不远的风景区继续休养。

每逢假日，工厂的同志们常常去看他，告诉他工厂已经建立起来了，炮弹也开始生产了……他听了同志们的话，怎么能不着急呢。人是有七情六欲的，孰能例外。吴运铎老是在想，同志们都在工厂里挥汗如雨，加班加点忘我地劳动，为中国人民解放战争克服种种困难，献出自己的光和热，献出自己的情和爱。我怎么办？用什么样的实际行动迎接黎明前的战斗？现在心安理得地躺在疗养院里治病，不是时候，也不是我吴运铎的性格。于是，他想和大家在不同的环境里，走不同的路，去完成一个共同的使命，那就是研制一种烈性炸药，增强炮弹的杀伤力，为解放战争胜利出力。

对炸药这门学问，吴运铎学得并不多，不能说是内行，正因为这样，他更想研究它，揭示烈性高级炸药的秘密。许多有关炸药的日文书里对这种炸药的说法不一，要么说得高深莫测，要么说得简单、零乱。谁也没有总结出几条规律性的经验。吴运铎耐心地一点一滴地学，并把那些纷乱的片断知识加以梳理，寻觅对其本质的认识。正像吴运铎后来回忆说："一种学问，初学起来，是那样深奥、枯燥，一经钻进去，便觉得趣味无穷，不忍释手。"他一边读，一边记录，越读越有味道，越读认识越深刻，驾驭这门知识更为得心应手……

在这个基础上，吴运铎请求上级购买化学实验仪器和一些药品，在疗养院里布置了一间小型的炸药实验室。疗养院的党委非常关心他的实验，房子不够用，特地拨给他一幢房子当操作室，分为化工室和机械室两部分。他成天在实验室里工作。首先精制原料，使原料重新结晶。接着，又把玻璃盒里装上冰块，制造冷冻液，使炸药原料在零下 15 摄氏度硝化。可是，开始实验总不顺手，烧杯一接近冰碴儿就碎了，硝酸就跑掉了，一连好几次都是这样。屋里弥漫着硝酸烟雾，呛得人不能张口。吴运铎并不灰心，坚持实验，克服了各种阻碍。不到两个月，他把这种炸药的制造原理搞清楚了。经过实验证明研制成功了。这种高性能炸药，我们自己也能制造了。

转眼就到了夏天。每天傍晚，吴运铎都要沿着林荫路拄着拐杖散步。经过 X 光检查，腿骨已经完全长好，新的骨头填满了那一寸长的空间，只是刚长出的嫩骨头支撑不住身体的重量，还需要拐杖的帮助。医生给他解掉了十多斤重的石膏绷带。他盼望尽早丢掉拐杖，自由地行走。

随着解放战争的胜利，缴获的美制大炮更多了。工厂需要大批量制造美式炮弹，壮大我军的战斗力量。这种炮弹的信管构造很复杂，具有极高的灵敏性和安全性。总厂厂长几经考虑，把设计信管的任务交给谁呢？此时，吴运铎知道了，便主动请缨。经厂领导权衡利弊，决定由吴运铎去完成。可是，疗养院一时又不让他出院，经再三请求，才准许他在疗养院研究和设计草图。任务紧急，上级同意了，新的制图机和各种仪器，还有美式炮弹信管的参考实样都送到了疗养院里。吴运铎在疗养院里布置了一个机械设计室，钳桌上安好了老虎钳、手摇钻，准备了锉刀、铁锤和必需的工具，动手研制美式信管的每个零件。

吴运铎谨慎地拆开一个信管，仔细研究每个零件的作用和构造。这个小小的信管竟然是由 70 多个零件组成的复杂装置。信管的雷管装置得很特殊，雷管里的炸药全封得死死的，无法取出来。取不出炸药就无法进行化学分析，不能确定这种炸药的成分。他坐在钳桌旁边，用两块木板夹着雷管，卡在老虎钳口里，轻轻地用小刀一点一点地挖去雷管口上的金属封闭片。不料，刚一瞧见那白色的炸药，雷管轰的一声爆炸了，幸好老虎钳口挡住了破片的横飞，雷管破片向上冲起，把天花板穿了个窟窿，老虎钳的钢口也崩掉了一块。但有一块雷管的破片射进了他的左脸腮帮子，他急忙用手捏住破片，使劲向外拉，把破片从伤口里拔出来，鲜血不停地喷出……

陆平和警卫员小朱听见爆炸声冲进来。陆平忙问："老吴，你怎么啦？"吴运铎用手捂着脸上的伤口，告诉她："没什么，只炸了个小洞。"小朱去把医生请来为他包扎，医生叮嘱他："休息，停止工作。"

小朱长吁了一口气，说："好险！"

等小朱走后，吴运铎又用老虎钳口夹上第二个雷管。他问自己，除去用手工刻掉雷管封片外，没有别的安全有效的方法吗？他若再用小刀刻去雷管的封片，同样的惨剧还会重演，说不定，会闹出更大的事故！如果就此终止，不去碰它，当然也不会出事，很安全。但是，那永远也取不出炸药，研制美式炮弹雷管的任务就泡汤了。不，怎么能见危险就缩回来，打退堂鼓？这样的工作当然是有危险的，谁做都不会避免。如果换别人去做，那还不如我做更合适。况且，我又是一厂之长，工作遇到困难，怎么能把安全留给自己，把危险交给别人？要干一项工作，总得有付出，小心点就是了！他又用小刀缓慢地刻着雷管，刻一刀停一停，观察观察，再刻一刀……他像从老虎嘴里拔牙一样，最后硬是从美式雷管里取出了炸药。

生与死，对每个人都是严峻考验。像这样的事，在吴运铎的一生中，本来不算什么，是挂不上号的。但事情就是那么具体、那么实际，是从雷管里取炸药，还是不取，或让别人去取。他的思想、他的品质、他的精神，决定非他莫属。他打定主意："明知山有虎，偏向虎山行"，不畏困难，不畏牺牲……

到了 1948 年秋天，信管的设计图样全部完成了。吴运铎也丢掉了那两根拐杖，可以借助手杖走路了。只因腿上的筋断了，走起路来不大灵活，走不快。吴运铎回来了！全厂职工甭说有多高兴了。当年的部下杜永生同志回忆说："他到车间里转了转，看了又看，和工人们热情地握手，亲切交谈。后来在食堂（也是俱乐部）领着工人们一起合唱《咱们工人有力量》等革命歌曲。那火热的心、激昂的情绪、平易近人的作风，立马融合在职工集体的大家庭里。”

吴运铎回到宏昌厂（引信厂）后，立即投入生产第一线。在机器破损、缺油少料、钢材质量不过关的困难条件下，他想方设法地研究和制造解放战争所需要的卡宾枪、掷弹筒和各种性能的炮弹。这时，总厂建立了新的机械、物理、火药化学实验室，指定他兼实验室主任。没用多长时间，工厂就开始大批生产新的引信。

“全保险型引信”诞生

引信按安全程度分类，可分为三种，即全保险型引信、半保险型引信与非保险型引信。根据 20 世纪 50 年代中期引进的苏联资料得知，所谓“全保险型引信”，即在平时引信中的敏感火工元件（雷管）必须同传爆药柱可靠隔离。战争年代与新中国成立初期我们仿造日本、法国、德国的引信，都属于非保险型引信。使用非保险型引信，有可能造成火炮膛炸、炮口炸等事故。对此，吴运铎产生了一种赶超精神、创造精神，便苦心孤诣，彻夜不眠，决定选择 M48 美国“保险型引信”进行研究。

1948 年春天，吴运铎亲手拆卸、解剖了几个美国 M48 引信，精心测量、制图，根据我国当时技术条件作了局部改进。据叶英同志讲，在吴运铎的办公室里，他亲眼见到了吴运铎面对几个不同的实物剖面，用残损的左手按住绘图纸，一丝不苟地绘制总装图的生动感人情景。叶英同志全神贯注聆听吴运铎

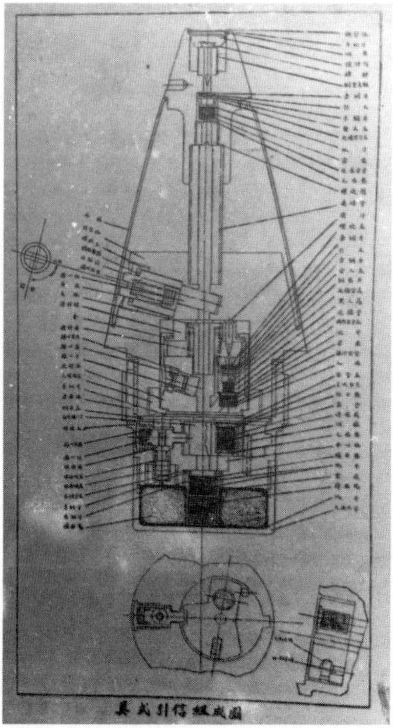

“全保险型引信”手绘图是吴运铎制作的。

对该引信优点的详细介绍：有瞬发、惯性、延期三种发火方式，可根据战场需要临时装定；膛内完全保险，出炮口后还有一段保险距离。

吴运铎亲手研制成功了我国第一个“全保险型引信”，至今鲜为人知，吴运铎也从未在演讲、报告、文章中提及。作为历史的见证人，我国兵工专家叶英同志对此事记忆犹新，而且手头有翔实的资料依据。叶英同志认为，吴运铎研制成功的第一个“全保险型引信”，在中国引信史上具有里程碑的意义。他亲笔画成珍贵的总装图（美式引信组成图），收录叶英主编的《炮弹与引信》一书，为中国军工战线的后来人留下了永远光辉的纪念。

在吴运铎的主持下，1948 年冬研制出来第一批样品，经实弹射击试验，该引信的优越性得到证实。经上级批准，决定列入公司 1949 年度计划，引信与炮弹分别在宏昌、裕华两厂投入生产。当年生产仿美 M48 引信与仿美 75 毫米山炮弹均为 50 万发。

任务下达了，产量也定下来，如何完成任务，困难很大。美国 M48 引信共有 77 个零件，零件数量多，结构复杂，加工难度大。吴运铎带领广大职工冲破一道又一道难关，在 1949 年一季度，仿美式全备山炮弹完成 6 万发（包括仿美 M48 引信与仿美 75 毫米山炮弹配套装箱）。

在人民解放战争迅速取得全国胜利的新的形势下，军火暂停生产。已经生产出来的这 6 万发仿美 M48 引信与仿美 75 毫米山炮弹，后来在抗美援朝战场上发挥了巨大威力，给美国侵略者以沉重打击。叶英同志回忆说："吴运铎的贡献很大。美国炮弹螺口大，日本炮弹螺口小，吴运铎设计了一个叫二接子的部件，装上药起爆效果非常好。""朝鲜战场上炮弹有几百发膛炸，经检查是日本的，（我们）五二三厂生产的（炮弹）是白色的。1951 年从朝鲜回国的志愿军代表与人民军代表推荐白色炮弹最好用，这都是当年吴运铎设计定型的，从没膛炸过。"经历 40 年战火硝烟和兵器科学的迅猛发展，我国在 1987 年定型的 M577 型炮弹是由仿美 M48 引信逐步演变而来的，仍有仿美 M48 引信的基本痕迹，而仿美 M48 引信是由吴运铎领导研制的。

在引信科学领域，吴运铎做过深沉思索与研究，早在大连负伤治疗期间，他撰写了一篇科技小品——《闲话引信》。文章虽写得很短，却十分精彩。叶英同志曾撰文说，他去医院探视吴运铎病况时，得以先睹为快。吴运铎的文章中有一句话给他的印象极深，即“引信本身具有能动性”。引信这一特征，直到20世纪70年代才见于中外文献、资料中，但在20世纪40年代，此语却出自仅有小学文化程度的吴运铎之手，足见非同凡响。此言触及引信的本质特征，向引信感觉目标信息的深层内涵迈进了一大步。对我们日后研制钟表定时引信与无线电近炸引信，有着深刻的启发意义与深远影响。吴运铎在理论思维与概括上的才能，令人由衷钦佩。

吴运铎他们厂造出的炮弹不一样。他们造出的炮弹，不仅源源不断送到辽沈战场，而且漂洋过海，送到遥远的淮海前线。有人问，吴运铎所在的工厂究竟制造出多少炮弹？据现在大连宝原核设备有限公司（原五二三厂）负责保管厂史材料的郭玉才同志说：“解放战争期间，五二三厂共生产炮弹53.5万发，60迫击炮1430门，各种引信81.08万个，雷管24万支，底火69.9万个。抗美援朝期间，生产炮弹129.89万发，炸药包8432箱……”仅淮海战役我军就射向敌人20万发炮弹。这些大炮、炮弹等的生产，凝聚着大连五二三厂万余名职工的心血、智慧和汗水，而最大的功臣应该是吴运铎。吴运铎应深深引以为豪，因为在伟大的中国人民解放战争中，他以无比顽强的意志，始终坚守着岗位，工作的热情和革命干劲无愧一个真正的战士。

1949年1月，淮海战役胜利结束，消灭了国民党大量精锐部队。华东军区副司令员粟裕说：华东地区的解放，特别是淮海战役的胜利，离不开山东人民的小推车和大连的大炮弹。

当然，这“大炮弹”，不只是吴运铎个人的荣耀，它是大连兵工总厂万余名职工群众的功劳。

1947 年 3 月，吴运铎在大连联合兵工企业建新公司工程部任副部长兼引信厂厂长。他曾经在这样简陋的办公室里工作。

如今，70 多年过去了，究竟有谁知道，吴运铎在大连工作不足三年的时间里，为我国枪炮研制和生产付出多少心血，默默地克服多少困难。他的同事张建玉女士回忆说：“当时，吴厂长家住的是平房，设计室在另一屋，办公环境相当简陋，生活条件也很一般，工作却挺忙的。有时他因工作累得脑子发木了，就用凉水洗一把脸，提提精气神，接着再干，不分白天黑夜，一点也不顾惜自己的伤病。有时，他干完了工作，兴奋之余，不管刚刚才一岁多的女儿小克，是醒了，还是睡着了，就一把将她从床上抱起来，在屋里不停地走动，亲亲脸蛋，逗她玩，让她笑，借此放松一下紧张的神经……”这种天伦之乐，使他忘记了一切疲劳，也许是孩子天真烂漫的笑容与孩子血浓于水的亲情，激活了当父亲的一万亿个脑细胞，使他顿生灵感，产生了发明创造的强烈欲望，于是，他脑子又像陀螺一样无休止地思考着、沉思着……

“文化翻身”中的活跃分子

吴运铎在狠抓工厂职工劳动干劲的同时，特别注重职工的文化娱乐活动。据沙惟先生回忆说：吴运铎那个厂是建新总公司下属的十多个大工厂之一。在建新总公司文研小组组长阿英同志的领导下，开展了“工人文化翻身运动”，建立了工人自己的俱乐部、识字班，自编自演的戏剧队、歌咏队，还设有专门负责搞体育、墙报的小组，每周日的文娱活动热闹非凡。那时，在大连活跃在工人们中间的有中央美术学院第一任院长刘汝礼，著名摄影家周景康，戏剧家、《放下你的鞭子》作者赵景琛等人。舞蹈家吴晓邦在车间里表演舞蹈，诗人郭沫若为工人们朗诵都传为佳话。我清楚地记得吴运铎同志投身于“工人文化翻身运动”的活跃情景。他带头鼓掌要郭沫若先生朗诵，郭老也很爽快，朗诵了陈毅同志的诗《活捉郝鹏举》①：

> 教尔做人不做人，
> 教尔不苟竟狗苟；
> 而今俯首尔就擒，
> 仍自教尔分人狗。

由于郭老的四川口音，“苟狗”难分，诗又风趣，引起工人们开怀大笑和欢快的掌声。吴运铎当即鼓动大家“请郭老来一个自己的诗要不要？”工人们齐声高呼：“要！”已经50多岁

---

① 郝鹏举：1944年3月，新四军四师彭雪枫部在淮北发动攻势，歼灭伪淮海省主力部队郝鹏举部，完全控制了洪泽湖北岸地区。

的郭老用眼神扫视一下大家，触景生情，当即吟诵成章，朗朗上口：

大铁锤，
响叮当，工人们干活似虎狼。
要问这是怎么回事？
跑了那小子卫立煌。①

郭老朗诵完这首诗，吴运铎带头站起来热烈鼓掌。顿时，全场的笑声、掌声、呼喊声和机器轰鸣声融合在一起……

合作词曲

1949年春，一天，吴运铎和比他小6岁的沙惟②同志在海边坐着，两人把脚放进海水里，交谈至深夜，静寂中传来阵阵海涛拍岸的声音。

吴运铎仿佛沉浸在一种天籁之音的氛围中，禁不住想起在淮南的日日夜夜，工作条件是艰苦的，是“土”的，但战斗生

---

① 卫立煌（1897—1960年）：安徽合肥人。国民党陆军二级上将军衔。抗日战争爆发，他率三个兵团在忻口抗击日军约5万人的进攻，毙伤敌2万余人，力挫日本侵略者的锐气。1938年4月，他访问延安，更增强了与八路军合作抗日的信念。1939年任第一战区司令长官，与八路军友好相处，相互支援。1943—1944年，任中国远东军司令，指挥所部击败滇西和中缅边境日军。解放战争后期，在担任国民党东北“剿总”总司令时，因没有积极执行蒋介石的“反攻”命令，被蒋撤职软禁于南京。1949年获释。新中国成立后，曾任国防委员会副主席，第二、三届全国政协常委，第二届人大代表，民革第三、四届中央委员会常委等职。1960年1月17日，因病在北京逝世。安葬于北京八宝山革命公墓。

② 沙惟（1923—2005年）安徽宿县人，一级导演，是吴运铎新四军的老战友。他是中国戏剧家协会会员，天津戏剧家协会顾问，天津市文联委员。一生导演过100多部戏剧。20世纪50年代，编导《把一切献给党》话剧曾轰动大江南北，演出数万场不衰。他导演的戏有《雷雨》《日出》《海河儿女》《李尔王》《觉悟》《尤里斯·伏契克》《霓红灯下的哨兵》等。主要著述：剧本《我等着你》《百花山下的奇迹》《把一切献给党》（合作）。

活是非常有乐趣的。他和军工们演过话剧《过年》，唱过苏联战斗歌曲，也欢庆过斯大林格勒保卫战的胜利。此时此刻，中国革命胜利的曙光已经来临，何尝不庆祝一番呢？他显露出很高兴的样子，自豪而又自信地对沙惟说："我们就要大举反攻了！沙惟，你写支歌吧！"他俩真是灵犀相通，沙惟立马就说："太应该了，咱们合作吧！"

东北的初春，夜间还是很凉的。他俩说干就干，怕影响别人，就躲进俱乐部的小剧场里闷头工作起来。两人你一句，我一句，一边走动，一边凑，一边哼哼出来。他俩时而一先一后走，时而一起并排走；时而走，时而停……反正就是想找准节拍——通俗的，战士们爱唱的，还得踩着进军的步伐，歌声激越、昂扬。比如，那首歌词里"头生疮，脚流脓，坏透了底"和"你怕咱穷爷们翻透身，你做梦还想做那儿皇帝……"等等，就是反复改了十几次才改出来的。

吴运铎和沙惟搞了半宿，一边哼，一边改，很快就完成了。

本来，他俩怕打扰人们休息，结果还是引来了几十个人。在大家的要求下，自动排队，走起来，唱起来，弄得满头大汗。

这支歌，开始在旅大、鞍山等地一些部队里唱得满热火。后来，唱的范围扩大了。在 1949 年春夏之间，随着我们大进军号角响起来：

你你你这反动派，
你你你这坏东西，
你头生疮你脚流脓，
你坏透了底。
你假和平想耍花招，
你黑心想杀回马刀，

你的诡计咱知道，
你怕咱穷爷们翻透身，
你做梦还想做那儿皇帝，
咱们翻身就要翻到底！
就要消灭你！
就要消灭你！
消灭你！
消灭你！
消灭你！
一定坚决消灭你！

这支歌伴随雄浑激越的军号声，在辽沈战役，大军进关，淮海战役，“百万雄师过大江”等纷飞的战火硝烟中响彻云霄。词曲的作者应该是谁？沙惟先生说：“词和曲是分不开的。这首歌的作者是吴运铎和沙惟。”

沙惟先生还追忆说：吴运铎同志与我合作这首歌时，已因试炮又负过两次重伤……他话里话外竟连一句也未提起过——我想起他那放进海水里的脚一定伤得很重，那和我一起在俱乐部里跳“踢踏舞”寻找节奏感的腿一定还会疼痛，可他在创作时是那么意气风发啊，竟令我忘了他是一个重度伤残人！吴运铎同志曾对我说，有时想到自己身有残疾，没做多少工作，反给领导添不少麻烦，真想不如牺牲在战场……可是，一想到党的领导，想到关键时刻，政委、指导员一声呼唤：“共产党员跟我冲！”浑身的热血就往上涌，就想因公致残者何止我一个，为革命牺牲的先烈更是千千万万……就告诫自己永远不要忘记自己是一名共产党员。

“老吴，你教书吧”

总厂成立了一个学院，专门培养科学技术人才。讲课的人

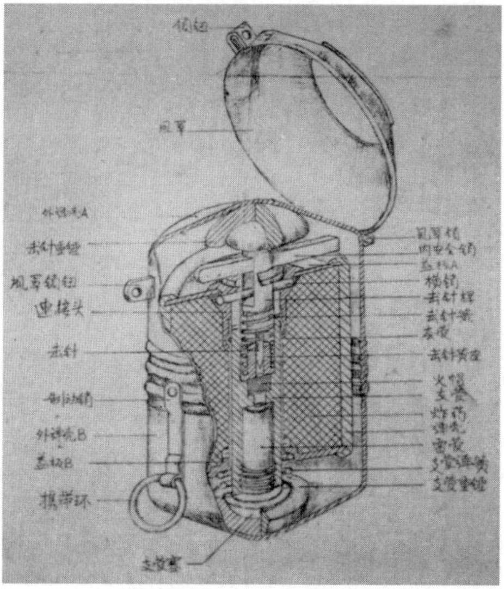

这是 20 世纪四五十年代，吴运铎研制武器的绘图手迹。

都请来了，唯有机械系缺少一位机械制图教师。总厂厂长便去找吴运铎商量：“老吴，你教书吧！”

“我小学还没上完，怎么能教大学生呢？”他连忙说，“别开玩笑了！这可不是咱们干的。”

“照你说，该谁干呢？”

“你知道，我是个工人……”

“还有最重要的一点：你是个共产党员。咱们学会了打仗，学会了造枪造炮，也得学会教书呀！”

吴运铎一时很尴尬，心里紧张起来。过了好一会儿，心头兀自突突地跳。他能说什么呢？纵有千言万语也无法表达清楚呀！

早年在煤矿里做工，他只会看图纸，总觉得制图很奥妙。参加革命以后，因为工作需要，不得不亲自设计图样，不知不觉也学会制图了。不妨欣赏一下上图，多用于反坦克的大型手雷绘制图，如此的精致，如同一件完美的艺术品，令人叫绝。但若是真正讲出道理来，那就不能光凭经验，还需要有理论知识，这正是他所缺乏的。当然，教书也是一个学习机遇，一个共产党员是不应该拒绝学习的……

吴运铎的腿伤虽说已好了，但走起路来还不是那么灵便，生怕摔倒。他果真像一位教师，天天去给学生们上课了。同学们在讲台上给他摆好座位，脚下还放置了一个搁脚的软垫子。学生们如此尊敬他，使他解脱了精神压抑和不必要的思想顾虑。自此，他日复一日，如此这般坐着讲了半年课。在那一段难忘的生活里，他回顾说："每天晚上，我坐在灯下准备功课，把过去的片段整理出来。这使我自己也有很大提高，过去许多不明确的问题，一经弄出条理也变得明确了。我深切体会到，帮助别人，同时也是自我教育。""要当先生，得先当学生；要给学生一滴水，自己就得有十桶水这样一个无可置疑的真理。"

1949 年 10 月 1 日，毛泽东同志向全世界庄严宣告：中华人民共和国成立了！中国人民站起来了！新中国迎着灿烂的朝霞诞生了。吴运铎听到这令人振奋的特大喜讯，欢呼呀，跳跃呀！他仿佛听到周身的血液在汩汩流动！这是长期生活在苦难中的中国人民最难忘的日子，是全世界历史上永远值得纪念的盛大节日。

第十三章　兵工英雄

“1949年，全国解放，中华人民共和国成立了。因为我在革命战争中受的损伤还需要治疗，组织上把我送到苏联去医治。”吴运铎从沈阳乘火车到满洲里出了国门，足足坐了九天九夜的火车才到达莫斯科。

苏联有关方面负责同志把他送到距莫斯科50公里的郊外松林疗养院。在那里，他休养了20多天，体力养得好一点，便入克里姆林眼科医院住院治疗。

左眼重见光明

这次去苏联之前，吴运铎的左眼完全失明了，右眼长期红肿，流眼泪，看东西头发晕。他梦想苏联专家能够治好他的眼睛，重见光明。

吴运铎到苏联以后，眼科医生非常仔细地为他检查和会诊。医院又特别从敖德萨请来了深孚众望的眼科专家、驰誉世界医学界的权威费拉托夫教授亲自为他悉心治疗。这位70多岁的老专家对他说：“运铎同志，放心吧！我们苏联医生、苏联国家，一定要把你的眼睛治好。我要把你的眼睛当作我自己的眼睛来医治。”费拉托夫仔细地检查了他的眼睛，一次又一次和有关医生开会讨论治疗方案，最后决定对他左眼施行手术治疗，右眼用药治疗。为什么制定出这样一个治疗方案？因为苏联医生在用 X 光透视时，不仅从正面用 X 光透视，而且还从侧面用 X 光透视。结果发现右眼内一小块碎片，不在眼珠里面，是从头的侧面钻进去的，留在眼珠后面。小碎片和眼珠没有关系，右眼不会有危险，所以对右眼用药治疗。

经过检查，专家们认为，从左眼取出小碎片，是可以治愈的。开始，他们想用磁力机把小碎片吸出来。医生把吴运铎的头固定在磁力机的一个大圈里，用磁力吸却没有一点效果。原来那个碎片是铜的。最后医生用手术的方法，从左眼取出了这个碎铜片，又把已经死去的玻璃体取出来，前后只用了半个小时。术后医生要求吴运铎半个月内保持仰卧，不要侧头。吴运铎说："在我未睡的时候，这个纪律是能够遵守的，但要睡着了，怕不保险。"于是，医院派了两位护士，守了他半个月，这真使他大受感动。

手术后，两眼蒙了半个月之久，医生把他右眼贴的软纸片取下，却发现两只眼睛有较严重的充血现象，继而红肿起来。医生拿来一个玻璃瓶子，里面装了三条蚂蟥。医生要吴运铎躺好，把蚂蟥放在他脸上。那蚂蟥在他的脸上爬了一圈，找到了血管，一口咬进去了。一条蚂蟥吃掉他 20 格兰姆的血，这三条蚂蟥共吃了他 60 格兰姆的血。次日，他那红肿的眼睛完全好了。

吴运铎奇怪地问医生："你们为什么不用人工的方法，用注射的器械来抽血呢?"医生笑了笑，和蔼地对他说："那是非常危险的事情，使用这种蚂蟥最安全。这种蚂蟥生长在高加索，是专门在医院里培养出来的。它本身有一种营养质，吸了你的血以后，它就把它身上的东西还给你。"

又过了半个月，吴运铎的梦想变成了现实，左眼重见了光明。这一天，他激动得流泪了。他怎么能不流泪呢？九年了，3200多个日日夜夜，他战胜了左眼失明的痛苦，克服了左眼失明带来的巨大困难。特别是此前在国内治疗中，听眼科医生说："治好这只眼，很难，没有把握""治好了，你也别谢我；治不好你也别埋怨"的话以后，心情更加复杂。表面上，他没有表示什么，但他心里是隐隐作痛、滴着血的。一个健康的人，一个像他那样处处事事都很争强好胜的人，左眼看不见，内心怎么能没有冲突和斗争呢。如果说他完全无动于衷，不当回事，那除非是木头人、石头人，绝对不是正常的人。

吴运铎的左眼恢复了视力，可以更好地为党为人民工作了，又可以研制新武器了，他打心眼儿里感谢党组织，感谢苏联医护人员为他付出的坦诚、辛勤、有创造性的劳动。最使吴运铎感动的是苏联医生把从他眼里取出的水晶体和破碎弹片，装在放有酒精的玻璃瓶里，保存在克里姆林医院，作为中苏两国人民诚挚友谊的纪念。

吴运铎的眼睛治好之后，医生又把他转入苏联巴尔维哈疗养院，继续医治腿部的关节硬化和神经衰弱症……

医院派了一位按摩医生戈拉拉。戈拉拉是位刚从大学毕业不久的医生，工作责任心强，对吴运铎什么时间治疗，什么时间休息，要求相当严格，治疗中竭尽全力。

当戈拉拉得知吴运铎的事迹，非常崇拜这位中国英雄。因此，她常常让吴运铎讲经历的革命斗争故事，讲中国的社会状况，讲中国的风土人情，乃至人文、地理、历史和壮丽的锦绣山川……

时间长了，戈拉拉内心产生了一种奇异而强烈的冲动，想亲自去中国体验一番……

吴运铎真诚地感谢这位异国姑娘对伟大的中国人民友好的情怀。同时，也由衷地告诉戈拉拉美好的遐想是不切实际的，劝她暂时打消这个念头。

吴运铎在疗养院治疗的条件是十分优越的，病友们对他也很尊重。他回忆说："苏共中央用将军一级的伙食照顾我。在医院里，每天都有很多人来看我，病重的老太太不能来，就和护士订好条约，每天下午5点钟以后，来请我到她们那里去。"这些使吴运铎的心情很放松，也很舒畅。另外，戈拉拉为他精心治疗，效果明显。对此，吴运铎感激不尽。

第二年春天，吴运铎觉得身体情况日渐好转，有的病是需要长期休养的，不可能等到治好全身的病再回国。他想到自己的祖国，想到为之奋斗的兵工事业，便向莫斯科市委提出回国的要求。苏联的同志挽留他，让他过完"五一"国际劳动节，并邀请他参加了1950年五一节红场观礼。

就在吴运铎准备回国之前的几天，戈拉拉向吴运铎说："老吴，你带我去中国吧！"吴运铎跟她解释："以后，你有机会到中国去工作或者参观学习，我衷心欢迎你……遗憾的是，你现在想去中国的愿望难以满足……"戈拉拉听后，异常悲痛，她是否怨恨吴运铎的冷漠，不讲情面呢？吴运铎的心里确实很纠结。

在吴运铎启程回国那天，戈拉拉赶到火车站送行。吴运铎在人头攒动的送行者中，看见了戈拉拉高大的个头，飘逸的金黄色的秀发，便急步走过去和她握手道别，戈拉拉哽咽了，热泪扑簌簌地夺眶而出……

物换星移，40年光阴飞逝而去，吴运铎并没有忘记戈拉拉。就在他已逾古稀之年，笔者的同事去北京工人疗养院探视他，当提到他第一次去苏联治眼疾给予良好的治疗和周到的护

1956 年，吴运铎（中）在苏联参加五一国际劳动节游行活动。

1960 年夏，吴运铎赴苏联治疗左眼。他应达雅的邀请去做客，并参观了奥斯特洛夫斯基博物馆和馆内开设的“吴运铎事迹展览室”。

理时，他思绪如潮，内怀殷忧，不无感慨地说："由于中苏关系隔绝了两国人民真挚的友情，不知戈拉拉现在怎样？因历史的原因，我们一直没有通信。自然规律是无情的，如今她是否健康，想必已过花甲之年了。"吴运铎的这份情感，多么难得呀！这种感恩之情，并不是今天人人都有的。

保尔是我一生学习的榜样

苏联奥斯特洛夫斯基的小说《钢铁是怎样炼成的》主人公保尔·柯察金，是全世界人民心中的英雄。在吴运铎的心中，保尔是一个崇高的共产主义战士的典型。他像一团永不熄灭的火焰，为自己，为千百万革命战士照亮了奋斗的前程。

吴运铎曾对笔者推心置腹地说过："保尔是我一生学习的榜样。他给了我极大的教育，激励着我不断上进。无论是在艰苦斗争的年代，还是在我负伤的日子里，一想起保尔，就提高了我的斗争信心和战胜困难的勇气。是保尔让我做了一点有益于党和人民的工作。"

1943 年春天，吴运铎在淮南根据地工作时，在伟大的整风运动中，一次整风总结会上，师政治部主任萧望东介绍了苏联保尔的生平，并号召大家学习保尔的优秀品质，努力克服自己的非无产阶级意识，提高思想觉悟。从此，保尔这个名字就印在吴运铎的脑子里，像一块巨大的磁石吸住了他的心。那时，他非常渴望找到《钢铁是怎样炼成的》这本人生的教科书。

许多读者来信问我，"中国的保尔"吴运铎的名字由来，笔者在以往采访吴老时提过，他都是三言两语，没有细说。20 世纪 80 年代末，一个偶然的机会，我在一家大报上读到了吴运铎撰写的文章，内有这个问题的始末，拜读之后，觉得他把这样一件事，言简意赅，描写得声情并茂，细致入微，惟妙惟肖，仿佛把我带到了浴血奋战的岁月。他是这样层层推进，有节奏地叙述的：

前些日子，苏联工会代表团来华访问，还特意提出来看看“中国的保尔”。他们由市领导陪同看望我，其中有的人还读过俄文版的《把一切献给党》这本书。关于“中国的保尔”是怎么叫起来的，说来话长了。

当年我在新四军政治部二师，政治部的罗菡芝同志①和我在一个根据地。她常常抽空来看望我们。有一次，她给我们带来一本书，就是奥斯特洛夫斯基写的《钢铁是怎样炼成的》。书只有一本，大家轮着看，等传到我手里，书的封面已经没有了，用报纸重新进行了补贴，书的扉页也破旧不堪，打了补丁。书的边角卷起，有的地方还隐约可见点点血迹。在紧张的工作之余，我捧着这本书，常常读到深夜。我被书中的保尔·柯察金坚韧不拔的毅力所感动，心里想，这才是真正的英雄呢。

伴着工房外的松涛，我读完了这本书。过几天，罗菡芝同志找我要书，我真有点舍不得给她。她问我，“看完后有什么感想?”我对她说：“这本书太好了，在我遇到困难的时候，是它给我力量。我敬佩保尔·柯察金。”她听了，抿嘴不语，用眼睛仔细打量我，然后说：“你不就是中国的保尔吗?”“我?”“对，就是你!”打这以后，“中国的保尔——吴运铎”在根据地便传开了。

不仅如此，张来林先生撰文，题为《“中国的保尔”吴运铎》中说：1944 年初，陈毅到延安参加中共七大。到了延安，陈毅向毛泽东、朱德等中央领导介绍说，新四军中有个“中国的

---

① 罗菡芝（1921—2003 年）：笔名菡子，江苏溧阳人，女作家。1938 年参加新四军，是吴运铎的老战友。曾任《前锋报》《抗敌报》等编辑，《淮南大众报》社长兼总编辑。中华人民共和国成立后，她曾任中国作协创作委员会副主任，中国作协第三、四届理事。上海市作协副主席。她的散文独具特色，有多种专集并出版《菡子文集》。

吴运铎的老战友罗菡芝。

保尔”吴运铎。不久，吴运铎的美名传遍延安。（《世纪风采》2021 年第 4 期）

1989 年 5 月 2 日，吴运铎同志给《北京日报》撰文题为《我是一名共和国的战士》回忆中说：“1951 年，全国召开劳模会议，也是年轻的共和国成立两周年，在中南海怀仁堂，毛主席、周总理亲切地接见我们。当时在座的还有许多全国著名劳动模范。毛主席与我们亲切握手，周总理为我们斟满了酒。周总理端着酒杯走到我面前笑着说：‘你就是中国的保尔——吴运铎同志！’在座的人视线全转向我。我张口，想说什么，但心里一紧张什么也说不出来了。”

1951 年 10 月 5 日，《人民日报》登载《钢铁是这样炼成的——介绍中国的保尔·柯察金兵工功臣吴运铎》的报道。

从此，吴运铎的代名词，就是“保尔”，而英雄的“保尔”，就是中国的吴运铎。他的英名响遏行云，漂洋过海，这是中国人的骄傲。然而，吴运铎内心平静如水，该干什么，还干什么，有些单位请他去作报告，他只要有空，便如约而至，讲自己走过的路、经历的事。有时，他还抱怨自己与苏联小说中的保尔·柯察金差距太大，可望而不可即。所以，暗自下决心要深入学习“保尔·柯察金”，反省自己的缺点和问题。

他曾经拿苏联保尔的苦难身世，对照自己一贫如洗的家庭，父母无权无势无钱，苦不堪言；由保尔受人欺凌、虐待，想到自己为了全家人活命，去给私人煤窑“挑脚”，受到窑主的帮凶辱骂和欺负，去矿上锅炉房捡炭渣，挨矿警鞭子抽打。当学徒，工头害得他险些丧了命；保尔憎恨侵略者、匪徒武装势力和剥削压迫穷人的富有者，跟他们英勇地斗争。而他从小就仇视日本帝国主义者、洋人和资本家的蛮横无理，残酷欺诈……阶级仇、民族恨的怒火在他胸中一天天燃烧。他还想，自己的坎坷经历、心路历程与保尔何其相似，自己同保尔是相通的、有缘分，这一辈子就照着保尔的路走下去。因此，无论是在反扫荡的危险战斗中，抑或是在建立敌后兵工厂的艰苦岁月里，或是负伤住院，他始终用保尔这面镜子对照自己的言行，用保尔的辉煌业绩鼓舞自己顽强地斗争！

1947年9月下旬，吴运铎与吴屏周一起进行炮弹爆炸试验，他身负重伤，不得不长期卧床。每当他想起自己伤势之重，不见好转就犯愁，啥时才能治愈出院？还能回厂里工作吗？一连串的问题，涌上心头。但是，一想到保尔与死神顽强搏斗的精神，就觉得自己渺小了，仿佛保尔的声音响在耳鼓：多一点忍耐，少一点烦恼，坚持下去，就是胜利。

一天早晨，吴运铎在报上看到一条消息：大连中苏电影院正在上映《钢铁是怎样炼成的》这部影片。倏然，他的心一热，激动不已，挣扎着想去看，却遭到医生的拒绝。当天夜里，他像走火入魔了，咋也睡不着觉，总想着《钢铁是怎样炼成的》小说里刻画的一个个形象鲜明的人物。他想着保尔，想着保尔的哥哥，想着朱赫来，想着丽达……次日，他非常坚决地去做医生的工作，好说歹说，把医生的心说软了，才允许他去看这部电影。

那时，现代化的交通工具小汽车还很少，只能雇来一辆四轮马车。车上铺了厚厚的棉被，他平身躺着。到了电影院门口，他无法行走，只好由同志们背着进去。受伤处的绷带和那又粗又大的石膏腿，露在外面，顿时引起了观众的注目。不知内情的人还说："这真是个高级影迷！"

看完这场电影，从外表观察，吴运铎的心情轻松了许多，内心却心事重重。他受到保尔的启发，也想在双目尚未失明之前抓紧时间工作，把引信的原理及其构造写一写，想读书学习，占有更多的知识，想研究一种炸药……

吴运铎还想到，保尔是个英雄，但他也是食人间烟火、血肉之躯的普通人，而不是神。他能做的，我也要做到。他所思所想，我又何尝不想呢？关键是想得对不对，如何正确对待。当保尔听到医生说他的眼睛将要失明时，他意识到工作、战斗的权利即刻就要丧失，便在短暂的瞬间，有过愚蠢的念头，用手枪结束自己的性命。然而，他很快就醒悟过来，警示自己：你还有心脏，还有大脑，还有一双手，放下枪和铁锹，还可以投身于文学，拿起笔，继续开始新的战斗！吴运铎想，自己多次负伤，左手残了，左眼炸瞎……这意味着今后自己的人生之路更坎坷。怎么办？他十分清醒地说："生活中，个人的痛苦是常会遇到的，可是它在党的事业面前渺小得不值一提。自己要像保尔一样去寻找新的工作，在新的岗位上继续战斗！"

吴运铎是一个善于思考问题的人，他从这场电影里，又想到保尔有着正确的苦乐观、幸福观。并发现保尔的内心世界是美好的，善良的，纯朴的。失明后的保尔，政府给他创造了必要的条件，拨给他比较好的住房，授予他苏联最高的奖赏——列宁勋章。对于这一切，保尔平静地说："我战胜了自己生活中的一切悲惨遭遇，瞎眼，不能动，剧烈的疼痛。尽管这样，我仍然是非常幸福的人。这并不是因为我得到了政府给我的一切，我以前没有这种奖赏，我也是很愉快的，您要明白，这个从来不是我工作的目的。"有一位英国新闻记者去访问他，问："请您告诉我：如果不是因为共产主义，您也会这样忍受自己的境遇吗？"奥斯特洛夫斯基说："永远也不会的！个人的不幸现在对我是次要的……"

1950 年，吴运铎在苏联参加"五一"国际劳动节观礼后，还参观了心仪已久的奥斯特洛夫斯基博物馆。从中学习保尔的事迹，获得无比强大的力量。

他随翻译拜见了奥斯特洛夫斯基的爱人达雅。翻译向馆里的工作人员介绍了吴运铎，说："这位中国同志叫吴运铎，他在抗日战争和解放战争中像'保尔'一样多次地流过血，他砸坏了左脚踝骨，炸残了左手，炸断了右腿，也瞎了左眼睛。我们的政府已经为他治好了眼睛，治好了一切创伤。"

达雅亲自陪同吴运铎参观奥斯特洛夫斯基一生的斗争事迹中所留下的遗物。列宁勋章灿烂地发着光辉，还摆放着《钢铁是怎样炼成的》这本不朽的著作……吴运铎实地参观了这些遗物，很受感动。他在博物馆的纪念册上写着：

"保尔，你给了我们中国人民无穷的勇气和力量，使我们战胜了一切的困难和一切敌人。"

翻译用俄文念给达雅同志听，达雅紧握着吴运铎的手说："你一定要把你的斗争事迹都写下来，由我们东方语言学校译成俄文，把它放在'奥斯特洛夫斯基博物馆'里，作为一个中国同志的永久纪念。"

1957年初，吴运铎赴苏学习两年的美好时光结束，从莫斯科回到了祖国，在北京的苏联小朋友不知从哪里知道了这个消息，便要求和"中国的保尔"见见面。为此，苏联大使馆特地举办了一次见面会。会后，放映了彩色故事片——《保尔·柯察金》。吴运铎又一次受到了教育。

这部影片着重描述保尔在铺设勃亚尔卡站窄轨铁路时遭遇的严寒、饥饿和匪徒的袭击。在面临缺粮、疾病、冻死的严酷条件威胁下，英雄的保尔·柯察金忘我地劳动。为了苏维埃红色政权，表现出惊人的毅力和战胜困难的决心。最使吴运铎感动的是，保尔无限忠诚党的事业。在战场上，机智勇敢，冒着死亡的危险去完成党交给的任务；在和平建设中，是一个坚信苏维埃红色政权必胜的出色劳动者。即使没有鞋穿，冻坏了脚，患了伤寒病，昏倒在地上，他仍严格要求自己："站起来！站起来！"从这里，吴运铎深刻体会到：一个人只有把党和人民的利益放在第一位，忠诚党的事业，像保尔那样具有高尚的生活目的，才能在斗争的实践中经得起考验，才能做一个真正的战士。同时，他也体会到，美好的社会主义大厦是在艰苦的劳动中建立的。没有真心实意为社会主义大厦添砖加瓦的劳动者，没有一批敢于向困难斗争、不怕牺牲的斗士，是不可能建成社会主义社会的。害怕困难的懦夫，自私自利的小人，永远不能成为一个真正的革命者。

在党的关怀和苏联人民的帮助下，吴运铎的视力恢复了，一如既往地在我国军工战线上继续战斗，学习保尔，把保尔的精神发扬光大!

对敌人毫不手软

1950年6月，微风拂煦，杨柳依依，吴运铎从苏联回到阔别半年的祖国。在北京，他住在灯市口的招待所里等候党的一声命令。回忆当时的心情，吴运铎笑着对笔者说："过去流行那么一句话，概括得不一定准确，说什么'革命战士像块砖，任凭党来把我搬'。那时候，组织上把我调到山南海北，我也不会吐个'不'字，不会讲任何条件……"是的，当时吴运铎已经是一个成绩卓著、声名鹊起、才华横溢的青年军工专家。但他仍把自己视为普通一兵，随时听从党的召唤!

没有几天工夫，时任中央重工业部部长的何长工指示他，说："你到湖南株洲兵工厂当第一任厂长吧，那里急需你去!"接着，何部长严肃地嘱咐他："全国解放了，我们从国民党手中接管的兵工厂情况比较复杂，出现了暗杀、破坏等严重事件。现在，兵工厂急需恢复生产，把生产搞上去，把厂里的定型生产项目快确定下来。兵工厂的人很多，要把真正工人阶级队伍稳定下来，逐步提高和改善他们的生活状况。对坏人坏事要坚决地给予打击。当然，你去了主要是尽快抓好生产，宣传党的方针政策，团结一切可以团结的力量……"

吴运铎受命于危难之际，辞别了刚来北京的妻子陆平，即刻乘火车去了湖南。

株洲兵工厂的前身是老牌的汉阳兵工厂（原国民党十一兵工厂）。在抗日战争爆发后，蒋介石命令其迁到重庆。结果因迁厂工作极不顺利，直到前方已开火了，汉阳兵工厂才挪到湖南。因形势所迫，停留下来了。

1950年9月，吴运铎在株洲留影。

吴运铎上任后，遭到敌人和国民党潜伏人员的恐吓，甚至要暗杀吴运铎等军管人员。有那么一伙人也在磨刀淬剑，对抗军管会的领导，公然叫嚣：“不要军管会领导，共产党领导不了兵工厂，要召开辩论大会……”

吴运铎是个有胆有识、卓具才华的人，他说，要辩论好呀，真理越辩越明嘛！共产党还怕辩论吗？他决定立即召开辩论大会。

辩论会开始了。一伙人立即冲上讲台，根本不搞什么辩论，而是制造反动言论，煽动群众，想把会场搅乱，酿成事端。我们有很多党员没有料到这伙卑鄙之徒，会用蛮不讲理的手段对付共产党。

吴运铎毕竟是军工出身，经历战场上生与死的战斗洗礼，以锐利的眼光和政治敏感，立刻闻到了火药味，看透了那伙人的心思。他忽地从座位上跳起来，厉声吼道："今天，谁敢乱动，谁敢胡来，我就把他抓起来处置！"

这是一种剑拔弩张的气氛，一下子镇住了那伙冲上台的人。会场刹那间沉静下来。他又继续说："谁要辩论，请上台发言！"没有人敢上台。吴运铎心平气和地说："有些人，不是提出要召开辩论会吗？今天可以在会上公开亮明观点，错了也没有关系，不抓辫子！讲对的地方，军管会要接受批评，改正错误。真理越辩越明嘛！这是好事。但是，我提醒大家，有人想借辩论会搅浑水，达到破坏生产、赶走军管会的野心，那是白日做梦！"

吴运铎看没有人上台辩论，就借此机会号召大家擦亮眼睛、提高觉悟，坚决跟着共产党走。对少数坏人要大胆揭露，不能让他们猖狂活动，坚决把他们消灭掉。真正的工人要把劲头用在工作上，争取立功受奖。

对作恶多端的一小撮人，天怒人怨，很快就被群众揭发检举出来，历史无情地裁决了他们。

1950 年 10 月，吴运铎任中南工业部兵工局副局长，主要负责中南兵工生产和技术科研工作。在武汉工作有一年多。次年 6 月，株洲兵工厂更名为株洲二八二厂。其上级主管单位是中南兵工局。1951 年 10 月，国家建设航空工业，调整规划，将株洲二八二厂一分为二。留在株洲原地的三三一厂试产飞机发动机；生产弹药的人员、设备则迁往湘潭楠竹山，与湘潭本地的三六四厂、汉阳七六八厂、柳洲八八四厂合并成为一个万人大厂——湘潭二八二厂。

身为中南工业部兵工局领导的吴运铎，亲自为二八二厂重新建厂选点、勘察、布局。有半年的时间，他多次去湘潭楠竹山勘察选厂址。并由中南工业部兵工局计划处牵头拿出二八二厂的初步设计，于1952年10月正式建厂。

建厂之初，工厂主要任务是生产手榴弹，服务于抗美援朝。吴运铎作为兵工局领导，多次到厂视察，进行技术指导。据现为厂宣传部长的刘可亮撰写的《吴运铎的“江南情结”》一文说，江南厂的老厂长，吴运铎在大连建新公司的老部下乔世仁回忆：当时的手榴弹弹壳打孔，采用的是一个简易模具，转一下，打一个孔。三个孔要转三次。吴运铎视察后，说：“这太落伍了，我帮你们改进一下。”工厂就在现黄泥塘村山上的招待所里为他配好绘图用具、桌椅。吴运铎还向乔厂长要来从大连带过来的相关书籍作参考，开始设计、改进。期间，他经常要到离厂部3公里远的湾槽弹壳生产一线去试验。鉴于吴运铎行动不方便，工厂就用一辆吉普车接送他。他很快就解决了技术难题，制造了一台新的钻床，使弹壳打孔实现了半自动化，三孔能一次打成。就此事，吴运铎曾经说过：“当我看到我们工厂的生产还是用山沟的老办法，脚踩手拉，就不能容忍。用老牛步伐，怎么能走到共产主义呢？我们需要的是战士的速度。我选择一个重点厂，亲自来实验机械化自动化。我们先计算完成每个零件的时间，准备用运输皮带把每个单位联系起来。我伏在桌上设计图样，常常熬到深夜。南方的夏季多雨，每逢天气一变坏，我的伤口就表现出是个十足的叛徒，它疼得你浑身大汗，也不放松。

即使这样，我也不肯跟它妥协。和同志们一起，我们制出了第一部装配手榴弹的三眼钻床，用机器代替了手工劳动。”这项改进创新，不但提高了生产效率，还提升了产品质量，有力地支援了抗美援朝。

在吴运铎的脑子里，眼睛里，处处都有技术改革和创新的课题。有人说，吴运铎的“大脑细胞好用”“天生聪明”。而吴运铎却不相信自己有天分！他确信两句话对他有影响：“凡事总要有信心，老想着‘行’”；“心之官则思，思则得之，不思则不得也”。

从株洲兵工厂分离出来的三三一厂，由中央重工业部三局领导，后来又归属中国航空系统。但吴运铎毕竟任职过株洲兵工厂首任厂长，所以对该厂的牵挂仍一如既往。当年，三三一厂的老兵工饱含深情地回忆厂长吴运铎时都赞不绝口：“为党和人民的事业呕心沥血、鞠躬尽瘁。不怕苦、不怕死，身体力行”“为人真诚、内向，很聪明”“关心兵工的工作和生活”“讲话生动风趣，有感染力……”他离任时，全厂兵工送他一

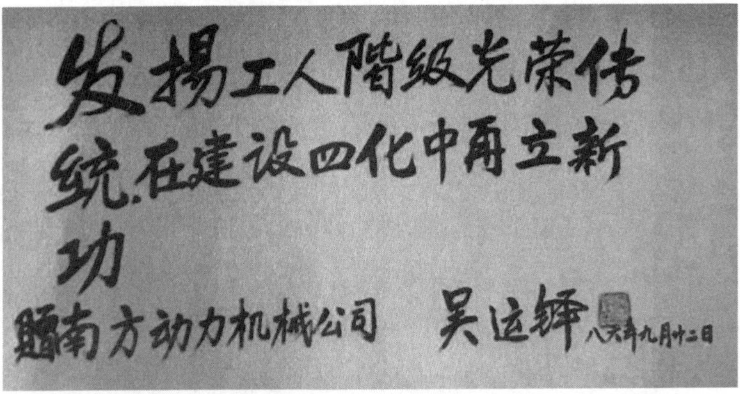

1986 年 9 月 12 日，吴运铎为三三一厂题词。

个挺好看的花篮，赢得了大家的拥戴。1986 年 9 月，在他年近古稀、与三三一厂阔别 30 余年之际，便将内心的思念、嘱托，书写为一幅“发扬工人阶级光荣传统，在建设四化中再立新功”题词赠给该厂，表达他永远铭记全厂兵工同他一起战斗，才度过了军管初期动荡、恐怖、危险的岁月，打击了敌人，稳定了生产，胜利地完成了党赋予的重大使命；抒发了他对三三一厂兵工数十年忘我工作、攻坚克难、荣获辉煌战绩的心怀与礼赞。

2017 年 1 月 17 日，吴运铎诞辰 100 周年之际，中共株洲市委发文，笔者摘录如下：吴运铎同志是我国军工事业的开拓者，三三一厂第一任厂长。他跟株洲结缘的短短 12 个月中，带领着第一代军工人，在一片荒芜中开垦出新中国军工魂的同时，也把不懈追求的信仰，撒向了这充满希望的热土。

1950 年，新中国各项建设如火如荼，为全面提升国防能力，5 月，位于株洲的原国民党十一兵工厂更名为株洲兵工厂，负责为部队提供迫击炮等新式武器。

由于国民党在撤出前转移走了大部分设备，并对厂房大肆破坏……除了几栋一字形厂房，十几门锈蚀斑斑的山炮和一堆废弃的炮弹。军工厂位置偏僻，交通不便，吃住条件差，老军工人回忆：“吃饭缺食堂，解手缺茅房，喝的是塘泥巴水，走的是稀泥浆路。”

对于肩负着组织生产“82 迫击炮弹”的吴运铎来说，形势不容迟疑，东北方向的抗美援朝战场，前方将士们对装备望眼欲穿，后方就得撸起袖子干！他带着几百人的职工队伍，在这片几近荒芜的瓦砾废土上，打下了第一个地基桩。

没有宿舍，吃住条件艰苦。特务、反动派在蠢蠢欲动……

1950 年 10 月，国家开始大力发展航空工业，在原来部分二八二厂生产力量的基础上，加上原徐州兵工厂力量，孕育新中国航空发动机希望的三三一厂就此诞生。当厂长吴运铎得知来自徐州的“血液”输入进来，兴奋得几夜未眠，嘱咐接站人员：“我一定亲自把他们接到株洲。”

火车拉来近两千人马，还载满几车皮的军工生产物资，工厂的实力得到有力扩充，也成为日后湖湘地区中小发航机生产大厂的雏形。

吴运铎留给株洲的，除了蒸蒸日上的军工大厂，还有那个陪伴株洲航空业几十年的厂医院。

吴运铎厂长说：“动辄就要跑长沙，不是长久之计，我们必须建自己的医院！”于是，组织人员选择地址，按照徐州兵工厂医务所长王洁哉同志的报告，筹备卫生训练班，培养初级护理人员……

1950年底，吴运铎厂长调任武汉，离开他亲手养大的军工新星，还留下“工人医院”的题字。

岁月不语，传承不息。老厂长吴运铎永远被记在工人的心里。

那时候，新中国百废待兴，一场镇压反革命的阶级斗争在全国轰轰烈烈地展开。吴运铎学习了党中央有关文件，提高了阶级觉悟，擦亮了眼睛，坚定地投身到镇反的伟大斗争中。他揭发了警察局局长易介甫的反革命罪行。在吴运铎的回忆中写道：“新中国成立后，我被组织调到中南工业部兵工局任副局长。事情很凑巧，在武汉，我又回到了日夜思念的矿山，看望了工友。中午吃饭时，有一个总务科科长走上前问矿长客人吃什么饭。我觉得这个人很面熟，仔细一看，真是冤家路窄，我认出了，这个总务科科长就是当年镇压工人大罢工的警察局局长易介甫。小子，你还活着，我心里暗暗骂着。第二天，我就打电话揭发了他，易介甫马上就被抓起来。很快开了公审大会，他被就地正法。”

易介甫是个罪大恶极的反革命分子。1938 年，吴运铎领导源华煤矿工人罢工时，他指挥荷枪实弹的矿警，用 12 发的快慢机驳壳枪向手无寸铁的工人开枪射击，当场就有数十名工人倒在血泊中。易介甫这伙坏蛋想用武力扑灭工人的罢工运动。

解放了，易介甫这个双手沾满鲜血、罪大恶极的警察局局长，凭借他的裙带关系隐藏下来，并摇身一变，在源华煤矿总务科当上了科长，混入了革命队伍。

吴运铎出于阶级的义愤和为死难的工人兄弟复仇的革命情感，将这个血债累累的刽子手送上了历史的断头台，为工人阶级报了仇、雪了恨，也为革命队伍除了一大祸害。

“中国的保尔”

1951 年 9 月，吴运铎以中央人民政府政务院和中华全国总工会特邀全国劳模代表身份，到北京参加了国庆观礼，并被特邀列席中国人民政治协商会议。“到了北京以后，《人民日报》和《工人日报》很快地刊登了我的生平事迹，我觉得实在太光荣了。”“到了国庆节的前一天，我正式接到毛主席邀请我参加宴会的请帖时，心中却跳个不停。我觉得自己做的事情不多，我问问自己：像我这样的人，就能见到毛主席吗？”

“当我走进北京中南海怀仁堂的时候……刘少奇同志和朱德同志站在门口迎接到会的人，和每一个人握手。”“到了里面，只听见一阵鼓掌声，我知道是毛主席到了。”“我从人丛中间，真的看见毛主席了。”“入席以后，我真是什么也来不及想，还是只管看着毛主席。”

“到了散席的时候，我们所有的劳动模范，都跑到毛主席身边去了。他和我们都握了握手，很高兴地看着我们，我们也看着他。我想讲几句话，可是一句也讲不出来。我的眼泪，忍不住慢慢往外流。”10 月 5 日《人民日报》发表题为“钢铁是这样炼成的——介绍中国的保尔·柯察金兵工功臣吴运铎”的报道。

这篇 1400 多字的文章，开篇写道：

> 中南工业部兵工局副局长吴运铎，光荣地被邀请到北京来参加国庆大典了。他是一位在抗日战争和解放战争中功勋卓著的人民功臣。他在过去十几年的兵工生产中，曾负伤一百余处，手足残废，但仍坚持为革命事业英勇奋斗，因而被称为“中国的保尔·柯察金”。

这短短的 100 多个字，是对吴运铎十几年战斗历程的最高评价。他“功勋卓著”，是“人民功臣”，是“中国的保尔”。他“手足残废”，全身伤痕压着伤痕，还在“英勇战斗”。这怎能不让广大读者为之感动。谁不想亲眼见一见这样一位传奇式的兵工英雄。于是，许多机关、单位、学校、工厂、商店，都想请他去作报告，向他学习，向他致敬。

10 月 11 日，吴运铎应全国总工会（新华门对面的地址）之邀，作了三个小时的报告。《工人日报》为他的精彩报告录了音。1951 年 10 月 26 日、27 日《工人日报》以老千为笔名，题为《中国的保尔·柯察金——记中国兵工工人的旗帜吴运铎》在“文化宫”副刊刊出，及时地宣传吴运铎的革命英雄主义和革命乐观主义精神，多角度、全方位地传播了吴运铎的非凡业绩。

1951年，《人民日报》等报道了中国的保尔·柯察金、兵工功臣吴运铎的事迹后，很多读者非常敬佩他，吴运铎应邀留下了这张永恒的纪念照。

此后，宣传和学习“中国的保尔”吴运铎的报道、通讯、访谈录和吴运铎的自述文章频频见诸报端。如《党给了我无穷的力量》《会见中国的保尔·柯察金——吴运铎同志》《终身献给党的事业》《我虽然没见过他》等，仅京津地区报纸刊载“中国保尔”吴运铎的报道已有几十篇。至于全国的报刊、广播宣传吴运铎的文章就更多了，已形成了一个热潮……

首都各机关、学校、公交企业纷纷邀请吴运铎作报告的势头不减。首先是清华园里的大学生，在细雨飘落的夜晚，为“中国的保尔吴运铎”打着伞，作完了那场精彩感人的报告。同学们高兴得簇拥着他，签名留念，让“中国的保尔”永远留在心中，激励他们去前进。

当时，群众景仰吴运铎，亲近他，多么希望成为像他那样的英雄，一场学习吴运铎的自觉行动展开了。吴运铎是这样写的：

我常常接到很多来信，都是从未见面的朋友们寄来的。有工人，有战士，有青年学生，有远在朝鲜战地的最可爱的人，也有正在课堂念书的红领巾。在信里，他们向我谈自己的伟大理想，谈自己美好的希望，告诉我他们学习的成绩，工作进展的情况；把自己的思想检讨也寄给我看，并且说怎样决心使自己成为一个优秀的人民勤务员。他们把我当作最亲近的朋友……

各处机关学校团体还常常邀我去作报告。差不多每次都有人递给我一些纸条，要我把自己的事迹写成一本书。来信里也有许多人催我赶快地写，只是我自己从没有写过东西，学习又紧张，时间少，一直没有动笔。后来工人出版社一再和我商量，要我把经历写下来印成小册子。我只好按照几次报告的顺序，补充修改了一下，并由菡子同志、赵荣声同志帮助整理，完成了初稿。后应《工人日报》之约，将初稿用《我是劳动人民的儿子》的题目，先交《工人日报》发表。

其实，并非如此。《我是劳动人民的儿子》的刊出，又引出一个37岁的青年人赵荣声同志①。当时，他是《工人日报》《文化宫》副刊的负责人。那么，他是在怎样的契机下投入颇有趣味的采访，又是怎样的思考，艰辛地撰写这篇数万字的长篇作品呢？不妨摘录他于1989年1月28日写的回忆录：

1952年5月的一个星期六下午，汪玉芳同志为了《中国的保尔·柯察金》连环画稿中某些关于枪榴弹的问题打电话询问吴运铎同志，她对着电话筒高声嚷了许久，还是没有把问题讲清楚。我就说："电话里讲不清楚，你不能跑一趟吗？汪玉芳说路太远。"我说："我替你跑一趟吧。"说完我就离开了办公室。到了师范大学俄语补习班（在辅仁大学旧址）的宿舍中，一室多床，没有椅子，我便约吴运铎同志去北海走走。

从解释一个枪榴弹的形状开始，我万万料想不到吴运铎同志竟然讲出许多感人的故事。我们两人坐在北海公园西北角五龙亭的石阶上，一谈就到天黑，我在笔记本上已记下十多页。我说："好得很！我们下个星期六下午三点钟再到这个地方接着谈行不行？"运铎同志爽快地同意了。我们就这样一次接一次，一直谈了六七次，我已记满两个笔记本。

我考虑运铎同志讲的故事，实在太好了，有血有肉，有革命热情，有高尚思想，有曲折的故事，有生活细节，只要查核一下有关的革命战争史料，便有可能以此为基础，写出一部很有意义的文学作品来。为此，我特地去找丁玲同志商量，丁玲同志提了不少意见，鼓励我写。

别人遇到好材料，可以利用八小时以外的时间来整理。我每天的编辑

---

① 赵荣声（1915—1995年）：安徽省安庆太湖县人。燕京大学新闻系毕业。1935年在"一二·九"运动中加入中国共产党。1937年春去延安参加丁玲领导的西北战地服务团，任通讯组长。1938年2月，赵荣声同志受组织派遣，到国民党第一战区司令长官卫立煌部做统战工作，任卫立煌的少校秘书。他是被称作"红色卧底"的我党优秀党员，著名记者。出版有回忆录《回忆卫立煌先生》《沿着斯诺的足迹》，通讯集《在建设的日子里》，报告文学《活跃的肤施》《界首船》，传记《我是劳动人民的儿子》。中国作家协会会员。1957年，反右斗争中，受到不公正待遇，1979年落实政策。曾任工人出版社副社长、副总编辑。

工作八小时做不完，晚上的时间也不属于自己，如何是好？我认为共产党办报纸，最重要的一项任务即是向广大读者进行共产主义教育，启迪大家改造旧思想，建立公而忘私的革命人生观。像吴运铎同志这样的真人真事，如果不马上用来作为对青年工人进行教育的材料，实在太可惜了……

从他的事迹中，不但可以看到一个劳动人民的儿子怎样在共产党的教育之下成长为一个英雄，而且可以看到当年的新四军抗日是克服了多么巨大的苦难，才迎来了革命的胜利。如果我们不赶紧把这样丰富动人的材料写出来，实在对不起“新闻工作者”这个称号。

白天和晚间都没法写，我只有半夜起来写一阵，但是半夜没睡好必然影响第二天上班，光靠吃止痛片也不顶事。试了几天不行，我只好放弃了用文艺手法写大部头的计划，根据运铎同志口述的内容，写成最朴素、最简单的文字。这个时期，每个星期天我都不上街，也不干别的事，整理一段算一段。这样经过整个1952年的冬天，一共十来个星期天，加上新年春节几天假日，潦潦草草整理出一个草稿。

在1953年4月3日的《工人日报》《文化宫》副刊中，登出来了这一部新的长篇连载，题目为《我是劳动人民的儿子》，署名吴运铎。该文刊出后，即受到读者们的广泛欢迎，表扬的电话和信件接连不断……

《我是劳动人民的儿子》以叙事为主，把“中国的保尔”——吴运铎从出生到1949年的经历，做了生动的描述，依然不能满足广大读者的要求。人们对“中国的保尔”的敬爱，崇拜英雄，追寻“中国的保尔”成长足迹并没有停歇下来，依然伴随共和国建设的步伐前行。

各机关、单位、学校、工厂等经常邀请吴运铎去作报告。比如，吴运铎在天津第一次青年讲座上作过两三个小时的报告。在报告中讲述了他的苦难经历和参加革命后为党为人民做了一些工作，以及党和人民给予他的荣誉。特别是他去苏联治病，苏联政府和人民给予他的关心和爱护。苏联朋友对他照顾得比亲人还亲。1949 年底，他到达莫斯科的那天，苏联外交人员为他在松林疗养院三楼布置了最好的房间。吴运铎朴实而又幽默地描绘道：

“苏联同志把门推开，说：‘同志！你请。’我当时一看，房子太漂亮了，地上铺的地毯都是新的。那个玩意儿比咱们的床还漂亮，也许我在山沟里蹲久了，没有看过那个玩意儿。当时，我又想到是不是和日本人一样的，要脱了鞋子再进去，我也不敢进去。结果，那个同志看见我愣在那儿，他先进去了。我想：你能进去，我当然也不犯错误，我也进去了。在里面，他们为我布置了三套间房间，布置得非常好。第二天，苏联一位同志和我谈话，他谈了很久。因为我穿了一套呢子制服，他对我说：‘你这套衣服不好，明天再换一套。’我想：穿呢子衣服在我这一辈子还是第一次呢！

“第二天，他们为我派了一部专用汽车，一下子就开到莫斯科大街，跑到百货公司三楼，把门一推开，好家伙，净是西装，太阳光照在衣服上面都发光。他们要我选择。翻译同志说：‘选吧，拣好的选。’我一看那些衣服都是放光的，穿在身上好像挺别扭的样子，穿不惯。最后我选了一件不算顶好，我认为还可以穿的。联共党和苏联人民对我在生活上照顾得非常周到。每天晚上，他们都招待我看电影。疗养院里边的设备也非常完善：电影院、图书馆、体育场、室内篮球场，什么都有，每天带着我去玩。并且还有无线电传真。那个玩意儿也的确好，和收音机一样，放在桌子上面，把开关一开，就可以看电影。莫斯科每一家电影院放的电影，你愿意收哪一家就收哪一家。坐在家里就可以看了……”

吴运铎在报告的最后一部分表示，他要做一个有利于人民的人。他说：

“今年 3 月，我又被调到北京俄文专科学校学习……这使我想到过去那些年代里，我从来没有想到会有今天，能够进学校学习。记得我小的时候，学府门口都挂上一个牌子，牌上写着‘学府重地，闲人免入’。穷人就根本别想进学校。想到这些，就难以形容我是怎样感谢党和人民。我自己还有几个兄弟，他们都是工人，做翻砂工的，做锻工的，做钳工的。在中华人民共和国成立后，我的两个兄弟都被选为工会主席。最后，我的一个小弟在九江市中心纱厂做工，而且获得了九江市劳动模范的称号。今后我更要百倍地努力，献出自己的一切，来报答党对我的培养和教育。我要做一个真正的人，一个有利于人民的人，一个脱离了低级趣味的人。我要把我的一切，把我的力量，把我的知识，甚至于我的生命，忠诚地交给我们的祖国，交给我们的毛主席。要与同志们顽强地学习，不断地学习，认真地学习！”

当时，北京市有些院校请吴运铎去给学员作思想政治工作报告。1953 年上半年，北京工业学院（今北京理工大学）第一届学员进入专业课学习时，有的同学认为，国防工业工作不安全，有危险性。少数人在思想上有些波动。学校就这个问题去请兵工战线英雄、在国防工业战线工作了十几年的吴运铎给讲一讲。吴运铎高兴地应邀到学院作了安定学员情绪的报告。

会后，吴运铎得知这一届学员中，有一个叫陈江的同学，原是八路军的红小鬼，就很风趣地对他说：“你是八路军的红小鬼，我是新四军的红小鬼，两路小鬼来一个合影吧！”

陈江与吴运铎在北京工业学院校园的延安大楼前合影留念。陈江为了学习吴运铎，把这张珍贵的照片一直保存了近 40 年。陈江 1956 年毕业于北京工业学院，曾在兵器工业部引信研究所担任过研究室主任、研究员、教授级高工。每当他看见这张照片，就想起吴运铎当年结合自己的亲身经历，给他们做的那场真实而又生动的报告，打消了他和一些同学对从事国防工业的恐惧感，更加坚定了学习的信心和决心。

1953年上半年，吴运铎在北京工业学院（今北京理工大学）作报告后，与八路军的红小鬼、学员陈江合影。

俄专生活

1952年，党组织决定把吴运铎送到北京俄专学习，准备赴苏学习先进的科学技术。吴运铎在北京俄专二部（留苏预备科）第十四班学习俄语很用心，也很刻苦。为记忆每一个单词、词组，与大家一样早起晚睡，或利用饭前饭后休息时间，死记硬背俄语单词。那时，同学们为学习俄语都做了大量卡片，因他左手残缺，做卡片有困难，他在大连工作的同事叶英同志也在此学习，经常把自己写的卡片送给他。紧张的学习生活，使他的俄语水平大有长进。

就在这年下学期，俄专发生了一桩事：俄专的个别领导和教师，对工农干部班学员抱着某种偏见，认为工农学员年龄大，

1951 年，吴运铎在中南工业部兵工局工作时，曾经住过的房子。

文化水平低，脑子也笨，学习成绩普遍差一些，不如青年学生反应快，记忆力强，教起来省时省力，于是，就想在俄专停办工人干部班。吴运铎认为，这个看法带有很大的片面性，不能不指出这是个严肃的问题，请学校考虑。在一次全校师生大会上，他不顾一切地站出来，陈述了工农干部学员到俄专学习是不容易的。过去，工农干部没有机会学习，那不是他们的罪过，是旧社会造成的。如今，没有党组织的关怀，他们这一生一世都是不可能来到北京的，何尝谈到坐在课堂上读书。他呼吁校领导认真研究，不能把工农干部学习俄语这条路堵死……他的话讲得诚恳，发自内心，大家听后都很感动。在讲话中，吴运铎也尖锐地批评了学校少数领导同志在教学中的畏难情绪，有鄙视工农干部的思想倾向……师生们听了他的发言，既觉得意外，又感到吃惊。

会后，各班还演出了精彩的文艺节目。吴运铎与班里来自黑龙江某国营农场的先进拖拉机手、全国劳模耿德同学合演一台独幕剧。他俩流利的俄语对白与巧妙的表演技艺，赢得了全校师生们一阵阵热烈的掌声和欢笑声。从这以后，在俄专停办工人干部班的事，无声无息了。

1952年、1953年，吴运铎在俄专学习期间，除了完成繁重的俄语课和大量的作业之外，还经常应邀去作报告。他的学习时间比别人少，他的社会活动比别人多，但并未影响他的俄语学习成绩。

因为那时“中国的保尔吴运铎”这个大名已经无人不晓了，外单位来请他去作报告的多了，他从不推辞。这时，有的人，甚至某些领导干部对他颇有微词：“爱表现，不踏实”“有骄傲的苗头，不谦虚了”。

在我们这个社会里，一旦有什么人做些好事，有益于人民的事，取得了成绩，受到表彰，“行高于人”，或迟或早总会招致一些闲言碎语和无端的非议。非之者心术不良，挖空心思整人，有一种畸形心态，就像蛰居在阴暗处的一小撮“专业户”，遇事生风，时机一到，立马跳出来，搬弄是非，兴风作浪……

战争年代，吴运铎周身伤疤累累，备受折磨。有时伤病一发作，疼得直冒汗，医生也无奈，便心疼地给他几片“待可因”止痛。而吴运铎不声不响，拒绝了。一些人感到奇怪，吴运铎便解释：“待可因里的吗啡，多次服用就要上瘾，那我真就成了废人啦！”大多数同志被他的坚强意志感动了。

吴运铎以超人的毅力，一次又一次，年复一年与伤痛发作进行顽强的抗争。但有时伤痛厉害了，引发他急躁、不耐烦、爱发火也是常有的事。有的同志关心地说：“老吴，你是英雄，不比平常人，态度上注意一点哟。”

吴运铎心里明白，点点头。所以，每当伤痛发作，无力控制时，他就主动把自己锁在办公室里，不跟别人接触，生怕惹出什么不愉快的事。

就是这么点小事，却引起想要做文章的人散布说：“大白天，一人关门反锁在屋里搞什么勾当”“心里肯定有鬼”。于是，有人去“内查外调”。吴运铎得知后，解释说：“我的伤口一发作，控制不了自己，脾气不好，发火什么的。我要出来工作，又怕接触人，说话走火，没涵养，只好关在屋里，少见人……”

人啊，对自己的同志，对吴运铎这样一位伤残的传奇英雄，为什么不能多一点理解，多一点同情心，给予更多的关爱。

其实，吴运铎没有因出名了，骄傲、摆架子。相反，他更平易近人，和班里的同学、老师关系十分融洽。1953 年 3 月他与全班同学及苏联女老师阿里阿霍梅德娃一起合影留念便是见证。

吴运铎在俄专学习期间，有一段令他难忘的政治插曲：一天，他忽然接到武汉工作单位打来的长途电话。电话中说：速回鄂，有要事相商。他接完电话，还像战争年代那样，即刻执行任务。他匆匆找到学校领导请假，坐上南下的列车回到武汉。

兵工局某副部长用审视的眼光和冷淡的态度接待他，并以教训的口气对他说：“要积极投入这次运动，主动交代问题和揭发别人的问题……”他听后有点糊涂，经细问，才知道是要他交代问题，他将要面临一场严重的政治斗争考验。

原来是由于运动的深入，某些头面人物想搅浑水，跳出来煽风点火，说什么：“吴运铎贪污 1600 万元公款（约今 1600 元），够得上一个‘大老虎’！”有的领导同志不明真相，又怕把

1953 年 4 月 6 日，吴运铎在北京八中操场作报告的场景。

吴运铎（后排左三）在北京俄专二部第十四班学习时的师生合影。

吴运铎这只大老虎放跑，糊里糊涂给他升了级，另找一间小房子住，实际是隔离审查。专案组人员无休止地找吴运铎谈话，让他认清政策，坦白从宽，抗拒从严，老实交代问题，不要抱任何幻想……

吴运铎心里不服气，找了当时任中南局工业部副部长的曾志同志，问她："你们凭什么说我贪污1600万元?""我还要去北京学习。你们可以查，如果能查出我贪污一分六厘，就打电话给我，我立刻回来受审……"曾志同志耐心地开导他，并对他说："老吴，你不要怕，没有贪污怕什么？也不要发脾气，共产党员应当经得起各种委屈，这也是一种考验。"他听了曾志同志的话，心里安定、踏实多了。"我吴运铎革命一辈子，把眼睛、手、腿、脚都交给革命了，还看得起什么1000多万元钱吗?"

吴运铎说到这儿，让我想起他在给笔者的信中说过："1952年，我当了劳模后不久，在第一次'三反'运动中，无中生有地要把我打成1600万元的"大老虎"，还逼着一个女同志（所谓同伙者）自杀，经抢救才脱离死难。这数十年来，特别是在十年浩劫中，我所遭遇的嫉妒之灾，真是一言难尽矣。这种不愉快的往事就让它过去吧，历史是公正的也是无情的。我不愿再去揭伤疤，也不愿提这些不愉快的往事了。"

一个多月之后，那位副部长假惺惺地找吴运铎谈话："运铎同志，作为共产党员要经得起党的考验……"吴运铎没有抱怨党，但他认为这样大的问题不能妄言妄听，应该弄清是非，有个结论。他诘问这位副部长："我是一个管技术的，与钱从来没有沾过边，凭什么说我贪污1600万元?"这位"可怜"的副部长却"王顾左右而言他"，自愧不语。一会儿，副部长又唱起高调："运动是对每一个同志的考验。谁也不会拒绝考验的。作为共产党员更应该接受考验。党组织考验干部还是没有错的……”吴运铎激愤地说：“我吴运铎为了党的事业，不惜把生命都交给了党，还会干那些对不起党的事，干那种有害于民、有害于国家的事？那算什么共产党员……”

在采访中，吴运铎曾告诉笔者：“这件事对我就像一场噩梦。忽而，把我抛出来，曝光在大庭广众之下；忽而，又把我密封于暗室，无人知晓我犯什么罪过？究竟谁之错？回敬我的是一笑置之，不过尔尔。一切苦难，一切挫折，我都能涉足跨越，唯此一招，让我如坠入五里雾中。”

笔者不记起读过的一本什么书上面写道：清初康熙年间，任福建巡抚的张伯行写文说：“一丝一粒，我之名节；一厘一毫，民之脂膏；宽一分，民得益不止一分；取一分，我为人不值一文。”这话说得多好啊！它涵盖思想深邃、富有哲理，令人回味无穷。它对我们每一个同志一生做人、行事和品德修养都是有益的。

第十四章　赴苏学习前后

吴运铎从北京俄专结业后，在京等待护照准备出国。据说，苏联那边因宿舍尚未建好，暂时不能动身，需要他在京待命……

“我从来没想当作家”

这时候，全国总工会见缝插针，要吴运铎写自己过去做的事。吴运铎说他根本没有写书这个本事。全国总工会主要领导、43 岁的赖若愚同志有一次见到了吴运铎，把他请进自己的办公室，和他谈起写书的事。

刚开始，吴运铎还很拘谨，问一句，答一句。谈了一会儿，他一贯直率的性格就显露出来了。

“老吴，你的事情很感人，写本书吧！”

“不行，不行！这辈子我就没敢想过这事，哪会写书？”

“写吧，就把你的报告内容整理出来，用一根线穿起来就行了……”

“说说容易，写起来就难了。我这个人造枪修炮干了大半辈子，你让我写书，那不是难为我吗？……”两个人谈了很长时间，最后赖若愚像下命令似的说：“你能行，写吧！现在你要把写书当作政治任务来完成！”吴运铎还是支支吾吾地说：“我不会写，不能写呀！”赖若愚稍有点严肃地说：“怎么不能写，只要把你做报告的内容写出来就算完成任务！我们还可以找人帮你完成。”赖若愚同志的话是认真、坚定、有力的，对吴运铎是个极大的鞭策。

吴运铎对写书的事，曾深有感触地说过：“有人说，你有生活，就可以写出来。”“我认为这句话并不完全。有生活，只可以说有了写作的材料，但你没有相应的手段，没有一定的文学知识，没有一定的语言知识，文章写得干巴巴的，谁也不愿去看。所以，就要学习文学。像我们这些人不可能再去上大学深造，但是多读书也能写出文章来。”

为撰著这本书的事，吴运铎于1983年12月30日给笔者的信中写道：

很久不见，常在惦念中。收到来信，就提出之问题回复如下：作《把一切献给党》一书的决定，直接原因是受全总委托。而全总为何要我这个修炮造枪的工人写书呢？我想这是1951年的10月1日，我被以特邀全国劳模的名义来京出席了国庆大典，观礼后的某一晚间，全总邀请了几位全国劳模作报告，说说自己的劳模事迹。这样的事，我是第一次。我惴惴不安、胆怯地走上了讲台，向同志们讲了自己在党的教导下成长的过程。我的报告被工人日报社录音后，并于该报连载了。

1953年，我于北京俄专学习结束后，在等待出国学习之空隙里……（全总）提出让我写书。在何家栋同志的帮助下，经过半年多，写完了《把一切献给党》。这本书虽然内容有所增加，但仍是一本小册子，也谈不上是什么文学创作，只是我前半生的汇报而已。

在写书的过程中，全总领导还告诉吴运铎，这本书由中央美术学院画家罗工柳、王式廓、尚沪生等配画。据中国著名油画家罗工柳回忆：“我到北京东四一家旅馆找到了吴运铎。他在一间昏暗的房间里写作。为了便于中央美术学院画家作插图，我就同美院附中校长丁井文同志商量，把他安排到地处王府井中央美术学院的校园里写书。”美院领导全力支持，青年画家尚沪生主动腾出她的房间（据罗工柳说：“青年教师马常利主动腾出他的房间”）。罗工柳的妻子、美院教师杨筠帮助吴运铎每周接送孩子上幼儿园，还有四名女教师帮助誊清稿子、买饭……对他吃住照顾得挺周到。

在中央美术学院住的那一段难忘时间里，中国美术教育家、美院附中校长丁井文同志经常约吴运铎一起观赏美院教师、学生的画展。每当他看画展发现一幅好画，时而远离画作凝思，时而走近画作细细品味，情不自禁地评价几句，“这张画笔锋不错”“那张画用墨不赖”。丁校长在一旁说：“老吴，你还真有两套!”看画的日子长了，不知不觉勾起了他少年时喜爱国画的心事。一天晚上，丁校长邀吴运铎去家里做客。未料，吴运铎一进家门，丁校长便对他说：“老吴，你画张画吧!”吴运铎说：“你是赶鸭子上架啦!”丁校长硬要吴运铎画一张不可，并事先备好画具，宣纸铺在桌子上。吴运铎诚心诚意地说：“我不会画，只是从小喜爱画，真的画不了什么。”丁校长执意不肯，一定要他画一张留念。盛情难却，他无可奈何，站在桌前沉思良久，想起自己平日喜欢齐白石先生的荔枝画，就从容挥毫运笔，依样画葫芦，画了一筐荔枝，加几片叶子一幅画。丁校长站在一旁观赏着，啧啧称赞。

在中央美术学院写书的难忘日子里，吴运铎与画家们结下了深厚的友情。不仅有罗工柳、王式廓、尚沪生、李宗津、顾群等画家为他的《把一切献给党》配画，而且吴作人、艾中信、李斛、李桦等画家还以他这个劳模为模特儿，作了素描和版画作品。

1953年上半年，吴运铎（后左二）在中央美术学院修改《把一切献给党》时，与青年朋友的合影。二排为陆平（右一）、吴克（右三）。

20世纪50年代，吴运铎和工人出版社部分职工合影。

吴运铎受到了专家的莫大鼓励，此后，在他左手旧伤复发住院动手术的空隙，常常拿起画笔练习画苍松和翠竹、老虎等。出院后他仍天天练画，一画就是数十张，不满意就撕掉。1962年，吴运铎的一株雄伟的苍松，以题为“青松挺且直”，刊载在《工人日报》（1978年12月11日）上。人们第一次知道他不单会造枪造炮，还晓得挥洒笔墨，写书作画，身上还存着数不尽的艺术细胞。于是乎，求他字画的人，日渐多了，来访来信者也多了。

吴运铎以饱满的笔触，撰写了一部讴歌军工战士舍生忘死、艰苦奋斗的革命精神的不朽著作——《把一切献给党》。经工人出版社编辑何家栋①同志做了修改和加工，于1953年7月在北京首次出版。没想到，这本版权页标明6.8万字（笔者计算有6.4万字）的小书在群众中反响异乎寻常。第一次在北京印刷十万册，不到一年，四次印刷，达200万册。全国各机关、军队、工厂、学校等都自动掀起学习《把一切献给党》的热潮。有的工厂、学校命名了“吴运铎班”“吴运铎小组”“吴运

---

① 何家栋（1923—2006年）：中共党员，中国作家协会会员。

1938年7月，参加抗日战争，首任平汉铁路破坏队指导员、八路军南岭支队小队长。一二九师太岳纵队文工团员。1945年，被接受为中共地下党员。抗战胜利后，奉晋察冀军队城工部之令，在北平做地下工作，从事文化出版及学生运动等活动，1947—1948年，就读于华北联合大学，1948年，分配到华北新华书店，《新大众报》任编辑。中共北平地下文委国光日报、中外出版社编辑。1949年初，被派往天津军管会新闻处参加工作；担任北京工人日报社工务科长、出版科长，创办工人出版社；担任工人日报工厂厂长、编辑、记者，工人出版社办公室主任，编辑室主任。

自1980年后，先后承办《人生》月刊，任主编；创办《开拓》文学杂志，任主编。著作有：1953年《把一切献给党》（何家栋帮助吴运铎写作）；1957年，传记文学《赵一曼》、执笔出版《我的一家》；1958年，《方志敏战斗的一生》等若干篇论文、评论、杂文。

铎英雄班”“保尔班”，等等，并邀请吴运铎作报告。以吴运铎命名，反映了一个时代的精神追求。吴运铎每天收到全国各地的信函几十件、上百件，回信都写不过来。上级专门为他派一个秘书，帮他处理各种信函。但有的信，他要亲笔复函寄书。比如《把一切献给党》刚一出版，吴运铎拿到书之后，于 1953 年 9 月 1 日赠给同事、好友、同学叶英一本，并在书的扉页上亲笔题写相互砥砺的赠言：“冷静、谦虚会使人更完善。叶英同学努力！”对这件往事，兵工专家叶英有感而发：“将近 50 年的岁月飞逝，书页早已泛黄，但初读此书时的欣喜至今仍在我心头缭绕。‘人生得一知己足矣，斯世当以同怀视之’。鲁迅对瞿秋白的评价，反映了我对吴运铎同志的深厚感情。”

对青年学生的来信，寻觅正确的人生路标，什么是革命理想，怎样实现理想，如何树立艰苦奋斗光荣传统，怎样对待学习，如何提高学习成绩，等等。吴运铎在回信时，既热情洋溢，又实事求是，以鼓励为主，格外慎重。有一封信给他留下的印象很深，那就是四川省乐至中学五五级秋高二班同学。他们读过感人至深的《把一切献给党》之后，受到了很大的鼓励和启发。过去，全班 34 名同学，有半数同学考试成绩不及格，但读过《把一切献给党》后，全班考试平均分数达到 79.2 分，不及格人数降低到 5 人。他们为了进一步向吴运铎学习，就写信汇报这一丰硕成果。吴运铎很高兴地给他们写了一封回信：

你们的来信已收到，感谢你们对我的关怀和信任……《把一切献给党》这本书，能给你们一些帮助，对我来说，也是极大的鼓舞和鞭策。我为人民做的工作还太少，虽然曾经完成了某些任务，也是由于党的教导和集体劳动的结果。我所做的正是千百万共产党员所应该做的，但党和人民却给了我很大的荣誉。我还被选为全国人民代表大会的代表，参加了制定我国宪法的工作。

五年来，亲眼看到我国人民在党和毛主席的领导下，用自己的劳动创造了这么多奇迹，而且正迈步走向社会主义社会。我真有说不出的喜悦。当然，在过渡到社会主义社会的大道上，并不是毫无阻碍，还需要我们加倍努力来战胜困难，用我们辛勤的劳动和顽强的学习来争取早日实现社会主义。

同学们，祖国的飞跃前进也激励着我们要不倦地学习。学习不是轻松的游戏，需要战胜一系列的困难，谁能经得起困难的磨炼，谁就能获得胜利。因此，我们必须树立起全心全意为人民服务的崇高思想，丢掉一切个人打算。在我们这个时代里，为个人打算是最大的耻辱。追求个人利益的人，是永远也得不到满足的。他所能取得的只是颓丧、欺诈，甚至跌入堕落的深渊。只有把人民的利益放在第一位，无条件地服从祖国需要的人，才有永不枯竭的精力来从事学习和工作，也才能获得最大的幸福。

多年前，一位执着学习和研究吴运铎的刘桂升老师寄给我一份资料，以确凿的事实，记录了雷锋之所以成为全国人民学习榜样，与他小学时喜爱读书，并有幸读过吴运铎《把一切献给党》不无关系。

湖南省望城县原荷叶坝完小教师、少先队辅导员夏柳老师在题为《雷正兴在小学念书的时候》一篇回忆文章中有少许的文字记录：雷锋最喜欢读书，无论什么时候，他口袋里总装着书。他特别爱看英雄和战斗故事。他看完了《把一切献给党》之后，写了这样一篇心得："吴运铎同志是我学习的最好榜样，他鼓舞我前进，教育我全心全意为人民服务。我一定像他一样，长大后努力工作，把一切献给党。"

雷锋小学的挚友、年逾八旬的教授级国际商务师谢迪安回忆说："读小学时，雷锋学名叫雷正兴，乳名叫庚伢子。我们两家是仅一墙之隔的邻居。我俩是同班、同桌。班上的同学给他编过一个顺口溜：‘小小雷正兴，家里贫又穷，赶路十几里，早到第一名，学习也很好，活动他最行。大家学习他，争做好学生。’”“雷锋是各种活动的积极分子，做过旗手、鼓手、中队委员、少先队代表，不管做什么他都干得很出色，正因为雷锋的勤奋刻苦，他也是学校第一批加入少先队的。”“当时我们都拿雷锋当学习的榜样……”谢迪安老人和夏柳老师讲雷锋少年的事，让笔者想到两点：第一，人的一生成长历程中，少年时代是人生的起点，也是人生的重点。学校、家庭的教育呵护是无可替代的。老师和家长要按“三好”的方针，想方设法，抓紧抓好孩子们的工作，使之感受到如何做人，怎样做个好人是一件头等大事。第二，名人、教师为孩子们推荐课外读物，万勿“贪大求名”。大部头的名人作品，并不一定适合大多数孩子阅读，一定要根据孩子的不同年龄、兴趣和爱好，读与之相匹配的优秀读物，或许对他们一生大有益处。

《把一切献给党》甫一出版，我国文学界异常冷淡，不发一字言论，有人竟然质疑这本书算不算文学作品。也有人说，应该把它列为“社科类”书，当作一般政治读物。时任《文艺报》副主编的侯金镜评价“在中国文学史上应重重地写上它一笔”。中国作协副主席周扬给该书责任编辑亲笔回信，肯定了《把一切献给党》在中国革命进程中所起到的作用，赞扬这本书对新中国成立后传记文学的写作起到了“开拓作用”。著名作家韦君宜看了《把一切献给党》，率先在报刊上载文，称《把一切献给党》是“英雄的剖白”。人民文学出版社社长、《文艺报》主编冯雪峰同吴运铎和何家栋谈了许多，肯定了这本书的内容和文风，并“提倡多写这方面的东西……”

创作《保卫延安》小说的著名作家杜鹏程为《把一切献给

党》发表书评，高度称颂吴运铎同志。不妨摘录如下：

“这样的人，他顽强的工作精神，坚韧的生命力以及他的感情，可以作为我们工人阶级战斗性、顽强性的一个生动的注解。他的经历是中国工人阶级受难、成长和战斗的一个侧面……即使在绝路上，在生命最后的瞬间，你也在吴运铎和他的战友们的情绪中看不出阴暗的情绪。他们这磅礴的正气，充沛的生活力量，以及如旭日东升般的创造热情，正是体现了工人阶级的本性。

“这样的人，也只有这样的人，才能够有那种想把人类所有的知识和精神财富变为自己思想养料的崇高愿望。这就说明他为什么躺在病床上时，几乎是生命奄奄一息时，还学习科学知识，还学习外国语。还要科学实验，还要把自己想到的工作方法告诉别人……伟大的革命事业，就是靠这无数的、为共产主义思想鼓舞而愿意做螺丝钉的人，用双肩支撑的。”

历史已经证明，这几位文学界著名人物的观点是非常正确的，具有远见卓识。

历史进入 20 世纪 80 年代，社会发生了深刻变革，人们的思想观念、价值取向已经发生了重大改变，《把一切献给党》是否还在当代青年中有影响力？换言之，这部小说的内容是否已经“过时”了？在《把一切献给党》出版几十年后，作者仍接连不断地收到若干读者的来信，信中所反映的内容深刻地说明了这部小说在当代青年的心灵中仍闪烁着璀璨的光芒，具有无穷无尽的魅力。吴运铎给予人们，尤其是青年人一种时代精神风尚，一种革命道德情操，指引和激励一代代中国青年奋进。这里，笔者择其一封来信便可窥见一斑了。

1983 年 12 月 28 日，一位河南石油勘探开发公司某厂青年寄给吴运铎的信中说：

吴爷爷：

您好！

我是一位普普通通的青年车工，今年只有19岁。在我小的时候，大概也只是上小学二年级吧，一天哥哥借来了您的自传《把一切献给党》，整整一个星期天，他躲在里间小屋里捧读入了迷，连吃饭都让我喊了好几回，我好奇极了！当晚做完作业待大人们都睡着之后，我便悄悄地借着窗外路灯洒进的亮光而啃读起来。虽然在四岁时我就跟着哥哥每天学10个字，从上一年级起就看了好几本小说，但您的竖版本繁体字自传就像一座陡峭的山峰把我这个羽毛未满的孩童给难住了……第二天我就去问叔叔阿姨。可以这么说，在我看过的小说中，就数您的自传在我头脑里刻印得最深！那时，我一遍又一遍爱不释手地读着……虽说当时我对许多事情都不甚理解，然而您献身于共产主义事业的精神，却深深地打动着我的心，无论是我以后在学习上、工作上或其他方面遇到困难波折，您置个人的一切而不顾，为中华民族的解放事业顽强战斗的一件件事迹却时时鞭策着我去战胜困难。

“顽强战斗，用创造性劳动克服困难！”这是您书中的一句话，自小我就把它铭记在心中……

特别是参加工作以后，把您当作自己的典范来学习，促使自己在工作和学习上取得了一点成绩。

吴爷爷：如今祖国的“四化”宏图已展现在我们的面前，各条战线、各行各业的人们都在为其实现而奋进着，未来是光辉灿烂的。但是，由于种种原因，现在社会上还存在着许多不利于“四化”的因素。就拿我们青年人来说吧，虽然学知识、学业务的风气在不少青年中起了很大的作用，但还是有相当一部分人碌碌无为、无所事事地虚度年华，他们的希求只是满足于吃喝玩乐，抱着和尚撞钟的想法，即使是那些求知学习的人，他们这样做的目的，也不见得都是为献身祖国建设，我看其中也有那么一部分人，他们这样做也只是为了得到比一般人更多的个人享受……

吴爷爷：处处从我的角度出发，私字当头，在社会上还大有人在。没有事业心，没有崇高的理想，没有献身精神，怎样来建设“四化”呢？看到这种庸俗昏然的麻木状态真叫人痛心啊！

毛泽东主席说过：“你们青年人朝气蓬勃，正在兴旺时期，好像早晨八九点钟的太阳。希望寄托在你们身上。”社会应该重视起对青年人的政治思想教育、传统和道德教育，使他们在精神上有所寄托，真正成为祖国希望的一代。

我由衷地盼望着在电影、电视等多方面能给予这一代青年以启示、引导，然而这两年这类电影、电视，实在是不多，精神污染却猖獗一时，致使一代青年受毒不浅……

我多次想到您，想到您所著的《把一切献给党》，我曾产生了这样的想法：您不光是我们50年代、60年代青年人的典范，也应该是这一代青年人学习的楷模。

我定下心来，想把您的《把一切献给党》编成剧本而公布于世，让更多的人，用您的事迹、精神去感染、激励、引导在奔进“四化”的人们和这一代“麻木者”的青年，以使他们献身于党、于国、于民……

这不光是我个人的心愿，同时也是千千万万个与我同心者的呼声!!

您的孙子　张海龙

这些年来，《把一切献给党》仅在工人出版社总印数就达520多万册。在全国印数达1100余万册。还有俄文、英文、法文、德文、日文、蒙文、乌克兰文、越南文、朝鲜语版等多种外文本。

吴运铎在1961年2月《把一切献给党》的德文版本扉页上写的寄语：

亲爱的民主德国青年同志们和朋友们：

在马克思列宁主义的旗帜下，巩固和发展中德友谊。让我们在建设社会主义的伟大事业中，携手前进。

这部书问世以来，在社会上传播之快，影响之大，效果之好，是有口皆碑的。该书虽是吴运铎传记，但它通过吴运铎的革命经历，再现了我国数以万计的军工战士自力更生、公而忘私的奉献精神和高尚的思想道德情操。它在20世纪五六十年代的中国产生了深刻的影响，振奋了民族精神，鼓舞和激励了广大青年的革命斗志，成为一部进行革命传统教育的优秀教材。就是因为这本书在社会上巨大的影响力，吴运铎的知名度高了，被推进了中国作家的摇篮。

1954年初，一个风和日丽的上午，吴运铎手持一封中国作协党组决定吸收他为中国作家协会会员的信，去中国作协所在地北京市东总布胡同22号找作协党组书记、兼《文艺报》主编冯雪峰同志。冯雪峰同志对这位工人出身的劳动模范，给予了十分热情的接待。

吴运铎诚恳地对冯雪峰同志说：“自己既没上过中学、大学，也没有受过文学创作的专门培训，文化水平很低，吸收为中国作家协会会员岂不让人耻笑，给中国作协抹黑吗……”雪峰同志听了他的陈述，亲切地说：“你能被吸收为中国作家协会会员，是作协党组根据你的作品的影响，经过严肃认真的讨论，作出的决定。我个人是无权改变这个决定的，你应该服从这个决定。”吴运铎恳切地和雪峰同志说：“我从来没想当作家。我怎么能当作家，我若是当了作家，全国的小学生都能当作家了……”冯雪峰同志凝视着他，微笑地说：“有的人整天想当作家，倒不一定能当上作家。你的《把一切献给党》写得很好，在群众中引起了很大的反响……”

吴运铎意识到再坚持自己的意见是不可能的。虽然51岁的冯雪峰穿着朴素，神态从容，没有官架子，说话很平和，但从他脸上的表情看，在这个问题上没有丝毫“研究”“考虑”的余地了，他不得不放弃个人的想法。

冯雪峰原名福春，笔名雪峰等，现代著名诗人、文艺理论家。1927 年加入共产党。1929 年参加筹备中国左翼作家联盟，后任“左联”党团书记。1933 年底到瑞金任中共中央党校副校长。中华人民共和国成立后，曾任人民文学出版社社长兼总编、《文艺报》主编、中国作协副主席、党组书记。

临别时，他向冯雪峰同志坦率地表示：“我实在是能力有限，写不出什么作品。以后，你们把我这个会员就当作是作协的小学生吧。作协召开什么报告会、文学作品欣赏会、研讨会，通知我一声，我来学习就行了。”

1954 年，吴运铎由一个劳动模范被选为武汉市 15 位人民代表中的一名代表，成为第一届全国人民代表大会的代表。在别人的眼里，党组织要求知识分子做到“又红又专”，他已经不折不扣地做到了。论年龄，他尚未进入不惑之年；论工作，他事业有成，如日中天。但他生怕被骄傲自满这个敌人俘虏，怕自己停滞不前，每天晚上躺在枕头上的时候，总要提醒自己：吴运铎，共产党员的眼睛，是要往前看、往远看的，就是人们常说的高瞻远瞩，绝对不能只看到自己，往后看，看鼻子底下的一块地方，鼠目寸光。共产党员要经得起鲜花和掌声，荣誉

1954 年，吴运铎当选武汉市人民代表。上图是中央美术学院著名画家艾中信为英雄模范人物吴运铎画的素描。

和奖赏，同样也要经受住铺满荆棘的道路上的严峻考验，怀疑、訾毁、打击、罢官，乃至子虚乌有的罪名……吴运铎永远铭记：勇敢顽强，一身正气，无私无畏，热爱劳动，勤奋读书，报效祖国，忠于党和人民，是太阳底下最圣洁的品质。

中苏人民的情谊

《把一切献给党》风靡全国。有谁会料到，它很快就被译成俄文、蒙文等，传到一些社会主义国家。一天，全国总工会通知吴运铎："后天，苏联作家协会副主席卡热尼科夫和夫人去访问你。"吴运铎说："家里条件不行，两间房子住人，连个客厅都没有。"当时他想这不是个人的事，从某种意义上说，自己是代表国家的。于是，他和陆平商量后，决定把一个房间里的东西全塞到另一个房间，不让三个孩子从学校和幼儿园回家，借用公家一套沙发……屋里布置完后，吴运铎诙谐地一笑，说："贵客来了，只好临时抱佛脚了。"

客人按约定时间在翻译陪同下来了。他们进屋后，十分好奇，问这问那，颇有兴致地聊起来。客人很佩服吴运铎渊博的知识和对中国历史的了解。他们谈得相当愉快。

午饭时，主人用火锅款待客人，并以酒助兴。一直到下午3点才结束这次中苏作家难忘的文化交流活动。

几个小时交谈，苏联作家得出结论：中国革命只有在共产党的领导下，才能培养出来这样英勇的战士，才能造就吴运铎这样的英雄。

1955年5月，组织上通知吴运铎马上出国。由他任中国赴苏100余名实习人员的负责人，去新西伯利亚城高射炮厂学习。

西伯利亚山川秀美，草木葳蕤，花香怡人，风景美丽如画；

人民淳朴、达观、敦厚。吴运铎深深地爱上了那块富饶的土地。西伯利亚人民是热情的、好客的，他们一直生活在友谊和关怀之中。

一个夏日的星期天，吴运铎复习完功课，实习生老赵叫他出去散步。他们沿着河岸向西走去，一边谈笑，一边欣赏自然风景，不知不觉走进一个农村。村边有一座小花园，花园里有一种花特别鲜艳，红色、白色和紫色，都是他们平常没有见过的。吴运铎和老赵舍不得走，坐在一个木栏上，观赏花卉。

他们正在谈着，篱笆门开了，走出来一位须眉皆白的老大爷。这时虽然是夏天，在西伯利亚的傍晚，风仍然很硬。老大爷披着一件棉袄，一步一步朝他们走来，并向他们打招呼，示意要他们到花园里玩。他们说时间不早了，要回去了。老大爷说啥也不让他们走，一定要拉他们进去看看。他的老伴跑过来硬把他们拉进家里。

大家像老朋友一样地谈起来了。从花园里的花谈到蔬菜，老大娘说："中国人会种菜是有名的，怎么才能把番茄种得更好呢？你们介绍点经验吧！"

西伯利亚的夏季很短，番茄长得不大，吴运铎就告诉他们，要多施肥料，最好放些豆饼，番茄不怕肥。还要修枝、剪枝，剪去不必要的花朵。老大娘高兴极了，要留他们吃饭……

正说着，老大娘的大女儿娜塔莎回来了，她更不许他俩走。她问他俩是学习什么的，他俩说："学机械的。"她说："那好极了，我和你们是同行。"原来她也是学机械的。她把他俩引到另外一间房子。他俩看见一条长桌铺上了白桌布，桌上摆着几瓶花，还有酒和精致的酒杯。他俩立刻明白了，盛情无法推辞，只好接受一家人的款待了。

在这个时刻，娜塔莎的妈妈从地窖中把香肠、火腿、奶油都拿出来了，桌上摆得满满登登的。一个普通的西伯利亚农家竟然是这样富裕！大伙围在桌旁，不停地吃着，不断地干杯，主人说：“你们是毛泽东派来的客人，我们还要为毛泽东干杯！”

吃过饭，他俩又参观了这个家。娜塔莎的房间里有一架钢琴，书架上放了很多书。好像是一个大学教授的房间，怎么也想不到这竟是西伯利亚的农舍。告别时，三个主人挽着他们两个人的手，一直把他俩送回工厂。

这篇题为《好客的西伯利亚人——留苏回忆之一》原载《工人日报》（1957 年 11 月 21 日）上，是吴运铎回国十个月后写的。该文描述的景致美不胜收，人物真切，故事情节生动感人，让读者感受到战后苏联西伯利亚人民生活安宁、富足、温馨、惬意，犹如一幅迷人的美艳画卷，令人歆羡。

然而，2018 年 11 月出版的《吴运铎画传》，编者采访年愈八旬的傅安生老人，他说吴运铎所述的这个故事，是他俩结伴一起经历的。言下之意，并非是与“中国实习生老赵”。这是真的吗？

笔者一直认为，吴运铎有超强的记忆力，四五十年前的事，能讲得条理井然，点点滴滴都记得住，何况这短文里写的是几个月前亲历的事？该书的编者还从傅安生那里得到更多的资料：

“在赴苏学习之前，工厂（四四七厂）还举办了俄语培训班，不满 20 岁的傅安生与其他同志一起教这批技术和专业人员学习。”“吴运铎俄语水平基本过关，但他仍参加培训班。”“赴苏人员 107 人，分三批前往，吴运铎是 1955 年 5 月去的。这批是生产管理干部；第二批是技术工人，于12月前往；第三批为专业技术人员，于1956年底前往。”“吴运铎是100多人的学习集体负责人，还要负责协调内外关系……汇报中国赴苏学习人员的学习、生活情况。”“半年的时间，他可以用俄语满足基本学习与交流。”“每个学员生活费是600卢布，在伙食上没有问题。”“为了节约抽烟的费用，他做了个简易的水烟袋。”“冬天他和年轻人一起滑冰……”

综上所述，笔者摘录傅安生提供的材料晒给读者，其目的证实傅老是吴运铎手下的学员兼翻译，无可置疑。至于吴运铎文中写的“学员老赵”是否有误，暂作阙疑。

吴运铎在工厂里实习的时候，碰到星期天，总要被苏联工人邀请到家里做客。每个家庭里都预备许多好吃的东西，还开舞会，把请中国客人到家里当成相当光彩的事。吴运铎的星期天多数被事先安排了。这个星期天到伊凡家里，下个星期天到阿寥沙的家里……

七车间有个工人叫瓦洛加，一直想邀吴运铎到他家里去玩，也没有如愿。当吴运铎要离开西伯利亚的那天晚上，瓦洛加来送行了。七车间是运输车间，因为平常运材料，瓦洛加和车站有联系，吴运铎这次由西伯利亚到乌拉尔去的火车票，就是瓦洛加去买的。当工厂的教育科科长送吴运铎上车站的时候，瓦洛加也来了。他们到了车站以后，觉得天气太冷，教育科科长带他们到车站的食堂里喝了一点酒，暖和暖和身体。再看看表，才11点20多分，离上火车时间还有半个多小时，瓦洛加便趁此机会邀吴运铎到他家里去坐一坐。

“怎么来得及呢，只有谢谢你的盛情了！”吴运铎说。

瓦洛加说，他家离车站只有几里路，汽车一会儿就到，非要吴运铎去不可。教育科科长卡扎林诺夫做事很谨慎，怕误了车，也不同意到瓦洛加家里去。

瓦洛加是一个热情的青年，吴运铎到西伯利亚的第一天，就和他认识了。瓦洛加平常喜欢开玩笑，看见吴运铎老是问："你寂寞吧？"吴运铎说："不。"他说："不相信。老婆没来信吗？"吴运铎虽然没有很多时间和他接近，但是喜欢这个小伙子。现在，还有半个小时就要离开西伯利亚了，吴运铎觉得到他家去看看还是应该的，立刻打断了瓦洛加和教育科科长的争论，赞成到瓦洛加的家里去。

汽车开到他家的时候，家里人已经睡觉了。瓦洛加推开篱笆门，扭亮电灯，带他们穿过花园。这时候，瓦洛加的爱人披着睡衣走出来。她看见中国客人来了，又惊又喜，慌张得不知怎样才好。他们家里从来没有来过中国人，他们村庄也从未来过中国人，现在中国人来了，老大爷、老太太也相扶携出来迎客。

瓦洛加的父亲原来是机械工人，年老退休，享受劳保待遇，在家里种种菜。他非常欢迎中国客人，但又不善于应酬，搓着手，蓝色的眼睛里放着慈祥而热情的光芒。瓦洛加的爱人忙极了，既要准备招待客人的食品，又想参与谈话，两头忙个不停，直埋怨瓦洛加，说："为什么不打个电话来？"瓦洛加说："哪有时间打电话呀。"瓦洛加带客人参观了他们的家。屋子里有地毯、电视机、沙发、钢丝床，非常富裕。吴运铎不停地看着表，但瓦洛加不慌不忙，还要留他吃饭。离火车开车的时间还有一刻钟了，哪里有时间吃饭呢？争执还是由瓦洛加的妻子提出的折中办法解决了：吃茶。他们的大女儿捧出了鸡蛋糕。瓦洛加的爱人在吴运铎的茶里加了糖。瓦洛加拿着香槟酒要开盖，吴运铎把酒瓶夺下来，才没有开……

岁月如流，至今已过去 60 多年了。那时还不到 40 岁的吴运铎，如今已离开人世 30 年了，如果吴运铎还活着，我想，瓦洛加的影子在他的脑海里还会是那样真真切切的。吴运铎在瓦洛加的家虽待了不足半小时，但那是一个温馨的、幸福的 30 分钟，是永恒留在他美好记忆中的 30 分钟。

苏哈尔利可夫同志

在苏联宪法节 19 周年这一天，工厂举行隆重的庆祝大会。厂里热情地约定全体中国实习生参加。吴运铎还接受工厂党委会的邀请，参加了大会的主席团。

在主席团的成员中，吴运铎认识了一位胸前戴着耀眼的斯大林金质奖章的苏哈尔利可夫同志，后来成了好朋友。

一天傍晚，他到吴运铎住处。吴运铎也渴望向他学到更多的东西。吴运铎请他谈一谈自己的事迹，他很谦虚，在吴运铎一再要求下，他才讲了自己的过去：

吴运铎同志和苏哈尔利可夫同志在一起合影。

我父亲是古比雪夫机车厂的车工。在童年的时候，我每天观望着飞奔的火车和巨大的厂房，这些都有力地吸引着我，从那时候起，我就立志要做一个像父亲一样的车工。

我的理想很快实现了。1928 年我进了古比雪夫工厂，被分配在机车厂职业训练班学习车工，到 1930 年，我毕业以后被评为五级车工，就正式参加了生产。由于党的教导和同志们的帮助，我加入了共青团，并且继续提高了技术，后来升任了副工长，并且成为斯达哈诺夫工作者。

1941 年开始了卫国战争。为了工作需要，我被调到伏罗希洛夫机械制造厂担任车工。在那些使人激动的日子里……我总觉得车床的主轴转得太慢，所以我不停地增高主轴的转速。哪知这样车刀很容易烧红损坏，于是我又从改进刀口的角度和硬度来着手，终于战胜了困难，把产量提高了 25%。

那时候，我们工段里只有一部起重机……活干完了工人只得闲着等起重机来下活……我用肩膀代替起重机扛起了那巨大的工作物，在辅助工人帮助下，从此上活下活我全用肩膀来干。

吴运铎听了这些事很受感动。接着，苏哈尔利可夫又谈到车间里的同志如何在一起研究工作，他从其他同志那儿学到许多先进经验的事。并回忆起卫国战争胜利后，他已经成为光荣的共产党员了，上级又把最困难的新任务交给他。他说：“当时我们车间的机床都不适合制造大机件，而且卡具、量具也都没有。但是集体的智慧使我们战胜了困难。我和同志们拟定了新的加工方案，设计了新的卡具、量具，并且在工作中不断地改进工具和操作方法。这样，我们终于胜利地完成了新产品的试制工作。在工作中，我把自己的机床重新改进，使它适合试制新产品，而且还改进了刀具，使生产率不仅提高到 300%，使加工精度达到了 4/1000。”

吴运铎又问他是怎样获得这些成就的？苏哈尔利可夫微笑

着说："首先是党对我的不断教导，是党给了我知识和力量，是党给了我做好工作的一切条件，还有就是同志们对我的帮助和对劳动的热爱……我感到顽强地学习，不知疲倦地占有知识，对帮助我们更好地进行劳动是起决定性作用的，只有把劳动和知识结合起来，才能劳动得更好。"

苏哈尔利可夫同志所谈的一切，深刻地留在吴运铎的记忆里，使他受到了教育和鼓舞。

给总司令当译员

笔者在采访吴运铎时，曾请他谈一谈在苏联学习期间，有什么故事没有？他亦庄亦谐地反问我："你听到什么故事了？""听人说，你给朱老总当过俄文口头翻译？"他粲然一笑，随后问："你是怎么知道的？"没等我回答，他便侃侃而谈：

那是1956年秋天，是我在苏联学习整整一年的时间。我们快要期末复习考试的时候，一天，厂长对我说，朱总司令要来咱厂参观，请你给当翻译。我听了又惊讶，又高兴，愉快地应允了这个美差。因为，这个工作可以离朱老总更近一些，能够第一时间聆听总司令的教诲。

快到中午了，工厂里开进来几辆"伏尔加"轿车，我陪厂领导已等候多时了。当朱老总从车上一下来，他那熟悉的身影，慈祥可亲的面孔，我一眼就认出来了，便疾步上前去问候，并且把厂里有关领导同志向总司令作了一一介绍。

朱老总参观了厂里各生产车间，我紧跟在老总和厂领导身后。朱老总对生产的各个流程看得很细心，不时地问一些武器的性能……

中午，厂里备下了丰盛的午餐，有鱼、鸡、肉、蛋，还有中国罐装的酸黄瓜及水果等。这顿饭，如果在中国也就是中上水平，够不上招待外宾的标准。但在当时的苏联西伯利亚，也是尽最大努力了。席间，大家在一起边吃边谈很快活。

1956年秋，朱德总司令（前左二）访问苏联时参观军工厂。

国庆10周年阅兵式上，四四七厂生产的32门100毫米高射炮通过天安门，接受毛主席等党和国家领导人的检阅。

吴运铎说，这次与朱老总见面，他还简明扼要地汇报了实习生的学习和生活情况。朱老总高兴地鼓励实习生说：“我们不需要战争，但美蒋反动派还不死心，叫嚣反攻大陆，所以我们必须从思想和物质上有所准备。你们学成后回国，就是做这种准备的。”听了总司令“命令”，吴运铎联想到毛泽东主席也多次告诫全党：我们不要霸占别人一寸土地，别人也休想夺走我们的一寸土地。作为中国兵器专家吴运铎暗下决心，要在有限的时间里，加倍学好本领，回国后，以最快的速度，高质量、有创造性地完成高炮武器生产重任，尽快装备部队，捍卫祖国神圣的领土。

1955 年、1956 年，吴运铎一行先去西伯利亚的克拉斯诺亚尔斯克实习，而后又转到乌拉尔工业区斯维尔德洛夫斯克实习了一段时间。学习完毕后，我国驻苏大使馆要他去汇报带领中国留苏实习生的学习情况，同时，苏联国防部对外司也要他去作一次在苏联学习的汇报。这样，他又去了莫斯科，并专程去看望了达雅同志。达雅热情地祝贺吴运铎在苏联学习获得成功。

吴运铎在苏联学习两年时间，完成了对自动跟踪火炮的学习和考察。每天上午跟着总工程师学习火炮理论，下午去工厂实习，同时又学习机械制造和无线电两门课程。因为过去他对无线电系统知识一无所知，这次他主要是学习无线电专业知识，了解各种元件的性能，应该注意的问题……他从实践中学到了苏联先进的科技和广大科技人员的优秀品质。

1957 年初，吴运铎从苏联回到了祖国这块炽热的土地，倍感温馨、惬意。啊，这是多么亮丽的人生呀！他依然同广大工程科技人员发扬踔厉，战斗在黄沙飞扬、朔风狂啸的沙石地上。

他坚守岗位，日夜操劳，履行着四四七厂（今北方重工集团）副厂长、总工程师职责，主持完成了 100 毫米高射炮的研制、定型，为该炮早日生产装备部队使用作出了突出贡献。与此同时，他给工厂培养出一批科技人才、管理人才，增强了工厂的实力，为绘制中国重型兵器立足包头的美好蓝图奠定了坚实基础。

与命运抗争

吴运铎从苏联学习归来的信息不胫而走。他的心就像一团火，又重新点燃了青年人的激情。离别快两年了，追寻他的足迹，学习他的拼搏精神并未冷却、降温。特别是他当选共青团中央委员之后，把他视为年轻人奋斗的标杆，学习他的热浪居高不下，请他作报告的学校、工厂、机关有增无减。

202 所退休工人王岩波是这样口述的：

我是一个普通工人，对吴老的了解是通过生活中的一点一滴体验到的。事情虽小，却衬托出了他那高大的形象。我每次到北京看望吴老时，他总爱给我讲些生活中遇到的趣事。

1957 年 5 月，吴老当选第三届共青团中央委员，不少大学常请他去作报告。有一次，他在某高校作报告时，一位女学生对吴老说，她在生活中遇到了很多挫折，失去了生活的信心，并有自杀的念头。吴老就利用短暂的会议休息时间跟她谈心……

吴老在接下来的报告中，针对青年中类似的现象讲了他童年时代如何与苦难抗争，与命运抗争，争得生活的权利和机会；讲了他青年时代如何与资本家抗争，与反动派抗争，争取生存的权利；讲了他参加革命后三次身负重伤，与伤痛抗争，与病魔抗争，与死亡抗争，争取活下来为革命多做贡献的机会。

同时，吴老还重点讲述无私、无畏的革命战士——保尔·柯察金，以“勇敢、相信自己的力量，并在任何情况下也不怕困难的精神，四次面临死亡考验，在全身瘫痪的情况下，与病魔和死神作斗争，顽强生活下去的故事。以保尔的名言“人的一生应当这样度过：当回忆往事的时候，他不会因为虚度年华而悔恨，也不会因为碌碌无为而羞愧”来鼓励在场的青年，激励他们要把祖国的利益放在第一位，要抱着对国家、对家人负责任的态度，做生活的强者，不做生活的懦夫；面对挫折要敢于斗争，敢于胜利，而不是退缩或当逃兵。

听了吴运铎的报告，那位女同学激动地对吴老说：比起您和保尔来，我感到生活在今天太幸运了，想到自己遇到挫折就产生自杀的念头，又觉得自己太渺小了。没有饥饿，没有战争，没有伤痛，没有病魔和死神的威胁，我没有任何理由失去生活的信心。

像这名女大学生事例，吴运铎已经碰到过多次了，他总是推心置腹地、以切身经历帮助人回心转意，重新扬起自信、自强、远大革命理想的风帆。

“我还是过去那个老三”

1957 年 7 月下旬，吴运铎应湖南省委邀请，在给驻湘部队和省机关作报告期间，回到阔别多年的江南厂，看望想念的母亲、大哥和 20 年未见面的妹妹吴淑敏及其一家人。

临近中午，吴运铎从一辆小轿车上下来，快步走到早已等候他的母亲跟前，叫了声“妈妈”就哽咽起来。妈妈抱住他说："老三，儿啊，你可回来了！"说着便失声痛哭不止。随后和大哥、妹妹四人紧紧抱在一起不停地哭……千言万语，万语千言，不知从何说起。吴运铎内心涌动着愧疚，深感自己亏欠母亲和家人的太多，太多。

在吴运铎回来的几天里，被厂里安排住在招待所的专家楼，每天吃饭时，由妹妹的两个小儿子周宪、周律跑过去叫他，回来和母亲、大哥、妹妹一起进餐。

接连几天，吴运铎没有在家待多少时间，要么每天与厂领导同志谈工作，要么头顶烈日，风尘仆仆地去工厂的机加区、火工区、总装车间、试验厂、库房等察看。他兴致勃勃地详细观看主要产品的生产流程，不时询问产品加工工艺、技术特点，并与工人热情地打招呼、握手，亲切交谈……

忙了一天，他回家吃饭时，高兴地对家人说："工厂搞得不错，生产上规模、上水平了。家属区、医院、学校、生活设施都有了，比我想象的要好、要快，像个大军工企业的样子！"他为短短几年里，在祖国大地矗立一个崭新的大型国防骨干企业，感到无比高兴和自豪。

在吴运铎的心目中。同志情、战友情的地位特别重要。曾经与他同生死共患难的战友、同事，他始终念念不忘。尤其是和他一起下矿井、钻煤窑，同甘共苦的师兄弟。来厂以后，他挨个打听，抽空就登门看望。许多当年的同事都说："吴厂长，你当了这么大的官，还没有忘记我们。"吴运铎放声大笑，说："什么官不官的，我还是过去那个老三，不听话，我照样还要打你们的屁股。"一句玩笑话，瞬间拉近了他和大家的距离，笑得何等开心。

吴运铎不厌其烦地问了大家的工作、生活、家里的情况，共同回忆过去生活的艰难，开怀畅谈兄弟般的友情，互诉衷肠，并勉励大家“努力工作、学习，听毛主席的话，跟共产党走，永远不要忘本……”

吴运铎在要离开工厂的时候，应厂党委之邀与全体职工见见面，作个报告。当吴运铎走上讲坛时，全厂爆发出经久不息的掌声。吴运铎首先向全厂职工、家属问好。接下来，介绍了当前国际国内形势。然后，从自己亲身经历的那些惊心动魄的斗争故事讲起，论证了人民兵工厂从无到有、从小到大、从弱变强的战斗历程，要大家珍惜今天来之不易的幸福生活。报告中还着重讲了他这次回厂的印象和感想，高度评价了工厂生产、建设取得的成果。回顾建厂初期，从株洲搬迁过来，在那样极端困难的条件下，发扬了老兵工的光荣传统，白手起家，自力更生，克服了重重困难，没有停止过生产，将武器弹药源源不断地输送到朝鲜战场，为抗美援朝战争的胜利作出了巨大的贡献。同时，生产不忘发展，几年工夫，硬是从荒山野岭中为国家奉献了这么好的国防企业。他郑重地说：“一边生产，一边建设是一个创举，是你们工厂创造出的一个奇迹。同志们辛苦了，感谢全厂职工、家属为此作出的努力和贡献。”他向全厂职工、家属深深地鞠了一躬。此时此刻，在场的职工、家属心潮起伏，激动的情绪再也抑制不住了，迸发出长达几分钟的掌声、口号声……

吴运铎喝了一口水，继续说：“创业艰难，守业更难”，勉励全厂职工“发扬工人阶级当家作主的精神，再接再厉，为国防军事工业作出更大贡献”。

报告持续近三个小时，讲得生动、风趣，具有强烈的感染力和号召力，使全厂职工受到了一次生动的革命传统和革命理想教育，直到今天，有些老一辈职工谈起当时的情景，仍激奋不已。

吴运铎的足迹留在江南厂这片挚爱的土地；他那高昂的声音，激起江南人心海里的波涛奔腾不息。

第十五章　第二机械工业部第一研究所成立

20 世纪 50 年代，新生的共和国百废待兴、百业待举，面临着严峻的国内国际环境。西方敌对势力对我国实施政治颠覆、经济封锁和军事包围，特别是倚仗手中的核武器进行肆无忌惮的威胁和讹诈。为打破核垄断，使刚刚站立起来的中国人民不再受帝国主义的欺凌，党中央决心创建中国的战略核力量，于 1956 年做出了重点发展以导弹、原子弹为尖端武器的历史性决策。当年 4 月，毛泽东同志在政治局扩大会议上说："我们现在已经比过去强，以后还要比现在强，不但要有更多的飞机和大炮，而且还要有原子弹。在今天的世界上，我们要不受人家欺负，就不能没有这个东西。"从 1957 年起，逐步组建了战略导弹的科研、训练、教学机构。

这是国家的重大战略部署，关系到中央、国务院各部委的工作方向、步骤以及如何去贯彻落实。1957 年 6 月 1 日，在北京西山冷泉成立了第二机械工业部第一研究所。同年 10 月，研究所搬到北京市海淀区车道沟原北京工业学院（今北京理工大学）旧址。

1957 年 12 月 24 日，两枚苏制 P-2 型导弹和一个导弹营的主要技术装备 45 件运抵我国。P-2 导弹是苏联第一代产品（我方称为 P-1），是苏军退役的装备，供我们教学用。我们科研人

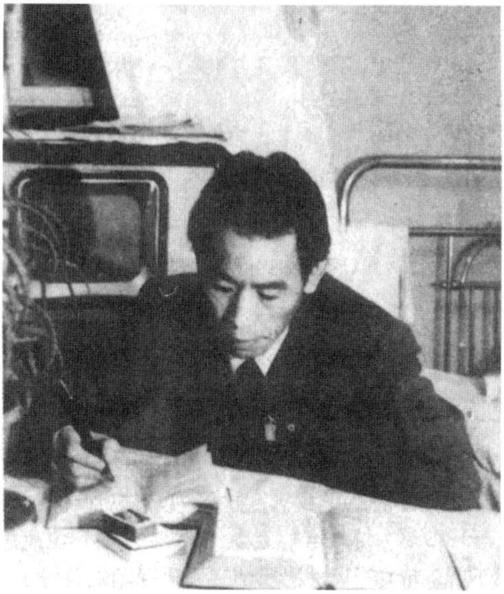

20 世纪 50 年代，吴运铎任二机部第一研究所所长时的工作照。

员可通过仿制，“爬楼梯”，大练兵，向独立设计发展。

对此，钱学森跟学员们说：“P-2 导弹是苏联第一代产品，谈不上先进，是苏军退役的装备，是供我们教学用的，但是对于我们来说，毕竟有了教学实物，可少走弯路，我在美国就没看到这样的实物，要好好学!”

1958 年 2 月，第二机械工业部第一研究所划归第一机械工业部，3 月，吴运铎被任命为第一机械工业部第一研究所所长。

第一研究所首任所长

吴运铎首任所长期间，“一所”承担常规武器火炮和导弹地面设备两大专业研制任务。吴运铎对中央发展导弹装备的决定非常高兴，坚决拥护“决定”的方针。我们从 15 所原所长傅正煊的回忆文章中可证实：“吴运铎在老所（15 所的前身）中国火箭技术研究院担任所长的时候，我是研究室副主任。在一次中干会上，吴运铎传达了中央决定发展导弹装备的精神，他难耐激动之情，带头吟诗一首。当时大家也非常兴奋，每个人都作了一首诗，可惜现在想不起来那些诗句了。”此后，吴运铎一头扎进贯彻落实中央这一“决定”中。他组织筹建导弹地面设备研究室，即将开始起步。

1958 年 5 月，上级向“一所”下达地面设备的研制任务，苏联提供的地面设备产品图纸资料到达“一所”的同时，样机也一并到达。那时候，“一所”除了一座大楼外，其余全是平房。

仿制 P-2 导弹（中国型号为 1059 导弹，后改称东风一号）是一项庞大的系统工程，参加仿制工作的单位达 1400 多家。第一研究所接到上级下达的地面设备的研制任务。为了解决导弹地面设备发射架的样机存放，必须盖一座 20 多米高的专用库房。吴运铎忍着病痛，带领职工，因陋就简，动手建起临时库房，以解决存放之急。

在修建库房的工地上，每天都可以看到他的身影。夜里加班，他没有一次不到现场。他以身作则，不论脏活、苦活，总是扑下身子和大家一起干。给工地搬水泥，别人用两只手，而他用仅有的一只手，一趟一趟地抬，一点不比别人少干。运送钢材，别人用两只手拽着钢筋行走，而他只好把钢筋夹在胳肢窝里，一步一步艰难地拖着走。每次干完活，他不是一身灰、一身汗，就是浑身铁锈斑斑。

据 15 所原副总经济师程绍钦描述：“1958 年我到老“一所”工作的时候，刚从学校毕业不久，还是一名 24 岁的年轻人。当得知吴运铎是我们所长时，我非常兴奋。不久，这个‘中国保尔’就让我看到了他的精神风貌。当时所里正在自力更生建一座

东风一号，地地导弹发射台。

20 多米高的临时库房，打地基的活都是所里职工自己承担。吴运铎是个一只手已经残疾的人，这么重的体力劳动，他仍和大家一样夜以继日地干，用唯一的一只胳膊拿起石锤夯地。在他的带领下，大库房很快就拔地而起了。”

“库房盖成了，在远近平房的衬托下，更显得高大、特殊。大家上下班的时候，走进‘一所’院里看见这座呈‘凸’字形的高大房子，吴运铎拖着病残身子和大家一起干活的情景立刻浮现在人们的脑海里。”

在吴运铎抢时间，自力更生，艰苦奋斗，想尽一切办法解决技术难关的思想指导下，他们仿制 P-2 导弹的工作进展比较快。“东风一号”导弹地面设备的起竖架，采取了“土办法”，依据建筑工地卷扬机的原理，同科技人员一起研制成中国式的起竖设备，把 20 多吨重的“东风一号”导弹竖立起来。而当时苏联已经用先进的起竖液压设备了，我们却不具备这种技术，只能如此替代。“东风一号”地面设备加注车往导弹发动机里加注推进剂，也是吴运铎和科研人员经过多次验证，仿制苏联 P-2 型导弹试制成功的。还有仿制苏联导弹地面设备跟踪仪器等。

“一所”在短短几年里，成功地研制了“东风一号”“东风二号”“红旗一号”导弹地面设备，为我国“两弹一星”事业作出了自己的贡献。

1965 年，由“一所”的 449 人和七机部一院一部的 36 人组成七机部一院地面设备设计所，现为北京航天发射技术研究所。

在改革开放的新时期，北京航天发射技术研究所在原“一所”的基础上，有了突飞猛进的发展，已成为我国航天发射技术专业研究所，承担航天发射支持系统的研制任务。

吴运铎带领科技人员为研制中国导弹地面设备倾注了大量心血，使中国导弹地面设备由仿制走上了自行设计的道路。这里，我想引用中国运载火箭技术研究院主办的《神箭文化》杂志刊登的鲜为人知的两段文字：

“让无数航天人铭记的，吴运铎还是北京航天发射技术研究所的首任所长、中国航天发射技术的奠基人之一。”

“吴运铎带领老一辈航天人奠定了北京航天发射技术研究所的事业之基，他是航天事业的先行者，是后来人的楷模，是航天人学习的榜样。”

二〇二研究所首任所长

二〇二所的前身是二机部第一研究所。1966 年“一所”迁往包头，1969 年又迁建于现址陕西省咸阳市，全称为中国兵器工业集团第二〇二研究所。

吴运铎担任所长期间（1958 年 3 月至 1961 年 10 月），肩负研制常规武器火炮的重任。他在这方面提出了许多真知灼见和鲜为人知的治所理念。他宣称武器装备的研制论证要有“梯次配备系列”；要搞好厂、所、院校“三结合”；要急部队所急，想战士所想，武器尤其是轻武器，要尽量减轻重量，不是“斤斤计较”，而是要“两两计较”；第一线作战武器既要有灵活性，还要有足够威力摧毁敌人的目标，等等。

他在任时，主持研制成功 63 式履带装甲战车，填补了我军装备的一项空白；52 式 75 毫米无坐力炮、65 式 82 毫米无坐力炮、无闩无坐力炮、高射炮、迫击炮、轻武器等。他还把苏联单管 37 毫米高射炮改成双管高射炮，使火力和精度提高了一倍，被战士们誉为“铁扫帚”。他经常亲自动手，潜心钻研，进行设计，制作结构模型。在外场试验中，经常与科研人员吃住在一起，忘我工作。因此，许多兵工关键技术有了重大突破。

他重视科研能力建设。根据国家要求，结合研究所的实际，调整研究室设置，提高了科研攻关能力。他注重科研条件建设。在十分困难的情况下，他带领职工“自己动手，土洋结合”，建成了一批实验室，为科研工作创造了必要条件。

吴运铎任二〇二所所长时间虽然不长，但他奠定了二〇二所科研和文化基础，受到了全所职工敬仰和爱戴。50 多年来，全所干部职工以老所长为榜样，艰苦创业，不惧艰险，攻克难

65 式双管高射炮

关，为我国兵工技术发展和我军装备建设作出了重大贡献。吴运铎精神在这里落地生根，成了二〇二所的文化之基、力量之源。

吴运铎所长调离二〇二所后，曾担任国防科委第 20 院副院长、副总工程师。不久，该院改名为五机部兵器科学研究院，吴运铎任副院长、副总工程师，仍主管二〇二所科研。二〇二所前后三易所址，不论是在塞北包头，还是在大西北的古城咸阳，他都曾亲自到所看望大家，关心所的建设和发展。

吴运铎已成为二〇二所和兵工事业的一个代表性符号。二〇二所先后被省、市挂牌命名为国防教育基地、爱国主义教育基地、科普教育基地，并被国防科技工业军工文化建设协调小组评为首批国防科技工业军工文化教育基地。

63式履带装甲战车

鼓励并强化研制常规武器

无坐力炮是我军常规装备研制中较早的一种。抗美援朝期间，改进设计的52式57毫米无坐力炮和52式75毫米无坐力炮都曾发挥过积极的作用；改型设计的56式75毫米无坐力炮，机动性能有了较大的改善。在吴运铎的指导下，全系统自行研制的65式82毫米无坐力炮，已大量装备到步兵连，不仅是我军反坦克武器的主要组成部分，也是从测绘仿制、改进设计到自行研制的一种炮种；75式105毫米无坐力炮的装备，不仅增强了我军的反坦克威力，而且初步完成了无坐力炮的装备系列。这20多年，无坐力炮的发展艰难历程，其中就包含着吴运铎所长的科研指导思想和掌握较全面的火炮科学技术知识及对"一所"广大科研人员的关怀。

据该所一室主任朱道佺说：1958年夏秋之交，第一研究所成立不久，科研人员在多、快、好、省地建设社会主义总路线的鼓舞下，提出了研制“轻型75毫米无坐力炮”的设想，吴所长及时地给予了肯定，指示我们：无坐力炮经历了测绘仿制、改进、改型设计阶段，培养了技术力量，积累了一定的经验，要加快自行研制的进程。但吴运铎经常深入研制组和技术人员一起研究设计方案，讨论技术问题，针对坦克的装甲防护能力不断增强，75毫米无坐力炮受口径限制，难以击穿新型坦克的装甲。于是，在1961年技术人员提出了要自行研制“轻型82毫米无坐力炮”。吴运铎经过考虑，认为是可行的，并鼓励科研人员要大胆设想，精心设计，及早地进行试验。

朱道佺同志又回顾了吴运铎关心科研、大专院校与工厂的“三结合”工作和重点科研项目的论证。他说：1958年秋，科研院所、大专院校、工厂在两个“三结合”的指导思想下，掀起了“大协作”之风。我们所承担的几项重点项目中有“连、营、团属无坐力炮论证”，哈军工、北京工业学院（现在的北京理工大学）、轻武器所及有关工厂的科研人员20余人云集我

65式82毫米无坐力炮

们所，开展论证、试验工作。

吴所长及时地教导我们，要搞好大协作，首先要搞好团结，这样才能齐心协力，才能早出成果；所、校、厂各有特长，要取长补短，要结合我军的实际情况，才能设计出符合我军实际的武器。这次论证，要有梯次配备的设想，要形成自己的系列，完成无坐力炮的梯次装备。吴所长的大协作和形成系列的思想，指导了我们以后的科研工作进程。为了顺利完成科研任务，吸取各地的经验，他经常下到基层单位参观学习，如沈阳、西安等地。

朱道佺同志说，在设计无坐力炮时，吴所长经常反复强调：无坐力炮要发挥炮轻、威力大的特点。在设计“轻 75”时，吴所长明确指出突出一个“轻”字很重要。在“连、营、团属无

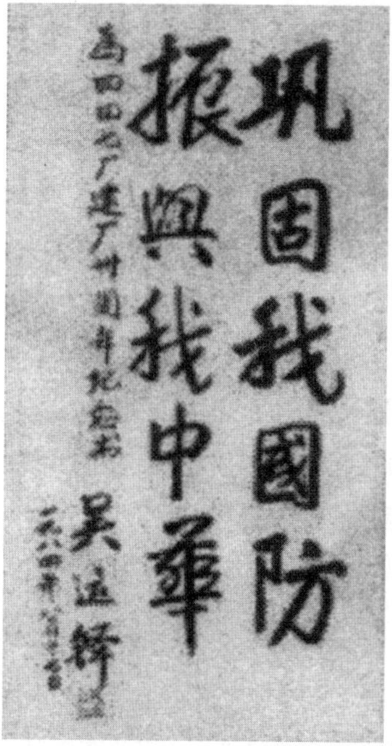

1984 年，吴运铎为四四七厂建厂 30 周年题词。

坐力炮论证”中，吴所长再次强调要减轻炮重，提高威力，指示我们论证时要针对步兵武器的特点，随时想到减轻战士的负担，“斤斤计较”还不够，必须“两两计较”；作为第一线作战的武器，只有灵活机动还不够，还要有足够的威力，能有效地摧毁敌人的目标，才能有效地保存自己。

1959年，当一室部分留所同志研制“无闩无坐力炮”时，吴所长非常支持，认为这是减轻炮重的一种新途径，有时还亲自参加“无闩无坐力炮”的试验。

朱道佺同志与吴运铎经常在一起，相当了解顶头上司，他说：吴运铎不仅指挥科研，鼓励大家大搞科研，而且亲自投身到科研工作中。在试验无坐力炮过程中，因有大量尾喷物质，在密闭小空间内射击是不行的。为了能满足工事内和城防作战的需要，吴所长提出试验“弯管炮”，让无坐力炮的尾部稍朝上弯曲，使尾喷物质不致伤害人与物，以达到能在密闭小空间和工事内射击。他亲自进行结构设计，潜心钻研。为了排除其他工作的干扰，他索性搬到北京南口靶场，和科研人员吃住在一起，进行试验。

吴运铎在工作中一切从实际出发，苦干实干，处处为部队战士着想，认真贯彻自力更生、艰苦奋斗的精神。他的一言一行，始终激励着科研人员进行“无坐力炮”研究，终于在1965年把65式82毫米无坐力炮研制成功。无坐力炮的大量生产，装备了部队，成为我军主要反坦克武器装备之一。在1969年反击苏军侵入我国珍岛战斗中，紧急发往前线，增强了反坦克火力，一举击毁了当时苏军最先进的T62坦克，战功赫赫。

敢于跟踪国内外先进科技发展的走势

20世纪50年代末，世界上新型材料——“塑料”刚刚兴起，科学家们提出了利用塑料代替金属材料的新概念。针对我国钢材严重缺乏的状况，吴运铎提出了自主研制玻璃钢的设想。

1959年，在吴运铎带领下，“一所”成立了材料研究室，建立了非金属材料实验室，开始了玻璃钢的自主研制工作。所谓玻璃钢，是将玻璃丝及其织物经酚醛树脂或聚氯乙烯树脂浸泡，再经专门的工艺与技术处理加工而成的一种材料，其机械性能堪比钢材。

为了研制拉玻璃丝的非标设备拉丝机，吴运铎组织科研人员进行了广泛的论证和调研。其中温度高达1200℃的熔化玻璃球的铂金坩埚是拉丝机的关键部件。为采购这一急需的部件，科研人员几乎跑遍了北京，才打听到通县建筑工程学院有这种铂金坩埚。吴运铎亲自去该院联系，当场决定以4万元人民币买回一个从德国进口的铂金坩埚。

有了铂金坩埚，虽解决了拉制玻璃丝的关键问题，但如何把1200℃高温的玻璃液拉成细如头发的玻璃丝，又成了拉丝机设计的一个大难题。

一天晚上，负责设计拉丝机的技术员小陈正在加班，解决在白天试车时出现的问题。正在苦思冥想一筹莫展时，吴运铎来巡视看望加班同志，走到小陈身边，一边提醒他要劳逸结合，一边仔细地看起了图纸。然后提示他要从结构上进行分析，要充分考虑电机皮带轮的匹配问题，并提出“将转筒轮和电机的皮带轮都做成阶梯轮，调整转筒转速”的建议，小陈听了豁然开朗，按着吴运铎的指教做了改进，拉丝机很快设计成功并投入了使用，拉出的玻璃丝比头发还细，为研制玻璃钢提供了所需材料。

在吴运铎的亲自指导和研制小组人员不懈的努力下，战胜了一个个困难，破解了一道道难题，终于压制出一块块玻璃钢。

玻璃钢的研制成功，标志着“一所”在新材料研究方面取得了一项技术性的突破。20 世纪 50 年代到 60 年代初，我们的科技力量和科研水平与发达国家比差距较大，但在新产品开发领域，吴运铎解放思想，敢于探索，勇于实践，做出了可圈可点的创新工作。比如，电子计算机这个神秘“怪物”一出现，一般的技术人员不敢问津，而吴运铎却肯定了这是个绝佳的科研项目，大胆地提出了研制电子计算机的设想。

当时，“一所”还是以算盘、计算尺、手摇计算机为主的计算条件，面对既无专业人员，又无专业设备的困难，吴运铎认为，研制电子计算机对军工企业研发产品是不可或缺的大事，一定要占领这个高地。

因为，1956 年我国制定的《十二年科学技术发展规划》中，把开创我国的计算技术事业等项目列为四大紧急措施之一。1957 年，哈尔滨工业大学紧跟科技发展的步伐，已经研制成功了我国第一台模拟式电子计算机。尽管它运行速度仅为每秒 1500 次，且成本高，功能不够强大等，但它轰动了全国。吴运铎认为，这台电子计算机完全可以进行改进和完善，使其赶上或超过同类产品的先进水平。于是，他决定在“一所”第四室成立电子计算机研究小组，力争早日拿下这一具有挑战性的任务。

为了配合研究电子计算机工作的进展，吴运铎决定筹建冲压车间、精密机加工车间、热处理车间和无线电车间等四个配套车间，由他亲自领导科研工作，亲自组织调配人员。首先，他选派几个年轻的技术员去天津学习研制电子计算机的有关技术；其次，做好小组内的科技人员思想工作，鼓励他们要加强学习，不断提高自己的能力。他还意味深长地说：“如果我们今天不比昨天做得更好，学得更多，生活就会失去光彩。”

由于吴运铎对这项科研工作各个环节抓得很细，各个车间、部门全力配合，短时间内攻破了一个又一个难关。但还是碰到了许多预料不到的问题。在困难面前，吴运铎提醒大家：“科研工作要有科学的头脑。敢字当头，敢于探索，敢于冲破艰难险阻，只要有坚定的革命毅力和创造智慧，总能想出办法的。”在发生故障，不断调试后，一时未能达到满意的效果时，吴运铎对科研人员说：“失败是成功之母。哪怕有 100 次失败，我们也要做 101 次实验，直到成功。”在吴运铎的指导和激励下，所有参研人员以军工战士大干、巧干、拼命干的无私无畏精神，终于在 1960 年 3 月研制成功了内存 1024 字节的数字式电子管计算机样机。在行业内外引起了强烈的反响，并去外地介绍过经验。

新技术产品 3069 红旗一号地空导弹地面设备的移动（野战）化验箱仿制任务由“一所”承担。试制工厂在制作任务加工化验箱的器皿时，遇到了困难。器皿是铝合金材料，口小肚大，呈酒瓶状，乍看像是铸造成的，仔细看发现是冲成瓶罐型再滚挤压收口而成，加工难度相当大。工厂在仿制时多次失败。吴运铎知道后，到车间和工人一起研究、分析失败的原因，他提出要在选择铝合金板材的韧性和冲头大小上下功夫。工人们采纳了他的意见，选择多种机械性能不同的铝合金板并做出各种大小不同的冲头，两者匹配加工实验，收口时控制转速和挤压力。工人们经过几天的轮番攻关试验，终于将这些器皿仿制成功。化验箱先后在“一所”生产了 23 台，陆续交付导弹部队使用，受到部队指战员的高度赞扬。

他像一名普通工人

在20世纪50年代，凡是初中生都读过语文课本里《枪榴弹是怎样造成的》这篇短文，没有人不知道吴运铎的名字。有多少青年敬佩、盼望有幸见到这位不怕死的英雄。

参加工作才两三年的郑师傅，1959年从重庆调到吴运铎身边当一名工人，心里感到非常幸福。没见到吴运铎之前，郑师傅想象中的吴运铎是一位所长，是个高级干部，是人们崇敬的英雄，一定和工人不一样。可是，郑师傅第一次见到吴运铎的时候，全然改变了自己的看法：他穿着一身褪了色的蓝布工作服，说话和蔼可亲，称青年人为“小伙伴”，没有一点架子，就像一名普普通通的工人。

吴运铎在科研办公大楼一层楼梯下的小耳房里，有一个工作间，称小实验室。他经常在那里自己动手，敲敲打打，加工制作一些零件，搞些发明创造。里面那个小台钻是请技术员小陈帮助测绘后加工的；还有一台C18车床。工作间里的工具、材料样样俱全，什么榔头、锉刀、钢锯，什么铜皮、铁皮、弹簧等，那里都可以找到。因为郑师傅是车工，所以经常被吴运铎叫去一起干活。郑师傅每次去那里，吴运铎都拿出香烟给他抽，有时还送他一两包。烟，都是好烟，不是“大前门”就是“哈德门”“牡丹”牌的。那时候，市场香烟短缺，普通香烟还是要凭票供应。郑师傅非常愿意和吴运铎一起干活，一则跟所长在一起比较随便，聆听他的教诲，提高自己，不断进步；二则抽所长的香烟，也是一种享受。

吴运铎在这间小实验室里，为82毫米无后坐力炮的研制绞尽脑汁，付出了不少心血，还搞过82毫米无闩无后坐力炮的研究，探索过丛林冲锋枪，为所里一位同志改过假腿。据王吉文同志回忆说：老八室支部书记柳青同志装了一条假腿，因安装得不合适，走起路来显得十分吃力。假腿不是伸不开，就是伸开后不能弯曲，而且“吱咔，吱咔”声音很大。吴运铎把这事记在心里。他找了一些材料，在他自己的实验室里一连干了好几个夜晚，搞成了一个装置。柳青同志装上后，走路时假腿能够伸屈自如，“吱咔”声音也小了，方便灵活多了。他非常感谢一所之长吴运铎对自己的关心。那时，所里经常加班加点，吴运铎陪大家，有多少个夜晚是在“小作坊”的工作台前度过，为科研、生产花费心血。

如今，郑师傅看到二〇二所“吴运铎纪念馆”里展出吴运铎戴着老花镜，弯腰弓背，手握小台钻把柄，不倦地工作照片时，陷入了往日的沉思，他似乎又回到当年和所长一起工作的实验室。

20 世纪 50 年代末，因工作需要，研究所里几乎每天晚上都有人加班。吴运铎所长这时也和大家一样，平时不回家，就住在办公室里。每当深夜，只要是哪个窗户还有灯光，吴运铎准会出现在那个房间里。他总是悄悄地推门进来，又轻轻地把门关好，生怕惊动大家。谁要看见他，彼此只需点个头或者笑一下，也就算打招呼了。他习惯靠在一张办公桌的角上默默地注视着大家聊天、逗乐。有时，他还讲几句笑话，引得大家笑声不止，倦意消失，精神便顿时振奋起来。

1958 年 8 月，北京工业学院第 30 研究室合并到第一研究所，成立第八研究室，在科研大楼后四楼办公。当时的任务是研究设计 5872 项目。哈尔滨军事工程学院一二十个工程技术人员参加协作。大家为了赶任务，几乎天天加班、加点。一天深夜，吴运铎来到研究室，他轻轻推开门进去，随便坐在靠近门的一个桌角上。大家正在图版上聚精会神地画图，不知谁一抬头，说了声："啊！吴所长。"立时，大家停住手里画图的笔，目光都投向了平易近人的所长，犹如学生欢迎老师上课进教室，大家不约而同地问了声"吴所长好!"他身穿白色服装，失去指头的左手，插在裤兜里，右手夹着一支没有点燃的香烟，自然蓬松的头发，稍显清癯的面容，虽然致残的左眼明显凹陷，但目光炯炯的右眼却十分有神。他将手中的香烟递给旁桌一个发困的同志："喂，小伙伴，来支烟解解乏。"接着，从口袋里掏出一盒"哈德门"牌香烟，请大家吸烟。虽然多数同志不吸烟，因吴所长请客 ，还是你一支我一支争着抽他的香烟。吴运铎亲切对大家说："这么晚了，该去休息了。"

这个说："还有几笔画完就回去。"那个说："我计算完成这个数据就走。"在催促大家回宿舍睡觉的同时，吴运铎又意味深长地说："说真的，搞科研就应该有你们这种精神，要有紧迫感，要不怕苦、不怕累，要有一股子钻劲和狠劲，拖延一天，往往要拿出十倍、百倍的时间来偿还。"这句话深深印刻在大家的脑子里。

周总理指示，给吴运铎配发一辆卧车

1958 年的一天，吴所长去给敬爱的周总理汇报工作，乘坐着所里唯一的一辆吉普车前往中南海，被警卫挡在大门外，吴所长便向警卫解释说："我叫吴运铎，是来向总理汇报工作的。"警卫说："我们是按制度办事，没有上级领导的指示是不能进去的。"于是，警卫把电话打给了总理办公室，秘书来门口把吴所长接了进去。见到总理后，说起进门被拦的情况，总理问："你坐的是

什么车?”吴所长说:“坐的是吉普车。”总理笑着说:“坐吉普车是不能进的。”周总理又问吴所长:“你有没有专车?”吴所长说没有专车。

听完吴所长的汇报后,总理便指示国务院机关事务管理局给吴运铎调拨一辆小轿车。周总理的批示是这样写的:请国务院机关事务管理局给吴运铎同志配发一辆卧车。

我当时是所器材科的一名采购员,所里就把这件事交给我具体承办。我同所里的司机来到北京东郊国务院机关事务管理局,车库的工作人员听说我们是为吴运铎领车的,非常热情地接待了我们,并详细介绍了各种车的性能和特点。最后,我们选中了一辆英国制造的“司肯特”牌高级轿车。这辆车豪华气派,乘坐舒适。我们特别高兴,心想所长一定会非常满意的。

车开回来了,吴所长看后,满脸不高兴地说:“我不要,给我退回去。”我不明白是为什么,就问吴所长:“为啥要退回去?这是车库里最好的一辆车呀!”吴所长严肃地说:“英国车我坐着不舒服,给我弄一辆‘胜利’号的。”“胜利”号是当时苏联制造的一种低档次轿车。我们只好把那辆“司肯特”退掉,换了一辆“胜利”号。事后,每当谈起这件事的时候,同事们都说,你还是不了解吴所长的想法吗,这是他一贯低调、节俭、务实作风的体现,也是他对苏联这个社会主义国家的特有情结。

这事虽过去60余年了,已是耄耋之年的王志忠老人,之所以还能绘声绘色地描写出吴运铎当时的音容、话语和神态,是因为这件事折射出了吴运铎高尚的品德、深厚的爱国情怀。

多年前,笔者就关注了吴运铎这位杰出人物,也听说过此事的只言片语，心想有机会请他澄清是真是假，讲讲事情的来龙去脉。

1982年夏，笔者去吴运铎家里约稿，便把心里揣着的话透露给他。他沉思了一下，幽默地笑了，谦和地说："那事，真让王志忠同志为难了，司机师傅也受累了。"随后，他仿佛在梳理思路，欲将他当年见到周总理、配车的事一一道来。

此时此刻，谁也未料到，门铃响了，一位不速之客把笔者将要分享吴运铎回味周总理接见他的美好、幸福的情景给搅黄了，使这事延宕30多年后的今天才明晰它的前因后果。

"要科学炼钢"

1958年，掀起了轰轰烈烈的全民大炼钢铁运动。中国这块广袤的土地，一度笼罩在一片炉火、灯火的海洋之中。群众高呼"为了1070万吨钢而奋斗"！亿万群众夜以继日地大干，砸废锅，炼废铁，一门心思为炼钢辛勤劳动。有一首小诗形象地描绘青年学生企盼炼出铁水的焦急心情："炉子呜呜叫，心里蹦蹦跳；誓为出铁水，苦干达通宵。"

是年10月，吴运铎工作的二〇二研究所全体职工，无一例外地卷入了这场全民大炼钢铁运动的浪潮中。过去，吴运铎虽然没有专门学过冶炼钢铁专业知识，但对炼钢炼铁的基本常识也并非一无所知。他说："要科学炼钢，到钢铁学院去学习。""小土窑炼钢炼铁是不实际的，炼出真钢有困难。"然而，当时小土窑已铺天盖地，形成声势浩大的潮流。报纸、电台宣传得神乎其神，对持不同政见者在大肆挞伐。吴运铎着实怕自己右倾，怀疑自己过分理性，看错了。他在态度上并没有表现冷漠，给群众泼冷水，仍带领职工群众炼钢炼铁，积极支持炼钢会战。

他看到运输力量不足，就决定把公家配给自己的小轿车上的座垫拆掉，送到北京西山去拉矿砂，用来炼钢。与此同时，他积极向组织提合理化建议，寻求一个科学的补救措施，来取代小土窑炼钢炼铁造成的损失。

吴运铎和几名职工先研制出一个烧焦炭的炉子，采取吹氧的办法来炼钢，结果红火一时，收效甚微。他不甘心失败，仍通宵在炼钢炉前弯着腰，用一只手操着铁铲、钢钎炼钢，并思考着小土窑炼钢存在的问题。他听说中央团校的炒炉炼钢好，便立刻派人去取经，回来在所里推广。

为了尽快炼出钢，他又亲自带几个年轻人到钢铁研究院去学习如何炼钢。回来后，他和大家一起修建小高炉。在修炉过程中，他生怕材料的规格不达标准，出现纰漏，每进行一道工序，他都要爬上爬下地仔细检查炉膛尺寸，耐火砖砌的质量，炉体各部位是否合乎要求等。

在大炼钢铁的日日夜夜里，吴运铎始终战斗在炼钢炉前，煤烟熏，高温烤，加之睡眠不足，不幸的事终于发生了。吴运铎的左眼角膜又坏了，不停地流着泪水，痛得日夜不得安宁。经医生诊断的结果："需要再做一次缝补角膜的手术。如不及时治疗，很危险。"中央卫生部决定让他再去莫斯科动一次手术。当时，他不愿去，为炼不出钢而着急。特别是他耳闻目睹一个年轻人为尽早炼出1070万吨钢，竟然在听过领导的动员报告后，把家里好端端的铁锅和门锁拿到单位，扔进炉膛里。这个小小的镜头，常浮现在他的脑海里。他感到很内疚。有一次，笔者采访他，问他一生有无做过自己不情愿的事，有没有痛苦的时候？他很干脆地对笔者说："怎么没有？在大炼钢铁那个特殊的年代，群众盼早一天出铁水，炼出真正的钢，有力出力，有物出物，饱满的革命激情是可喜的，然而，自己作为国家一名科技人员，明明知道群众急于求成的做法不对头，违背科学规律，却又无能为力，无所作为，内心真是憋得慌，苦闷极了！有时，在夜深人静的时候，曾扪心自责，以至于恨自己软弱，未能站出来，公开亮明旗帜，指出如此土法炼钢是违背科学的，是炼不出钢的！但转念又一想，在中国一流炼钢炼铁的专家为数不少，他们没提出异议，必有科学道理。我是个外行，是否孤陋寡闻？脑子里乱得一塌糊涂，真是剪不断，理还乱，别有一番滋味在心头，谁能知道我内心的苦涩！”在工作之余，吴运铎常以此事责备自己：“我对祖国、对人民没有做到知无不言，言无不尽，尽到应尽的职责呀！”记得在1985年他还念兹在兹，说：“这是一生的遗憾！”并给自己上纲上线，说是“党性不强”的表现……

“文艺是劳动的再现”

吴运铎非常重视抓职工的文体活动。他倡导以年轻人为主成立文工团。1958年11月19日晚上，所文工团正式成立，吴运铎到会讲了话。他说：“一个单位职工的文化娱乐生活直接关系到职工的生活和工作质量。文艺生活是文化革命的一部分。文化娱乐生活搞好了，可以鼓舞我们的斗志，唤起我们的斗争精神。通过文化娱乐活动可以表扬好人好事，批评坏人坏事，不良现象。我们要担负起这个光荣而重要的任务，就要求我们的文化娱乐活动要反映我们的生活，反映我们的科研、生产。节目要自创、自编、自演。”他还情绪颇为激昂地说，“我们青年人要生气勃勃，能歌善舞，把新中国成立前根据地的‘歌声遍山坡，处处是秧歌’的文化娱乐场景带到我们的研究所、办公室。我们应该一边工作，一边唱歌，以鼓舞、促进我们的工作。”

“文艺反映生活，文艺是劳动的再现。我们要深刻体会这其中的意义。我们的文艺活动不要像暖水瓶那样，里边热外面冷。我们要把文化活动坚持搞下去，把我们内热放出来，让醇厚深情的歌声进入人们的心田。”

吴运铎说到做到，身体力行，他带领职工修建简易的舞台，亲自指导职工排练节目。退休职工孙桂芝在参观建所50周年吴运铎生平展时，一张“罐舞”的老照片，勾起了当年作为参演者的她，抑制不住内心的喜悦，写文说：为了排练“罐舞”，他亲自写介绍信，让我们去歌舞剧院找郭兰英老师帮忙，并派我们去东方歌舞团学习，大大提高了水平，到部里参赛受到奖励，荣膺去人民大会堂表演的荣耀。退休职工王吉文写道：“大跃进”的年代，每逢五一、七一、十月一日国庆节、元旦要搞献礼活动。结合献礼活动，搞总结表彰、文艺会演比赛。吴运铎领导文工团编排了“报喜队”“宇宙火箭飞月宫”等精彩节目，在北京的中央、国家机关单位演出比赛中，常常名列前茅。1959年5月9日，在他的倡导和亲自组织领导下，举行了为期两天的所首届体育运动会。除了各田径项目外，还组织了摩托车表演。他在运动会开幕式上讲：“我们的运动会，一方面希望运动员要鼓足干劲，赛出好成绩，一方面要通过这次运动会，把我们的体育活动带动起来。身体是革命的本钱，旺盛而饱满的工作精力寓于健康的体魄之中。”打这以后，所里成立了足球队、排球队、乒乓球队等各类球队。即使在三年经济困难时期，这些球队也坚持活动，活跃在国家机关组织的各种比赛场上；每逢比赛，所里对运动员都在生活上给予特殊照顾。丰富多彩的文体活动，极大地活跃了职工的业余文化生活，激发了职工搞科研生产的干劲。

学习向秀丽同志[①]

吴运铎任所长期间，经常找职工谈心，交流思想，召开报告会。他讲话、做报告时很少有讲稿，开门见山，深入浅出，像潺潺流水，滋润人心。在报告中不时而恰到好处地给人们来上一段“小放牛”“小二黑结婚”或陕北民歌的唱段。他嗓子又好，讲到拉时就拉，讲到唱时就唱，大家都非常爱听他的报告。他的报告，一是讲他和战友们革命战争年代的事，启发大家要珍惜今天的幸福生活；二是讲人为什么要活着，人活着要有正确的生活目的，要树立正确的世界观、人生观。他还经常结合英雄模范人物的事迹谈感想、体会，教育大家。

1959 年 3 月，残雪悄悄融尽，春的气息昭示人们去创造一种昂扬向上、奋发有为的生活。吴运铎给全所团员、青年作了一场学习向秀丽同志的报告。这次报告不是就事论事，而是大讲向秀丽同志舍生忘我的精神及她的模范事迹的深远影响。他的铮铮话语，令人深思，催人进取。他说：“世界上总有这样一种人，为了别人的幸福，总是把自己的痛苦掩盖起来，像卓娅、舒拉、刘胡兰、黄继光等，为了别人的幸福，勇于做出牺牲。他们都比我年纪小，说真的，他们都是我学习的榜样。”他的话深刻揭示了英雄模范人物做人或舍己为人的本质。

---

① 向秀丽（1933—1959）广东省清远市人，中共党员。生前在广州市何济公制药厂工作。1958 年 12 月，在药厂化工车间加班制造化学药剂中发生火灾。向秀丽为扑灭大火，严重烧伤，经抢救无效死亡。广州市人民政府追认她为革命烈士。

接着，吴运铎像一位饱经沧桑的儒雅学者一样，提炼出一串令人惊异、隽永的哲人睿语赠给大家去思考：

“在战争年代，有多少人受了伤，还争着上前线。”毫无疑问，这是一种忘我的精神。“一个崇高的人，一个真正的人，他们哪怕是做一个清道夫，也会踏踏实实地为人民工作。”“人，总是有缺点的，人无完人，天生品质高贵的人、完美无缺的人是没有的。一个人有崇高的生活目的和生活理想，才会为人民做出崇高的事业。”“人的思想改造，首先要破，才能立。有立就有破。”“学习英雄，检查自己，丢掉不对的。通过不断的自我斗争锻炼坚强起来。”

“我们共产党员的幸福，是把个人的劳动变成别人的幸福时，才会有自己的幸福。因为个人的幸福融合在集体的幸福之中。”“我们生活本来就是为人民谋幸福。不了解祖国痛苦的过去，很难体会到今天的幸福。”

“当你入党的时候，或胜利的时候，你要想到自己的不足。否则，你呀，已经走上了下坡路。”

“一个人为党为人民的事业立了功勋，这没什么。因为工作本来就应该做好。首先感谢党，感谢党给了我们创造功勋的权力。”

“学习英雄，不是那么简单，要经过不断斗争。”

吴运铎号召大家在向“向秀丽学习”的过程中，要认真检查自己的思想、工作上的缺点和错误，丢掉缺点，发扬成绩，严格要求自己，愿大家都能成为一名光荣的共产党员。

三个月之后，吴运铎所长在庆祝党的生日召开的“七一”入党宣誓会上，高兴地赠给与会同志一些警句：

“人活着，究竟为了什么？不同的阶级有不同的人生观。入党就要改造自己，要坚定地树立共产主义人生观，为人类的最高理想而斗争。

“做一个共产党员，要善于进行自我斗争，要经得起生活的考验。

“天生下来的布尔什维克是不存在的，要做一个布尔什维克，只有通过斗争才能得到。

“一个人的能力有大小，但只要忠实于党的事业，就能做一个坚强的无产阶级革命战士，就能做一个优秀的、真正的共产党员。

“一个真正的人，就要无限忠实于党和人民的事业，把党和人民的事业放在第一位。要经得起任何风浪的考验。”

提出和推行“安全生产的文化建设”

吴运铎作为一所之长，大抓职工的政治学习，大抓科研，抓技术管理，抓安全生产，抓文化娱乐活动，应该说，抓的方向是对头的，工作是有起色的，是个称职的好所长。

1959年，吴运铎光荣地出席了全国工业财贸系统群英会，受到中央领导同志的接见。这次大会给他在兵器工业建设的道路上添了火，加了油，鼓了劲！为加快我国兵工研究和生产起了不小的推动作用。同年5月25日，吴运铎在全所职工大会上作了一个有见地、有创造性的关于“安全生产、确保质量、杜绝浪费”的讲话。在讲话中，他首次提出要把安全生产提高到安全文化的高度来认识，指出我们现在尚缺乏一种安全生产的文化。他所讲的安全生产的文化，就是今天大力倡导和宣传的“企业安全文化”。可是，在那时候有的同志很不理解，认为“安全”和“文化”不搭界，一个是“下里巴人”，一个是“阳春白雪”，乱弹琴。

吴运铎在这次会上和时隔两天的“安全运动深入动员报告”会上，对安全生产文化思想观念、安全与生产的关系、保证安全所要采取的方法、步骤，安全生产周活动等都做了比较实事求是的阐述，并提出了长远性的安全措施。

当时，研究所成立时间很短，试制车间不到两个月，发生了21起安全事故，产品质量废品率20%，使国家财产遭到很大损失。从工人到领导干部，无不感到痛心和惋惜。不少事故苗头和隐患，严重地威胁着人身和财产的安全。吴运铎在报告一开始就提出：“我们不丢掉不愉快的事情，就不会痛快起来！我们讲安全生产，确保质量，杜绝浪费，我总感到缺点儿什么？我们缺乏一种安全生产的文化。”在谈到安全生产的思想问题时，他强调要端正态度，提高认识，消除抵触情绪。吴运铎说：“我们面对这么多的安全事故和质量问题，我们要正视它，在思想上绝对不允许向后看，要向前看，任何时候我们都要向前看，要面向未来。”

最后，在总结教训时，他明确指出：“凡有危害国家资财的思想都要检查，把思想上的问题一定要检查清楚。”并特别强调安全与生产的关系，“技术安全工作，一定要走在科研生产前面”。那次会议，他还比较具体地谈到“设备仪器来了，我们不光要会操作它、使用它，还应该首先了解它的结构原理，懂得它的性能”“对设备仪器的结构原理性能不了解，你去操作它，就包含着一种损坏的因素在内”。他还强调指明，要保证安全科研生产，首先要提高人员的安全素质和实际操作技能。应采取什么方法、步骤、措施呢？他语重心长地对大家说：“我们要把事故按类别和轻重缓急排队，加以解决”，“我们要把事故案例编成教材，教育人们”。“整风，我们破了不少制度，但立起来的不多。我们要把各项制度建立起来，建立健全各种科研生产的安全规章制度。”会上，他郑重地宣布：“我所决定将本星期定为全所的安全生产周，认真检查，制定制度，做好安全生产，确保质量，杜绝浪费，爱护国家资财……”

吴运铎那时候的讲话，与我们今天正在探讨的企业精神文化、安全制度文化、安全行为文化，以人为本的安全氛围和安全物质（物态）文化等安全文化的内涵、外延，大众安全文化传播方式及全民的安全素质等问题，有诸多相似和吻合之处。吴运铎之所以能够把安全生产提高到文化的高度来认识，是出于他在长期工作实践中，从感性到理性认识的进一步深化和对国家资财的高度负责精神。他说：“党把我委派到这儿，我有责任把自己的斗争经验和惨痛的教训告诉大家。《把一切献给党》一书写的内容，既是我在战争年代斗争历程的总结，也是为战胜敌人，克服艰苦条件，付出血的代价换来的安全文化的实践结晶。”

《把一切献给党》搬上话剧舞台

吴运铎写的《把一切献给党》跟《钢铁是怎样炼成的》一样，在社会上产生了强大的冲击波，使千百万读者激动不已。

20 世纪 50 年代初，中央实验话剧院导演孙维世、主演金山把《钢铁是怎样炼成的》自传体小说搬上北京的话剧舞台。

1953 年吴运铎的《把一切献给党》问世，书中主人公被《人民日报》称为“中国的保尔·柯察金”，吴运铎的名字和事迹传遍全国各地。

天津人艺导演沙惟同志看了《把一切献给党》一书后，感动得彻夜难寝。他很快地写了一个提纲，准备改编成同名多幕话剧搬上舞台。

20 世纪 50 年代中后期，沙惟同志赴北京学习，找到了吴运铎。沙惟给吴运铎看了改编的提纲，吴运铎很不满意地说：“你把我一个人演了两个小时，这不成了个人英雄主义了吗？哪一个困难都不是我一个人克服的；残疾了，也不是什么都残废了，头脑、肢体、手脚……能用的地方也还很多嘛！”沙惟问他：“你说该怎么搞哪？”吴运铎沉思了一会儿，说：“把每个人物都搞得很鲜活鲜活的，才能是一个可信的、真正有活力的、战斗的集体。”沙惟得到了吴运铎的指点和支持，思路拓宽了，怀着虔敬、炽热的感情，立刻投入改编工作。但因为“大跃进”——要多快好省，剧院只给他 12 天的时间。沙惟写了一半，感到时间不够用，就请示领导。经组织批准，又请赵大民同志与他合作，总算如期完成了任务。他们突破亚里士多德“三一律”的模式，把原作改编成同名十一场话剧。

院领导审查时，提出了三个大问题：第一，吴运铎下坑拆卸定时炸弹时，退回了几步。领导认为，吴运铎既然是英雄，就应一往无前，不能退。第二，吴运铎夫人陆平回“娘家”探望的那场戏，服装不合体。孟部长开她的玩笑，让她改装，是不严肃的。第三，党的小组会作出决定，“以上不改就不能上演！”在 20 世纪 50 年代末那个社会思潮普遍“左”倾、“英雄完美论”盛行的年代，想在话剧舞台上真实可信地呈现出吴运铎这样的英雄是很不容易的，围绕英雄在苦难的童年会不会和其他穷孩子一起争抢炭渣；在爆炸事故发生时会不会本能地退闪；为早日出院会不会对医生表现自己身体已好等问题都引起很大争议，使沙惟这个编剧兼导演处于为难的境地。

事已至此，沙惟同志无奈，带着诸多的苦恼给吴运铎打长途电话，请教了他，看他有什么意见。吴运铎对上述三点具体意见回答说：“对如上三点编导的处理，我认为真实有趣，挺好的。建议请示天津市委有关领导为好。”为此，天津人艺剧院请示了市委领导同志，也请示了辽宁省委、沈阳市委领导同志，都给开了绿灯。毫无疑问，吴运铎是支持沙惟同志的。在吴运铎无所畏惧的唯物主义立场感召下，更坚定了沙惟同志“真实才能感动人”的导演艺术观。

《把一切献给党》搬上话剧舞台后，获得了空前的成功。该剧于1959年春在东北一天演三场，共上演了200多场。观众夜间两点还在看话剧。后来，这个剧在天津人艺演出400余场，受到了观众的高度赞扬。紧接着，上海人艺、武汉人艺、四川人艺、重庆市话剧团等全国十几个专业院团都上演了百场以上。中央戏剧学院除上演外，还把该剧列为教学剧目。

榜样的力量是无穷的。“中国的保尔”吴运铎的革命精神影响和教育了千千万万干部和群众。

尤其让人感动的是，该剧在北京天桥剧场上演时，晚上10点钟散场，12点钟都过了，观众还是不走，把吴运铎簇拥在中间，问长问短，签名留念……

看得出来，吴运铎已经累坏了，可他被群众狂热的情绪所感染，怎么也不离开，不愿上汽车。吴运铎被包围在人山人海中，警察维持秩序都非常艰难。

2001年，沙惟老人在致笔者的信中回忆说：“我从来没有经历过这样的场面，要知道剧场再加座也不过2000人。可剧场外，大门外，黑压压的，只见人头攒动，灯光闪闪，人们都想要看看中国的保尔·柯察金——吴运铎同志。”

沙惟与吴运铎共同经历过艰苦的战争年代，经历过改编《把一切献给党》火爆全国的话剧那扣人心弦的场面，经历过谱写迎接解放战争大进军歌曲的激动和欢欣鼓舞。沙惟老人深

1959年天津人艺在北京天桥剧场上演《把一切献给党》话剧时，吴运铎（左）与编剧兼导演沙惟同志一起合影。(李玉文摄)

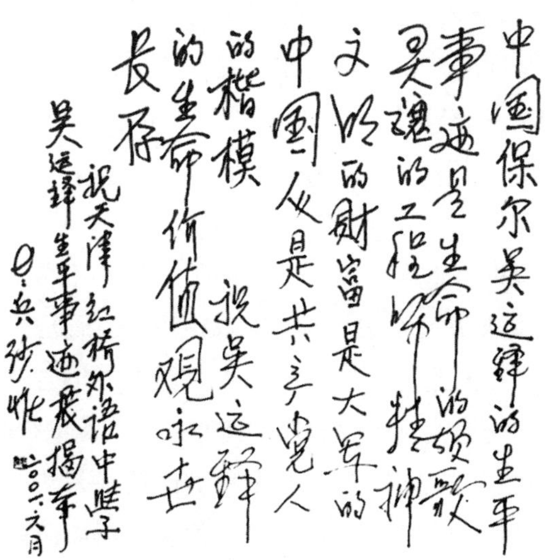

吴运铎的老战友沙惟同志题词。

切体会到吴运铎精神蕴含的深刻思想，于是，他在 2001 年 6 月为天津市红桥区外语中学举办“向党 80 周年献礼的吴运铎生平事迹展”揭幕题词：

中国保尔吴运铎的生平事迹是生命的颂歌，灵魂的工程师，精神文明的财富，是大写的中国人，是共产党人的楷模。祝吴运铎的生命价值观永世长存。

所长老吴头

俗话说：“兵马未到，粮草先行。”吴运铎当所长，抓科研，抓生活，非常重视器材供应工作。

由于工作需要，吴运铎常到器材科给老王他们布置采购任务。老王他们也常去吴运铎办公室请示工作。每逢他们叫“吴所长”时，吴运铎总是说：“你们别对我所长长、所长短地称呼，咱们都是同志，在一起工作就是伙伴，以后你们就叫我老吴吧。”后来，渐渐地机关里称呼他老吴的人多了，给他开车的司机李师傅一直称他“老吴头”。

吴运铎经常带病坚持工作。有一次，去南口靶场进行试验，被坐骨神经痛折磨得连走路都困难的他，全然不考虑自己，硬要坚持跟参试人员一块去。同志们无论怎么劝说，他都不听，只好依了他。去的路上，吴运铎和大家同乘一辆吉普车，由于路途长，道路崎岖，行进中的汽车就像是在风浪里行驶的小船，上下起伏，左右摇晃。同志们在车里被颠簸得晕头转向，难以忍受，更何况身陷病痛的吴运铎呢，他在摇摇晃晃的车里，失去指头的左手不能扶垫支撑，只好用两只胳膊肘支撑在座垫上，把头和脊背靠住后垫形成一个三支点，把自己的身体悬空。他脸上沁出一颗颗汗珠。坐在他身旁的老王不忍心，一路上用手托着他的后背，以减轻身体重量加给两臂的压力。

汽车跑了两个多小时，才到达目的地。下车时，大家看到吴运铎的上衣被汗水浸透了，心疼得请他去房间休息一下，他又一次谢绝大家的劝说，拖着他那伤残的右腿，忍受着疼痛，一瘸一拐地走向炮位去参加试验。试想，这需要多大的毅力才能坚持下来！这就是老所长吴运铎，一个经历硝烟战火洗礼的铁汉子。

1961 年 10 月，吴运铎调离第一研究所到精密机械研究所工作。在欢送他的全所职工大会上，他依依不舍，深情地讲："'一所'是我工作时间较长的一个单位，感谢同志们对我的工作的热情支持。我们大家一道努力，度过了勤俭建所一段艰苦历程，说真的，我对咱们所有一种难以离开的特殊感情。我虽调离'一所'，但好在工作还在北京，我们要联系，常来常往。"后来吴运铎又调回车道沟任五机部机械科学研究院副总工程师。该院作为研究所的上级主管领导机关，"一所"的同志们仍有机会见到老所长，聆听他的教导。

越南战争中，美国的 B-52 战略轰炸机从泰国起飞，空中加油后，在 8000~10000 米高空对越南北方投弹，进行狂轰滥炸。我高炮作战部队，对付 B-52，老 85 毫米高炮初速低，射程也低，而 100 毫米高炮火力可以对付，但重量大，战士操作不便。为此，指战员迫切要求研制新型高炮装备部队。

1967 年 7 月 5 日，在北京召开新 85 毫米高炮（P87）战技指标和研制工作会议，即"七五〇"会议，吴运铎代表机械科学研究院参加了会议。会上部队代表和所、厂研制单位就战技指标展开了热烈的讨论，特别是初速和重量指标、争论激烈。

1961 年，吴运铎（前排左二）与老一所领导同志合影留念。

部队代表坚持要提高初速，重量越轻越好；研制单位强调现实的技术水平达不到，而且初速和重量是两个相互制约的指标，两者有一定的匹配关系。吴运铎针对两种争论不下的意见，发表了自己的看法，说服了大家，基本取得一致意见，使会议就战技指标达成了协议，形成了会议纪要。

会后，技术负责人张工（相当总设计师）几次到北京向机械科学研究院、炮兵有关部门汇报，吴运铎只要在院里都参加听取汇报，并派出自己的专用小车接送参加会议的同志。他为该炮的战技指标确定做了大量工作，经技术攻关，最后成功定型，填补了我军防空武器序列的空白。

“文革”中，第一研究所的不少职工对所址由北京迁至包头不满，一批人去北京告状，甚至将车间里的机床强运回北京车道沟。机械科学研究院的领导考虑谁来做“一所”同志的工作呢？这个担子就落在了吴运铎的肩上。吴运铎风尘仆仆，从北京赶到塞外包头“一所”。职工们一看老所长来了，“火气”就消了一半。当天，许多职工到宿舍看望老所长，他双腿盘坐在床上，失去手指的左手掌托着手绢，右手正在擦拭他的假眼珠。倏忽之间，在人们心中升起无限的崇敬之情。对于包头的风沙，我们平常人的好眼睛还难以忍受，更何况他的假眼呢，但为了工作，他不管风沙多大，却不顾一切来到“一所”的职工中间。他听了大家的意见后说：“你们打回北京的心情，我是完全理解的。既然生米已做成熟饭，就要安心在包头扎根，P87是战略任务，希望你们不要影响会战，安心工作，早日研制出产品装备部队。你们提到的所址问题，我回京后一定将你们的愿望向有关领导陈述，帮助你们选个满意的所址。”吴运铎的话语平和，没有居高临下，盛气凌人的气势。在“一所”住了几天，他和职工一起坚持在职工食堂排队打饭，吃住在一起，聊在一起，广泛、耐心地听取大家的意见。

吴运铎最后一次到二〇二研究所，是在1981年，那时，该所早已搬迁到了咸阳。他在机械科学研究院丁管理员的陪同下，直接来到所里。到所后，没有兴师动众，连顿饭也没吃。那天，一位曾经在他手下工作的小王，在所门口遇到吴运铎，让他到办公室坐坐，吴运铎说：“所领导我见了，又顺便看了几位老同志，大家都忙于工作，就不耽误大家时间了。”

吴运铎非常关心他曾领导、工作过的研究所，在他晚年长期住院期间，全所职工多么希望他能再回所看看，他也表示了这个心愿。但是，由于身体的原因，一直到去世，他这个心愿也未能实现。

对二〇二研究所，用吴运铎的话说“有很深的感情”。也可用他对记者说得比较斯文的话“魂牵梦萦”。有的同志可能会说吴运铎用词不当，可吴运铎确实一有时间，就会想起当年共同战斗、生活的同志们。有人从陕西咸阳来京出差去看他，他也总要问东问西，问长问短，哪怕一点琐事，一个小人物，他也要打听来打听去。他同笔者聊天时说过：咸阳可是个好去处，不比我们老家湖北黄石差。那里不但四季分明，物产丰富，而且历史悠久，中国历史上第一个封建王朝——秦王朝建都于此。先后为西周、秦、西汉、新莽、东汉、西晋、前赵、前秦、后秦、西魏、北周、隋、唐等13个朝代的京畿之地，是古丝绸之路的第一站。境内有帝王陵27座，王公大臣的陪葬墓800余座。中国历史上第一个女皇武则天与唐高宗李治的乾陵……笔者原以为他满脑子装的都是枪炮、火药，没想到他对中国历史亦颇有兴趣。

1989年10月10日，吴运铎住在北京市工人疗养院142号病房，二〇二研究所马所长和郭书记去医院看他，他异常亢奋，脸上洋溢着欣慰的微笑。时隔32年，弹指一挥间，吴运铎对前去探视的同志说：“在我当所长时，正值我国兵工事业从无到有，第一次创业；现任的所领导是我们改革开放，为振兴兵工事业，进行的第二次创业。你们肩上的任务比我重几百倍。我听到你们在火炮技术研究上取得的成绩，高兴得真想回咸阳看看大家……”新老所长都是为了一个共同的目的走到一起来了。这是历史赋予他们的神圣使命，完成得不好，怎么能对得起党和人民呢？

第十六章　三年困难时期

从 1960 年起，我国处于三年经济困难时期。其困难的原因主要有两条，一是自然灾害，二是由于工作中的错误。

困难主要表现在，人民吃粮食不够，副食品不够，肉、油等东西不够；穿的也不够，布太少了；用的也不够。就是说，人民的吃、穿、用都不足。

1960 年，中央提出对国民经济实行调整，经过一个酝酿完善的过程，逐步形成“调整、巩固、充实、提高”的方针。1961 年，八届九中全会正式批准了这个“八字方针”。从此，国民经济进入调整时期。到这年底，国民经济特别是农村形势已显露出好转的苗头。但是，发展不平衡，城市形势依然十分严峻，工业生产继续大幅度滑坡。1962 年 1 月，中央召开七千人大会，是好的倾向的一个标志。这一年恰恰是虎年，成为五年调整取胜的最关键的一年。

人民群众相信党、相信社会主义，困难是暂时的，面包会有的，牛奶会有的，群众的信仰没有动摇，马列主义、毛泽东思想的伟大旗帜依然在人民的心中高高飘扬。自力更生、艰苦奋斗的方针在群众的心里深深地扎了根。

节省 40 万美元

党的各项事业，说白了，也是每一个人的事。如果我们对事业不负责任，高高挂起，给国家造成损失，那是犯罪。笔者一次与吴运铎闲谈时，他愤愤不平地告诉我一件很值得回味的事：20 世纪 60 年代初，外国有一项关于“无烟、无声、无焰”炮弹专利权要卖给中国，价格为 40 万美元。

中国外贸技术进口公司不大懂这项专利，就打报告给五机部审查。那时国防部、外交部、五机部全归周恩来总理管。40 万美元的审批权在周总理手中。（只要用于巩固国防事业，五机部呈送报告，总理一定会审批的。）当时五机部部长把文件转交到吴运铎那里，商量怎么办？是否买下这项专利。吴运铎看了报告和文件，思考着，买下它固然很好，对我们是有用的。因为火炮技术还有许多地方需要研究和改进。特别是夜间打炮时的致命问题是：炮弹射出去，天空一片火光，很容易被敌人捕捉到炮兵阵地。可是，一想到 40 万美金，这不是个小数字，它要多少工人、农民的血汗才能换回来？难道我们自己就不能自力更生，群策群力，研制出来吗？为什么要买外国军火商的？于是就叫秘书打电话：“不要买！”

当时，国家的资金非常困难。他说：“花这样一大笔外汇，实在没有必要，是花冤枉钱！”他还对有关负责同志说：“我们应该相信自己的力量，依靠自力更生、艰苦奋斗，是完全可以研制出这种东西的，不要啥都买外国的。抗日战争时期，我们一无所有，条件很差，都能造出枪支、子弹、地雷、炮弹、大炮；今天，有了一定的科研力量，有较多的技术资料和过去的经验教训，难道还搞不出来这个玩意儿吗？”吴运铎又比较客观地估计了本所的技术力量和面临的方方面面的困难，便向党委请示：“把任务交给我吧，我带一些人去试验场搞科研！”领导批准了他的请求。

这以后，吴运铎一头扎进了此项科研工作中。他还像在烽火硝烟的战争年代接受领导交给的研制武器任务时一样，加班加点，苦干加巧干，不分白天和黑夜地工作。熟悉他的同志见面第一句话就是："老吴，又拼命啦！现在可不同十几年前啦！"他一笑了之。同志们哪里知道他心里是怎样想的，心里有多么急。他想，现在是和平建设年代，虽没有抗日战争、解放战争那样的对手，那种形式的残酷战争，但今天的对手也是非常强大的，他们的武器更尖端了，如果我们不抢时间，加速制造更新的武器，就等于永远跟在别人后头走路，永远处于被动挨打的地位。居安思危，这句成语没有过时，谁敢说我们的对手永不翻脸，不会张牙舞爪地向我们扑来？那是幻想。我还不老，要争这口气，为我们中国人争气，为我们伟大的民族争气。

在研制过程中，并非一帆风顺，吴运铎曾遇到过一些难以解决的技术、材料等问题。偶尔他也怀疑自己的智能不高及学识欠缺，但瞬间就否定了这一闪念。他仿佛从一本书里记述的故事中得到了无比强大的力量：

1936 年初，我国著名科学家钱学森在美国麻省理工学院拜世界著名的"超音速飞行之父"——冯·卡门（犹太后裔，匈牙利人）为师，攻读博士学位。冯·卡门教授有一句常常挂在嘴边的话："世界上最聪明的民族有两个，一个是匈牙利，另一个就是中国。"吴运铎一想到这，眼睛倏然一亮，心情格外振奋，产生了非凡的自信力。人，真是一个难以捉摸的怪物，平时不经意的事，往往在逆境中，在非常时期追忆起来，会给予那么大的信心和力量。冯·卡门这位世界级的大科学家给予他的是自信，是于颠踬中奋起，永不气馁。一个人在他从事某项科研工作时，除了必要的学习外，头等重要的是坚信你是最聪明的人，最有智慧的民族的一员，一定能获得成功。别人有的东西，我们一定要创造出来，并一定要超过他们！这是从事科学研究工作的人必须牢牢记住的。

这项研制工作，从设计图纸到走向靶场进行实弹射击，仅仅用了 28 天，吴运铎和他的同事一举攻克了“三无”炮弹的构造原理。这样的工作效率，这样的工作精神，委实令同人震惊。中国一位老科学家童第周先生说过一句值得深思的名言：“一分时间，一分成绩，对科学工作者来说，就不是一天 8 小时，而是寸阴必珍，寸阴必事。”是的，在那段时间，吴运铎简直是按分秒计算，以“抢”的精神、“严、细”的工作态度去工作的。

在射击场试验那天，国防科委、国防二办、炮兵司令部、炮兵学院、五机部等都派人去靶场参观和学习。就连对外贸易技术进出口公司经理也怀着好奇的心情，兴致勃勃地赶去。一时间，试验场内外空气凝重而热烈，吴运铎的心情紧张而又愉快，因为那天就要在我国兵器工业史上诞生一个非凡的产儿。这是中国自力更生精神的产物，它显示了中华儿女超人的智慧和伟大的爱国主义情怀，它展示一个东方泱泱大国的风采。

试验结束了，看过这场精彩表演的评审者，高度评价了吴运铎和他的同事们发愤图强，自力更生，崇高的爱国主义精神。中国外贸技术进出口公司的经理紧紧握着吴运铎的手不放，称赞道：“老吴，你又为我们省下 40 万美元。”然而，在“文革”那个颠倒历史的年代，所谓红色造反组织，竟因此事加罪于吴运铎，辱骂他“崇洋媚外”“为个人竖碑立传”。之后，又诬蔑他设计制造的这种武器“更证实他是第一号反动学术权威”，还给他扣上“崇洋媚外的黑专家”“帝修反的别动队——五一六分子”的帽子。这是怎么一个理？是什么逻辑？他一直想不通。那么，当年他同意用40万美元买下这项专利，是否就不是“崇洋媚外的黑专家”，就是红色专家？那真是一个是非颠倒的年月，哪里有公理可言？

“你们摘掉我的眼球吧”

由于大炼钢铁的烟熏火燎和长期熬夜，加班加点工作，吴运铎已恢复视力十年的左眼角膜又坏了。他不得不在病魔驱使下，于1960年初夏，从北京东郊机场乘“图-104”班机，穿越积雪尚未融化的西伯利亚莽莽雪原，降落在莫斯科。当时，阴霾和忧郁笼罩着天宇，中苏关系正处于低潮。继1960年2月初，华沙条约国政治协商会议上的矛盾和4月份中国纪念列宁的三篇文章的发表，中苏两党分歧扩大，随即发生了苏共领导人在6月布加勒斯特会议上对中国共产党搞突然袭击的事件，中国共产党当即进行了坚决的斗争。赫鲁晓夫没能压服中国共产党，反而受到中国共产党的严厉批评。出于恼怒和报复，苏共领导人把思想上的分歧扩大到国家关系方面，对中国施加压力。1960年7月，苏联政府照会中国政府，片面决定自7月28日至9月1日，撤走全部在中国的苏联专家1390名，并终止派遣专家900名。中国政府数次挽留，苏方始终坚持。苏联专家撤退时，带走了所有的图纸、计划和资料。苏方并停止供应中国建设急需的重要设备，大量减少成套设备和其他设备中关键部件的供应，使中国大批企业和事业单位的建设处于停顿和半停顿状态，造成极大的损失，加重了中国国内的经济困难。

吴运铎到苏联一下飞机，凭直觉，有一股不大不小的政治寒流向他袭来。街上行色匆匆的人们，举手投足都给他感觉是冷淡的、凉冰冰的。从不少人眼神里，透出一种狡黠、轻蔑、嘲弄的心态，好像是对他说：你干什么来了？你们不是要自力更生吗？你可以在中国治眼病嘛！找我们干什么？一想到这，吴运铎心里就堵得慌，顿生一股无名之火。

大使馆的同志忙着给他办理住院手续。谁也未料到，事情办得很不顺利。吴运铎回忆说：

> 他们不愿为我治眼睛，把我送到波特金医院住院。这个医院倒也有点名气，1918 年列宁被刺后，曾经在这个医院里动过手术，从伤口里取出了子弹头。这是个综合性的医院，不能为我治眼睛，他们又将我转到高尔基街的一个眼科医院，不给我做角膜移植，敷衍了事做了一个简单的手术，把我左眼上下眼皮缝合起来。人家不愿为我治眼睛，我也不愿低三下四去求人。我告诉大使馆的同志，让我回国治疗。使馆的同志说我来一次苏联是不容易的，要送我去南俄疗养院疗养。关系紧张闹得我心情不好，一心只想回国。我在大使馆的招待所居着，等候办理回国手续。

莫斯科此次之行，大大刺伤了吴运铎作为一个中国人的自尊心。吴运铎想：难道中国这块古老的宝地养育数以万计的医生、专家，都治不了我的眼睛，非要千里迢迢来到苏联？越想越觉得自己仿佛缺乏中国人应有的骨气。华夏历史上有多少仁人志士，傲然挺立，铮铮铁骨，不为“五斗米折腰”“宁为玉碎，不为瓦全”“粉身碎骨浑不怕，要留清白在人间”。我吴运铎岂能为医治一只眼睛乞怜于异国他乡？

吴运铎的心情郁闷，一心想快快离开莫斯科。他于 1984 年回忆说：“我的这次眼疾治疗几经周折，不太顺利。我的心情也不太好，一心只想快些回国治疗。不知达雅从哪得知我到莫斯科的消息，她热情地给我打电话，邀请我去她家做客。”

在一个莫斯科晴朗的夜晚，中国驻苏大使馆派翻译陪同吴运铎乘车去高尔基大街14号，达雅的住宅。达雅盛情地接待了吴运铎，并为他准备了丰盛的晚餐。达雅高兴地向吴运铎介绍了各种菜的做法。给吴运铎印象最深的是她自己做的凉菜肉冻和酸黄瓜。酸黄瓜是很珍贵的菜，因为那里当时黄瓜很少，难以买到。

达雅居住的是一幢普通楼房，室内陈设朴实无华。她没有子女。为了表达对远方客人的热情款待，特意把她姐姐的两个孩子接来，陪着吴运铎一起吃饭。席间，达雅和吴运铎促膝交谈。她非常怀念和奥斯特洛夫斯基那一段短暂而美好的爱情生活。她说："一种真正的深奥的爱情，带给人的愉悦与幸福感，别人是很难理解的。"她告诉吴运铎，在同奥斯特洛夫斯基订婚时，家里的人看他身体不好，是持反对态度的。但她不顾家人百般阻挠，毅然决然地跟奥斯特洛夫斯基结了婚，共建一次刻骨铭心、生死相依的爱情。达雅还向吴运铎介绍了"保尔"生活中的许多动人事迹……

在达雅家住的另一幢楼里，是奥斯特洛夫斯基博物馆。馆内专门开设了"中国保尔——吴运铎阅览室"，介绍吴运铎的生平事迹，悬挂着他的画像，陈列着吴运铎写的《把一切献给党》一书多种文字的译本。

达雅激动地对吴运铎说："你的著作《把一切献给党》已被译成俄文。你的斗争经历和'保尔'很相似。你们都是具有坚强意志、顽强毅力、为人民的事业而献出一切的布尔什维克。"吴运铎说："保尔·柯察金永远是中国人民学习的榜样，他的英雄业绩永远鼓舞着我们前进！"

那天，他们像十分亲近的老朋友一样，谈了很长的时间。

达雅一再挽留他。吴运铎婉言谢绝了她的拳拳之忱。

临别时，达雅劝吴运铎不要住进医院，就住在她家里，她给请医生治疗。不要急于回国，要在莫斯科多留一些时间，到处看一看……此时此刻，吴运铎在异国他乡想到：人间自有真情在，人间自有心灵美。郁积在他心中的几多不快，此时已是烟消云散，洋溢在他心头的是中苏人民真挚、深厚的友好情谊！

过了几天，吴运铎去莫斯科的一家大医院看眼睛，有位40多岁的医生检查完他的眼睛之后，极不友好地对他说："把眼皮缝起来，休息算啦！"医生还滑头滑脑地向他挑衅说："你是中国人吗？听说你们中国女人的脚有这么小，是吗？"医生边说，边皮笑肉不笑地用手比画着。吴运铎用鄙夷的眼神乜斜他一眼，没有与他争辩。这个医生以为吴运铎被他僵住了，得寸进尺，又充满敌意地对他说："你们中国女人出门不走路，要抬轿子，对吗？"吴运铎本来不想跟他一般见识，可是，看他轻视中国人的那种骄横丑态，心里很气愤，便冷眼相觑，对他说道："你怎么傻里傻气的，去你的吧！"这个医生以为吴运铎没明白他的意思，居然用两只手比画抬轿子的姿态。吴运铎再也压不住心头的怒火，本想急赤白脸和他争个输赢，可冷静一想，此人不可理喻，是苏联人中的极个别不友好的人。自己作为客人，不能感情用事，过于冲动，便不温不火地说："你去过中国吗？你见过真正的中国公民吗？如果你对中国一无所知，不了解中国的过去和现在，你要好好地学习，不要再恶作剧啦！"那个医生被吴运铎的斥责，弄得张口结舌，红着脸，无言以对。吴运铎说完话，旋即转身离去。

吴运铎归心似箭，一周后就回国了。当时他想的是苏联政府撤回了专家，祖国面临的困难很多，自己肩上的担子更重了。

为了与祖国人民同甘苦、共患难，分担祖国母亲的忧患，展示中华民族生命密码和不屈精神的血脉，他毅然决定放弃医治眼疾和去海滨疗养的舒适生活，回到了母亲的怀抱，与夜思梦萦的祖国母亲一起经受那场“大雪压青松”的严峻考验。

吴运铎至诚、至真、至爱我们伟大祖国的行动，强烈地震撼人们的心灵。此刻，笔者猛地想起歌唱家张明敏那首充满着爱国主义和浪漫主义情怀的《我的中国心》。于是，情不自禁地稍作改动，献给他，以表达对他无比的敬仰。

你的心依然是中国军工的心，
你的身早已烙上“把一切献给党”的印。
共和国在你心中重千斤，
流在你心里的血，
澎湃着，为建立新中国迸发铿锵的声音。

你的心依然是中国军工的心，
你的身早已烙上“把一切献给党”的印。
共和国是养育你的根，
流在你伤残躯体里的血，
澎湃着，为我军常规武器现代化奏响豪迈之音。

吴运铎回国后，即去上海医治眼病。组织上为他专门请了几位全国著名的眼科专家会诊。吴运铎担心专家们有思想顾虑，就直来直去地对他们说：“你们摘掉我的眼球吧！不然我太受罪了，睡不了觉，什么事也干不了，影响工作呀！”专家们听了他的话直摇头，不同意他的看法。此后，吴运铎多次诚恳地向专家表明自己对病情的态度，要求专家赶快摘除眼球！又经过许多专家多次会诊，才确定作摘除眼球的手术方案。这时，有的同志对他说："你考虑没考虑，左眼球没了，要影响右眼的视力。"言外之意，他的右眼迟早会失明。吴运铎像对病魔宣战似的大声疾呼："影响就影响吧，我不怕！个人的事情影响了不去管它！长期影响工作可不行！"许多关心他的同志和怀有一副热心肠的好心人，看他已横下一条心，就缄默不语了。事实上，手术后三十年，一直到吴运铎离开人世，他的右眼并未像某些同志预言的那样恐怖。吴运铎多次说过，他要百分之百地感谢那些中国眼科专家医术之高明。接着，又不无幽默地说："我的精神状态降伏了病魔，使它不敢在我的右眼兴风作浪。"

这些年来，吴运铎用一只眼去工作，并不觉得自己比别人少了什么，更没去想他是一个残疾人。他珍重医生赐予他的这线光明。最大限度利用这有限的亮光，尽情地撒播给大地，发出更多的热量，温暖人间，报答养育自己的祖国。

"困难是暂时的"

在三年困难时期，吴运铎和大家一样过着苦日子。家里五个孩子，老大才 12 岁，孩子们吃的不够，吴运铎看到孩子吃不饱，心里不是个滋味。说实话，吴运铎从小经受的苦，不知比这苦要多多少倍，这点苦，他并没放在心上。他曾对一位朋友说："困难是暂时的，有毛主席领导，我们一定能够克服困难。再说，这点困难跟战争年代比算不了什么。现在只是吃的东西少一些，而战争年代，我们的脑袋今天在，明天在不在就不知道了。"

困难时期，吴运铎感到肚子虽然饿一点儿，身子发软，但心态端正，精神依然振奋。1961 年，他还应《中国青年》杂志社约稿，兴奋地画了一颗柔嫩细脆，素净淡雅的大白菜，上面落着一只蝈蝈，旁边写着“清嫩可口”几个字。画稿发表后，同志们看了有说有笑，议论开了，说：“老吴，你又要我们大家跟你一起精神会餐呀!”

吴运铎是一个乐观向上，扎实工作的人。在国家三年经济困难时期，他主要抓两件事：一是解决职工怎样顺利度过饥荒，吃饱肚子；二是抓好科研生产，完成国家交给的任务。

该所退休老职工张威仪写文说：1960 年初，国家遭遇了严重的自然灾害，整整三年，粮食定量低，职工吃不饱饭，生活困难，很多职工因缺乏营养，得了浮肿病。为了不饿肚子，吴所长提出：“我们要像延安时那样，自己动手，丰衣足食，克服困难，战胜自然灾害。”他要求各级领导干部深入群众，以身作则，带领职工在所内凡是有空地的地方，开荒种地。大家利用业余时间，在所内空地种满了萝卜、红薯、玉米等，一年三季都能吃到自己种的东西。就这样，我们战胜了三年自然灾害造成的困难，科研生产也取得了可喜成就。老职工郭继真口述：三年自然灾害，使我们的国家陷入了暂时的困难。当时，由于粮食实行定量制，副食品十分紧缺，人们常常要忍饥挨饿。为了填饱肚子，有人发明了“增量法”，有人叫作“双蒸法”。就是把蒸好的米饭加足量的水复蒸，使之增大体积，以此增加供应量。这种米饭不但不好吃，而且吃后很快就饿了。鉴于此，领导和职工群众心里都很焦急。怎么办？首先为保证领导有较好的体力带领职工全力投入工作，各个单位都为领导干部开过“小灶”。所谓“小灶”，无非是菜里的油多一点。但这起不了大作用，因他们的身体都处于半饥饿状态。

吴运铎所长没开过“小灶”，与职工一样拿着碗筷排队买饭。他与职工同甘苦、共患难的精神，深深地打动了全所职工的心。

有的同志告诉笔者，为了所里的病号、职工、领导干部都能够吃饱，吴所长还决定成立所副业生产科，给职工生活增加一点补贴。有一次，副业生产科的同志搞来数量不多的新鲜鱼，分给领导和病号。吴运铎是一所之长，又是病残人，应属分配之列。一天，他下班回到家里，听孩子告诉他，所里给送来一些鱼。吴运铎问："给人家钱没有？"孩子说："人家说不要钱，是给领导补养身体的。"吴运铎一听，不对劲，命令孩子"把鱼赶快送回去，我们不能占公家便宜。"孩子只好照办。

吴运铎是从烽火硝烟战场上走过来的，他吃过的苦多着呢！是老战友、老同事用生命和热血保卫了他，他才能活下来。在三年困难时期，一千多个日日夜夜，他心里牵挂着战友及其子女，在精神上鼓励他们，在生活上支助他们。笔者从吴运铎的儿子吴小荣1969年1月26日于陕北延川插队时写的日记里知道："父亲写的书有一笔稿费收入，那时我每月要到邮局拿回一摞汇款单，父亲常常给住在各地的老同事、老部下汇款，有的寄10元，有的寄5元。"用今天的消费水平看，5元、10元不算啥，但在20世纪五六十年代，对于低收入的中国家庭，至少可救救急，维持一周最低的吃菜花费。

"治病也应该讲点精神"

吴运铎的思想先进、精神不倒。他用自己的精神去感染别人；用他的思想认识去做别人的工作。章洁思同志是我国著名作家章靳以的女儿。她曾经因患神经炎而休学在家。疾病给她带来许多困难和不便，使她很苦恼。吴运铎得知后，就不断给她写信，鼓励她扬起生活的风帆，顽强地斗争，有滋有味地生活下去。1962 年 11 月 6 日，吴运铎给章洁思的信，是这样写的：

洁思小同志：

给我回信已收到，知道你仍在顽强地与疾病作斗争，并在有计划地学习和愉快地生活，真使我高兴。

我在医院里一切都好，每天除治疗外，就看报读书，倒成了极好的学习机会。

治病也应该讲点精神，要顽强，要乐观。这不仅是对自己负责任，更重要的是对党对人民负责。一个人，他只要具有一个终身为共产主义而献身的崇高生活目的，并在任何时候都无限忠诚于这个生活目的，只要他没有私心，处处为人民为共产主义事业着想，他就能成为一个真正的人，他就能经受得起任何困难和任何风暴的考验，他就能成为一个不可战胜的人。生病是不幸的，但这区区的个人不幸，和我们的崇高事业比起来，又算得了什么呢？只要内心里燃起永不熄灭的火焰，他就能排除万难，勇往直前！

吴运铎叮嘱章洁思同志要有远大的理想，坚定的共产主义信念，永远跟党革命到底，这在当时的政治形势和社会大环境下，是对一个革命者极为严峻的考验。由此，也看出吴运铎对待同志、对待国家的高度责任感和使命感。

同年 11 月 27 日，吴运铎在信中进一步教导洁思同志应该如何做人，做一个什么样的人？生活的目的是什么？怎样培养自己具有崇高的生活理想？怎样树立无产阶级的人生观和世界观？很显然，他想把章洁思的思想认识，从感性认识提高到理性认识阶段，使她的思想上一个新台阶，成为一个自觉的革命战士。

吴运铎写信说：

你的来信均先后收到，知道你的近况，真为你高兴，并感谢你对我的关怀。

你积极要求加入青年团，这真是太好了。我祝你能早日成为一个光荣的共青团员。为了你能早日建立起崇高的生活理想，获得一个崇高的生活目的，就让我们来谈谈这个问题吧！

人活着，都有自己的生活目的。不管人们是否自觉的，但任何人对事物总有自己的看法。人们对人生的看法是多样的，有黄色的，也有灰色的。但归纳起来，总不外是属于两大类：一是资产阶级反动腐朽的人生观，一是我们无产阶级的共产主义的人生观。

资产阶级人生观的最大特点就是“人不为己，天诛地灭”，它把“自私”当作生活的目的，把追求个人享受建筑在劳动人民的血汗和眼泪上。而我们无产阶级的人生观是为了全人类的幸福，为了实现人类最崇高的理想，为建成人类最壮丽的事业——共产主义而生活和斗争！

一个人的言行是受他的思想支配的，但思想又是由他的人生观来支配的。因此，一个人树立起共产主义的人生观，对他一生来说，是多么的重要啊！没有崇高的生活理想的人，像大海里的一片小舟一样，它时刻都会被狂风巨浪袭击而沉没海底。但一个人有了共产主义的理想，并无限地忠诚于这个理想，他就能经受任何风浪和困难的考验。

要怎样才能培养起崇高的生活理想呢？赌咒发誓是不行的，最重要的是要开展思想斗争，特别是自我斗争。要时刻开展斗争，消灭一个自私的、没落的、反动的资产阶级思想，才能建立起共产主义的崇高思想，我们知道旧的不消灭，新的是不能成长的。只有严格要求自己，开展思想斗争，我们才会变得更坚强。

主编《家庭报》

吴运铎的工作老是那么忙。在特别忙的时候，十天半月不回家，家里的事全交给相濡以沫的老伴儿陆平了。但对孩子的教育，尤其是思想道德教育，他是从来不放松的。有位颇有见地的教育工作者告诫过他：“孩子的智育抓不好，便出次品，体育抓不好，就出残品，而德育抓不好，势必出危险品。”孩子的思想品德是从小培养起来的，就像一株株小树苗，在幼小的时候，就得按时施肥、锄草、洒水、剪枝，让它们长得更茁壮、挺拔。吴运铎为随时纠正孩子身上存在的不良思想意识和习惯，在“文革”前一度给自家的孩子办了一份《家庭报》。这张《家庭报》不同于普通的报纸，它是定期挂在自家走廊里的黑板报。那么，是什么事由触动他要办这份《家庭报》的呢?

一天傍晚，吴运铎去住在北京市和平里的一位战友老蔡家里做客。正巧，这天是星期六，老蔡那个四五岁的男孩小栓子刚从托儿所接回来。老蔡对孩子说：“你管他叫吴叔叔。”还和孩子说：“吴叔叔会做真枪，还是劳动模范哪!”小栓子瞧着这个陌生人，两眼流露出羡慕的神情，说：“爸爸，我长大也要当劳动模范!”

过了几个星期，吴运铎又去老蔡家，小栓子一见吴运铎就高兴地跑过来让他抱。当孩子发现吴运铎的左手没指头了，便惊愕地和爸爸小声说：“爸爸，吴叔叔怎么没手指头?”老蔡嘿嘿地笑了，告诉他：“那是被日本强盗的炮弹炸掉了!”小栓子听了惊诧地对着爸爸耳语：“爸爸，我不当劳动模范啦!”

这细微的小事，引起了吴运铎的深思。他想，小栓子还年幼，不知道革命战争是生死存亡的斗争。他还不懂得没有千千万万烈士的流血牺牲便没有幸福的今天。因此，孩子对他失去手指表示惊讶，是很自然的。由这件事，也使他联想到，事情既然可以发生在小栓子身上，当然也可以发生在自己的孩子身上，得想个法子对自己的孩子加强思想品德教育。用什么办法去教育孩子？他不忘孔子说过：“克勤于邦，克俭于家”，想起一则革命前辈董必武老人教育子女的故事。有一次，董老大病初愈，家人为他准备了一桌可口的饭菜。当大家拿起筷子吃饭时，董老见有的孩子吃饭把饭粒掉在桌上也不拾起来，他便拿起筷子，拨动着碗里的米饭，沉思一会儿，吟咏唐代诗人李绅《悯农》这首诗：

锄禾日当午，
汗滴禾下土；
谁知盘中餐，
粒粒皆辛苦。

董老吟毕诗，便对孩子们说：“粒粒皆辛苦，你们懂不懂？从耕到种，除草、施肥、灌溉，如果风调雨顺，没有虫害，春种才能秋收！”孩子们听了都点头。董老又以平和的语气对女儿楚青说：“这首诗只有四句，很好背，我教你们，以后你们都要会背。记住啊，粒粒皆辛苦，粒粒不能丢啊！”打这以后，董老在饭桌上，都要孩子们背这首诗。

吴运铎觉得这是个好办法。能不能让自己的孩子每周六从学校回家来，饭前看看自己办的《家庭报》呢？于是，他就上街买了一块小黑板，在家给孩子办起了由他主编的《家庭报》。

当时，他的几个孩子吴克、吴卓、吴小荣在念中学，而且是住读生，每周六回家一次。因此，《家庭报》每周出版一期。他常和孩子所在学校的老师联系，了解孩子们的思想、学习情况，有针对性地编辑《家庭报》的内容。在平日读书看报时，他遇到适合见报的资料，就顺手摘抄下来，改编后刊载在《家庭报》上。他还特别注意把孩子做的好事，好的表现，写成小故事，登在《家庭报》上，以资鼓励。他用正面的肯定来激发孩子们自动放弃不好的东西，孩子们看了十分动情，大多都能把报上的内容牢牢记在心里。

每逢星期六晚上，孩子们从学校回到家里，他就把孩子召集在一起，敛容正色地说："快吃晚饭了，你们在饭前先去看看《家庭报》！"孩子们乖乖地去了，认认真真地看报，有时还提出不大明白的问题。

吴运铎利用《家庭报》这种教育形式，在孩子们的品德发展中曾经一度起到精神"乳母"的作用。他教育孩子要尊师爱校，秉公办事，勤奋学习，节俭朴素，恪守诚以待人，诚于处世，做个诚实的人。孩子们都很上进，思想品德、各门知识学得都不错。即使"文化大革命"初期动乱的年月，他们也都珍惜时间，老老实实在家复习功课。

年轻的父母们，在注意孩子的物质营养的同时，切不可忽视孩子的精神喂养，其中特别是思想品德的哺育！

勤于动脑，痴迷科研

沧海桑田。自然界分分秒秒都在运动；人类社会也在不断变化，或此兴彼亡，变动无常。然而，在吴运铎的词典里，心在科研一线，志在抓紧开发科研成果，一直没有变。

"文革"前，他常去坐落在北京的西北门户、太行山与燕山交汇的居庸关下208所试验场搞武器弹药试验。据该所一位老同志范世彬回忆：吴运铎因常在208所进行兵器试制试验，所里给他安排了宿舍和办公室，还把一个羊圈改成实验室，主要供他使用。因为他的脑子里老在转，总在琢磨科研的事儿，不知什么时候来了灵感，冒出了新的想法、新点子，经过深思熟虑，决定要做什么物件时，便刻不容缓，立即去试制，不管是深更半夜，还是外面风雨交加，绝不拖延一分钟，仿佛不赶紧动手制作出来，就会丧失良机，放跑一群敌人似的。

有的工作在他的小小实验室里施展不开，无法进行，需要到所里试制车间去完成。他想，晚上夜深人静，到车间里做活，势必会惊动或麻烦别人，影响大家休息。于是，他想出一个诀窍，白天悄悄地对车间窗户“做了手脚”——留出一扇窗，不插插销，晚上一旦有了新思路，便拖着一条伤残的腿，爬上留的那扇窗户，跳进车间，开始无休止、忘我地工作。

类似这样默默的、无声无息的工作，对吴运铎来说是几十年的常态，绝不是一年两年形成的。从 1959 年就在他身边工作的车工郑师傅回忆说：“吴运铎在（202 所）科研办公大楼一层楼梯下的小耳房有一个工作间，称之小实验室。他经常在那里自己动手，敲敲打打，加工制作一些零件儿，搞些发明创造。他曾为 82 毫米无后坐力炮的研制绞尽脑汁，还搞过 82 毫米无闩无后坐力炮研究，探索过丛林冲锋枪……”吴运铎的儿子吴小荣写文说：“父亲晚年除了画画，练书法，每天都不忘在机床上练一下锉刀、钻床……”昭然可见，吴运铎始终把科研摆在自己工作的首位。他说过：科研人员，要有科研的头脑，勤于动脑、动手，天天想问题，并把思考问题与动手制作结合起来。在工作中一贯要求抓紧，抓实，不放弃任何挑战性机遇。

自吴运铎平反恢复工作以后，他很难忘记在 208 所战斗的日日夜夜，一有空，就回去看望大家。他的一言一行，起到了技术奠基和精神引领作用，并为 208 所带出一批技术骨干，大家深深敬重、怀念他。当年，他试制用过的微型车床，已成为镇所之宝珍藏。如今，睹物思人，它已经成为永久的纪念。

第十七章　艰难岁月

吴运铎在1954—1965年，主持无坐力炮、高射炮、迫击炮、轻武器和导弹地面设备等重大课题的研究，取得了许多重大成果，并且为国家培养了一批青年兵工专家，为国防现代化和改善我军武器装备作出了卓越贡献。

根据国家形势和任务需要，1963年下半年，中华人民共和国第一机械工业部一分为三，即分为一、三、五机部。吴运铎是搞兵器的，分配到五机部机械科学研究院任副总工程师。1964年3月，成立中国兵工学会，吴运铎高兴地参加了会议。如果形势继续顺利地发展下去，我国军工方面会有长足发展和进步。然而，在中国降临了一场历史性的空前劫难……

“三家村的走卒”

“文革”伊始，北京市委吴晗、廖沫沙、邓拓三人被拉出来示众，说他们是反党、反社会主义分子组成的“三家村”。吴运铎所在的研究院首先拿吴运铎开刀。因为有人说他请邓拓同志在两幅画上题过字，所以勒令他彻底交代与“三家村”的黑关系。一时间，吴运铎像犯了滔天大罪，大字报一张接一张贴出来。几天之内，大字报铺天盖地，楼道里，院墙上，食堂里……开始，磊落而善良的他，还误以为是造反派不了解情况，小题大做。如若把情况说清了，相信群众不会把他这个工人出身的技术人员同那三位知名度很高的专家、学者、名人连在一起。一气之下，吴运铎写了三四张大字报，说明了自己认识邓拓，并请他题写毛主席诗词的来龙去脉：

1963 年，吴运铎在北京市远郊南口果园搞科研，并不断试验打炮，工作十分紧张。恰逢此时，北京一些著名画家在南口写生作画。28 岁就被徐悲鸿先生聘为北平艺专教授的大画家周怀民得知吴运铎在南口，便勾起了他对吴运铎在抗战时那传奇般英雄业绩的景仰，于是作了一幅最擅长的、有“周葡萄”美称的葡萄画赠给吴运铎。吴运铎爱不释手，喜悦之情溢于言表，便对周怀民先生说，这画太好了！受之有愧呀！停了停，又说：“再题几个字就好了。”周怀民想了想，提议让吴运铎去请擅长书法、诗词的邓拓题字。吴运铎说，不认识邓拓，怎么好意思向人家求字？周怀民先生说他认识邓拓，可以帮忙。

一次，吴运铎借去城里开会之便，大着胆子去找邓拓，向他表达了题字的请求。谁料，邓拓同志欣然应允了。“这幅画要写个什么字呢？”邓拓的话，像是自言自语，又像是征询他的意见。吴运铎连忙说：“题毛主席诗词《咏梅》吧！”此后，这幅配毛主席诗词的画一直挂在吴运铎的家里……

吴运铎是中国火炮专家，而不是“政治家”。他原以为既然是“文化大革命”，清理一下文化圈内的事就完了，不会涉及更大的范围。实际上，他的判断太书卷气了。他没有锐利地洞察出一小撮人醉翁之意不在酒，他们“革”的不是“文化”领域的命，解决的也绝对不是文化问题，实质是权力的分配问题，即由谁来掌权？他们是打着文化的幌子，来夺取政治权力。当然，吴运铎写大字报来回答提出的问题，说明事情的原委，那是无济于事的，相反倒是引火烧身，愈演愈烈，某些人非要

1964 年 3 月，中国兵工学会在北京成立。吴运铎（后排左一）与五机部出席会议的代表合影。

1954 年 7 月 25 日，清华大学物 403 班与吴运铎（前排中）合影留念。

置他于死地而后快不可。穷凶极恶的坏人有组织、有计划、有预谋……

在五机部研究院司局长中，一些别有用心之人，为转移斗争矛头，胡说吴运铎认识“三家村”的邓拓本身就有罪，并不着边际地上纲上线，罗织罪名，编造他是“三家村”的走卒，抄了家。一伙参与抄家者发现吴运铎家收藏了中央美术学院著名的王树国教授一幅山水画，也有邓拓题的字，便对吴运铎狠狠地说：“你不仅有罪，而且是罪上加罪，罪大恶极！”这话很快传出去了，搞得沸沸扬扬，不得了啦！吴运铎成了研究院头号“新闻人物”，成了“死老虎”！成了头号“坏蛋”！大会斗，中会斗，小会交代问题，变为他的“专利”。

对于这个问题，吴运铎的次子吴小荣不久前撰文说：“1963年，邓拓伯伯手书毛主席《咏梅》诗送父亲‘风雨送春归，飞雪迎春到，已是悬崖百丈冰，犹有花枝俏’匾幅挂在家里，引来众人欣赏，蓬荜生辉。‘文革’中，造反派知道了，就来抄家，又发现了一个意外的‘惊喜’，中央美术学院王树国先生送给父亲的一幅山水画，上面也有邓伯伯的题词。造反派就对父亲说，你是‘三家村’反党集团重要成员，罪在不赦。”

“抄完家之后，造反派可能觉得没抄干净，又抄了一回。字画封在他们仓库里，不久便不翼而飞了。

“东西抄没了，家里光秃秃的，父亲就手写一幅字，‘家住安源萍水头，三代挖煤做马牛’挂在墙上。这是革命现代京剧样板戏《杜鹃山》里柯湘的一段唱词，要说和父亲的经历也相符。父亲出生在安源，他写的《把一切献给党》中的第一句话是：‘我是在矿山长大的。’长大后在井下做了一名电器和机械设备修理工………”

从吴小荣叙述的内容看，本是一件很平常的事。画家周怀民作画赠当时闻名遐迩的英雄吴运铎，表示崇敬是人之常情；吴运铎觉得画上题几个字更完美一点；画家帮忙联系名人邓拓，也无可厚非。这样一件简单的事，一小撮权力欲者，借此上纲上线，煽风点火，蛊惑人心，公然诬蔑吴运铎是“三家村”的重要成员，随之，抄家，掠走人家的字画，这与强盗明目张胆抢劫就其本质而言，别无二致！

笔者每次去吴运铎家采访，看到客厅和他卧室的墙上常有名人字画、名人名言录，或自作的墨笔画，每过一段时间便改换新的。其用意何在？一是个人对书画、诗词情有独钟，兴趣和爱好使然；二是用以提示自己做人做事应该具良好的道德品质。这有什么过错？既不妨碍别人，也不触犯法律，何罪之有？

接着，有人标榜某某造反派，又给吴运铎贴出了大字报，说他是“胡家店”小伙计。这是什么意思？说他在20世纪50年代是第三届共青团中央委员，是为团中央书记胡耀邦、胡启立、胡克实开的“胡家店”办事的，以故给他戴上一顶帽子：“胡家店的帮凶。”后来，那一伙人贴大字报，说吴运铎写了《把一切献给党》这本书，被吸收为中国作家协会会员，又送他一顶洋帽子：“裴多菲俱乐部的重要成员。”最令吴运铎不能容忍的是那伙人在大字报上公然编造说：“毛主席指出‘利用小说反党是一大发明’，而吴运铎是利用写书反党。”吴运铎不服，就提出质问：“是哪一章哪一节哪一页有反党言论，你们提出来！”吴运铎与那伙人争论得很厉害。他咋想也想不通，他的书里什么地方反对共产党啦？那伙人又胡说什么“《把一切献给党》全是胡编一套，书里尽讲的是做枪做炮，不讲政治，明目张胆地宣传白专道路”。有的组织头头找吴运铎训话，说："你已经是揭出来的牛鬼蛇神中罪行最严重的一个，如不老实交代，低头认罪，脱胎换骨，势必罪上加罪，死有余辜……"一向穿着蓝色粗布工作服的吴运铎，清癯、憔悴的脸庞，无形中增添了几条深深的皱纹，他大惑不解，内心隐隐作痛……

这以后，日子更难过了，大会批，小会斗，把"批倒批臭"吴运铎的口号，喊得震天响。住"牛棚"，抄家，游斗，写材料，成了吴运铎的家常便饭。

在那浊浪翻滚、阴风呼啸的黑暗年代，"打倒吴运铎"的大字报、大标语，糊满了吴运铎工作的二十院。它们像一发发"重型炮弹"对着吴运铎狂轰滥炸，什么"假劳模""反动技术权威""五一六分子""反革命修正主义分子""胡家店的帮凶""三家村的走卒""裴多菲俱乐部的重要成员"等十六顶大帽子向他飞去。就连东北林学院师生送给吴运铎的几盆花，摆在办公室里留作纪念，也被人无限上纲，说吴运铎过的是地地道道资产阶级生活方式，是彻头彻尾的修正主义分子……

在那种险恶的环境下，吴运铎经过观察、判断、斗争，才一点一点地看明白了，那一伙人是想干什么。于是，他陡然变得沉稳起来，没有惊慌失措，密切注视着斗争的形势，监视着那伙人的新动向，时刻准备着迎接新的战斗……

随着这股凛冽的政治风暴愈演愈烈，林彪、"四人帮"的追随者编造出了一套谬论："知识分子靠不住！""凡是知识分子成堆的地方，就是修正主义的窝子！"于是乎，二十院这个单位的科技人员，大部分被编入"另册"。不单留学回国的老工程师、研究员被打成"反动学术权威"，就是中华人民共和国成立后在五星红旗下培养出来的大学生，也都被划入"黑线人物”。谁不同意他们的观点，就给谁洗脑，就要挨整。一个在该院托儿所工作的保育员，对他们的观点产生了怀疑，就诬蔑她是“黑线人物的同情者”；一个青年女工顶撞他们几句，就把她打成“现行反革命”；一位参加过抗日战争的处级干部，怀疑他们执行的路线有问题，就被铐上手铐关起来。面对邪恶与强暴，吴运铎绝无一点畏缩和胆怯，坦荡地迎上去，以恨之入骨的目光直逼那伙残忍至极的施暴者。他岂能沉默？因为这是关系到党对知识分子政策，关系到国家前途命运的大事，屈服就是容忍，就是软弱，就是犯罪！在一次全院大会上，吴运铎不顾身体虚弱，奋力冲上讲台，高声读着自己写的打油诗："掘尽三江水，难消阶级恨……”他一身浩然之气，怒指着那伙人说：“这到底是哪个阶级要整哪个阶级？你们是打手……”

这下不得了啦！如同在太岁头上动土。那伙人便纠集一切图谋不轨者，抛出了一批大字报，围剿吴运铎。仅一天工夫，“打倒吴运铎”“千刀万剐吴运铎”“油炸吴运铎”“吴运铎不投降，就叫他灭亡”的大字报、大标语在二十院第二次铺天盖地，席卷而来，并走出院门，贴到大街上……吴运铎异常镇静，他忽然想起读的一本书上说过：“人，是有尊严的。有尊严的人可以被打死，但不可以被打败！”

面对这种充满火药味的气氛，吴运铎还清楚地记得自己笔记本里曾抄录居里夫人的一句隽语箴言：“我的最高原则是，不论对任何困难，都绝不屈服。”是的，从战火中闯出来的他，为研制我军战争急需的枪弹、炮弹几乎葬送了生命的他，没有丝毫的怯懦。他坚定地对那伙人的头头公然宣明：“你们敢干，我就敢说！你们下得去手，我就开得了口！你们能写大字报，我也不是没长手！我要不停地写下去！即使丧失了生命也不失风骨！”

画“螃蟹图”

1967年，在一次批判大会结束后，吴运铎拖着疲倦的身体回到办公室，喝了几口水，闭上眼睛，像在脑子里过电影一样，把批斗会现场的一个个镜头过了一遍。忽然，他感到愕然与震惊，敏锐地意识到有人在兴风作浪，借“革命”以营私，不实事求是地揭发问题，批判自己的错误，而是别有用心，故意整他，要置他于死地呀！在无比愤怒之中，他拿起纸，摊在桌上，愤懑之情凝聚在笔端，挥毫作画。眨眼之间，一只张牙舞爪、横行霸道的大螃蟹跃然于纸上。

吴运铎沉思片刻，不知是什么灵感触动了他的智慧火花，又挥笔画了一把刀锋犀利的斧头，要把大螃蟹一劈两半。此情此景，他觉得尚未完全表露心迹，又在画面左上角题了语颇隽永、耐人思谋的一行字：“看你横行到几时？”

这幅“螃蟹图”，是吴运铎历经风云变幻、狂涛巨澜，在重压困厄之下，大胆创作别具一格的大字报，也是他对那场批判会无所畏惧的、愤怒的控诉状！

斗争远远没有结束。当吴运铎得知那伙人拉拢几个官迷心窍的人对付他时，他断然挥笔作了一张“太公钓鱼，愿者上钩”的画像，一则提醒大家不要上当，二则无情地揭露这群魑魅魍魉的惯用伎俩和狰狞面目。

大字报贴出后，群众议论纷纷。二十院掀起一场轩然大波，轰动了。然而，院里那一伙人傻了眼，根本没有料到吴运铎会有那么大胆子与他们抗争、挑战。于是，便以他“恶毒攻击”的罪名，召开了声势浩大的批判会，硬是把他架到台上进行批判。那伙人打错了算盘，以为这么一个骨瘦如柴的伤残人，自然会在批判大会上俯首听命，乖乖认罪。没想到，他却正气凛然，不低头，不认输！

批斗会结束了，吴运铎被折腾得疲惫不堪，颈部、背部像针刺一样阵阵疼痛；胳膊麻木，步履艰难地回到办公室。他擦擦汗，呷一口茶，小坐一会儿，又一口气挥笔画了五只螃蟹。这张螃蟹图的大字报贴出后，许家发同志看到了。据现已 80 多岁的许老回忆说：一天晚上，我去“工字”楼看大字报，在一楼走廊的墙上，我看见一张画，上面画着几只张牙舞爪的螃蟹，一个伙夫手里拿着一把利刀，向螃蟹砍去。题款写道：“看你横行到何时!”署名是吴运铎。这件事说明吴运铎不愧是中国的保尔，铮铮铁骨，敢向邪恶作斗争的无畏精神，我很佩服。但是，那伙仇视吴运铎的恶人，嗅到了味道。他们咬牙切齿，打定坏主意，要彻底治一治吴运铎，给他“升级”！于是，那伙人在军宣队这个大后台支持下，公然宣布吴运铎是“自己跳出来的牛鬼蛇神”，必须“实行无产阶级专政”“关进‘牛棚’!”他是机械科学研究院（二十院）第一个遭受这种“待遇”的人。

此后，大大小小批斗会，都勒令吴运铎去陪斗。在一次批斗会上，几个心狠手辣的彪形大汉瞪着像牛一样的眼睛，狠狠地按他的头，拧着他曾经炸断了的双臂，吼叫着，辱骂他，竟至“秃子打伞，无法无天”的地步。吴运铎向这伙人提出强烈的抗议：“我是个残疾人，不准打我!”那伙饕餮者丧失了理智，丧失了人性，歇斯底里地肆意吼道：“就是打你这个残废!”

这伙恶人、打手，那时亮出卑鄙透顶的两个损招，一是游斗，二是围剿大字报。据许老回忆：“1967 年 7 月，所里派我和其他同志去北京机械院参加‘转弯子’学习班学习。我们报到后的第二天，看到一小撮‘造反派’把吴运铎上衣脱掉，将他一双手臂涂上黑墨汁，在机械院院内路上游斗，并喊着口号，举着横幅，上面写着‘打倒黑帮、反动技术权威吴运铎’。我看到此情此景，一阵心酸。心想，吴运铎对国家、对军工有很大贡献，他是把一切献给党的英雄，是劳动模范，你们这样侮辱他，折腾他，天理何在？”对此，吴运铎的同事王铨工程师曾与吴运铎一起住过“牛棚”，一起发配到“五七”干校，“九一三”事件后，回到北京办学习班同在一起学习过。他为了鼓励儿子坚强地生活，跟儿子讲：“吴运铎虽然是革命功臣，但在‘文革’中，受的苦比我多，有些人斗他，他从没有低过头，停止过抗争。因此，批斗他时，揪头发、扇耳光是常事。有一次，把他打倒在地，他愤怒地抗议……”

1968年，五一国际劳动节的前一天，这伙人给吴运铎连升几级，叫嚷着：“不能让吴运铎趁过节搞反革命串联活动，把他关起来！”此后，吴运铎丧失了一切自由。这伙自称响当当的造反派，却把真正反党反社会主义的反革命分子放在一边不管，而用主要力量镇压和摧残吴运铎和一些革命干部、知识分子，这就是所谓的抓住了二十院斗争的大方向。他们究竟是一伙什么人，不是昭然若揭吗？

吴运铎是家里的一棵大树，在“文革”中被审查、批斗、抄家、关进“牛棚”……这棵大树倾斜了，面临倒下的可能……

所谓造反派扣发他工资的一大半。如果没有特殊情况，也还可以生活。但是，吴运铎是伤残军人，因伤残引发疾病缠身，经常去医院看病抓药，甚至是住院治疗，搞得七口之家入不敷出，每到月底，吴运铎还要向同事们借钱。

当然，这还不是个大困难，最让家人和孩子心情沉重的是，昨天，他还是共和国的勋章获得者，英雄、模范人物，“中国的保尔”，大名鼎鼎的人物，一夜之间，却从巅峰坠入谷底，落差之大，亲人和孩子心里疑虑重重，精神低迷，心情郁悒。

吴运铎的处境，直接株连了孩子和家庭。孩子们知道，父亲不是地富反坏右，但造反派说他是“三家村的走卒”“走资本主义道路的当权派”“五一六分子”“反革命修正主义分子”“现行反革命分子”，当属无产阶级专政的对象。所以，他们去学校里抬不起头，在同学中少言寡语，在社会上萌生低人一等的心理，在家属大院里，不敢出门，仿佛自己就是黑帮子女……

当时，五个子女中最大的也只有 18 岁。他们这个年龄，正是爱做梦、富于幻想的金色年代、正是抉择人生正确路标的年龄，突然，梦断了，路标倒了，自然在思想上、精神上受了重创，遭遇前所未有的压抑。宣传机器天天叫喊着打倒走资派，批倒批臭。政治阴霾天天笼罩在头上，孩子们苦闷的心情向谁去倾诉，到哪里去寻找解脱的一剂良药?

吴运铎的次子吴小荣回忆说：“我生性敏感，喜欢在肚子里想事。自父亲出了问题，我一直放心不下，心里压力很大，不愿与人交往。”他还说，“1967 年我送哥哥吴卓去黑龙江插队。在北京站广场上的大喇叭里，不停地播放热血澎湃的中学生唱的歌：‘迎着春风，迎着朝阳，跨山过水到边疆，伟大祖国天高地广，中华儿女志在四方。’那时，毛主席还没有发出知识青年到农村去的口号，哥哥和北京 101 中学的同学主动要求下乡。1969 年，黑龙江生产建设兵团正式成立，哥哥被分配到绥滨地区兵团二师九团十一连，一干就是六七年……”

吴小荣在讲到姐姐吴克时，说："1968 年 8 月，姐姐与河北北京中学的同学一起去内蒙古插队，她被分配到锡林郭勒盟东乌珠穆沁旗。冬天，那里有时气温低到三四十度，也不休息。天天忙忙碌碌地放羊、套马、骑骆驼；打井、盖房、晒牛粪；挤奶、剪羊毛、接生、摘蘑菇……仿佛成了她每天的必修课。"

吴小荣是 1969 年 1 月去陕北延川县插队的，生活艰苦是不言而喻的。他想念家里，惦念父亲，拼命劳动，一年下来，只挣 43 斤小米……四年后，他按国家政策被调回北京，在一个工厂当学徒，做了四年钳工……

吴运铎的老伴儿陆平，时时刻刻惦记吴运铎，担心他的身体受不了，生怕他的伤病因批斗而加重。她心怀忧伤，忐忑不安，于 1969 年 7 月带着两个孩子吴小勤、吴小健去河南罗山县一机部"五七"干校劳动。吴小健是吴运铎的小女儿，1994 年 9 月 30 日《北京青年报》报道："如今是机械委的财务处处长，据说脾气秉性最像父亲。小健干活儿玩儿命，在干校那会儿扛起麻袋就走，有病也不歇。"干校的艰苦生活和繁重劳动，对陆平单薄瘦弱而负过伤的身体是多么大的考验。她既要老老实实劳动，不被吴运铎的事影响自己的心情，又要照顾两个孩子的生活起居。幸亏干校领导信任她……

记得苏联大作家托尔斯泰的《安娜·卡列尼娜》卷首两句大家熟悉的话："幸福的家庭都是一样的，而不幸的家庭各有各的不幸。"吴运铎的家庭本来是和睦、温馨、充满求知欲的，幸福得让人羡慕，但由于人祸天降，使七口之家分五地生活，孩子们的生活过得很清贫，家里有时连给他们买牙膏、肥皂、毛巾、手纸等日用品的钱都掏不出来。但他们总算经受住了漫长的运动和贫困生活的考验，度过了不幸的悠悠长夜。

当上了“猪倌”

严冬，气温低，天气冷，多穿些衣服便可御寒。然而，政治气温表一天24小时变化多端，喜怒无常，让人心惊胆战，最容易毁掉人的心灵。

1969年冬，冷得怕人，沉寂得让人战栗不安。林彪第一号命令下达后，正义的人，心是紧缩的，他们无从知道中国将要发生什么事情。像吴运铎这样一个特级残疾军人、共和国功臣，也未能幸免所谓的下放劳动。

在一个月黑风高的深夜，他被一辆大卡车拉到长城之外河北张家口辖区蔚县的上公村。命令他只身一人住在村外公社四队的“草料场”，看守牲畜一个冬天吃的草料。

那是一间破旧的土房，四面不靠人家，就像是一个孤岛。陈旧的房子年久失修，墙上的泥巴大块大块地剥落，如要遇上一场暴雨，就有可能倒塌，与《水浒传》中林冲避雪的山神庙相比还要破旧。白天，他经常看到狐鼠出没；深夜，窗外传来低沉的野狼嚎叫。透过房顶的秫秸，钻进啸耳的凉风，掠过天棚的灰尘，吹得墙纸呼呼直响。他躺在土炕上，瞧瞧铁锅和冻裂的水缸，遥望夜空稀疏的寒星，禁不住觉得有些苍凉。吴运铎生平第一次感到从未有过的孤独。做梦都没想到，自己革命了一辈子，竟落到这个地步；国家会遭受如此一场空前的浩劫……

好端端的吴运铎，如同龙游浅水，虎落平川，随时接受造反派批斗。但吴运铎坚持实事求是，从未说违心的话，做违心的事。军宣队认为他的活儿太轻，不能便宜他，就勒令他喂六头猪，当上了“猪倌”。他们美其名曰：“这有利于你脱胎换骨！”其险恶用心是以“劳动惩罚论”消灭吴运铎的肉体！

吴运铎住在那不叫“牛棚”的牛棚里，每天作息时间表是早四点多钟起床，拖着残疾的身子把一桶桶泔水倒入铁锅。接着，就是烧火，拉风箱，煮猪食，挑泔水……一担猪食百八十斤重，不用说他这个残疾人干起来吃不消，就是20多岁的小伙子干这种活也挺累。当别人起床的时候，他早已站在猪食槽边喂了一阵饲料啦！更艰难的是塞北的冬天，风雪交加，他的哮喘病一天天加剧，腿脚又不利落，天天冒着零下二三十度的低温去水塘挑水。塘里结着厚厚的冰，挑水时先用铁锹、尖镐把冰凿一个水桶口大小的窟窿，才能送下桶把水提上来。他仅有一只手管用，眼神不好，怎么干这种活？记不得有多少次，他去挑水，摔倒在路边；有多少次险些掉进冰窟里……在那黑暗难熬的日子，他们对他如此之狠毒，如此之惨无人道，令人悚然。然而，真金难铄，韧骨难毁。吴运铎从未去向谁求饶，要求照顾。一个人的尊严，一个人的品德，一个人的思想境界，是几个丑类永远读不懂的。

吴运铎的身体状况一天天恶化，瘦得像是一个骨头架子。他使笔者不由得想起作家戴煌在其《九死一生》中，描述右派朱启平在北大荒劳动改造时的模样：“……全身上下不仅有着一层厚厚的黑灰，而且瘦骨嶙峋，胸前皮下的两排肋骨根根可数，如果不比死人多口气，则完全成了一具木乃伊。”吴运铎不仅身上脸上抹着黑灰，且肋骨伤残，眼瞎、腿瘸，左手残废，可想而知，比曾经当过记者的朱启平健康状况更糟。但是，他不止是比死人多口气，也比身体健康的人多一种革命精神，一种顽强意志，一种人世间美好的良知！那时，他心里想的是：看你们能横行多久？

在这所谓的锻炼干部的“干校”里，实际上是强迫他干重活，累垮身体，低头认罪，末了，让他在天寒地冻的塞北，像一棵枯干的老树，在风吹、雨打、雷击、电闪，自然而然变成一粒沙石，一抔尘土，无声无息地消逝在异域天涯。这种险恶用心，食堂采购员老田师傅看得清清楚楚，他认为吴运铎不是坏人，暗中照顾他，常给他弄点好菜，打点酒，补一补身子。

吴运铎从小就劳动惯了，什么苦都吃过，什么罪都受过。热爱劳动是他特有的一种天性。如果有朝一日剥夺了他劳动的权利，整天待着，那就是要他的命了。所以，在那伙人勒令他下“五七”干校之前，他把陪伴自己多年的台钻、手摇钻、锉刀、斧子、钢锯、风箱等都带上了，想利用批斗会之外的时间，默默地搞老本行，搞创造发明。

吴运铎一到“干校”，当地的干部从军管会号房名册上看到了令他们久仰的、大名鼎鼎的吴运铎三个字。开始，当地人还不相信是真吴运铎，因为真吴运铎是个英雄，是个对国家、民族怀有一腔热血，不怕流血牺牲的人，是毛主席、周总理接见过的人，怎么会是无产阶级专政的对象，挨批挨斗呢？有人为摸清真假吴运铎，就找来《把一切献给党》这本书，重读里面的内容，细看书里的插图，对照他身上伤残的部位，才断定他是货真价实的吴运铎，不是重名，不是冒牌。于是乎，“吴运铎来啦!”这消息不胫而走，在群众中传开了。没用几天，远近的村子、生产队家喻户晓。

吴运铎和群众渐渐熟了，老乡们讲起当初见到他的想法时，有人说：“那时脑子里有许多问号：吴运铎是穷苦人出身，共产党解放了他，他咋会忘恩负义，反对共产党？”“吴运铎在抗战、解放战争中设计制造的枪支、炮弹，老鼻子啦！杀死了多少小日本鬼子和国民党反动派，为咱国家立下了特大战功，这个了不起的英雄，怎么会是牛鬼蛇神，是坏人呢?”有的青年人，趁没有专政队员看管吴运铎时，就偷偷地问道：“他们为啥把你弄到这荒山野外来？为什么批判你、打倒你？你是坏人，是黑帮吗？你犯了什么罪？你是不是得罪哪个大头儿，他们借机会报复你……”吴运铎生怕运动牵连这些天真纯朴的青年，迷惘地一笑，简单地告诉他们说：“部队里的事，你们不要管，听听就算了。”

造反派看群众接近吴运铎，便迁怒于他，污蔑他，散布言论，拉拢群众，编造瞎话，造谣惑众，胡说：“吴运铎每月挣3000元！很富有……”煽动群众去抢他、打他，以期获得“轰动”效应。花言巧语迷惑不了人。有的群众不相信，就背地里偷着问他：“你到底是多少级干部？挣多少钱?”吴运铎不回答。不回答就是默认，积非成是，问题便会更复杂化。后来，他便言之凿凿，老实交代：“我是行政十级干部。每月收入200多元。”群众知道了事情真相，看透了那伙人心怀鬼胎，再也不信他们的鬼话了。

“群众是我的衣食父母”

群众与吴运铎经过一年时间的接触，觉得他穿着朴素，说话实在，和和气气，没有架子，不像是坏人。有的大娘、大婶看他走路一瘸一拐，用一只手打水洗衣服，就悄悄地拿去帮他洗；有的大爷、大叔看他的房顶漏雨，就上房帮助修补；年轻人看他挑水、担煤不方便，就替他去干这些零活；姑娘们看他生火炉子是个外行，就抢着帮他找干劈柴，生炉子；村里青年赤脚医生蔡雨沛看他身上弹痕累累，感动得不止一次地流下热泪，每天晚上都要背着药箱，到他的土屋为他号脉、打针、煎药。一段时间里，他住得简陋而又寒酸的小屋成天不断人，出出进进的，简直像一个热闹的公共场所。

吴运铎多次说过：“群众是我的衣食父母。我的生存土壤是群众。”他在脑子里多次转悠过：如果有那么一天能完好无损地回到北京，我不会忘记这里的群众。如若组织上让我在这儿安家落户，我会毫不犹豫地扎根在乡亲们中，后半辈子心甘情愿为他们服好务。只要我在这儿生活一天，就要在有限的时间内，多为群众做些实事，帮他们解决一些实际困难。此刻，他恍若古希腊神话中的大地之子泰坦，离开土地就会死去——他离开了群众就不能存活在这个世界上。

吴运铎在自己破烂的屋里布置了“野战式”的小小工作室。休息时，为群众修修补补，小打小闹。若是生产队的拖拉机“泡汤”了，粉碎机“趴窝”了，柴油机抽不上水，电动机出了故障，那就不管是休息还是不休息，只要他知道，便马上跑去修理。有时，他去晚了，老乡们也不怪他，还心疼地安慰他说：“刚才你不是还在挨斗吗，该休息一会儿再来。”吴运铎习惯性地一笑，说：“他斗他的，我干我的，不碍事！”

有一次，村里的粉碎机坏了，咋也修不好。实在无奈，村里派人去找吴运铎给修修。吴运铎到那儿一瞧，没用一袋烟工夫，粉碎机就转动了。这下子，村里的老乡服气了，说他够“铁”的了，“是个行家”“有本事”。以后，这个村里的维修活都找他。修锅补壶的来找他，碗、盆摔坏了，茶缸掉了瓷也找他，好像他啥都会。有时候，老乡拿来一些稀奇古怪的活让他帮忙，他诚恳地向他们解释：“隔行如隔山，我没学过这门手艺，干不了。”老乡们哪里肯信，说：“你太客气，一家人不说两家话嘛!”弄得他哭笑不得。群众真心真意找上门来，又是百分之百信任他，就是有天大的困难，他也不让人家冷着心回去！他抽空为乡亲们服务，从自己本来就不多的“生活费”中，挤出一点钱来买些修补锅、碗、瓢、盆的必备之物，为乡亲们分忧解难。

吴运铎总是把老乡的事装在心里。负责看管他的人，看群众亲近他，心里有气，就故意在群众多的地方召开现场批斗会，让他低头交代反党、反社会主义、反毛泽东思想的三反言行。那伙人妄想这样做，一能揭吴运铎的老底，剥去他的劳模、英雄的“画皮”；二能动员群众，让群众与他划清界限，孤立吴运铎，瓦解他的精神支柱。对此，吴运铎毫不含糊。凡是批斗会上让他说话，他从不放弃发言机会，把话原原本本说清楚，由群众评评理，谁是谁非。这样一来，群众不但没有远离他，冷淡他，反而找他的人一天比一天多，与他的感情更亲近了。

少壮须努力

吴运铎为村里乡亲们服务时，常告诫年轻人，“少壮不努力，老大徒伤悲”，要好好学习，多读一点书，结合队里的生产，搞一些科研，改变农村的落后面貌。刚开始，多数青年人听不进去，他们说：“我们都是小学文化，能混饱肚子就不错了!”吴运铎对他们说：“小的时候，我家比你们穷，念到小学五年级就失学了。现在有了一点知识，懂得一点技术，全靠自学得来的。像你们这个年龄，自学还不晚，学吧，听我的没有错!”

当时,“四人帮”猖獗，江青胡说什么“知识越多越反动”。吴运铎针对这极端反科学的荒唐谬论，在各种不同场合劝大家好好学习。他说：“全社会应该尊重知识，尊重知识分子。”他怕小青年听不懂，还举了一个简单的例子：有一个小孩患了阑尾炎，你能在大街上随便拉来一个人就给孩子动手术吗？当然不能。那样做的话，准给孩子割死。我们必须请一位有这方面知识的，并且割过阑尾的大夫去给孩子做手术，才能使孩子解除病痛之苦。想一想，这没有知识，没有医疗专业技术能行吗？群众听了，都说：“是那么个理！”

吴运铎到“五七”干校好长一段时间了，有一天，他碰到一件颇具讽刺性的趣闻。这件事促使一部分青年人意识到非学习些知识不可，不学些专业技能将来在工作中寸步难行。一天中午，村里来了几个民兵，带着一支“三八”大盖枪找吴运铎，让他给打开枪栓。吴运铎问是怎么回事，一个民兵头头说：“不知咋回事，枪栓拉不动，找了几个人，都想不出辙。”吴运铎是被管制的对象，不能乱说乱动，更不敢动枪动炮，因此就对他们说：“你们去找军管会，取得他们的批准才行。”于是，几个民兵去找军管人员。军管人员看了看枪，找不出毛病，使劲拉呀，推呀，掰呀，就是弄不开，折腾了一阵子。在毫无办法的情况下，一起去找吴运铎，想试试他这个“反动权威”行不行，是不是冒牌货。若是他也打不开，借机奚落他一下，打打他的气焰。

吴运铎接过枪，拉了一下枪栓，纹丝不动。他明白了，这不是枪坏了，也不是出了毛病，而是枪的保险栓锁上了。他朝几个军管人员瞅了瞅，用手轻轻一扳，打开了保险栓，枪栓拉动了。此刻，军管人员和民兵面面相觑，傻了眼，说什么呢？心里是苦还是酸？个中的滋味唯有他们自己知道。吴运铎意味深长地对他们说：“一个人没有知识不行，一个社会没有各行各业的权威也不行！知识是有用的，权威是需要的！”

“老专家真有两下子”

吴运铎在“五七”干校种过菜。据当年比较熟悉情况的彭介人同志回忆：“……连里领导研究了半天，决定把几个年老体弱的院领导安排在菜地里种菜，上报军管会批准后，这些有‘问题’的老干部从此就在近村边的菜园里‘上班’了。”

从表面上看，军管会和连部还是很照顾吴运铎的，但他们是否考虑到吴运铎的特殊情况？别人是用两只手、两只眼在那儿干活，都觉得身体还禁不住，而吴运铎是一只手、一只眼睛，且腿和胳膊炸断过，脚也负过重伤，还患有严重的哮喘病……试问，这是所谓的“照顾”还是一种改头换面的劳动惩罚呢？

谁都知道，菜园里的劳动，提水、施肥、拔秧、栽苗……整天走来走去，或一天到晚蹲在那里干活，好人都会蹲出病来，何况年过半百、体弱病残的吴运铎？再说，菜园里的活，是轻活不轻呀！是永远干不完的活。

吴运铎的身体一天天疲弱下来……

一天，上公村老书记了解到吴运铎种菜的事，就找到吴运铎所在连部的主要负责人，说：“我们村里民兵有四支老枪打不响，以前找人修也没修好，我们想请吴老总——吴运铎，给帮忙修一修，行不行？”

这位负责人说：“吴运铎虽说在我们连的名册上，但大小事都由军管会点头才行。这事要找军管会杨主任，只要他同意，连里没有意见。”

过了几天，军管会杨主任给连里下达命令：“经研究决定，同意吴运铎不种菜，任务另有安排——先给村民兵修枪。”

吴运铎“下放”到蔚县时，带了两个大木箱，里面装满了什么老虎台钳、台钻，各种锉刀，手电钻……这些工具中有不少还是当年在新四军时用过的，一直用到现在。有的虽不能用了，但吴运铎也舍不得丢下。这两大箱工具正好派上了用场。

经过联系，从滹沱河某三线兵工厂发电站拉了电线通到上公村。吴运铎的小“修械所”设在上公村的中堡，屋里有 20 多平方米。

两大木箱工具摆起来，就占去了一半。从此，在这个农家院子里响起了台钻的马达声，锉刀声，吴运铎夜以继日地不停忙碌着。

据彭介人说，有一天，他去吴运铎的“修械所”参观，一进门，就见他满头大汗，两手不停地用锉刀在锉零件。旁边有一张草图标出了加工零件的尺寸和工艺要求，工作特别认真。彭介人问他：“吴老，在加工什么活呀？”

“退壳钩子。”吴运铎答道。

彭介人扫视一下屋里，在一张八仙桌上铺了一块旧床单，上面放了四支步枪，两支“毛瑟”，两支“汉阳造”。枪外表有斑斑锈蚀。这四支枪都有上百年的枪龄。这么好的“古董”，如果允许出口，一支“毛瑟”起码也值几千元……

怎么样使这四支枪起死回生？困难很大。有两支枪的击针簧短了，击发力不足，但击针的材料在市场上买不到。吴运铎便托人从四川某兵工厂搞到后，按老枪的具体要求，硬是凭手工搞了出来。凭他几十年的经验，什么时候淬火，退火，回火，是一门学问，一直调整到好用为止。

吴运铎经过四个月的艰苦劳动，四支枪都修好了。村支书在接过这四支枪时，轻声问吴运铎：

“吴老总，行吗？”

“行了！”吴运铎自信而有力地回答。

“能打响了？”老支书担心地问。

“你去试吧！保证打响！”吴运铎略停顿一下，又补充说道，“但打得准不准，我可没法子保证。”

“能打响就行了！”老支书的要求不高，兴致勃勃地抱走了四支枪。

试枪那天，上公村老支部书记带着几个民兵，来到宁静的大青山下一条大沟里。

“叭叭叭！”连打十多枪，潺潺低吟的滹沱河水在枪声中跳起了浪花……

这几条老枪打响了！老支书满意极了！他从心坎里感谢吴运铎，情不自禁地喊出：“吴运铎真行！老专家真有两下子……”

彭介人同志说：吴运铎恢复工作后，当了副院长，经常与我们在一起聊天。一次，在北京市车道沟十号大院与吴运铎聊天，回想起在蔚县上公村修枪的事，吴运铎很认真地说：“要说费劲，在上公村修那四支枪算是费劲了，条件最差，身体最弱，是我毕生最后一次修的枪。”是的，那是吴运铎毕生最后一次为村里民兵修枪。它展示了以吴运铎为代表的新四军的军工们良好的技艺和为保卫祖国，作出贡献的真本事。尽管条件艰苦，军宣队气势汹汹，咄咄逼人，但他为农民弟兄服务的心却是甘之如饴的。

好生补补课

吴运铎是残废军人。按理说，他本可以进医院治治病，等运动后期作个结论，舒舒服服度过余生。可是，朴素的阶级感情和求知欲望激励他要赶上去，不能掉队。他想自己从小就没有赶上好光景，参加革命，特别是当了领导干部以后，都是边工作，边学习，没有专门抽时间系统地读书学习。这回到干校是学习的好机会，可得好生补补课，他带了满满一箱子书。那种热望求知心情如同某位作家说的：“人生是一个过程，如在旅途之中，始终在前行，始终在跋涉，始终在探寻。”就像屈原在《离骚》中说的：“路漫漫其修远兮，吾将上下而求索。”吴运铎从进干校第一天起，不管干活多累，批斗会上刺耳的话多么不中听，只要有空闲时间，就坐在灯光下学习，一切不顺心的事都置于脑后。他先后读了《毛泽东选集》《鲁迅全集》，还读了几本文学史、高等数学。

他知道，自己数学底子很薄，想利用这个时机再补一补数学。他背着造反派，悄悄地把数学书籍也带到干校。白天，老老实实劳动，随时准备挨批斗；晚上，戴着三四百度的老花镜，一字一句地学起数学，居然像中学生一样做起数学习题来……

吴运铎不死读书，特有兴趣看科技书、社会科学方面有争议的书和报刊上的科技信息。书籍和报刊给他提供了大量的知识。一天，吴运铎偶然在一张旧报纸上，看见一个比豆腐块还小的文章。文中披露：“某地从煤矸石中提炼氮肥……”他看了这 200 多字的短文，喜出望外，如获至宝。他早就想把蔚县有个叫暖泉的地方开采出来堆积如山的煤矸石派上用场，这回总算有了科学依据。吴运铎是一个为公讲义，热心公益，爱帮助人的人。他找到管生产的大队部负责人，郑重地推荐这份资料，并建议村里办一个小化肥厂。

大队委员会决定采纳他的建议，请他帮助搞试验，还派了八名青年做他的助手。就这样，他和青年们组建了一个科研小组，开始研究从煤的副产品煤矸石里提炼农业生产急需的氮肥。

没有启动资金，吴运铎土法上马，先教青年们做煤矸石燃烧炉，然后自掏腰包买了几十节烟筒焊接起来做冷凝管道。为了节省能源和资金，他找人把山涧里的水流引入他们修的水池里。这样，煤矸石烧炼产生的气体“阿姆尼亚”，冷凝后变成液体的“阿姆尼亚”溶入水中。农民用生产出来的“阿姆尼亚”浇菜地都确认菜长得很好。每天除了喂猪和批判会，他剩余的时间全用来搞科学试验。那时，他真是逢山开路，遇水架桥，什么困难也挡不住。经过三个多月的反复试验，并在北京市有关部门的帮助下，他们研制出来的“阿姆尼亚”可做氮肥用，推动了村里农业科学试验。

因为这件事，笔者觉得很蹊跷：吴运铎搞了一辈子军工，都是关系到国家、军队急需的科研项目。此刻，为啥对这小得不值一提的土法科研这般热衷？当笔者提出这一疑问时，他神秘地一笑，说：“主要有两条：一是废物利用，扭转当地经济困难，老乡们有事做，改善改善生活；二是想证实煤矸石能否生产出来氮肥。我一生搞的科研项目，离老百姓吃穿住行太远，而且花了国家很多钱，都是研究危险的爆炸物，都是‘硬’家伙和我打交道，这次搞的是直接与老乡们柴米油盐酱醋茶有关系的，试试我有没有这本事？你知道，这虽是土法上马的小科研，也包含着不少知识啊！一个人要变革社会，要搞一项发明创造，乃至于要获取一门知识，并把知识记得牢靠，必须脱鞋下水，就像毛主席说的‘亲口尝尝梨子的滋味’。大诗人陆游有诗云：‘古人学问无遗力，少壮工夫老始成。纸上得来终觉浅，绝知此事要躬行。’这就是说，从书本上得到的知识，记不扎实，要想弄懂、弄通一个事件、一个问题、一点知识，必须亲自投身到实践中去，要‘躬行’呀!”

愤怒的控诉

“文革”中，“四人帮”妄图煽动群众武斗，放出一支支毒箭，其中“文攻武卫”就是一个罪证。那时，偌大的中国兵戎相见，武斗成风，弥漫着血腥味，骇人听闻的事件频频入耳……

在那个打斗的年代，参加过武斗和打砸抢的，抄过革命领导干部和群众家的人，应该忏悔，作出深刻的反思。不管是因年幼无知，受骗上当，还是怀有私心，打小报告，递上谀问颂语，想晋级、升官，甚至是想鱼目混珠，蒙混过关，以假乱真，苟全性命等诸多理由，都丝毫不能减轻犯下的罪责，掩盖不了心灵深处的肮脏。因为，有多少人被弄得妻离子散，家破人亡，造成了今生今世无法挽回的灾难。他们本不该失去的物质和精神上的东西却永远失去了，不该伤残的身体却永久地残疾了，不该早逝的亲人过早地永不瞑目，饮恨而终了……

当时，尚未参加那场惨无人道、戕害无辜者生命丑剧的幸运者，请你们听吴运铎悲愤地控诉。这是二十院一伙丧心病狂者所作所为的“真实记录”（此为吴运铎近古稀之年留给笔者最后一篇遗言，从未公开披露。笔者为给某些人以自省自新的机会，故隐去真名）。全篇如下：

记得是 1963 年 10 月间，我国机械工业部分为一机部、三机部和五机部。同时，成立了五机部所属的二十院。余某任院长，他的同乡王某任他的秘书。

成立二十院后，我担任该院副总工程师。当时我在南口研究所研制丛林武器，还帮助原第一研究所一室副主任陈某研究无坐力炮。

在这以前，第一研究所一室主任朱道佺研制的82毫米无坐力炮成功后，陈某向余某请求他要研制一种比朱道佺更轻的无坐力炮。陈某既无科研项目的说明书，也无图纸的依据，余某就同意了。

陈某研制的所谓无坐力炮，是违背科学规律的。最突出的矛盾就是为了使该炮比朱道佺的无坐力炮更轻，炮管之壁厚竟薄到约2毫米，严重地违背材料力学。根本不计算火炮膛压所要求的炮身壁的厚度，而是随心所欲定为2毫米。

不久，五机部在（北京）西苑饭店召开计划会议，余某参加了会议。有一天，余某在西苑饭店打电话要我回来汇报陈某的无坐力炮的科研情况。

当我说到，由于炮管太薄，打两发炮弹后，炮管的温度就升到200多摄氏度。已超过了无烟药的分解温度而易于引起膛炸。

不料，余某听后，竟怒气冲冲地将手中的玻璃茶杯狠狠地往茶几上一顿，并大声质问："哪来的温度?"余某是由炮兵调来五机部的，按理他是应该了解火炮原理的，没有高温高压，炮弹也不可能发射。当时我对余某的这种不学无术实在感到愕然。结果是白白浪费了50几万元的科研费而不了了之。在"文革"运动中，我向余某提出意见，从而得罪了余某。

1966年"文革"运动初，我被从南口调回北京参加"文革"运动。当我回到二十院时，整个三层大楼贴了许多批我的大字报。如因我认识北京市委的邓拓，批我是"三家村"的主要成员。我曾是团中央委员，批我为"胡家店"的帮凶；因我是作家协会的会员，说我是"裴多菲俱乐部的主要成员"。什么"反革命修正主义"，"反革命技术权威"，"五一六分子"等，只要社会上有什么帽子，都有我的份。

"文化大革命"初，二十院科技人员成立所谓"革命派"，继之，政工人员也成立了什么"革命派"。这两派是对立的。后来，政治部的那一派夺权后占了优势。这时，王某扶持政治部这派成立了以他为首的所谓"万木春造反派"。不久，炮兵军管进入二十院，王某趁机在军管进院的当天，即在二十院搭台召开欢迎大会，取得了军管会的支持。更重要的军管会是当时林彪和炮兵政委陈某一派的，而王某为首的“万木春”也是投机林彪那个派系的。

“文化大革命”开始后的一段时间里，除了贴我的大字报外，尚未对我采取其他的行动。可王某为首的那派得势后，他为了（取得战绩），有一天，以马某为首的政治部的某些人抄了我办公室，将我拉到后二楼政治部西边角落的一间屋关起来，从此，我是二十院第一个进“牛棚”的。接着，他们又到我家翻箱倒柜，抄走了许多字画等。如齐白石等的字画、还有文件和国家颁发给我的勋章等。迄今尚不归还。

我被送进“牛棚”后到1967年（具体时间记不起了），有一天早晨上班后，我被政治部的“造反派”叫到后二楼。一会儿，于某走来打我一拳，我说，我是个残废人你不能打我，而于某咬牙切齿，气势汹汹地说：“我打的就是你这个残废人。”接着，政治部又来了几个人一齐下手，将我打翻在地，拳打脚踢。因我面部朝下，没有看见这群打手是谁。

另一次是，安某因外调将我叫到政治部，狠狠地打了我一拳。

在王某夺取了二十院的大权后，在他的指使下，喊出了：“半夜里出成果”的法西斯口号。在政治部里私设公堂，用尽各种刑具，如压杠子将吴向光压成骨折，将工程师董骎打成脑震荡。每天早晨我去“牛棚”，经过大楼旁，只听得后二楼政治部传出打人的皮鞭声以及受刑人的哭喊，实惨不忍闻。

大概是1968年，二十院所属各个研究所有大批人员来京，住在二十院。王某趁机发动了批斗罗瑞卿和张爱萍的大会。并让我和田牧二人脖子上挂一大铁板，铁板上写着：“反革命修正主义分子”，勒令我二人弯腰撅屁股陪斗。

王某主持批斗大会。他在台上不可一世地大放厥词，批斗罗瑞卿和张爱萍，田牧和我。今天我提议让王某将他的发言公布。

1969年的冬季夜里，我们二十院全体人员随炮兵军管被下放到河北省蔚县的上公村和下公村乡。对我说来，实则像林冲那样是充军发配。让我孤单地住在村外该公社四队的草料场。半夜里就得起床挑水煮猪食。特别是严冬时，池（塘）水被冻，结冰一尺多厚。我这个一只手的残疾人，还得拿铁锹凿开冰块取水。

这还不算，他们还没完没了以“五一六”等罪名召开大会，批斗吴向光、田牧和我三人。直到反革命林彪摔死后，以炮兵杨某和孙某为首的炮兵军管会也随着林彪的灭亡而离开了二十院。

林彪摔死后，是1971年，二十院也就由蔚县回到北京。余某依然是二十院的院长，但有40人左右非余某派的同志，依然靠边站，不分配工作，我就是其中之一。直到1978年，我们这40多人才陆续分配工作。

这有血有肉、真真切切的描述，人们读后禁不住会提出这样的问题：余某、王某搞帮派，报私仇、泄私愤、残害无辜是否已经惩处？殴打、迫害吴运铎等的一伙打手是否得到应有的清查？他们批斗罗瑞卿、张爱萍等革命领导干部之罪是什么性质的？余某对二十院的运动负有什么罪责？

吴运铎复出后，任五机部兵器科学研究院副院长、副总工程师。这场触目惊心的斗争，严重摧残了他的身心，致使他身体状况一天天恶化……

人们常说：“好人一生保平安！”像吴运铎这样一个为党的事业忠心耿耿，为人民鞠躬尽瘁的英雄，为什么却遭受如此打击报复，挨批挨斗，折磨得死去活来，没有得到好报？如果没有“四人帮”的猖獗，没有二十院这个黑暗的环境和穷凶极恶的帮派势力，吴运铎的生命一定会延长五年、十年……他能给党和人民作出多少贡献！

然而，余某、王某等一伙龌龊的恶人，倚仗其主子的权势，私设公堂，非法残害群众，理应钉在历史的耻辱柱上，接受人民的审判……

在此，尤其值得提及的是吴运铎的老伴儿陆平一再嘱咐笔者的几句话：处理历史问题要本着“团结一致，向前看”“宜粗不宜细”的原则，这有利于国家的稳定，有利于团结，有利于社会主义事业的发展。“四人帮”一小撮搞的阴谋诡计，大多数追随者是不晓得的，也是上当受骗的，是被利用的。过去的事，就让它永远过去吧！希望大家都能从中吸取教训，自己教育自己，将来为革命好好工作，不能让社会主义受到损害，不能让我们伟大的党受到损害。

在我们人民军队中，服从命令，对党和人民无限忠诚，一心为国建功立业者，总是占绝大多数。但是，在“文革”那样的特殊年代，因路线错误，有的“支左”部队走错了路，支错了对象，整了不该整的人。当炮兵司令员孔从周听说他的部下在“支左”中，支持一部分人抄了吴运铎的家，把吴运铎整得很惨，非常气愤。同时，他仿佛觉得自己犯了错，产生了一种莫大的愧疚感。

孔从周司令员，18 岁到杨虎城部队从军。他从学兵升任旅长，一直在杨将军领导下作战。“西安事变”，他坚决执行杨将军指令，为挽救中华民族的危亡，捉拿蒋介石，逼其抗日，尽职尽责。1946 年 5 月，他率五十七师一部起义。在党中央的关怀下，同年 9 月，按人民军队的组织原则，组成了西北民主联军第三十八军，受命任军长。不久，他在二野首长的指挥下，挺进豫西，后又随刘邓大军南下，向西南进军。他堪称我军赫赫有名的战将。他深知吴运铎为中国人民抗日战争、解放战争研制了大量武器弹药，是我军著名火炮专家、军工英雄。多年来，吴运铎为我军常规武器的进步发展作出了杰出贡献。特别是为炮兵武器装备现代化立下汗马功劳。作为司令员，他要代表炮兵全体指战员，主动向吴运铎请求宽恕。

就在吴运铎从“五七”干校回到北京没有几天，孔从周司令员两次派车把吴运铎接到炮兵大院，代表炮兵党委向他郑重赔礼道歉。

吴运铎性情刚烈，不会打埋伏，劈头盖脸地问：“孔司令员，我罪也受了，家也抄了，不用赔礼，请你回答我一个问题：你们的‘军管会’姓什么？”

孔司令员涨红着脸，看上去他对部下的无知十分恼怒。

吴运铎见此情此景，反倒责备自己鲁莽了，意识到提的问题过于尖刻。刹那间，感到自己太缺乏宽容别人的美德。于是，便用缓和的口气说：“算了，算了，过去的事就算了。”的确，这事能全怪“军管会”吗？能怪孔司令员吗？干吗当算账先生，重提那些不愉快的历史呢？再说，这事与孔司令员是风马牛不相及呀！

孔司令员却不能原谅下属。他把在吴运铎单位“支左”的“军管会”正、副主任叫来，要他们立即找回从吴运铎家抄走的名人字画，并指着饱受磨难的吴运铎说：“你们知道不知道他是谁？他是吴运铎！他是为我们军队研究兵器的专家！人民的功臣！”

孔司令员又命令正、副主任不准坐车，不准骑车，把抄来没有人要，扔在仓库里的两个花架子背到吴运铎家里，以示他对凌辱人民功臣的可耻行为的惩罚，让他们知道吴运铎这位钢铁战士在人民心目中的威望，包括在他这位司令员的心目中无与伦比的位置。

“文革”十年，中国的保尔——吴运铎被莫须有的罪名玷污了，他在人们心目中的英雄形象被抹掉了、消失了。然而，英雄终归是英雄，金子，总是会发光的。

第十八章　重回工作岗位

人生能活几多年？人生能有几回搏？1971 年 3 月，吴运铎从“五七”干校回到北京，被高高挂起来，既不定案，也不分配工作，苦苦等了七年。这时，他多么盼望能够发挥自己的余热呀！谁能体会到想做工作的人，而不给工作做的心里苦涩滋味呢？

有一部电视剧中的台词说：

> 生命，
> 岂能如雪，
> 悄悄地来，
> 倏然消融。
> 生命应像冰雪覆盖下奔腾出
> 一段壮丽的行程。

吴运铎把生命视为利剑，可化腐朽为神奇。他不甘心生命如雪，无声无息消逝，自信能在严冰下奔腾、撞击，一泻千里，继续为党拉车、跑路，继续为人民走出一段壮丽的行程，献出一名老军工最后一分光和热。

“人生不能蹉跎”

有人说，吴运铎天生是个科研癖。这话是真的。中国历史上的曹操说过：“老骥伏枥，志在千里。”吴运铎的“志”是不能用“千里”“百里”这些模糊概念来衡量的。他一生就是想为国家研制更多更好的兵器，为战士们服好务，为国防现代化作出自己的贡献。因此，他走到哪里，一看到有新东西，而且又有价值，国家暂时还没有，又很实用，就要动手搞，在这个基础上再改造和创新。他多次与笔者讲过：“科研人员没有紧迫感不行。搞科学研究停顿一天，往往要拿出十天、百天的时间来偿还。这算不得是啥见地，但它至少说明科研工作不能打打停停，停顿就会落后，落后一步，步步赶不上。”他还说：“科研工作要有科学的头脑。敢字当头，敢于创新，敢于冲破艰难险阻。”

吴运铎回到北京之后，因在干校挨批斗，加上很重的体力劳动折腾，身体更糟，添了哮喘病。他写信要陆平回京，而陆平所在的干校领导说清查5·16运动忙，她作为排长工作离不开，一直等到1972年，陆平才从“五七”干校回到北京。两人别后重逢，格外感悟人世沧桑，彼此问候冷暖……泪在眸子里转，情在不言中。他还没有摘掉“审查对象”的帽子，也未分配工作。怎么个活法？在浏览报刊时，他读到清人郑板桥的愤世嫉俗之语：“聪明难，糊涂亦难，由聪明转向糊涂更难。”他想，自己是否也在家装装糊涂，睁只眼，闭只眼，不惹是非，不管闲事，静心养病？不——他不是那种人，那是违反他的政治理念的。每每他脑子里有这种念头时，便想起当年为革命牺牲的战友，想到他仍是个战士。人民还没有宣布缴他的械，他怎么能自动放下武器，解甲归田，心安理得地等待组织上分给工作？他不能眼巴巴看着祖国兵器科研工作落伍。“人生不能留下空白，他们不允许我到研究院搞科研，我就在家里自己干。”于是乎，他在卧室里支起一张制图版，购置了丁字尺、制图仪等文具。设置在床边的钳工工作台上有手摇钻、锉刀、虎钳和五金器件……卧室布置得像一个“小车间”。他自选两个研制新型武器的项目，默默地干起来。每天查资料、绘图纸，制作模型，常常累得老眼昏花，手指僵硬麻木。他觉得胸闷，就起身在屋内、凉台踱步，伸伸胳膊，弯几次腰，稍好一点儿，又干起来。这不是上级布置的任务，也没有向谁承诺，百分之百是他自觉自愿的。

一天，他在家里接到某部转来一封山东军区的来信。信中说，他们负责培训民兵打靶甩手榴弹，常发生伤亡事故，问他能不能帮助设计一种比较安全保险的手榴弹。过去，他何尝没想过这个问题，只因为这事太小，自己要干的事太多，迟迟排不上号。说来让人好笑，当时我军用的木柄手榴弹，还是山西那个“汉奸阎锡山，脑袋滑又尖”的军阀时代的产物，够落后的了。这次，吴运铎决心改进一下，画了许多草图，最终研制成功了一种新型安全碰炸手榴弹。

1976 年 10 月，一举粉碎“四人帮”，才结束了这场旷日持久的“文化大革命”。人民得到了解放，干部落实了党的政策。有许多像是吴运铎这样的老干部、老英雄都配备了警卫员、勤务员。吴运铎认为，自己腿脚还能动弹，生活自理没有问题，应当尽量不给组织和国家添麻烦，减轻国家的负担。但是，他毕竟是身体伤残、病魔缠身的人，加之年岁也大了，一个人外出什么事都可能会发生。据 202 所退休职工王岩波老人说：有一次，吴运铎一个人去北京积水潭医院看病，由于吴老是一个遵守秩序的人，加上别人也不认识他，他就按秩序排队挂号，排队就诊，排队交费，排队取药。在排了两次队之后，吴老就感到力不从心了，便在走廊里的凳子上坐下来想休息一下。一个清洁工正好走过来，埋怨他不讲卫生，说他往地上扔了瓜子皮。其实，这完全是一场误会，错怪了吴老，但是，吴老也不去辩解，只是对清洁工笑了笑。可是，那个清洁工在旁边还是嘟嘟囔囔的，吴老不但没有去责怪那个清洁工，反倒与其拉起家常。那个清洁工仔细打量着这位彬彬有礼、和颜悦色的清瘦老头儿，不像是个不讲卫生、乱扔瓜子皮的人，反倒不好意思起来。

那天，正巧我们所里的一个退休职工也在积水潭医院看病，他觉得吴老一个人来看病，实在太不方便了，看着吴老瘦弱的身体，他心里很难受，就把情况反映给了医院。这件事立即惊动了医院院长，院长亲自出面，非要陪同吴老看病不可，但吴老谢绝了院长的好意，坚决不肯麻烦人家。最后，还是在我所那位职工的陪同下，坚持着看完了病。

吴老说，不过这也挺好，我本来就是百姓中的一员，这下让我着实又体验了一把老百姓的生活。说着就哈哈大笑起来。

吴运铎早在抗日战争的1941年，身边就配有一个勤务员宋景湖同志。他把这事看淡了，不愿浪费人力、物力……

1978年，春回大地，万物更新，改革开放的曙光在中国地平线上透出了亮点。吴运铎工作单位的党委改组了。党组织给他作了平反决定。吴运铎从粉碎“四人帮”那天起，就朝也盼，晚也盼，能有那么一天，对强加给他的一切污蔑不实之词，予以推翻，彻底平反，恢复荣誉。

1978年9月18日，中国共产党第五机械工业部研究院（决定）的红头文件。

关于给吴运铎同志平反的决定

吴运铎同志一九三八年九月参加革命，一九三九年五月加入中国共产党，原为五机部机械院副总工程师。

在“无产阶级文化大革命”中，五机部邱创成和炮兵陈仁麒，积极推行林彪、“四人帮”反革命修正主义路线，大搞“以人划线”、“以人站队”，疯狂迫害革命干部和群众，吴运铎同志就是这条反动路线的直接受害者。一九六六年“文化大革命”初期，他们给吴运铎同志戴上“反动技术权威”的帽子。一九六八年六月，他们又借清队之机，停止吴运铎同志副总工程师职务，交群众揭发批判，诬蔑吴运铎同志写书“反党”、“反毛主席”，是“反革命修正主义分子”。对吴运铎同志非法抄家，揪斗，关押在“牛棚”，时间达一年半之久，大搞刑讯逼供，轮番批斗，肉体摧残，并把强加给吴运铎同志的罪名弄到社会上进行传播，影响极坏，流毒很广。一九六九年十月又将吴运铎同志送到“五七干校”强制干繁重的劳动，使其在战争年代多次因公负伤的身体又受到严重摧残。致使吴运铎同志在政治上受到迫害，精神上受到折磨，身体受到摧残。家属、子女和亲友受到株连。

经查证，吴运铎同志历史清楚，政治无问题。在邱创成、陈仁麒推行林彪、“四人帮”反革命修正主义路线影响下，强加给吴运铎同志的“反党”、“反毛主席”、“反革命修正主义分子”等罪名，完全是颠倒黑白，混淆是非，纯属政治陷害。在他遭受迫害期间，始终相信毛主席的革命路线，相信党，相信群众，坚持原则，立场坚定，同林彪、“四人帮”反革命修正主义路线进行了坚决的斗争。

为了肃清林彪、“四人帮”反革命修正主义路线的流毒和影响，拨乱反正，现决定，对强加给吴运铎同志的一切诬蔑不实之词，予以推倒，彻底平反，恢复名誉。受到株连的家属、子女和亲友要消除影响，所整吴运铎同志不实的材料予以销毁，强迫个人所写的材料退还本人，撤销一切关于吴运铎同志的错误决定、报告和批复。

同　意　　　　　　　　　　　　　　　　中共五机部二十院委员会

吴运铎　　　　　　　　　　　　一九七八年九月十八日

1978 年 9 月 20 日

吴运铎于1978年9月20日签字“同意”，心潮起伏，感谢党恩重如山，激动得热泪一涌而出。同时，沉冤十二年的苦水，只能理解为组织考查党员，一次刻骨铭心的洗礼。于是，他挥毫作了一幅竹画，并题郑板桥诗自勉：“衙斋卧听萧萧竹，疑是民间疾苦声；些小吾曹州县吏，一枝一叶总关情。”从此，吴运铎回到工作岗位，担任国防科委20院副院长、副总工程师。不久，改名为五机部兵器科学研究院副院长、副总工程师及党委成员。他在1983年12月欣幸地给笔者写信说：“分工我负责战斗机的配套工作，如航炮、火箭、炸弹等武器，并担任了‘航空定型委员会’的委员，即简称‘航空办’。那阵子，我也真忙得邪乎。”“我因病，也准备辞去虚名了。”那段时间，吴运铎的哮喘病时好时坏，有时被病魔折腾得吃不好，睡不好，用他自己的话说，像个活着的“死人”。一旦病情好转，他便夙兴夜寐抓紧时间工作。那种大干快上的工作劲头，让我猛然联想到我国现代数学家陈景润被摘掉“白专”帽子，抑制不住内心的激动，连夜写下的那首动人的诗：

“革命加拼命，拼命干革命；有命不革命，要命有何用。”

吴运铎对人生也有相同的认知，他曾经说过这样的话：

“人生不能蹉跎，全力干好工作；活着不去搏一搏，一生一世算白活。”

有一位记者采访他，看吴运铎的身体一天天瘦下来，眼里含着泪，心疼地说：“吴老，你为党为国干一辈子，功劳这么大，应该好好休息，把病治一治，养好身体比什么都重要。”他听了乐观地对记者说：“一个革命者，迟早要去见马克思的，我已经是几次死里逃生了，但我们的事业还是要抓紧干哪！”

吴运铎坚持实践第一的原则，经常深入工厂、车间和试验

20 世纪 70 年代初，吴运铎在卧室里建立起实验室，进行兵器科研工作。

20 世纪 80 年代初，吴运铎（前）在西安光学仪器厂胡厂长陪同下，参观了该厂的有关部门。

场，与技术人员和工人一起研究产品的改进，使得技术成果能迅速转化为可靠的产品，大大缩短了兵工产品的研制周期。

为了工作，他往往刚从冰天雪地的北国试验现场回来，就出差去烟波浩渺的南国海防前线。仅1980年这一年，他的工作记事本就记录着：出差外省市有12次。一次去南昌，一次去杭州，一次去上海，一次去洛阳；两次去成都；三次去西安，三次去沈阳。一年12个月，他在外工作了10个月。现在还清清楚楚记得他最后一次从沈阳回北京，正值千家万户满心欢悦盼望的一年一度元旦之夜，而他是在沈阳到北京的飞机上度过的。

那天，飞机上的旅客很少，他手里捧着一本高等数学《微积分》，一边读，一边按计算器。乘务小姐走过来，看他聚精会神的样子，没有打扰他，却时刻关注着他。30分钟后她们看他放下书本，便热情而婉顺地走过去，有意陪他聊一会儿。她们说："老大爷，你是去北京过节，还是去探视孩子？准备在北京住多少天？"吴运铎笑着说："是去东北出差回京。"她们听了摇着头，说："您别蒙我们了，肯定您不是出公差！""何以见得？"他问。一位高挑儿身材的小姐说："跑公差的干部，一周前就抢着订机票回京了，哪里还等到这个时辰？那不是冒傻气吗？"吴运铎笑了笑，看这几个十七八岁的孩子，脸上挂着几分稚气，是那么坦诚，那样纯真，她们说的也许是实话，不会是捕风捉影。

吴运铎从走进革命队伍那天起，工作精神一直为领导所赏识，工作干劲令同事们折服，取得的成绩备受大家称赞。他有激情，又实干，有创造力，有责任心。无论是他从事的科研工作，还是分管的工作，都取得了骄人的战绩。

当工人时，他实实在在，加班加点地干，不怕苦，不怕累；

当领导干部时，干在前，说在后，从不花拳绣腿，虚晃一招。认认真真拿主意，想办法，抓落实，把群众关心的事一件一件办好，把工作中的问题一个一个解决。千方百计地做好工作，全心全意地为人民谋利益。

粉碎“四人帮”的几年里，真是百废待兴，百乱待理，他觉得党和人民都需要他继续工作，是自己甩开膀子干的时候了，所以，精神焕发，拼命地干工作。虽头发灰白，仍不减当年战斗豪情。他总结那一阶段工作时，却轻描淡写地说：“虽工作无甚成绩，但实也竭尽了全力。”短短十几个字，作了谦虚的结束语。其实，他工作任劳任怨，殚精竭虑，成绩很大，十分称职。

由是，让我想到晚唐诗人罗隐的一首诗《蜂》：

> 不论平地与山尖，
> 无限风光尽被占。
> 采得百花成蜜后，
> 为谁辛苦为谁甜？

吴运铎回到钟爱的工作岗位后，拖着病残身体，走基层，下连队，去工厂，看靶场，检查工作，听取意见，取得经验，改进工作……他付出这一切辛苦为了谁？谁能够享受到这一美好的成果？不言而喻，他在为我军兵工技术发展和我军装备建设而辛苦忙碌，为加快实现我军常规武器现代化而日夜操劳，他为壮我国防，扬我国威，14 亿中国人民能过上平安、幸福的生活酿造醇香的蜜。

学习、学习、再学习

1982 年，中央人民广播电台重播了《把一切献给党》，沉寂多年的吴运铎回到了人民群众中。于是，“吴运铎解放了！”

"吴运铎又出来工作了!"一时传开了。电报、信函、请柬、问候他的人也多了起来。20世纪50年代的老相识、当代著名画家黄永玉听到他的喜讯，激动与兴奋之余，挥毫泼墨，聊表寸心。他题字寥寥数语，寓意深长："运铎同志，听说你病了，二十多年没见过你，不料一别那么长远。我们都经历许多事情，且都坚强地活下来。老和病是难不倒人的，祝早日恢复健康。"

平时，吴运铎不管是去上班，还是到外地出差，碰上相识或不相识的人，只要谁一提"吴运铎"这个名字，就会有人惊喜，有人翘首驻足，投来恭敬的目光。谁都想看个虚实，吴运铎是否还活着，活得是否自由、潇洒……

有一次，吴运铎坐车去南方某地。凭他多年的观察，乘车最容易白白溜掉时间，所以那次他带了一本《内弹道学》。一上火车，他就死死抓住这本书不放，一看就是两个小时，连饭都忘记吃了。同一个软卧厢里，有两位教师见他看《内弹道学》，知道这是兵工方面最复杂的一门课程，便与他聊起来，谁晓得都是同行。吴运铎说："内弹道学挺深奥的。弄不懂它的原理，就说不清子弹、炮弹没有发射出膛时的一系列渐变过程。"当时，他也谈了自己粗浅的认识，请两位老师看理解得对不对。吴运铎举一个生活中常见的例子：咱们家里生的火炉子。炉膛里有煤、劈柴、火柴等。我们要把炉火点着，得先划着火柴，用火柴点燃劈柴，劈柴燃烧，点燃了煤，煤受热发出光，炉火也就燃烧起来，放出了热能。这个过程，类似于子弹、炮弹在膛内从受热到射出膛口的情形……他用这样一个通俗的例子，在几分钟内，就把内弹道学的原理跟两位老师讲完了。那两位老师非常佩服他讲话深入浅出，言简意赅，并夸奖说："你真是内弹道学一个行家。"吴运铎谦虚地说："我是刚起步，在兵器学这个领域里还是个小学生。”

火车到站了，这两位教师说以后要和他取得联系，让留下姓名、地址。当他告诉他俩自己是吴运铎时，两位老师一愣，“啊”了一声，高兴地跳起来，热情地握住他的手不放，一个劲儿地说：“真没想到……我们太幸运了……”“你还好吧，身体没事吧，好在一切都过去了！”吴运铎也说：“是啊，都过去了！”这两位教师还是不走，像是有什么事似的，拘谨而又恭恭敬敬地说：“吴老师，我们中学时都读过您的《把一切献给党》，您是我们心中的一盏明灯，是我们行动的一个路标……”

尽管吴运铎的腿脚不灵便，工作却需要他经常出差。逢出差在外时，他总是给自己敲起警钟：“切记抓时间读书，武装自己，完善自己。”等回到家里，他像是牛进了菜园，什么菜都吃，既读诗歌、小说、散文、人物传记，也读科技、医药、兵工、制图、绘画、书法等书籍。他读书的原则是：专业书为主。急用先读，缺啥读啥；什么都读，不能不读。多一门知识，多一条思路。

他对青少年主要是鼓励他们自爱、自强、发愤读书，赶快从“知识无用论”的毒害下解放出来；尊重知识，尊重人才，永远不要做“文革”中那种“黄钟毁弃，瓦釜雷鸣”的“愚蠢事情”。1982 年，北京一所中学请他去作报告，他语重心长地告诫同学们：“青年是占有知识的时期，你们现在占有知识多与少，学习的知识是否扎实，学习的态度是不是端正，直接关系到祖国四个现代化建设事业的兴旺发达，关系到国家今后的前途命运。”在那次报告会上，他直截了当地指出：在社会上，有一部分青年人，整天瞎胡混，不读书，不看报，拿学习当儿戏，可有可无，中了“读书无用论”“宁要社会主义的草，不

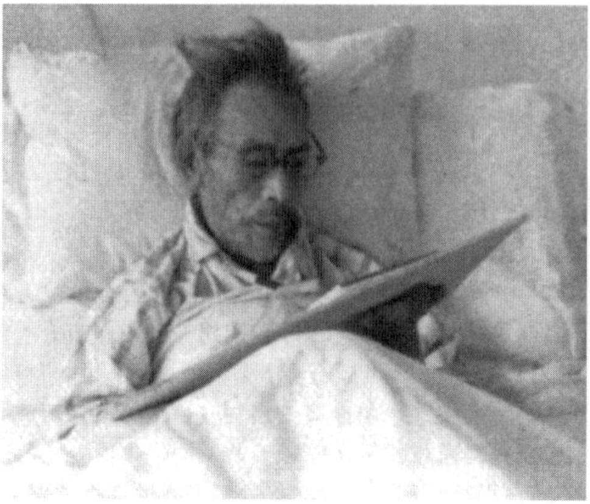

1981年夏，吴运铎因左腿骨折住进北京军区空军医院。图为在病床上为报社约稿忙于写作。

要资本主义的苗”的毒。一个明智的人，一个有志气的青年人，都应该想到我将来为祖国做些什么。在座的同学们，都想将来能成为各行各业的专家、劳动模范、先进人物、生产技术能手，这是很好的。你们不要怕人说有成名成家的思想。有成名成家的思想没有错，我们要成为无产阶级的名人、专家、学者、工程师、技术尖子，有什么不好。我们国家迫切需要许许多多在工作中做出成绩的人，在各行各业能冲在前面的强人，同样也需要有一些名人、专家、工程师、编辑、医生、教师。“我几十年来，吃亏就是无名无家。”那次，他还反复和青年们说：“一个人没有知识，必然要在工作中走弯路。知识不能反，谁拒绝和反对学习科学知识，那是20世纪的庸人、蠢材。培根说过，知识就是力量，这是千真万确的真理。比如，要想研制出一发炮弹，你不懂得弹道学原理，不懂得火药的性能，不懂得高等数学、几何学、物理学、化学、力学、材料学等，那你用什么去研制炮弹？我所以讲这些一般的道理，是想说明人要想为社会多做些事，为国家多作贡献，必须持之以恒地学习知识。记得华罗庚教授在《学习、学习、再学习》一文中谆谆教诲人们："面对悬崖峭壁，一百年也看不出一条缝，但用斧凿，能进一寸进一寸，得进一尺进一尺，不断积累，飞跃必来，突破随之。"知识的获得，就是靠滴水穿石的毅力和刻苦自学的精神。那次吴运铎讲话比较动情，在报告结束时，他激动地站起来对青年们说："我已年过花甲，是老弱病残四个字俱全的人，虽已失去千里之力，但尚存万里之志，每天还要孜孜以求进取。尽管工作忙，常出差，仅有的一只右眼 0.7 视力，阴天下雨全身筋骨隐隐作痛，也从来没有间断看书学习。学习是志向的前提，志向为我们设计了理想，而理想的实现依赖在现实斗争中努力拼搏。驾驭命运的风帆是靠奋斗，任何幻想、侥幸、懒惰都是前进路上的顽敌！"

报告结束时，有一位姓冯的小同学写一张纸条递给他，上面写道："吴爷爷，我们大家一万分敬佩您，您是我们心里最崇拜的神。能不能让我们派几个代表到您家里亲眼看一看，感受一下，以便我们更好地向您学习。"吴运铎当即情意拳拳地表示：大家都可以分期分批到我家里，并欢迎寒暑假你们到我那儿过队日、搞活动……

会后，一位老师和三名学生代表送吴运铎回了家。在吴运铎家里，老师和同学们看到他那不宽敞的书房兼卧室，堆满了兵器、航空等刊物；床头存放几大摞新书，有小说、杂文集；枕边还备有两个读书札记本，大概是用来记东西的本子。在吴运铎会客室的角落里，有一个自己设计的书橱，里面装有《大炮设计与制造》《高等数学》《齿轮传动计算》《车工实践》等物理、化学、历史、医学、天文、地理、书法方面的书。一个小同学好奇地问："吴爷爷，这么多书，包含各方面知识，多枯燥，您有兴趣读吗?"吴运铎和她开玩笑说："我藏的书与大学教授比起来那是九牛一毛，差远了！这书橱的书我大部分都看过。凡是书我都有兴趣读。有的书要细读，读它几遍；有的书粗读，一遍就可以了；有的书可选择地读。”另一个同学问：“吴爷爷，您读的书是不是太杂了？”吴运铎说：“是啊，‘文革’中造反派批判我，给我戴上‘不务正业’的大帽子！人是需要多方面知识的，知识面宽一点，没有什么不好。宽与窄是对立的统一，处理好这对矛盾，永远受益。”

吴运铎出来工作以后，像这样的社会活动，他是积极主动参加的。只要时间允许，他从不推辞。他真心实意地说：“我是一名老共产党员，宣传党的方针和政策，宣传形势和任务，做大家的思想工作，是应尽之责。对党对人民只要有好处，没有坏处，我就要做，做到底。十年浩劫中，谁还会找我，也不敢找我呀！那时，我说话的权利都被剥夺了，到哪里去做报告！”历史是公正的，人们的心里是有数的……

在古往今来的中国历史上，或者在人们的社会生活中，有多少生前权力显赫的人，死后都被人们慢慢地忘却了。更有些人，群众慑于他们生前的威势，一旦权势化为烟云，群众就再也想不起他们了。吴运铎却与群众之间像有一条看不见、摸不着的纽带系在一起，心有灵犀，彼此是相通的。

子女的成长

“四人帮”倒台后，群情鼎沸，欢呼跳跃。正直、善良的中国人获得了第二次解放。吴运铎的几个子女在风口浪尖上经受住了严峻的考验，迅速地成长起来。

吴克忘不了那个难以忘怀的时刻：1968 年她告诉父亲说，我要上山下乡，走与工农相结合的道路。父亲说：“到广阔的农村去生活一段时间，对你将来一生都会有帮助，看看乡下农民是怎样生活的，不过，你不要把去的地方看得那么好，要做好长期的吃苦准备。”吴克听了父亲的话，觉得有点淡漠。可又一想，大概是他正被批斗，心情不好使然。

吴克经过一段时间劳动，她才领悟父亲说的话是真实可信的。原来父亲是先给她打了一剂预防针，要她顶住困难，不能打退堂鼓。

1969 年，吴克回京探亲，街上仍旧是那么乱纷纷的，充斥着火药味。批斗的吼声不绝于耳。自家空荡、冷清，让她神情忧郁，心想，什么时候才能结束这个乱局？苦闷之中，她去探望父亲的老朋友，小时候接送她上幼儿园的罗工柳夫妇。

吴克见到二老健在，就像见了久别的爹娘，把一年来的乡下生活、劳动和惦记父亲、想家的心情和盘托出。罗工柳对她说：“一个人无论在多么艰难的时候，都要勇敢地面对庄严的生活现实。你父亲就是学习的榜样……”人，在关键当口，往往会被所信任的人只言片语拨正前进的目标：面对现实，克服困难，坚持到底。

这次幸运的是，吴克见到了和她一起上学的小伙伴——罗工柳、杨筠的儿子罗安安。一晃，他俩从悠远的童年，走进了青涩年华。他们敞开心扉，谈笑风生，展望着未来的路……

1972 年，吴克回到了北京。她告诉父亲，自己被推荐为工农兵大学生，被录取到北京大学物理系学习。

吴克毕业后留校，从事低温超导材料、高温超导材料，及其他凝聚态材料的科学实验工作。她曾去美国宾夕法尼亚州州立大学物理系做访问学者。2008 年，在北京大学物理学院凝聚态材料科学研究所退休，教授级高工职称。吴克之所以能从插

1971 年，吴运铎（左一）在北京与久别内蒙古、东北、陕西插队的儿女一起合影。

队知青中脱颖而出，走进高级知识分子的行列，与其父亲吴运铎从小言传身教不无关系。远在她读中学时，曾用英文书写不足百字的日记里，已经告诉我们她非常赞赏自己父亲的坚强性格，和他对待工作、对待困难、对待伤病的正确态度。她坚信，这就是父亲为她日后指的一条做人道路。她是这样写的："父亲是 O 型血，却是 A 型性格的人。他好强，不论什么事情不肯落后，要干的事情没有干不成的。在我的记忆中，还没有什么困难能难住父亲。尽管他身体多处受伤，他从没把自己当成病人。我的父亲就是这样的人。"

前两年，记者采访她，她深情地回忆往事："父亲对我们的要求很严格，要求我们'三好'，学习好、身体好、品行好。

每年到儿童节的时候，父亲都会送大家礼物，比如乒乓球拍子等。

“我记得在‘文革’中，批判父亲的大字报已经贴到我家院子门口了，在当时的政治气候下，上中学的弟弟积极要求下乡，父亲不同意，他希望弟弟继续上大学……

“父亲是1991年5月2日下午去世的。那天上午我去看他，告诉了他我即将到意大利访问的消息，他很高兴，他对我们在事业上有作为非常欣慰。”

吴运铎的长子吴卓，笔者见过面，未有正式谈过。他身体强壮，个头儿远远超过他的父亲，有关他的情况，他小时候的球友、兵团的战友石希生回忆是这样的：吴卓是北京101中学的高才生，喜欢踢足球……“文革”开始了，他俩的家长都受到了冲击。两个人响应号召去了广阔天地——黑龙江省绥滨县绥滨农场。1969年组建建设兵团，因为备战，团里组建了武装值班分队，石希生、吴卓都到了武装分队里。此后，他俩就一起并肩战斗了。有一年春节，一行十几个孩子回京探亲，在佳木斯转站时，石希生自告奋勇把吴卓的两只手提包用围巾绑在一起搭在肩上。在人多挤车时，石希生轻信了别人，把两个包交给一个陌生人传递到车厢内，结果包被骗走。包里有新衣服、钱包、半导体收音机等。吴卓知道后，什么也没说，但石希生看着吴卓穿了好几年他弟弟的衣服。大学开始招收工农兵学员以后，经过推荐和考试，吴卓被送到长沙工学院导弹弹体结构专业学习。吴卓再也没有提过丢失他全部家当的事。如今，吴卓是航天部的领导干部，每逢聚会，他依然和石希生谈笑风生，依然不提当年的事。他的宽容、大气，让石希生无比的敬重。

吴运铎次子吴小荣，“文革”前，就读于北京清华附中初

64 一班。1969 年 1 月，奔赴陕北延川插队多年。后按北京市有关文件规定回京，在一家小厂当工人。恢复高考的 1977 年，他考上了北师大中文系。他的考分 313.5 分，超过录取分数线 260 分，但校方有人想抹掉他的名字，理由是数学考 93 分，占了便宜。他与之理论。吴小荣从小喜欢数学，其次是文史。最后校方还是录取了他。大学毕业后，他当过中学教师，后来在北京市政六公司做宣传教育工作。退休后，他埋头创作独具特色的《张家河日记》。笔者读过若干篇，断定将会“火”一把……

吴运铎的三儿子吴小勤，1971 年由“五七”干校分配到一机部下属山东淄博砂轮厂单晶硅车间当工人、技术员，在那里工作 20 年。1991 年父亲去世后，才调回北京和年迈的母亲住在一起。小女儿吴小健从事财会工作。她是国家机械委财务处处长。陆平告诉笔者：“她工作玩儿命，心脏病很严重，医生总叫她休息，她也不休。”记得吴小荣曾同我说过：“大姐是我家几个儿女中比较出色的。我爸在世时，最喜欢她，她也真给爸爸长脸。人民英雄纪念碑揭幕时，她代表北京市少先队员敬献花篮；她 18 岁就写了入党申请书，38 岁入党；她一生从事尖端科研工作，发表过论文，去国外学习交流……”对此，吴克也承认父亲对她乃至于弟弟妹妹的影响不可小觑。她记得，在读高中时，父亲曾背诵毛主席语录教育他们：“没有文化的军队，是愚蠢的军队，而愚蠢的军队是不能战胜敌人的。”进而，父亲又说，没有文化的人，又怎么能够更好地服务于国家和人民。所以，他们都努力学习，争当优秀生。

吴运铎家的五个子女均是在他惨遭劫难之后走上社会的。他们没有躺在老子的功劳簿上，倚仗老子闪亮耀眼的光环进大学，或者是靠不正之风，走后门、拉关系进了某个单位的。吴运铎这位老共产党员在任何时候都是不会褪色的。

当战友们问起吴运铎的几个孩子的情况时，他坦然相告："孩子都很争气，依靠自己的实力，找到了满意的归宿。"他曾经和战友们说过："假如我个人一生犯了什么错误，株连了孩子，是不公平的。孩子是国家的未来。他们虽是我的子女，但他们不是我的私有财产，都是党的儿女。党不能以其父母画线，把孩子分为三六九等。"

有的同事曾问起吴运铎教育孩子有啥秘诀？他从不自诩是教育孩子的成功者，但他热切地期望多交流心得。他说，父母每天生活在孩子的身边，只要留心观察，悉心体味，不难发现孩子在品德发展方面的问题。父母要把品德教育放在教育孩子的首位。孩子的追求、理想、道德问题是个大节问题。在教育方法上，务必要有爱心、细心、耐心，以表扬为主，经常勉励他们向前看，向好人看，向能人看，向远看。

吴运铎传授这样的教子经验是宝贵的。这确实是他几十年教育子女的切身体会。但他未涉及教子的另一面；即子女淘气超过了限度，作为父母是否也要容忍，心平气和与之正常交流呢？吴小荣回忆父亲时说："作为父亲，他最大的特点是严厉。小的时候，我有一次淘气，父亲拿竹条子抽我，把竹条都抽断了。'严厉'正是那个时代父母教育子女的共同特点。由于我父亲身体状况不好，也是他发脾气的一个原因。尤其是'文革'以后，因为受到冲击比较严重，对他的性格影响也很大。在单位的那些事情，他尽可能回避子女，但是，有时候是回避不了的。1966 年 5 月'文革'开始，他被调回单位。再后来，所谓的造反派把他关进'牛棚'。他不想告诉孩子们，但他让我把家里的被子褥子用自行车驮着送到单位。刚到单位门口，他就说，‘你回家吧！’然后，就抱着被子进去了。我知道，他问题很‘严重’，大字报从北京动物园一直贴到他们单位所在的车道沟门口。”

吴小荣没有抱怨父亲的“严厉”，认为那是时代的印记。他很理解父亲为什么“严厉”。分析是客观的，人性化的，实事求是的。人在正常的情况下，对子女的教育采取朋友式的交流，是可以做到的。但在特殊的环境，如身体不适，患病之中，碰上不顺心的事，甚至被停职、审查等，思想、态度立马会判若两人，“严厉”天天挂在脸上，话粗了，脾气大了，点火就着，借打孩子发邪火，是难免的。但有人以“棒子底下出孝子”“不打不成才”为借口教育孩子，那是大错特错的，也是不允许的。

作为一家之主的吴运铎，不仅管好自家人，而且还尽其所能管好亲属的子女。所谓“管”，概括为十二个字：严格要求，平等交流，经常勉励。

据吴运铎妹妹吴淑敏的两个儿子周宪、周律回忆说：1979年，舅舅不知从哪儿听说，中越边境自卫反击战中，我们的炮弹瞎火、炸膛，导致战士伤亡的严重事故，他心急如焚。继而，他得知周宪在工厂是做质量管理工作的，就严峻地告诫：“军工产品质量第一，这是用血的教训换来的。当年我们在艰苦的条件下，冒着生命危险做实验，就是为了让战士在战场上少流血。现在条件好了，如果放松产品的质量，那是可耻的行为，犯罪的行为！”此后，吴运铎一再叮嘱周宪干好质量管理工作，确保厂里不能发生此类事故。

外甥周律，1977年于北京理工大学火箭战斗部设计与制造专业毕业后，与舅舅干的工作大同小异。在大学期间，每两周去一次舅舅家，二人有较多的共同语言，交流的多是军工先进技术设计方面的话题。据刘可亮同志写文说："周律还记得，在'文革'逆境中，舅舅仍然心系兵工事业的发展。针对当时手榴弹在训练中依然存在意外的情况，舅舅设计了一个保险装置，以保证手榴弹投掷时更加可靠、安全；还有一次，他尝试给参加对越自卫还击战的坦克前装个网子，以利作战。吴运铎的言传身教，为外甥树立了最直观的榜样。"

在吴运铎严格要求和影响下，28 岁的周律在二八二厂（今江南厂）刻苦学习知识，勤奋钻研业务，在科研战线发挥了重要作用，为我国几代反坦克武器的研制作出了突出的贡献，成长为研究员级高级工程师。颇有乃舅之风。

吴运铎的母亲，1886 年出生，在苦难煎熬中度过了大半辈子，直到 66 岁才随大儿子吴运钧来到二八二厂定居。老人遇事

20 世纪 70 年代，吴运铎（前排右一）一家与外甥周律（后排右一）合影。

达观，健康长寿，94 岁高龄病逝。吴运钧因家穷初中未毕业，就到汉口一家私人医院（诊所）边做杂工，边学医，一直从事医务工作。1952 年来到建设中的江南厂，曾任江南卫生科副科长。吴淑敏曾在私人医院学过护士。1978 年 3 月入党，退休前是江南医院的药剂师。兄妹二人待人和气，做事谨慎，低调做人，心里时刻默念着，绝不因私事给吴运铎添后顾之忧，让他全心全意投入兵工事业，为伟大祖国争光。

“全心全意为人民服务”

服务岗位是社会文明的窗口，是党和政府形象的缩影。工作在服务岗位上的青年，一定要树立全心全意为人民服务的思想。特别是对工农兵顾客更要态度和蔼，不怕麻烦。1980 年初，吴运铎碰上这样两件小事，让他感叹不已。

一个星期天上午，潇潇微雨，街上行人来去匆匆，他坐车出去办一件公事，回来路过北京王府井大街，到一家工艺品商店买毛笔。他叫售货员给拿一支毛笔看看，女售货员慢腾腾、懒洋洋地走过来，取出一支狼毫笔给他。他小觑一下，想细问笔的质量，那位售货员却不耐烦地说：“你到底要不要?”“再瞧瞧，瞧好了就要。”吴运铎说。售货员拉长脸子，很不高兴，嘟囔着：“买不起就算了!”吴运铎全当作没听见，对她说：“你给我包两支!”

走在路上，吴运铎的心是沉重的。他久久地陷入了沉思：北京王府井大街是全国乃至全世界驰名的商业街，售货员素质如此之低，将会吓跑多少中外顾客，与中国首都北京的形象极不相称。

半个月之后，一天，吴运铎下班时，天色黯淡，喧闹的城市，车水马龙，熙熙攘攘的人流在马路上游动着。吴运铎穿着一件蓝色粗布工作服，径直去家跟前的甘家口商场购物。他一跛一跛地走到文具柜台前，低头觑视着玻璃柜里的圆珠笔笔芯。大概因他年纪大，视力不佳，穿着不那么笔挺，甚至有点“土”气，售货员没有把他放在眼里。当他向一位20多岁的女售货员问道：“同志，请给我拿这支圆珠笔芯看看。”售货员斜了他一眼，打量着他的穿戴，没睬他。稍等一会儿，他又叫一声，售货员不高兴地走过来，轻蔑地说：“老头儿，这是写字用的，你买它干什么？换个芯要三角三分钱！”吴运铎还是要求她拿出来看一看。售货员不得已拿了出来。吴运铎看后，付完一支笔芯的钱，旋即离开柜台……

路上，吴运铎思考一个问题：为什么有些年轻的售货员，服务态度生硬，对顾客不礼貌？是我年老了，不中用了，让她们心烦？还是我的穿戴不时尚，“土”得掉渣，一眼看出我是无钱无权的人？经过反思，他认为这不是哪一个人的问题，而是个比较普遍的社会问题。自己作为一名老党员，没有教育好青年一代讲文明，讲礼貌，爱岗敬业，也有不可推卸的责任。

生活中的这两个小镜头，启发吴运铎不能光抓青年刻苦学习，钻研业务，还要重视青年职工革命理想教育、爱岗敬业的教育，把青年一代塑造成为有理想、有道德、有文化、有纪律的劳动者。

不久，北京市甘家口副食商场的团员代表，怀着对吴运铎无比敬慕的心情，到他家里过团日。

商场团支部从开展“五讲四美”、文明经营活动以来，团员和青年的服务态度、服务质量有了明显的改进和提高。为进一步巩固这个成果，团员代表向吴运铎汇报了工作，并请他指导。

团员们说：吴老，您的《把一切献给党》这本书，我们都读过了，它和《钢铁是怎样炼成的》一样，是鼓舞我们前进的动力。团员们还向吴运铎汇报了学习和工作的情况。在商场负责青工文化补习工作的张久同志说："能到吴老家做客，我心里十分激动，要不是革命前辈流血牺牲，冲锋陷阵，哪有我们幸福美好的今天？提高青年的文化水平，是建设社会主义精神文明的重要前提之一。我要向吴老学习，满腔热忱地搞好工作。"她还结合中国女排再夺冠军的感人事迹说："女排的拼搏精神，是革命前辈团结奋斗、不怕牺牲的革命传统的发扬光大。我们也应该用拼搏精神干好工作，让顾客从柜台这个小小的窗口，看到20世纪80年代新一辈的精神风貌。"刚到商场工作不足一年的彭笑红说："我有一阵子把奖金看得挺重，有按酬付劳的思想，这与吴老相比差距太大了。"糖果组组长钱俊说："我们小组都是些青年人，大家正在探讨怎样讲究语言艺术，把服务工作搞得更好。"在豆制品组工作的薄玉华说："刚开始工作时，我认为自己干的工作别人瞧不起。其实，什么工作干好了都不容易。有时工作忙起来很累，我就想发火，可设身处地想一想，觉得自己受点累，吃点亏，顾客满意就行了。我每天干的活，比起吴老当年的工作量，算得了什么？"薄玉华发完言，吴运铎颇有感触，便向大家提问："应该怎样看待人生的价值？"一时间，大伙儿都不言语了。吴运铎默默地想起我国著名诗人艾青的诗：

即使我们是一支蜡烛，
也应该"蜡炬成灰泪始干"。
即使我们只是一根火柴，

也要在关键时刻有一次闪耀。
即使我们死后尸骨都腐烂了，
也要变成磷火在荒野中燃烧。

吴运铎从座位上站起来，充满激情，并不时带点恰如其分的幽默。他说："今天我打心眼儿里高兴。你们的发言使我想起许多过去的事。我是在地主、资本家残酷压迫剥削老百姓和日本鬼子侵略中国的黑暗岁月中度过了自己的青少年时代。当时是'抓壮丁，拉民夫，百姓不如牛和羊。想活只有一条路，一人身背一条枪，一齐参加抗日军，打走鬼子得安康。'我个人的理想很简单，就是扛枪上前线，消灭日本鬼子和国民党反动派，解放全中国。

"现在，不同了，我国进入20世纪80年代，开创社会主义现代化建设的新局面是当代青年的理想。我们每个人的能力不一样，但有一条，只要诚心诚意为社会主义做一点事情，哪怕贡献微不足道，他也不愧为是个战士。你们做服务工作很辛苦，应当受到社会尊重，也希望你们自己尊重自己，尊重自己的职业，热爱自己的本职工作。尊重自己的职业，就是尊重自己。如果自己都看不起自己的职业，叫人家怎么看得起呢……

"什么叫同志？在战场上，当前面的战士倒下去时，后面的人踏着他们的血迹冲上去，这就是同志。我们每个人都在为人民服务，把周围的人看成是自己的同志，我们的工作就能干好，同志关系就会更亲。可以断言，随着社会主义精神文明建设的深入开展，不尊重售货员的现象会逐渐减少和被消灭。"

吴运铎略微沉思一下，又说："我们尊重自己的职业，是为了什么呢？是为了在确定献身共产主义这个伟大目标的过程中，能够把学习、工作搞得更出色，全心全意为人民服务，体现出生命的价值。战争年代，战士们都知道人的生命只有一次，那么他们为什么还要冒着枪林弹雨冲锋呢？为什么不顾惜自己的生命呢？其根本原因是他们心中有实现共产主义这个伟大的目标。勇敢，出自崇高的理想。懦夫，永远不会有高尚的追求。只要大家具有一个坚定的信念和远大的革命理想，再加上不懈的努力，就可以无往而不胜。”

听了吴运铎简短的发言，有的团员激动地说：“为共产主义献身，是入团的誓词，绝不能背弃它！”还有的团员说：“如果一个人眼睛只盯着物质利益，尽打个人小算盘，肯定干不好工作。要让别人尊重自己，首先自己要从一点一滴做起，行动上让人佩服，做到‘五讲四美’……”

时近中午，团员们手捧着吴运铎题写的“把一切献给党”的笔记本，将要起身告辞时，吴运铎高兴地对他们说：“咱们住前后院，离得很近，希望你们常过来坐一坐。有什么事情来找我，办成了，别谢我，办不成，也别怨我……”大家都笑了。在团员们离开吴运铎家时，参观了他的卧室，见到吴运铎书写的世界著名大科学家爱因斯坦的条幅：“一个人的价值，应当看他贡献什么，而不应当看他取得什么。”

第十九章　在小汤山疗养院里

疗养院是一个“小社会”。各种各样的人都因患不同的疾病在那里休养治疗。社会上形形色色的思想问题，也会在那里传播开来，产生不同的反应。

“看破红尘的人，是最自私的人”

1981 年初，吴运铎在北京小汤山疗养院疗养。一天晚饭后，住在三疗区的黄某（即在 1980 年 5 月《中国青年》署名潘晓，发表了《生活的路啊，怎么越走越窄》一文的作者之一）去找他说，她寄给《中国青年》的稿子发表一个月，收到各地来信 100 余件，其中有 99 件是赞成她的看法，认为“生活的路就是越走越窄”；还有些人给她寄款，加起来一共有 1000 多元钱，向她表示慰问。她请吴运铎对《生活的路啊，怎么越走越窄》那篇文章发表意见。吴运铎斩钉截铁地对她说：你讲的“任何人，不管是生存还是创造，都是主观为自己，客观为别人”的观点是完全错误的。从我几十年来对生活的体验来看，与你讲的完全不一样。黄某不大服气，对吴运铎说：“人都是自私的，世界上都是‘私’，根本就没有‘公’。黄继光在上甘岭战役舍身堵敌人的枪眼，董存瑞手托炸药包壮烈牺牲都是‘私’，都是为了‘出名’。”在黄某这个二十几岁的女青年眼里，今天的社会全被“私”字包围了；人与人之间是凄凉、冷酷的，与“爱”无缘。更明确地说，世界上根本没有一心为公的人。吴运铎屏息谛听后，觉得她的观点怪诞不经，严厉地批评她说：“‘人为财死，鸟为食亡’是旧社会遗留下来的腐朽反动观点。今天，我们应该用共产主义思想去彻底批判它。”他还警告她在那场人生观大讨论中的观点是非常有害的。末了，吴运铎诘问她：“你看我，现在腿也伤了，眼也瞎了，手也残了，那是为了什么呢？是不是当初也是为了出名呢？”黄某的脸涨红了，不由得闭上了眼睛，支支吾吾地说不出话来。

又过了一些日子，一天晚霞烧着天边红似火，吴运铎站在窗前望着西天绚丽的云朵，浮想联翩。忽然，黄某敲门进来了。她拿了一瓶酒，来找吴运铎。这是不是应古人说的“落花时节偏爱酒，晚霞天气最宜歌”之句。黄某说要和吴运铎一起开怀畅饮，直抒胸臆。吴运铎早就因病断了酒，她只好独自闷饮。喝了一会儿，醉意涌上头，她发泄说：“为了找人生的路我找不到，曾想喝敌敌畏结束自己的生命，因为我已经看破红尘……”吴运铎看她有点醉醺醺的了，没有刺激她，怕发生意外，只是讲了自己在不久前参加全国文代会，听著名作家丁玲讲的一句颇令人思索的话。丁玲说：“看破红尘的人，是最自私的人!”为什么丁玲说了这么一句话，他向黄某解释：“在现实社会里，有少数人满腹经纶，标榜自己有先见之明，已经看破红尘了，所以他们对周围的一切，对世界上一切事物都无所谓，都不去管了，顺其自然。他们让别人去建设社会主义，自己在那里看社会主义，等社会主义，吃社会主义，冷嘲热讽社会主义。甚而发展到咒骂、攻击社会主义。你看，这样的人还不够自私吗？”停顿一下，吴运铎看她低头不语，内心有些苦涩，又补充说：“你想到什么地方去找世外桃源呢？如果现在人人都像你这样有扭曲的心态，消极、醉生梦死地对待生活，还革什么命，都喝敌敌畏算了！”黄某听了他的一番不轻不重的话，思想上大概有了震动，额角上渗出了密集的汗珠。她沉思良久，有几分郁闷和感伤，又独自斟满一杯酒，十分沮丧地说：“让我回去再想一想，告辞了……”

此后，黄某一直没有找吴运铎，听说自那个不愉快的晚上之后，她悄悄离开了疗养院，走进一个新的工作环境。吴运铎如释重负，从内心祝愿她有好运，走好人生的路。

吴运铎没有丝毫轻蔑，他怀着一种慈父般的情愫，等待她的觉醒。他一怕说话重了，上纲上线，压力大，她受不了；二怕说话轻了，她又当耳旁风，走错了路，吃了大亏。所以，吴运铎宁可把话说得严厉一些，警钟敲得更响一些……指明了“有错就改，改了就好”。

“你们不要有顾虑”

“天有不测风云，人有旦夕祸福。”就在吴运铎的病治疗已见成效，每天可以出来慢慢走动时，1981 年 4 月，一天吃早饭，吴运铎和一位久别老战友邂逅，他俩喜出望外。他们在医院刚拖过的走廊里一边走，一边亲热地交谈着。谁也没想到应了“乐极生悲”这四个字，吴运铎一下子滑倒在地上。老战友急忙搀扶他，他怎么挣扎也起不来，原来是左腿骨摔断了。

送进北京军区空军医院后，大夫认为需要马上接骨。可是，大夫看他瘦骨嶙峋的身体，两条腿像根木棒，便有几分犹豫了。大夫说，如果按正常的治疗过程来接腿，他这么瘦，会疼痛得受不了……躺在床上的吴运铎，从大夫眉宇间的表情看，猜透了几分，就对大夫说：“不用为难，快干吧！我经历的多了，没事儿!”

吴运铎看大夫们犹犹豫豫，又进一步劝解他们说：1975 年 6 月，一天吃完晚饭，我在家住楼前小马路上散步，走动走动。因为我平常散步时，走得很慢，受伤的左手一般都习惯性地插在裤兜里。那天，正赶上一个年轻人骑车从侧面斜穿过来，我的手一时来不及掏出，车子就把我撞倒了，因身子没有手支撑，跌得很重，大腿也断了。

送到医院，大夫看我的腿瘦得皮包骨，也像你们一样，不敢动手。说到这里，吴运铎故意停了一下，微笑着说：我也是鼓励他们，干吧，没事啊！于是，大夫才决定给我做手术……

在吴运铎的宽慰和多次要求下，大夫解除了思想顾虑，决定立即为他做接腿治疗。

当钉子钉在他腿骨上时，钻心的疼痛是无法用语言形容的。吴运铎咬紧牙关，脸上的肌肉一阵阵抽搐，浑身大汗淋漓。他忍耐着，坚持着……

这次给他做接腿治疗很不顺利。经 X 光照出的片子诊断，钉子钉歪了。大夫的意见，必须马上把钉子拔出来，重新钉进去，如若拖延时间将会使患者承受更大的痛苦。吴运铎理解大夫的心情，主动对大夫说：“你们不要有顾虑，这算不了什么，大胆地干吧!”大夫们很受感动，眼眶里含着泪，说：“从未遇到这样的患者!”

在吴运铎的配合下，医护人员尽力工作，较好地完成了第二次手术。在治疗休养期间，他乐观、大度，有时间就读书和写作。经过几个月治疗，吴运铎又回到小汤山疗养院继续疗养。

“爱情是给予，是奉献”

吴运铎即使是在小汤山疗养院短暂的疗养期间，也能和医护人员和和气气，打成一片，关心他们的生活，关心他们的冷暖，连托他帮找对象这样的小事，也能尽力而为之。

爱情问题，是人人都得谈，谁也不能回避的现实问题。姑娘和小伙子年龄大了，没有热心人搭桥，凭个人自由恋爱总有人感到尴尬，男女之间谁都难以启齿。在疗养期间，护士们知道他是吴运铎，一传二，二传三，不少护士都认识这个老头儿。她们把他当成名人、老英雄，崇敬他，与他谈工作、前途、理想，乃至个人生活问题。为啥她们愿意找吴运铎聊天？一位中年护士长告诉吴运铎，说："你穿得朴朴实实，没有首长架子，说话直来直去，大家愿意接近你，信任你！"吴运铎说："我知道的不多，况且又都是过去的事。时代不同了，脑筋也老化了，有的事我的观点保守，没有年轻人开化。但我教你们坦坦荡荡做人，磊磊落落做事，永远不会错。"护士长说："你说的话特实在，很理解年轻人，大家特高兴。理解万岁嘛！"

这以后，护士一有空就来找他聊天。一天，温柔厚道的护士小Z来找吴运铎，腼腆地说："吴老，您是一位立过大功的老英雄，是当大官的，认识你的人又多，大家特信任你。我已经25岁了，在这儿工作离城远，男孩子又少。我还是少数民族，请你留心给我介绍一个男朋友。"说完，她满脸绯红。停了停又说："我们上班在病房，下班乘班车回家。生活圈子太小，认识的人也少。我父母都是工人，为我的事急得够呛！"吴运铎端详这位活泼爽朗的姑娘，由衷地喜欢她那真诚、坦率的性格。他说："只要有合适的，我一定帮忙，放心吧，好好工作！"

又过了一段时间，吴运铎要出院了，护士小Z以为吴运铎把帮她介绍男朋友的事忘了，想提个醒，又看在场的人多，只是默不作声地为他送行。其实，吴运铎怕把这事给耽搁了，早已经在小本上记下来：“小汤山，Z 护士，少数民族，介绍男朋友。抓紧！”他一直把这事放在心上。

一天，吴运铎在家里与邻居闲聊中得知，某工厂青工小张和小 Z 是同一民族，工作积极，好学上进，年龄相当。他动心了。细一了解，果然不错，就把小张介绍给小 Z。

小张和小 Z 相处一段时间后，小 Z 觉得自己远离市区，家庭条件不比小张好，为什么小张不在市内找一个条件比自己好的女朋友？心里直嘀咕。莫非是小张犯过错误，家庭历史有什么问题？别上当！小 Z 害怕了，随即给小张厂里的人事科挂了电话，询问小张的历史情况和现实表现……

无巧不成书。一天，厂人事科接电话的那个同志碰见小张，便开玩笑说：“小张，你在搞什么地下活动，是不是爱上了谁？反正你不说我也知道。”小张开始讳莫如深，想保密。后来，一试探他全明细，就问从哪儿得到的消息。那个管人事的同志就把她打电话的事和盘托出。

小张肺都要气炸了，跑到吴运铎家抱怨说：“她这是干什么，找个对象比审干还厉害。查我家祖宗三代，这是对我不信任。当初，我把自己的一切全都告诉她了，为什么她还要这样内查外调？”吴运铎耐心地给他解释：“在我们这个社会里，有相当一部分人脑子里‘四人帮’的流毒还很深，至今还错误地认为‘龙生龙，凤生凤，老鼠的儿子会打洞’。这是一种反动的血统论。小 Z 的父母是老实巴交的工人，怕找个女婿在历史上有问题，或者说家里祖宗三代有历史污点，所以她打电话向你们单位问一问，心里不就踏实了吗？”吴运铎还说：“这是误会，你不必介意。唐代大诗人杜牧有一句诗：‘胜败兵家事不期，包羞忍耻是男儿。’男子汉的，要学会包容呀！当然啰，恋爱是你们双方的自由，我只是给搭个桥，你们觉得可以相处，就处下去。觉得没有相处的基础，不必勉强。你千万不要顾虑这是我给介绍的，不好意思分手。恋爱结婚是人生的大事，不是交易；不是父母之命，媒妁之言。真正的爱情是什么？是两个人彼此真爱，真诚信任。爱情是给予，是奉献，是燃烧，是忘我。一个人的终身大事，切不可马虎，凑凑合合……”

小张听了吴运铎的肺腑之言，心里热乎乎的。后来，因为这件事成了小张和小Z思想感情上的一堵墙，彼此不信任了，分道扬镳了。吴运铎没有为这事对小Z有任何看法，仍觉得小Z是一个很本分的姑娘。并嘱咐小张一定要树立正确的爱情观，找一个相知、相爱、志同道合的女朋友……

“他潜移默化地影响和改变着我”

20世纪60年代，中央美术学院壁画系李林琢教授在下厂参加劳动中，因别人的一次违规操作使他受了重伤。瞬间的毁容，让他的心理发生了变化，患了躁狂症，后来又得了抑郁症。那个时候，他自杀的想法非常强烈。当时，他真不知道人生的道路该怎么走下去。

在后来的康复中，他恰巧遇到了吴运铎同志。李教授亲切地回忆说：我们在小汤山疗养院的同一个治疗区，病友们当时经常相约一起散步。有人在散步中走快了，别人就说：“你怎么走那么快呀？”吴运铎就来一句：“他看见扛猎枪的了！”大家哄堂大笑。

“那些日子，我们的交往很多，吴运铎并没有在言语上鼓励我，而是在潜移默化地影响和改变着我。疗养结束后，我还去看过他，和他所经历的相比，我就不算什么了，也没有什么可抱怨的了。”

“人们常说，榜样的力量是无穷的，否则人生中的一个小小挫折，就会让一个人走上绝路。所以我觉得我很幸运，在人生最低落的时候，遇上了吴运铎。谁都不愿意接受灾难，但灾难又是很难避免的。有的时候，我们不得不面对伤残、歧视和压力，这是非常现实的问题。吴运铎和他的作品，是我们面对社会、人生和命运的一剂良药。”

李教授说得好，榜样的力量是无穷的，吴运铎一生为革命左眼失明，左手四个半指头被炸掉，左腿膝盖被炸裂，右腿被炸成粉碎性骨折，右脚被炮弹皮削去一半，全身伤痕累累。他一生动过 30 次手术，直到临终他身上还残存若干块弹片没有取出来。如此他还能坚强地活着，活得那么从容、自信、乐观、潇洒，那么积极为教育下一代忘我工作。他真是一个炸不烂、轰不倒、传奇式的英雄。

第二十章　校外辅导员

爱，是全世界最美好的语言。吴运铎把自己的爱，献给了祖国和人民，献给了党的事业。他自 20 世纪 50 年代初，被称为“中国的保尔”之后，一些中小学校纷纷聘请他去做校外辅导员，名誉校长。他把自己的爱播撒给中华大地，用爱心浇灌着祖国的未来。

撰写《和青少年谈道德修养》

1980 年初，上海教育出版社一位编辑找吴运铎约稿，说：“四人帮”把青少年的思想、道德扭曲了。什么是人们反对的，什么是社会主义提倡的，青少年应该有一个什么样的道德规范；怎样才能立大志，怎样对待学习，怎样对待劳动，怎样遵守纪律，爱护公共秩序，怎样关心集体，友爱同学，如何做到忠诚老实、大公无私等一系列问题，青少年的认识都比较模糊。出版社想请一些在国内有影响、关心青少年工作的老同志拿起笔给青少年写书，拨乱反正，挽救下一代。吴运铎听了感到这是一件功德无量的事，义不容辞。

1980 年 9 月《和青少年谈道德修养》这本书正式出版，全书 15 个小标题，包括“立大志”“顽强地学习”“培养毅力”“培养正当的兴趣爱好”“锻炼强健的身体”“辛勤地劳动”“勤俭节约”“艰苦奋斗”“遵守纪律，维护公共秩序”“尊敬师

20 世纪 80 年代初，吴运铎与少年儿童在一起畅谈理想、学习和生活。(陈德荣摄)

1963 年，北京二中请吴运铎在中山公园中山堂作革命传统教育报告（学校没有礼堂，专门租的)。会后，在门外他（中）与团委会、少先队大中队长合影留念。(陈万生摄)

长”“关心集体、友爱同学”“大公无私”“忠诚老实”“培养勇敢精神”“人民利益高于一切”。所写的内容，都是吴运铎参加革命斗争的亲身经历和亲眼见到战友们在斗争中表现出来的动人事迹。

为了写好这本书，正确引导和教育少年儿童克服身上存在的小缺点、小毛病，吴运铎煞费苦心地思量好久，用什么样的写法，什么样的态度，什么样的语言才能更有效地帮助孩子们改正缺点，更快地进步呢？他想了很长时间。最后，他才决定少讲空话、大话、模棱两可的话，多用实话、心里话、平等对话，用自己的经历、战友的故事，来启发和感染他们。于是，他便费力地回忆三四十年前的一个又一个故事，并把这些故事排列起来，进行比较、筛选。他遴选出那些针对性最强，最能说明问题的故事，才完成了这样一本好书。此处，笔者展示几个段落，与大家共同分享。

亲爱的同学们，我们常听人说：“有志者，事竟成。”这是一句很有教益的话。你们是共产主义事业的接班人，从小就要树立起为共产主义奋斗终生的大志，这是人生一个最根本和最重要的问题……

我是在红色的安源煤矿生长的。在那饥寒交迫的日子里，度过了我的童年。我10岁那年，就参加了儿童团。矿工们不屈不挠的英勇斗争，使我知道了世界上有一种最有志气的人，那就是共产党员，他们把自己的一生，献给共产主义事业。我觉得，活在世界上，就应该做一个这样的人。13岁那年，我进煤矿当学徒，在那穷困罪恶的年月里，矿工们的生活不如牛马，这更使我坚定了自己的方向。我盼望自己快点长大，盼望早日实现自己的志愿……

到了部队，我很想拿起枪杆，到前线去打日本鬼子。但是上级知道我是个工人，就分配我去兵工厂工作。我从来没进过兵工厂的大门，哪能够制造武器、弹药呢？我把自己的意见告诉了上级。可是首长对我说：“不会是可以学会的，任何工作，没有第一回，也就永远没有第二回。要敢于走前人没有走过的道路，因为我们是革命战士……”上级的教导，使我思想上明确了：“要创造性地去完成任务，就要有敢于胜利的革命大志，只有听党的话，才能实现革命的大志……”

我听到一个同学说，“我长大了当什么好呢？当农民，或当工人吧，又脏又累；当医生吧，又怕治死人；当个汽车司机，又怕路上闯祸……”他想来想去，觉得干什么工作都有困难，这就是缺乏志气的表现。有的同学不关心国家的兴衰，连学习文化知识也不感兴趣……这更是没有大志、没有出息的表现。每一个同学都应该想一想：人活着是为什么？人的一生应该怎样度过？

☆　　☆　　☆

亲爱的同学们，在我们这个伟大的时代里，学习已经成为每个人生活的组成部分了。不学习，就不能掌握知识，不能做好工作，不能为实现四个现代化做贡献。

在坚持敌后抗战的年月里，要学会造炮的知识是很难的。抗日根据地里，连一本有关的书籍也找不到。我们只有收集敌人的各种武器和弹药，进行解剖、分析和研究。由于我的文化水平很低，在工作中就尝到了缺乏知识的苦头。记得有一次，我接到了上级的指示，要建立一个生产迫击炮弹的工厂。在设计迫击炮的时候，遇到了需要用高等数学来解决的问题。我没有学过高等数学，我们全厂同志也没有人懂得。因此，设计工作只得放在一边，不得不改用实物对比的办法来进行试验。我做了许许多多的尺寸不同的炮弹，通过长时期的试验，才最后得到成功。幸亏这次是设计迫击炮弹，还可以利用实物试验来解决问题；如果懂得高等数学，就会很快解决设计中的困难了！由此可见，知识是多么重要啊！

1948年秋天……我们解放大军从蒋介石这个“运输大队长”手里，缴获了很多美国大炮。要用这些大炮去打击敌人，我们就必须制造适合美国大炮用的炮弹，特别是这种炮弹上的引信。我要求上级把这种炮弹引信的设计任务交给我。这是一种极为复杂的引信，为了大量生产它，就要掌握这种引信的知识。一个深秋的夜里，我坐在工作台旁，仔细地进行解剖。我把引信的每一个零件拆开，了解它们的作用，测量它们的尺寸大小，鉴定它们是什么材料做成的。我在拆一个小雷管时，由于用力过猛，突然引起了爆炸，把老虎钳的钢口炸去了一大块，而雷管的碎破片，射进了我的左脸腮帮里，我急忙用手指捏住破片，用力向外一拉，把破片从伤口拔出来，鲜血不停地从伤口流出来。爆炸声惊醒了家里的人，他们赶忙请来医生，替我包扎了伤口。医生严格地要求我停止工作，要我休息。但是，我躺在床上，始终不能安睡，解放大军和胜利消息，一个接着一个地传来，不断地激励着我。前方的战士天天打胜仗，日夜追击着敌人，他们是多么需要我们把新炮弹生产出来！不解剖开这种从敌人手里缴获来的炮弹引信，就无法获得新的知识，就无法设计和生产出新的炮弹。想着、想着，公鸡啼叫了，东面的窗口露出了白色，我悄悄地起床，走进了工作室。我又找了一个炮弹的引信进行解剖，直到解剖完毕。虽然身体疲乏，伤口仍在疼痛，但我得到了新的知识，内心真有说不出来的高兴。我又带着愉快的心情，进行了新炮弹引信的设计。不久，新炮弹就制造出来了。

同学们，我们这样一面工作，一面学习，在那艰苦斗争的年月里，甚至不得不流血牺牲，才获得一种新的知识。想想过去，看看今天，你们……今天好好学习，就是为了明天更好地建设社会主义和实现共产主义贡献自己的力量。愚昧无知，不学无术，是不能实现我国社会主义现代化的，也不可能实现共产主义的伟大目标。

☆　　☆　　☆

亲爱的同学们，你们知道毅力是什么吗？毅力是顽强的持久的革命意志。一个人的毅力，不仅表现在完成工作任务和学习任务方面，也表现在改正自己的缺点和错误方面。

在抗日战争的时候，我们抗日根据地兵工厂里，有个小鬼叫小叶。他13岁那年就进厂了。别看他年纪小，干起活来却是数一数二的。每天烧水沏茶，打扫卫生，搬运材料，哪里忙就往哪里钻……小叶学习也是好样的。但是，小叶有个缺点，就是早上常常睡过头，有时，起床钟敲得响遍了工厂，他还睡个不醒。有一次。他早操迟到了。班长找他谈了话，他有了些转变，但他还以为耽误一次早操，没什么，采取了原谅自己的态度。

有一天半夜，在工厂的东边，突然炮弹爆炸了，枪声也嗒嗒地响了起来，同志们从睡梦中惊醒……大家在黑暗中穿衣穿鞋，打绑带捆背包，挂上了子弹带和手榴弹，扛起步枪，悄悄地奔向操场集合。十分钟后。全厂的同志向西撤走了。这次小叶又落后了……

在同志们的帮助下，小叶越想越难过……后来，由于他坚持和自己的缺点作斗争，并在斗争中培养了毅力，很快就把缺点改正过来了……

我们不仅在改正自己的错误和缺点时要有毅力，要战胜工作或学习上的任何困难，同样需要坚韧不拔的毅力……一个人的毅力不是天生的，而是与困难不断地作斗争中培养起来的。你如果经得起困难的磨炼，你就能成为一个坚强勇敢的人，如果你害怕困难，你就会变成一个软弱无能的人。

☆　　　☆　　　☆

亲爱的同学们，1943 年的春天，我们兵工厂又来了两个小鬼，一个姓黄，一个姓马……

他俩爱护公物、勤俭节约的事迹，人人都啧啧称赞是好样的。每天下班后，他俩开始打扫工厂车间，把一大堆垃圾扫到院子里，又从垃圾堆里翻来倒去地把擦机器的废布拾起来，煮一煮后洗净晒干再用；把切削下来的金属碎屑分类处理，即使是一小段铁丝或者是一颗小钉，也逃不过他俩的眼睛。他俩还包打扫各班的宿舍，破衣、破鞋、破袜、旧牙刷都要……

第二年春天，又该发新的服装了……他俩坚决响应上级号召，三年不领衣服，也不领鞋袜。

小黄和小马的行为，带动了许多同志。他俩成天忙个不停，工作、学习、开荒生产、打草鞋、造牙刷、修理钢笔。他俩的行动促进了军工部掀起的节约运动。在全军工部进行的评比中，小黄和小马被评为军工部的勤俭节约模范。

作为新中国的青少年，从小就应该学会过日子，培养起勤俭节约的高贵品质。勤俭是要从爱惜物品做起。我们要使一针一线，都能用到现代化建设上去。可是有这样的同学，他们认为自己现在还小，过日子有爸爸妈妈管。他们不知道精打细算，也不知道一粥一饭来之不易，乱花钱，不爱惜物品，任意损坏东西，一支铅笔只用了一半就要再买新的。对自己的东西不知道爱惜，对公物就更不在意了……不爱惜物品，会造成大手大脚的大少爷作风。如不改正，长大了会成为一个浪荡子。

☆　☆　☆

许多学校的老师和同学们读过这本书说“挺有趣的”“非常喜爱”。后来，该书被列入“中学生文库”，评为第二届全国中学生评书活动优秀奖；有些学校把这本书当作对青少年进行社会主义精神文明教育的教材。一位红领巾辅导员在给吴运铎的信中引用“落红不是无情物，化作春泥更护花”这句名诗来表达对他的敬意。

吴运铎将这本书赠给几个小学校，又赠给经常和他联系，并多次采访过他的编辑与记者。

几天之后，笔者去采访他，请他谈谈写这本书前后始末和感言。恰好那天他正在阅读北京市双寺小学校学生的作文。他边读边自言自语：“没想到，这些孩子的作文写得挺有真情实感！”笔者在一旁不解其意，以为他是学校的校外辅导员，批阅作文是必不可少的一项任务，就怜悯地说：“人的身体负荷是有限度的，超负荷便会产生负效应。您身体不好，学生的作文若是都寄给您，您能吃得消吗？”他纠正说：“不，这是我写的那本小书，学校老师组织学生写了读后感。这一沓就是学生写的感想。”他很开心地给笔者读了一篇署名崔宏同学作文中的一段：“……小鬼们（革命战争时的小战士）能三年不领新衣服，而我们却要吃有吃，要穿有穿；他们想的是将来，我却只想今天，既要穿好的又要吃好的，和小鬼们的好品质比起来，差着十万八千里……”这个小学生的作文，没有大话、套话，写得朴实无华，都是他的心里话，他的真实思想，可信可贵。吴运铎顿时觉得这孩子的心灵有多么干净、天真、纯洁。在那种特殊年代，即使是“四人帮”践踏过的小学校园，小草还在长，春风吹又生。吴运铎恍然觉得多年梦想的种子，悄悄地在这膏腴的土地，明媚的阳光，潇潇的春雨中，即刻便会催其发芽吐绿。孩子们仍是那么灵动可爱，他们一定会比我们老一代干得出色！干得漂亮！

心系“少年之家”

对我们党的每一项事业，乃至少儿工作，吴运铎都是充满着火一样的激情，并把它划入自己的工作范畴，一管到底。20世纪50年代，他将《把一切献给党》一书近3000元的一笔稿酬，绝大部分都捐献给少年儿童的教育事业，帮助北京市海淀区少年宫建立红领巾工厂。

这件事，发生在60多年前，许多资料中都谈过，但都说得不细。吴运铎健在时，笔者采访他，特意提过这件事。吴运铎听后，桀然一笑，用三两句话，一带而过，不了了之。我再请他细说，他又是两三句结束了。所幸的是笔者在《北京晚报》上看到吴老病逝后的一篇纪念小文，写得真实、质朴而又具体生动，便采撷下来，奉献读者。作者高学民同志是这样写的：

几年前，在一个风和日丽的日子里，我受伯父高士其的委托去西郊工人疗养院看望吴运铎伯伯。我轻轻敲叩，慢慢推开吴老病室的屋门。吴老知道我的来意后，热情地招呼我坐在他的身边，详细询问伯父的情况，又关切地问到了我的工作、学习和生活，就像对待家里亲人没有丝毫名人、英雄的架子……

这以后，我常在假日去看望吴伯伯。一次谈到《把一切献给党》出版时的情况，吴老告诉我，当时海淀区正为筹办少年之家小工厂资金缺乏而发愁，他便把第一次稿费所得捐给他们。当时有领导提议，以“吴运铎”的名字命名少年之家，被他一口拒绝了。我问吴伯伯为何如此“绝情”。他笑着说：“不是绝情，我把一切献给党，干吗要把名字当作招牌呢！”

吴老去世后，我去他家悼念。吴老的夫人陆平阿姨告诉我，吴老的稿费她从不经手补贴家用。现在，吴老全部稿费仅存五百元。五百元，对今天的人们来说，用它能干些什么呢？吴老是把他的书与他的生命一起，奉献给了他所属于的党，他最挚爱的儿童！

后来，他从苏联学习归国又购置小车床、钻床、铣床等设备，统统送给北京市海淀区少年宫。

据吴运铎的同事王志忠老人回忆：有一天，邮局给所里送来一份提货单，提货人是吴运铎，邮件是从苏联空运到北京的。我拿着提货单找到吴运铎所长，吴所长让我去机场把东西取回来。

我用车从机场拉回来几个包装严实的大木箱子。找了几个人和吴所长一起把木箱一一打开，看到里面装的全是小机床，有车床、铣床、刨床、钻床等以及随床工具。我看后感到很奇怪，就问所长买这些小东西干啥呢，所长说：“这是给少年宫买的教学设备。”清点过后，吴所长让我把这些小设备给北京市海淀区少年宫送去，我便按照吴所长的吩咐承办了这件事。后来我才知道他购置这些设备的经费是他在苏联养病期间，为

20 世纪 50 年代，吴运铎向学生讲解飞机模型制作原理。(陈德荣摄)

20 世纪 80 年代，吴运铎在病床上为少年儿童题词：“当好小主人，接好革命班。”

《真理报》和其他杂志写文章所得的稿费，以及出版《把一切献给党》所得的大部分稿酬。

海淀区少年宫收到这些机床后，很快地将其安装起来。一批批青少年纷纷来少年宫学习各种机床的操作技能，不但增强了他们在实践中的动手能力，而且提高了学技术、爱科学的兴趣。

1982 年初，北京市海淀区区委批准在甘家口八号院里的几间空房兴办海淀区“少年之家”活动站。当活动站的工作人员得知吴运铎家住在那里，就去聘他当“少年之家”的顾问。每个月初，都把“少年之家”活动站的计划送给他征求意见。

一次，“少年之家”活动站的老师请他去参加活动，他顺便参观了孩子们游艺活动的场所和图书阅览室。他浏览着书架上摆的书，没有几本是适合孩子们看的，有的书已经破旧不堪了，还有些是以前的书。他看坐在那儿聚精会神读书的孩子，一个个像一株株小幼苗，正在那儿吱吱地吸着水分和养料。他想，用这些书教育孩子，虽不会误导孩子，却耽误了孩子，影响孩子们读书兴趣，不利于少年儿童的智力开发和摄取广博的知识。这些孩子像久旱的禾苗，正期待一场甘霖，活动站为什么不能把书店里最新、最好的书送给孩子，无非是经济困难嘛！他拿出 100 元赠给“少年之家”，让他们先买一些孩子们喜欢看的书……

“少年之家”办得一天比一天好。为了让孩子们的生活更丰富多彩，在那里能够尽情地唱歌、跳舞，老师们又想购一台电子琴，可经费不足，怎么办？他们去找吴运铎给出主意。吴运铎思考了一下，说，教育下一代是全社会的大事，七机部的孩子在“少年之家”活动站比较多，是否可以捐赠一部分款。

当老师找到七机部的有关领导说了这个情况后，人家慷慨地捐出 1000 元。活动站的经费仍旧不足，吴运铎又给五机部有关领导写信："少年之家"活动站每月只有 80 元的办公费用，孩子们缺书，文体娱乐用品也很少，是否可以捐赠一点钱。五机部领导欣然同意也捐出 1000 元。

在吴运铎的全力支持下，这个"少年之家"活动站有了新的桌椅；书架上摆满了一大批新出版的少年儿童读物。"少年之家"后来又成立了一个小俱乐部。每逢节假日，孩子们都在那里愉快地学习，纵情地歌唱、跳舞、娱乐……

吴运铎心系少年儿童，少年儿童也没有遗忘他们的吴爷爷。他经常收到全国各地的来信。有的学校给他寄来辅导员聘书，他担任京、津、沪十几所中小学校名誉校长、校外辅导员，如北京市丰台区角门中学名誉校长、北京实验二小校外辅导员、天津第二工读学校名誉校长、天津南开区中小学少先队联合大队辅导员、北京市门头沟中学校外辅导员……苗宁宁老师 1991 年 7 月 9 日写信告诉笔者："吴运铎曾担任过北京市第一个红领巾班的课外辅导员。"

20 世纪 50 年代初，东城区琉璃寺小学一个班成为北京市第一个红领巾班，吴运铎同志参加了最后一名同学的入队仪式，并亲手给这个同学戴上红领巾。

有一年，六一儿童节前夕，吴运铎病情恶化，医生经过三个多小时的抢救，才使他脱离危险。可到次日下午，吴运铎清醒过来，便要去给某校小学生们讲革命传统。医生劝他过几天再去，他说："战场上轻伤不下火线，今天这是争夺接班人的战场，我这个老战士又怎能半途而废呢？"他硬是叫护士拔掉针头，带病去了会场。

吴运铎登上了讲台，可讲不了几句，就喘得受不了，只好拿出随身带的治哮喘的气雾剂，往嘴里喷一下，讲不了几句，再喷一下，再讲。此情此景，使护送吴运铎的护士眼泪夺眶而出，不少同学更是泣不成声。两个多小时的报告完毕后，全班40名同学人人写了一份感想。一位女同学写道："吴爷爷给我们上了生动的一课，他带病上讲台的可贵精神更深刻地教育了我。只要像吴爷爷那样去学习，还有什么能阻挡我们的进步？"

后来，这个班成了全校有名的"吴运铎班"。那时候，全国各地的中、小学里，已有几十个"吴运铎班"。

1985年仲秋，现天津红桥外国语中学的领导赴京看望吴运铎。当时，吴运铎正在宣武医院疗养，身体虚弱，但他欣然应允被聘为该校名誉校长，并挥毫题写校名，即兴书写一幅题词："即使自己化为一撮泥土，只要它是铺在通向共产主义的大道上，让伙伴们大踏步地冲过去，也是最大的幸福。"这是一种什么精神？是一种平凡、无私的献身精神。

多少年来，吴运铎的"泥土精神"，已经化作了一种巨大的精神力量。现代诗人鲁黎赞美过"泥土"："老是把自己当作珍珠，就时时有被埋没的痛苦，把自己当作泥土吧，让众人把你踩成一条路。"正因为吴运铎把自己看作泥土，如今，他的传奇英雄事迹成为亿万人的宝贵的精神财富，成为实现中国梦取之不竭的正能量，激励着广大少年儿童在社会主义大道上昂首阔步！

关心教育好祖国下一代，这是永恒的主题，是一篇大文章，一个人或者几十个人，乃至几百几千人，都无法胜任，非动用全社会的力量是治理不好的，也产生不了强大的震撼力。

鲁迅先生说："教育是根植于爱的。"一如北京有位老师说

吴运铎与成立“关心教育下一代协会”的倡导者孙敬修（右）、费路路（中）在一起。

时年68岁的贺龙元帅夫人薛明同志。

曾任中国人民保护儿童全国委员会委员、科普大王高士其。

的，没有爱，就没有教育，爱是教师的灵魂，爱是教师温暖学生最有效的法宝、爱是教师播撒快乐孕育希望的根本力量。吴运铎深深懂得这个道理，他就是用一颗真诚的爱心为少年儿童做一切事情，无论何时何地，只要少年儿童需要，他就会义不容辞地为他们服好务。

还“文债”，作报告

1982 年 2 月，吴运铎向组织递交了申请离休的报告。6 月 18 日批示下来了：“中央同意吴运铎同志离休。”

刚退下来的吴运铎，不像有的同志那样感到无事可做，心里不大平衡，成天抓耳挠腮，闷得慌。他对人说：“生老病死是人生自然法则，谁也无法抗拒。现在中青年人，也会伴随岁月沧桑而变老。我年岁大了，精力差了，许多事想做却力不从心。退下来让中青年人干何乐而不为？我们这些老同志可以趁生命旅程的晚景在家安心养病，系统地读一点书，练练书法、绘画、音乐，搞一点创作，让生活过得充实、惬意而富有情趣，不是更好吗？”

伴随着时间的推移，生活并非像他想象的那般富有田园诗意、潇洒、轻松、自在。像他这样一个从参加革命那天起，就已经在党旗下庄严宣誓，把一切都交给党，为了党的事业鞠躬尽瘁的人，怎么可能离休后两耳不闻窗外事，在家安度清闲的晚年呢？

人生一世，草木一秋。每个人一生的意义和价值都在于向着自己奋斗目标跋涉的过程，而人生的境界也在这一艰难进程中得到升华。吴运铎在战争年代进行了创造性的劳动，留下了辉煌的足迹。它有力地证实和昭示给人们的是：他不会在和平建设时期，无缘无故远离汹涌澎湃的改革开放的大潮。他必然要在改革开放中披荆斩棘，永不停步，全心全意为人民服务。

吴运铎退下来的消息不胫而走，几乎每天都有电话、信件慰问他。拜访他的人络绎不绝。报刊和出版社的编辑、记者经常有人去采访他，请他给孩子们写些东西。成都市少儿出版社两名编辑特约他为孩子们写一本 5 万字的小书，10 月份交稿；安源煤矿大罢工 60 周年纪念日，团市委请他回忆在安源的儿童时代的生活；工厂、学校、部队等单位邀他去作报告，讲述他是怎样从一个煤矿工人成长为我国著名的兵器专家的。空军司令部、总后、军事科学院邀他去作“扫科盲”报告，讲解近代武器的发展。“煤炭部门要我写《矿史》，搞兵工的同志，要我写《兵工史》”……这么多的事，都落在他一个人身上，就是不吃饭，不睡觉，一天工作 24 小时，也够干几年啦！

老伴儿陆平为了照顾吴运铎也离休了。陆平原以为他忙了大半生，晚年生活让他过得更宁静、温馨一些。哪里想到，他离休后一年四季很少在家待着，到全国各地去开会，参加中小学开展的活动，给孩子们作报告……她天天为他揪着心！有一次，吴运铎应邀去哈尔滨市作报告，一下飞机就犯病了，送进了医院，而且病情十分严重。

吴运铎所在机关的领导同志委婉地向陆平报了病危的不幸消息：“你和孩子们准备一下吧！”吴运铎自己也悄悄写了遗言。后来，吴运铎虽被抢救过来，但身体明显地不好了。陆平多次警告他：“老吴，你名义上是离休了，实际比在职还忙。你还是跟从前一样，一有任务，不顾死活，硬拼，这可不行！年岁不饶人啦！”陆平的忠告是必要的，吴运铎并未完全记在心里。因为他心里想的还是那句话：“一个革命者应该时刻想到

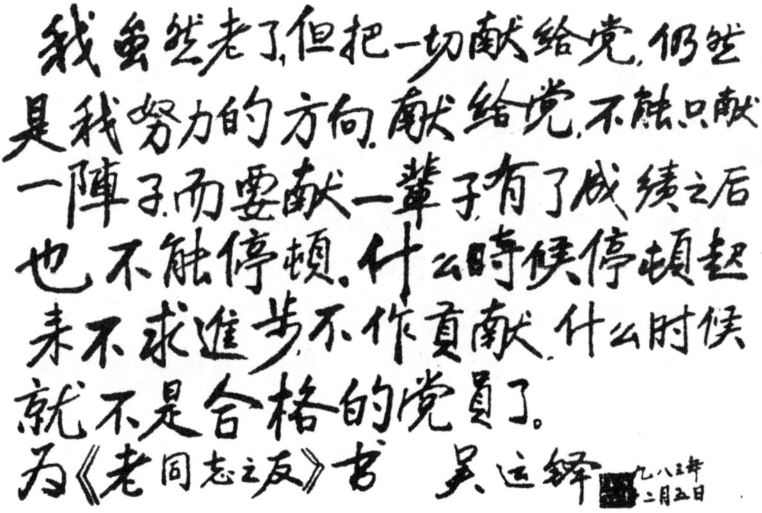
我虽然老了，但把一切献给党，仍然
是我努力的方向。献给党，不能只献
一阵子，而要献一辈子。有了成绩之后
也不能停顿。什么时候停顿起
来不求进步，不作贡献，什么时候
就不是合格的党员了。
为《老同志之友》书　吴运铎　一九八三年二月五日

1983年，吴运铎为辽宁《老同志之友》杂志题词。

战斗和胜利，而不是畏惧和死亡。”

“文债”欠着还不上。人家请他去作报告，他无法推辞。即使是病倒在床上，一所小学领导来请他去给学生们讲一讲，他实在动不了，便索性躺在床上讲，让学校用录音机录下来，回去播放。粗略统计，他从 1982 年 6 月离休到 8 月 18 日，两个多月时间，在北京市的学校特别是中小学、部队等作了 39 场报告，平均不足两天就有一次报告会。有时，他上午出去作报告，中午回到家里身子还没着床，就有电话提醒他，说：“下午 2 时作报告，敬请莅临指导。”陆平看他很累，想减轻他一些负担，劝他能否推辞一些报告，他郑重其事地给家里人规定了一个不成文的“法律”：“凡是来人和来电话找我，我都要亲自见面和接电话；凡是我与人讲好的事，谁也不能回绝。”与此同时，他又补充说明：“只要我身体还行，我一定去给人家讲，这是宣传马列主义、毛泽东思想的好机会。对孩子们进行思想教育，是历史赋予我们这些老头子的职责。”

这些年，如果把吴运铎在全国各地所作的报告次数加起来，至少也有 1000 场，听众至少也有几十万人。有的报社记者很不理解，问他为啥身上有那么多伤病，还要给自己加码，担当这么多社会工作？他简单地说了两层意思：一是老一辈人应尽的社会责任；二是让孩子们了解昨天，珍惜今天，创造美好的明天！有的年轻记者问他：“吴老，你这样做图的是什么？”吴运铎莞尔一笑，诙谐地说：“别无奢求，只有一个竹篱草舍，绳床瓦灶，写写画画，以度残年，亦足矣！”他这话是不是说得太古怪、太消沉，太悲观了，仿佛这样的话不应该出自一位老英雄口里。别误会，吴运铎就是这样质朴、诚实。他的中心意思是说，淡泊明志，不求富贵，只求温饱，实实在在，为人民大众和孩子们做一些事。如同他给一个杂志的题词："我虽然老了，但把一切献给党，仍然是我努力的方向。献给党，不能只献一阵子，而要献一辈子，有了成绩之后，也不能停顿。什么时候停顿起来不求进步，不作贡献，什么时候就不是合格的党员了。"

关心青年健康成长

20 世纪 80 年代，吴运铎已逾花甲之年，体质下降，办事深感力不从心。他老是在思考这样一个问题：青年时代，精力旺盛，加班加点，冲锋陷阵；中年之后，走上领导岗位，搞科研，现场试验，东奔西跑，工作游刃有余；现在身体日渐羸弱，选择什么工作更适合，有意义度过自己的晚年？从广播、电视、报刊上和来访者谈话中知道，"文革"后，社会上有相当一部分人，特别是青年人中流传看破红尘论。一部分青年生活在这个世界上，似乎把一切都看透了，进而反映在政治思想上，对马列主义、毛泽东思想丧失了信仰，对中国共产党领导广大群众建设社会主义现代化和共产主义社会，丧失了坚定必胜的信念，在个人工作、学习、前途上丧失了应有的信心。这就是一度所谓的"三信危机"。他的看法，这"三信危机"是"文革"中"四人帮"遗留的祸水。是"四人帮"贩卖歪理邪说，搅乱了一部分人的思维理念、思想路线造成的恶果。他深为患有"三信危机"症青年的冷漠、消沉，一切无所谓的思想状态忧心忡忡。对此，傅正煊（15 所原所长）说："粉碎'四人帮'后不久，我到他家里看望他。面对十年动乱在青年中造成的信仰危机、'知识无用论'等错误思想，他痛心疾首。说到激动处，他就把那只假眼摘了，在房间里走来走去。吴运铎也因此把他后来的工作定格在青年教育事业上。”不错，吴运铎看到了青少年面临问题的严重性，也洞察到了病根的所在，深信患有这种病症的青年是可以治愈的，完全可以教育好，使他们成为建设社会主义社会的积极因素，成为推动历史前进的一代新人。于是，他把自己离休后的神圣工作定格在教育好广大青年身上。这是一件了不起的事，是一个具有挑战性、创造性的工作，是一个关系到我国持续发展的战略性决策。它与祖国的命运息息相关，与中华民族振兴、繁荣、昌盛密不可分。

1982 年，吴运铎与关心青少年成长的贺龙元帅夫人薛明同志交换过看法。打算给青少年从根上诊治一下“三信危机”症，并开出两个药方：第一个药方是革命老一辈对青少年要传帮带，大讲革命传统，大讲共产主义人生观。通过他们现身说法，讲理想，讲道德，讲学习科学知识，讲组织纪律性，讲怎样对待生活，对待前途，对待劳动，来启发青年树立远大的奋斗目标。第二个药方是帮助一些青年，尤其是被劳教青年，残疾青年等，解决一些实际工作、生活上存在的困难。

1983 年，他又同著名的青少年教育家孙敬修、著名的法学家费路路等人赶到河南省参加青少年和失足青少年研讨会，并在会上倡议和发起成立了“关心教育下一代协会”。1984 年，他与高士其、孙敬修、费路路等老人又联合倡议和发起成立“北京市关心青少年教育协会”，把关心教育青少年工作当作自己义不容辞的责任。从此，他就有计划、有步骤地将自己的工作重点转向对当代青年的教育事业中。

“人生支柱”与“理想”

“人生支柱”应该是什么？这是每个青年人都要面临的根

本问题。1982年5月，福建师范大学编发了一期情况，反映该校几位同学在《冯大兴的毁灭》一文中写“评注”的问题。

冯大兴从极端个人主义发展到谋财害命，走向罪恶的深渊。法庭对他宣布判处死刑，是无比公正的。而个别人却为之喊冤叫屈，在“评注中褒之为‘伟大’、‘神圣’、‘不屈不息的灵魂’、‘勇敢的战士”等。同年7月20日《中国青年报》“接班人”专刊发表了题为《请你议论议论这几条“评注”》的文章，发起专题讨论。9月3日和4日下午，福建师大团委召开了部分团支部书记座谈会，讨论了《冯大兴的毁灭》一文的“评注”。这次专题讨论，对弄清是非、善恶、美丑、荣辱观念，树立无产阶级的人生观、世界观是有益的。讨论历时四个多月，收到来稿、来信7000余件。广大青年各抒己见，畅所欲言。讨论接近尾声，编辑部特约几位一贯热心于青年工作的老同志谈谈看法。吴运铎应报社邀请，参加了这次讨论。

吴运铎于1982年12月7日，在该报发表题为“为共产主义奋斗才是真正的人生支柱”一文。该文是吴运铎从12月1日晚到2日凌晨5时，连夜赶写出来的。他的参与热情之高，责任心之强，是极为感人的。用吴运铎的话说，“他自觉自愿为此尽涓埃之力”。该文对澄清思想，提高认识，以及在社会主义现代化建设中，做一个有理想、有道德、有文化、守纪律的劳动者的观念上，把全社会的精神文明建设的水平向前推进了一步。

在文章中，他首先指明：

“‘人生支柱’的讨论，其中有少数人认为个人的名利就是‘人生支柱’，这种说法是不能让人信服的。”

然后，他讲了其中的道理：

“车尔尼雪夫斯基说：一个人的活动，如果不是被高尚的思想所鼓舞，那它是无益的，渺小的。这里说的‘高尚的思想’，应该是我们的‘人生支柱’。”

接着，他又进一步讲解：

“‘高尚的思想’不会从天上掉下来，它来源于祖国和人民对我们的需要。把祖国和人民的需要作为自己的‘人生支柱’，就是树立了崇高的共产主义理想。为实现理想而献身，才是人生的价值。张华同学说得好：一个人为着一个伟大的理想而活着，战斗着，他就会变成崇高的人，就会从庸人的鼠目寸光中，从苟且偷安和贪生怕死中解放出来，从一个渺小的人变成一个伟大的人。

他联系了自己在抗战时投奔新四军，做枪修炮，建立敌后兵工厂，经常发生一些流血牺牲的事故：

有人说，搞兵工的人是和死亡做伴的人。其实，革命就是生死存亡的斗争，要革命就会有流血牺牲。

他还举例说：

我们造出的枪炮，没有炸药就打不响，不能在战场发挥威力。这便需要有人冒着生命危险，从收集敌人的炮弹里挖炸药。面临生与死的考验，你自己去挖，让同志们走远点，还是自己躲远点，让别人来冒险。”我想：我是厂长，我不挖炸药谁来挖……

他诚恳地告诉大家：

参加革命，流血牺牲是难免的。但是，流失掉的血和失去的生命，终会换来共产主义事业的胜利。我们这个多难的祖国，能够从一个半殖民地和半封建的国家，成为今天这样一个欣欣向荣的社会主义祖国，不正是千千万万的革命先烈奋不顾身地流血牺牲换来的吗？

文章的末尾，吴运铎的结论是：人各有志，在这大千世界里，人的生活支柱是多样的。但总的来说，有这样两种情况：一是确有那么一些人拿追求个人名利作为“人生支柱”。活着只为追名逐利，这会导致自我毁灭。因为追求个人名利，不符合时代的需要，也不顺应历史发展的趋势。二是拿人类最高尚的共产主义思想，作为自己的“人生支柱”，并为它的实现而执着地奋斗终生。共产主义的完全实现，要像接力赛跑那样，靠一代人紧接一代人奋斗，才能胜利地到达理想的彼岸。但我们这一代人必须竭尽全力建设好共产主义初级阶段——社会主义社会。因此，我们时代的每个人、特别是青年人，要以人类最高尚的共产主义的实现作为自己的“人生支柱”。它会使我们战胜前进中的挫折、失败，保持坚强的信念和旺盛的斗志，永远奋进不息。

1983 年 3 月下旬，中国人民解放军兽医大学八〇队学员 139 名共青团员，从吉林省长春市给吴运铎写信说：

我们是 1980 年 9 月高考进入兽医大学的。中学时代，都有着自己的美好理想：有的想将来当个工程师，有的想当科学家，有的想当作家……总之，都想干一番轰轰烈烈的伟大事业，为人民造福。然而，现实却使我们只能成为成天和骡马打交道的兽医，过去的一切想象终为泡影。我们当中有不少人曾为此感到忧愁和烦恼，认为“学兽医不光彩，低人一等”“又脏又累，没有出息”。也有的同学认为，平平凡凡的兽医工作和共产主义不沾边。在团支部开展的“有理想”专题讨论中，大多数同学认识比较明确，但对有模糊认识的同学，却难以用充分的事实和道理说服他们……我们全队 139 名团员一致提议给您写信，把心里话告诉您，希望从您那里得到答案。您和青年的心是相通的，一定会满足我们的要求。恳求吴爷爷在百忙之中回封短信（哪怕是三言两语也好），讲讲怎样坚定共产主义信念，怎样在本职工作岗位上为共产主义事业做出贡献。

吴运铎收到这封信时，正是重病在身。他考虑了几个晚上，不知写些什么话才能一语破的，解决同学们的思想问题。他对笔者说："我真不忍心看到一些'生在困难时期，长在动乱时期'的青年胸无大志，荒废学业，自甘沉沦下去。"因此他按照同学们提的要求，像唠家常一样，亲笔写了一封回信：

……理想，就是人们的奋斗目标。每一个革命者，特别是青年人，应该有一个远大的革命理想。这个理想就是：为实现四个现代化以致最终实现共产主义大目标奋斗。个人的小理想，必须服从于建设社会主义和保卫祖国的大理想。理想的核心是生活态度问题，也就是人们常常议论的"人为什么活着"的问题。你们是想在人生的有限之年交出一份出色的答卷，还是只想个人的生活过得好一点，工资要多一点，工作要轻松干净一点，给社会交一份人生的白卷……理想不会从天上掉下来，它诞生在祖国和人民对自己的需要之中。我们每一个同学，一定要热爱本职工作，把本职岗位工作做好。无论是做工，种田，搞科研，当兽医，只是分工不同，就其劳动来说，都是为社会主义劳动，都是受到社会尊重的，都是建设社会主义不可缺少的一部分……最后默读一首大家熟悉的诗：生活是多么广阔，生活是海洋。凡有生活的地方就有快乐和宝藏。

兽医大学八〇队收到信后，教导员在全队军人会上宣读了吴运铎从千里之外寄来的信，同学们听了又激动，又震惊。会场里静默了很长时间，他们万万没有想到，吴运铎这位功勋卓著、赫赫有名的"中国的保尔·柯察金"，却为一个普通高校部分学员专业思想不牢靠写了回信。同学们感到愧疚，认为不应该让这位病残的共和国老英雄为他们分心。许多同学被感动得热泪潸潸。他们都不禁默默地问自己：是"小理想"服从"大理想"，还是让"大理想"服从"小理想"？是在人生路上"交出一份出色的答卷"，还是给社会"交出一份人生的白卷"？

打这以后，八〇队全体学员精神面貌焕然一新。该队的赵晓晖同学给吴运铎写信汇报说：

“清晨，我们将时光从松软的枕头上掠来，付之于朗朗的早读；假日里，我们从鄙薄的‘扑克牌’上，把时光抢走，付之于精神文明的劳动。去年，我们八〇队被评为长春市建设精神文明先进单位，又被评为学校的建设社会主义精神文明先进集体、先进团支部；年终，作风、纪律考核获取全校第一名。有很多同学被评为‘三好学员’，获得嘉奖。”赵晓晖同学在信中还写道：“攀登，追求，是人生的真谛。吴爷爷，将您擎过的大旗交给我们吧！我们信心百倍，沿着先辈的足迹攀登，磨炼，在时代的熔炉中锻造、淬火，努力成为一代新人。吴爷爷，我们决心不当‘混世魔王’，我们要像海燕、雄鹰一样搏击、腾飞、扶摇直上冲长天！”这诗一般的语言，不只是赵晓晖一个人的钢铁誓词，也是八〇队 139 名共青团员向党、向人民表示的坚定决心和战斗宣言。

要有坚定的生活信念

1983 年 3 月底，吴运铎在《天津青年报》“青年之友信箱”中，发表一篇题为《学做青竹，正直向上》的文章。

这篇文章的由来，是他被该报第四版刊载的一幅竹子国画吸引了。吴运铎从小爱画，一直有画癖。前些年住院，闷得慌，为打发时间，就向人学画，谁知又找回了画画的兴趣。竹画，是他最喜爱画的。他爱竹子，其实是以竹喻人。他一生喜欢具有竹子那样特征的人。他在文章中写道：

> 竹子，本是一种植物。为什么能够引起人们极大的兴趣，被人所敬慕呢？我在自己习作的一幅竹画上题过十六个字：“节高骨坚，宁折不弯，

吴运铎的竹画。

为梁为薪，献身于民。”我认为，竹子有坚韧不拔的精神。无论环境多么恶劣，它都能顶出地面，而且不畏严寒、风暴，四季常青。竹子的目标始终如一，笔直而生，傲然而立，可以说不搞歪门邪道。竹子生长的速度很快，一窜就是一节，而且永远充满了生机。竹子的用途很广……竹子的这些特征，正是我们时代精神的体现。

接着，他举出具有竹子精神的人——张海迪。他说：“人家张海迪三分之二的身体失去知觉还在发奋、在拼搏，用自己的大脑和双手为社会创造财富，为他人送温暖，谋幸福。但当今社会有一部分青年精神不振，虚度光阴，无止境地追求物质享受，与张海迪对比，岂能不愧疚？”

他明确地告诉青年人：“我们学习张海迪，首先就是学习她有坚定的生活信念，树立共产主义理想和革命人生观。”

吴运铎殷切地教诲青年说：

实现四个现代化，不仅要有高度的思想觉悟，还要掌握丰富的科学知识和过硬的技术本领。我记得列宁说过：“在一个文盲的国家内，是不能建成共产主义社会的。”我们对张海迪之所以称她为当代的保尔，除了上面说的外，还因为她以惊人的毅力刻苦学习文化科学知识，做出了体魄健全的人都难以做出的突出成绩。她用小小的银针唤起了千万个人生活的希望，还通过自学取得了高考436分的成绩。她掌握四个国家的语言，翻译了大量的外文资料。她身子瘫了，思想却很活跃。可以说，她是一块海绵，在浩瀚的知识海洋中贪婪地吮吸着；她是一颗流星，把光留给人间。有些青年人在“文化大革命”中，受“四人帮”鼓吹的“知识越多越反动”流毒的影响，荒废了学业。现在通过实际工作，才知道学习的重要性，赶紧补习功课，这是好现象；可是，也有个别青年仍然轻视科学文化知识，不认真学习或者学习很不刻苦，这部分青年将来会后悔的。我是搞军工的，过去比较重视数、理、化，不大注意语文知识的学习。那时候，领导让我写文章，我说，宁愿做一辈子枪也不愿意写文章。直到受伤致残，经常和笔纸打交道，才逐渐体会到任何一门知识对自己都是有用的。

四个现代化需要成千上万个蒋筑英、罗健夫式的知识分子……希望你们以英雄模范为榜样，像竹子那样，“斗霜傲雪节骨坚，不随败叶舞风寒”，争当建设社会主义精神文明和物质文明的促进派。

在理想与“实惠”的天平上

1983年9月，有一名广东青年红英给《工人日报》思想教育部办的《为您分忧解难》专刊写信，企盼给他解答理想与“实惠”这个迷惘不解的问题。信是这样写的：

我已经在理想与“实惠”之间苦思、徘徊了三年多了，至今仍未能作出明智的抉择。

17年前，当我第一次背上书包走进校门时，我就立下一个志向：好好学习，争取将来考上大学，但这个希望却成了泡影。1975年，我只好带着失望与行将破灭的理想进了服装工艺厂当学徒。粉碎“四人帮”以后，实行了招生制度改革，我想上大学的理想之火又被点燃了。可是，有些好友劝我不要去上大学。他们还帮我算了一笔账：如果考上了，按五年学制计算，就比当工人少领2000多元（每月奖金还不包括在内），面对现实，我不能不考虑看得见、摸得着的“实惠”，但我又舍弃不了十几年前上大学的理想。现在我迷惘、彷徨，真不知该怎么办？

报社编辑部考虑再三，将这封具有典型意义的函件送给吴运铎帮助解答。

吴运铎阅信后，虽面带倦意，双目充满了血丝，但他内心有怅然若失之感，十分认真地说：“这个问题困扰相当一部分青年和在校学生，我好生想一想，再谈谈我的看法，保证完成任务。”过了三天，吴运铎打电话给笔者，说稿子已经写完了。

全文是这样写的：

红英同志：

编辑同志把你的信转给了我，要我答复。我的意见，仅供参考。

你提出了理想和“实惠”的矛盾，或者说是想上大学又舍不得少收入2000元的矛盾。究竟应当怎样看待这个问题呢？我以为，青年人应该有一个远大的理想。什么是理想？我在1979年8月给《工人日报》写过一篇文章，其中提到：理想，就是人们奋斗的目标。每个革命者，特别是青年人，应该怀有远大的革命理想。这个理想就是：为实现四个现代化，以至于最终为实现共产主义而奋斗。你想上大学，严格说来，只能说是一种志愿，是实现远大理想的一种途径，而不是最后目的。志愿应该服从于理想。如果你上大学是为了学到更多的本领，将来好为四化多做贡献，那么你这个志愿和革命理想是统一的。你的问题就比较好解决了。现在的问题是，你在升学与继续工作之间犹豫不决，主要是考虑眼前的那点看得见、摸得着的“实惠”——2000元钱。我不知道你目前家庭经济上有无实际困难，如果确实有困难，我的意见是，你目前可以不必勉强去报考大学，在工作岗位上通过上业余大学、函授大学、电大、职大等走自学成才之路，也同样可以实现自己的远大理想。如果你家庭经济不困难，仅仅是舍不得2000元，我觉得这样考虑问题的出发点就很值得研究了。

青年人总该有个远大的理想。在革命事业和金钱之间，应该如何选择，许多革命先辈为我们作出了榜样。像中国无产阶级革命家、中国共产党早期农民运动领导人之一彭湃同志，他家是广东海丰县有名的大地主，但他为了投身革命，把家里的田契当众烧毁，金钱财物无偿地分给农民。著名作曲家冼星海，为了积极投入抗日救亡运动，创作了许多革命歌曲。国民党当局派人以重金收买他，妄图叫他创作一些靡靡之音。星海同志坚决表示：“我有我的人格、良心，不是金钱能买到的。我的音乐要献给祖国。”是的，为了实现共产主义理想，完成历史赋予的重托，有多少人舍弃家庭，离开亲人，投奔革命，卷入战火硝烟的斗争中。我自己在日寇入侵，国难当头的关键时刻参加了新四军。在新四军军部的修械所里，每天为抗日制造枪弹。当时我们夜以继日地工作，为的是什么？还不是为了革命理想：早日消灭敌人，建立新中国。那时，我们这些人，谁还去想什么个人的金钱、“实惠”呢？

今天，已经不是战争年代了。我们当代青年人的任务，就是为实现四个现代化而奋斗。要完成这样一个任务，就必须学习科学文化知识。它虽然不像过去那样需要抛头颅，洒热血，但也并不是轻而易举的，同样要碰到革命利益与个人利益的矛盾。南京工学院的韦钰，为了祖国教育科学事业的发展，不顾自己是39岁的年龄、两个孩子的妈妈，毅然离开家庭，去德国进修。在她获得博士学位后，不受重金聘请和优厚物质生活的引诱，为振兴中华，回到祖国，正确处理了革命利益和个人利益的关系。这样的同志，我还可以举出许许多多。和他们对比一下，你的问题是不难找到正确答案的。你的理想和“实惠”的矛盾；上大学和2000元的矛盾，实际上也就是革命利益和个人利益的矛盾，是长远利益和眼前利益的矛盾。个人利益服从国家利益，眼前利益服从长远利益，对一个革命青年来讲，应该是理所当然的。

红英同志，你无论是上大学，还是继续留在工作岗位，现在你应该着重考虑的是，自己怎样才能多学一些科学文化知识，怎样才能为国家、人民多做贡献，而不应该在金钱、“实惠”上兜圈子，老是斤斤计较将来自己能拿多少钱。现在社会上有一股“一切为了钱、一切向钱看”的不正之风。你在理想与“实惠”的十字路口上徘徊达三年之久，其原因就是受了这股风气的影响。希望你挺起胸膛，顶住这股歪风，不要被它刮倒。

稿子写得很好，可以打90分。吴运铎满意地说：“振兴中华，匹夫有责呀！可不能掉在钱眼里，放弃了自己肩负的重任。现在的大学毕业生，有人不愿到艰苦的地方去，不愿多劳动，只想多拿钱，这就是‘实惠’思想作怪。有了这种思想，无论碰到什么事，都会把‘实惠’摆在前面。如果一个战士，他要讲‘实惠’还得了！在战火纷飞的年代，子弹是不长眼睛的，无情的。假若大家都讲起‘实惠’，都怕牺牲个人利益、牺牲自己的生命，谁去冲锋陷阵，还能消灭敌人吗？还有新中国的诞生吗？还有今天的社会主义吗？回想起战争年代，大家有什么‘实惠’可言，每人每月只有几角钱津贴，而今天在工厂里做工的工人，每月还可以拿到百八十元的；我们那时还要在必要时献出自己的生命。现在，在理想与‘实惠’的天平上，我们每个人用什么样的砝码去称。一头摆着国家、人民的利益；一头摆着个人的私利，你说哪个重？我们不能用金钱这个砝码去称呀！比如，前些日子在北京地铁，有一位女干部周怡同志，在危险时刻，奋勇抢救孩子的生命。如果我们用‘实惠’的砝码去称，那就不能理解了，也不会冒险去救孩子了。因此，我说，国家和人民的利益是永远高于一切的。”

1984 年 5 月中旬，吴运铎千里迢迢去南京参加全国中学生评书发奖大会。会后，他不顾旅途羸顿，特地赶到黄海之滨的如东县，参加全国第一个农村县成立“关心下一代协会”。

在县委第二招待所里，江苏人民广播电台、南通人民广播电台、如东县广播站等新闻记者采访了他。吴运铎坦诚而恳切地跟记者交谈了自己的身体、工作情况后，说：“现在离休当了顾问，反而官也多了，职也足了。这个学校要我当名誉校长，那个学校要我当名誉主席，反正都是做青年工作，我也愿意做，我也很想做。跟青年们在一起，我自己也好像年轻了许多。”随后，67 岁的吴运铎针对当时青年中存在的问题，以现身说法的方式讲起自己的感受。他说：“当代青年和我们那时候相比真是天壤之别。我们当年是一杆枪打天下，吃没好吃的，住没好住的，连自己的命也早不知晚，随时都有可能流血牺牲，但我们一刻也没有放松勇敢地进击和战斗，是成千上万的烈士用热血染红了天安门上空的五星红旗。我们当时为啥那样勇敢，活得那样顽强，就因为我们脑子里始终装着一个信念，那就是共产主义。共产主义是一个远大的奋斗目标，但并不像今天少数青年所说的像天上的月亮，看得到，摸不着。从我们建党的第一天起，共产主义运动就一刻也没有停止。今天大家的生活与新中国成立前和新中国成立初期相比，无疑是提高了许多，这是谁都看得见，摸得着的客观事实。社会正在向前一步一步地推进，展现在我们面前的就是一道向共产主义延伸的轨迹。”吴运铎停了一下，喝口水，然后又接着说：“应该肯定，当代青年的主流是好的，但是也必须清醒，他们中确有少数人由于受到那个狂热年代的影响，心灵上的创伤还未愈合，至今仍徘徊在人生的十字路口，什么理想、信念、前途等，都成了耳旁风，啥也听不进去。他们看重的是家庭、工资、奖金，这当然也是对的。问题是他们遇到困难、挫折就打退堂鼓，自暴自弃。前不久，有一个青年给我来信说，‘敬爱的吴老，我的一切都成了泡影，摆在面前的路只有告别这个世界’。我读完这封信后，彻夜未眠，赶紧在灯下给他写了一封长信。当这位青年接到信时，他已经因吃安眠药片过多，躺在医院的急诊室里。他康复后，给我写信说：‘我又做了一件蠢事。’从此，他转变思想，振奋精神，努力工作，做出了成绩。由这件事，我感到当代青年的思想教育工作是何等的重要啊！前一段时间，社会上年轻人犯罪率上升，其原因是没有做好这方面的工作，家庭、社会、学校都有不可推卸的责任。我曾想过，只要我们大家都来关注这个问题，按准青年思想脉搏，对症下药，耐心、诚心去做工作，动员全党、全社会的力量来抓，一定会有成效的。”最后，吴运铎动情而又幽默地说：“如果马克思肯显灵，让我晚一点儿去报到，我是很有信心的。”

青年该有什么样的幸福观

1985年五四青年节，吴运铎带着氧气袋去中国人民公安大学作报告。在学校的大礼堂里，他给大学生们讲理想、讲道德、讲人生观。他激动而兴奋地说：“你们是革命事业的接班人，新长征路上的突击队、战斗队，祖国和人民在等待着你们，国家的建设事业需要你们。你们一定要刻苦学习，努力锻炼自己，不辜负党和人民的重托。”由于他很激动，讲话的声音很大，以至于情不自禁地从座位上站起来。大学生在台下没有私语的，都听得很认真。在这样一种氛围中，吴运铎联系一些青年和大学生的思想实际，谆谆告诫大家：“人生绝不应当是只图吃喝玩乐，而是要为人民创造。人生在世，总得为同胞、为社会做点有意义的事，要不然，临到末了，会感到自己白活了一世。我碰到一个青年，她提出了一种人生哲学：‘人都是主观为自己，客观为别人。’照她的人生哲学，那‘公’字就应该从字典上取消，为人民创业就应该被宣布为一句空话。”长达两个多小时的报告结束了，许多同学听完还觉得不过瘾，纷纷冲到讲台上，与吴运铎无拘无束地对话。同学们摒除桎梏，冲破传统思想文化的樊篱，把涌动在心头已久的“三线”问题，一个个地亮出来，聆听吴老对这些问题的看法。吴运铎以亲身经历的严酷历史和战火中洗礼的特殊性格，既严于解剖自己，又有分寸地回答了提出的方方面面的问题。最后，吴运铎颇有总结性地昭示青年：“信念是人生的支柱，责任是人生的动力，奋斗是人生的幸福，奉献是人生的价值!”他的话音一落，赢得了同学们经久不息的掌声。同学们爱他，尊重他，请他题词，签名留念。有的少数民族学生听完报告后，兴高采烈，把本民族特有的最高礼节——洁白的哈达敬献给他。这样的场面太动人了，太让人陶醉了。然而，类似这样的场面又何止这一次呢！

刚粉碎“四人帮”不久，上海人民出版社《青年信箱》的编辑把一位叫胡斌的同学的信转交给吴运铎，要他谈谈看法。胡斌同学在信中说：

……我们学校组织大家看电影《保尔·柯察金》。看完电影之后，同学们就保尔幸福不幸福的问题讨论开了。很多同学认为，保尔是不幸福的，希望你能谈谈自己的看法。

阅毕胡斌同学的信，吴运铎沉思很久，于 1979 年 4 月 20 日写信这样回答：

我知道保尔，了解保尔，立志向保尔学习是在抗日战争最艰苦的年代——1943 年春天……

为了从保尔的英雄业绩中吸取营养，我借来了奥斯特洛夫斯基写的小说《钢铁是怎样炼成的》。这是我们那个地区仅有的一本书，它已失去原有的封面和封底，用旧报纸重新进行了补贴。书的扉页也破烂不堪，打了补丁。书的边角卷起，有的地方还隐约可见点点血痕。在那战火纷飞的年月里，这本书伴随着战士们不知度过了多少个艰难困苦的日日夜夜，鼓励和鞭策着战士们奋勇作战。前面的同志倒下了，后面的同志又接过它。保尔给了我很大的教育，给了我战胜困难与伤残的勇气和信心，激励我不断前进。1948 年，在我英勇的人民解放军发动全面反攻的高潮中，我又看了电影《保尔·柯察金》。这部电影给我的教育极其深刻，它又一次鼓励我战胜伤残带来的痛苦，直至 30 年后的今天，仍鞭策我前进。

关于幸福的问题，你们的讨论是从保尔谈起的，我也从他谈起吧。保尔，这个乌克兰工人的儿子，艰苦的战争岁月，布尔什维克的教育，把他磨炼成一个坚强的共产主义战士。在战场上，他英勇杀敌，曾在一天中向敌人发起过 17 次冲锋，多次负伤，一次又一次重返前线。在饥饿逼人的国内困难时期，在修筑森林轻便铁路的艰巨劳动中，他昏倒在大风雪里。后来竟身体瘫痪，双目失明，直至卧床不起。在个人生活问题上，也一再遭到爱情的折磨。一般看来，保尔似乎是很不幸的，但保尔自己又怎么看的呢？他说：人最宝贵的是生命。生命每个人只有一次。人的一生应当这样度过：当回忆往事的时候，他不会因为虚度年华而悔恨，也不会因为碌碌无为而羞愧，在临死的时候，他能够说：我的整个生命和全部精力，都已经献给了世界上最壮丽的事业——为人类的解放而奋斗。

这是保尔的人生观，也是他的幸福观的高度体现。它告诉我们：人为什么活着，应当怎样活着，也就是说怎样生活才算幸福。一个人不论他自觉或不自觉，总有自己的生活目的和生活态度，总有自己的理想和追求。是追求革命理想的实现，还是只图个人的吃喝玩乐，尽情享受；是把人民的利益看得高于一切，还是斤斤计较个人的得失，这是衡量一个人是不是真正的革命者的一把尺子。保尔在这两者的抉择上，为我们树立了光辉的榜样。他为了争取人民的解放，甘愿献出自己的一切，尽管个人遭到不幸，眼瞎身残，五劳七伤，但他感到他是幸福的，因为他将自己的一生交给了革命，造福于人民。而个人主义者又是怎样的呢？他的躯体可能是完好的，生活可能是富裕的，但因他为个人而活着，时时刻刻为自己盘算。他的理想之国是：钱更多一些，穿戴更漂亮一些，吃得更好一些，住得更宽一些，而为国家为集体最好付出得少—些。这种人随时随地总是在那里掂斤拨两，这合不合算，那吃不吃亏。他的忧虑和欢乐，始终围绕着个人得失打转。一点小小的失望，可以使他暴跳如雷，一点小小的失算，可以使他号啕痛哭，一点小小的失败，可以使他陷入痛苦的境地，甚至可以使他把绳索套上自己的脖子。奥斯特洛夫斯基说得好：“利己的人最先灭亡，他自己活着，并为自己而生活，如果他的这个‘我’被损坏了，那他就无法生存了。他的前面一片昏暗，只有利己主义和注定的悲哀。但是，人如果不为个人活着，而把自己融化在社会里，那便很难杀死他。因为想杀死他，就必须杀死周围的一切，杀死整个国家，整个生活才行……”

我们经常见到个人主义者为自己的命运嗟叹，却很少见到真正的战士悔恨个人的不幸。革命者投身革命，并不是把自己当作商品去从事交易，以便从中捞一笔优厚的盈利。在残酷的革命斗争中，为了革命胜利，革命者连生命都在所不惜，负伤、致残、瘫痪、失明等个人身躯上的不幸，又有什么值得忧伤落泪呢？正因为如此，保尔瘫痪和失明以后，对共产主义的信念仍坚定不移，他决心克服肉体的痛苦，拿起另一种武器——笔，为革命继续战斗。为了满足他继续革命的强烈愿望，使他有一个安静而合适的疗养和写作的环境，政府给他创造了必要的条件，拨给他较好的住房。为了表彰保尔，人民给了他最高奖赏——授予他列宁勋章。对于这一切，保尔是不是像有的青年认为的那样，因得到"实惠"而感到很幸福呢？不是的，他说："我战胜了自己生活中的一切悲惨遭遇：瞎眼、不能动、剧烈的疼痛。尽管这样，我仍然是非常幸福的人。这并不是因为我得了政府奖给我的一切，我以前没有这种奖赏，我也是很愉快的，你要明白，这个从来不是我工作的目的。"

有一次，英国新闻记者去访问他，两人作了这样一段对话：

记者："请您告诉我：如果不是因为共产主义，您也会这样忍受自己的境遇吗？"

奥斯特洛夫斯基："永远也不会的！个人的幸福现在对我是次要的……"

吴运铎引证保尔自己的话，目的是希望让英雄自己来说明他的内心世界，从而使我们自然地得出结论：保尔是幸福的。因他脱离了低级趣味，无论处境如何，始终没有脱离战斗岗位，把自己的一切献给了为人类解放的伟大事业。

我在学习保尔的过程中，深感我们生活的全部意义就在于此。在抗日战争和解放战争中，我曾多次身负重伤，正是保尔的优秀品质教育和鼓励了我，使我懂得一个人的生命之所以可贵，是因为它能为人类的解放发出光辉。我感到自己虽身负重伤，但为祖国、为人类最美好的事业——共产主义而斗争，就是最大的幸福。因此，每当我想起保尔，就有了为革命坚持斗争的无限勇气和毅力。

可是，十多年来，由于林彪、“四人帮”的破坏干扰，把人的思想搞乱了，是非美丑的观念搞颠倒了，有的人离开人民的利益，一味图个人的私利，认为这是最大的“幸福”。在这些人看来，什么理想，什么自我牺牲，都过时了，什么祖国的荣誉，人民的奖赏，还不如一顿美餐、一件时装、一套新式家具来得实惠。这种庸俗习气和市侩作风，不同程度地毒害着我们有些天真的青年的思想。小胡同志，你们那儿有些青年在看了电影《保尔·柯察金》以后，产生保尔是不是幸福的疑问，是不足为怪的，关键是引导、帮助他们提高认识，正确地学习英雄，明确人生的真正目的。

拉拉杂杂，谈了一些看法和体会，只是参加你们讨论的一次发言。我相信，同学们在党、团组织的教育下，经过学习和生活实践，会逐渐找到正确的答案的。

一切为了实现共产主义理想

1983年4月，吴运铎在天津市青少年集会上，作了题为《一切为了实现共产主义理想》的报告。他说：

今天在座的同志，大多数是青年同志和少先队员。我和你们一样，也有自己的童年和青年时代。我们是怎样度过自己的青年时代，我谈谈我们三十年代的青年，是怎样在党的领导下，走上革命道路，并且是怎样成长起来的。

首先和同学们讲讲故事。所谓故事，当然无非是昨天的事情了。你不了解昨天的艰苦，你就不会珍惜今天的幸福，更不可能有更大的勇气和信心去争取美好的明天。

1941年7月18日早晨，有1万多名日本鬼子和伪军及国民党浙江省韩德勤部队共2万多人，在飞机、大炮、舰艇的配合下，兵分四路杀进了我们年轻的苏北根据地，开始了1941年秋季大扫荡。

开始的时候，我在咱们新四军工厂第三厂担任政治指导员兼工务主任……苏北反扫荡胜利后，根据地的扩大，部队的扩大，迫切需要补充枪支弹药。我们必须要有自己的工厂生产武器和弹药。在这种紧急情况下，军党委指示，苏北军工部的同志们，有40多人，从苏北出发到淮南根据地。

我和一些人到了新四军二师，师长是罗炳辉，政治委员是谭震林同志。我们很快就接受了建立一个年产60万发步枪子弹工厂的任务。当时，上级给了我7个人，困难很多……没有厂房，没有钢，没有铜，没有炸药，没有生产各种机床的设备……最后，我们建成了年产60万发子弹厂，亲手制造出子弹。此后，我们还生产出迫击炮弹、各种地雷、枪榴弹、平射炮……我在《把一切献给党》里，主要写了三次负伤，第一次是在工作中把脚砸伤。第二次负伤很重，左手炸掉了四个指头，左眼炸瞎，左腿膝盖被炸了一个碗口大的伤口。休克了整整15天才醒来，战胜了死亡。第三次负伤是为试验炮弹负伤……左手腕被炸断，右脚被炮弹碎片削掉了一半，右腿炸成粉碎性骨折。从头顶到脚尖有大大小小的伤口，伤口里不但有炮弹片，还有沙滩上鹅卵石的渣子，都钻进肉里去了。送到医院就休克了。四天之后才醒过来……

流血、残废、牺牲，这绝不是幸福，但是作为一个共产党员，当他在需要做出自我牺牲时，那也是完全应该的，因为失掉的血和失去的生命，必然会换来人类最壮丽的事业——共产主义事业的胜利。难道不是这样吗？我们由一个多灾多难、半殖民地半封建的国家，能够成为今天这样一个欣欣向荣的社会主义国家，正是千千万万个先烈的血和生命换来的……

人究竟为什么活着？苏联作家奥斯特洛夫斯基在《钢铁是怎样炼成的》一书中说：“人最宝贵的是生命。生命每个人只有一次……”人应该抱着怎样的生活目的来度过他的一生？人的生活目的，不管是自觉的还是不自觉，你既然要活着，就对自己的生活必然有自己的要求。有的人把升官发财当作人生最大的幸福，有的人把无休止地追求物质享受当作人生最大的幸福，他们不外乎就是为了置自己于祖国和人民之上。我们说，我们必须自己珍惜自己崇高的生活理想，理想的诞生必须符合祖国和人民的需要。祖国和人民需要我们干什么，我们就去干什么。为了崇高的共产主义理想，献出自己的一生。

青少年要把自己的理想献给共产主义，这就需要每个同志有建设社会主义的专长，去发奋地、顽强地占有知识。知识，对每个人都是必要的。列宁同志讲得好，只有用人类创造的全部知识财富来丰富自己的头脑，才能成为共产主义者。这就要求我们在自己的一生里，要顽强地不断地去占有知识，使自己获得更多的知识，来实现我们的崇高理想。青少年，要按照党的要求，把自己培养成不仅有崇高的理想，而且有更多的知识和专长，有道德、守纪律的80年代的年青一代。这就是我们党和全国人民对青年一代的要求。

第二十一章　群众是我生存的土壤

吴运铎来自群众，不忘群众。他最能了解群众所需，群众所急，群众所想和群众朴素的思想感情。因此，他说，我一生中凡是群众要我帮办的事，托办的事，交办的事，我在力所能及的情况下，要一件一件，不厌其烦地办实，办妥。门槛高低，职务大小，有没有后台，对我不起任何作用。只要办这件事不违法，有利于国家，有利于集体，有利于个人，我就要帮助他们办好，一直帮助到底！

如果我什么时候，不帮他们办事了，不理他们了，淡忘他们了，厌倦他们了，那我吴运铎在地球上活着也就没有意义了。

“峰高无坦途，我当自奋力”

当吴运铎了解到北京市海淀区有一部分残疾青年生活不能温饱，想建一个残疾人工厂而又无房、缺乏资金时，他便给海淀区委写报告，请他们能够摸清一下情况，支持这些残疾人办个工厂。经过多次交涉，汇报残疾人的困难情况，海淀区委接受了他的建议，交由区民政部门具体筹办。后来，在海淀区办起了北京汽车滤清器厂。

北京市朝阳区某乡 20 多名残疾青年想办一个残疾人工厂，解决他们的生活，搞好自救。吴运铎听了情况汇报，为他们奋发自强而高兴。他跑上跑下 20 几次，联系内外各种事宜，帮助他们办起了北京市朝阳区福利汽车配件总厂，解决了生活困难问题。他还经常去该厂走动，检查产品质量，做思想工作，并为该厂题词：“振兴中华，青年有责。”鞭策他们好好工作，不断进步。

隆华福利汽车配件厂的陈宝善听到吴运铎病逝，顿时沉浸在极度的哀痛之中，他写了《隆华人不会忘记您!》的回忆文章。他说：我与吴老是七年前在一次偶然的机会中相识的。在我们的交往中，他得知朝阳区平房乡黄渠地区竟无一福利单位，当地的残疾人没有任何经济收入后，便两次主动找我。当时，我在朝阳区隆华橡胶制品厂工作，吴老了解我厂的产、供、销情况及是否适合残疾人工作。他老人家鼓励我将橡胶制品厂就地改为福利工厂，招收残疾人进厂工作。他说：“在我们社会主义国家里，残疾人应受到理解和尊重，他们的工作、生活和学习应得到全社会的帮助，他们是我们大家庭中的成员，他们虽然躯体某些部位同正常人有所不同，但他们建设我们伟大祖国的心和正常人是相同的。我们应让他们体会到温暖，为他们充分发挥自己聪明才智的积极性创造一切必要的条件。”他说得是那样的诚恳和激动，那样富有感召力。我们终于下了决心，招收残疾人进厂，并将我厂改为福利汽车配件厂。

在筹备中，要走许多的程序和审批手续。为早日成立这个福利厂，他又不止一次地找北京市民政局的领导，请求帮助和支持。同时，吴老又认真地帮助我们确定产品，研究企业发展规划。经过半年的努力，福利厂成立了，他极其兴奋。在我们领取福利厂营业执照的第二天，他就带病来到工厂，看望报到上班的残疾人。他详细地询问了工厂对残疾人的工作安排之后，认真地说：“你们一定要了解每一位残疾人的身体状况，既

吴运铎作的一幅“青松挺且直”画。

要安排适合他们的工作，又要关心他们的家庭、婚姻和生活，增强他们对工作和生活的信心和勇气……”这以后，每当我们来到他老人家病床前，第一句话总要询问工厂和残疾工人的情况。由于工厂效益逐年递增，还被市民政局评为“先进福利企业”。1990 年，在我厂建厂 5 周年的日子里，他老人家为我厂题词：“把一切献给党。”

“回忆往事，隆华人永远不会忘记吴老为我们福利厂的建立，为残疾人的工作所付出的心血。吴老的叮咛我们永远牢记，吴老那高尚而伟大的精神永远鼓舞我们去为残疾人事业而奋斗。”

一天，北京市丰台区残疾女青年苏红给吴运铎写信，诉说她在中学时学习成绩很好，可在高中毕业后，因为身体残疾而未被高校录取的苦闷心情。

吴运铎收到她的信时，尽管还躺在医院里，病情比较严重，他还是坚持亲笔给她写回信。多少个日夜，他忍着病痛坐起来写一段，放下笔，想一想，再写一段……身体实在不支，就躺下歇一会儿。他主要是想，写些什么话能使她很快想通，把思想转过来。等身体好一点，喘气匀一点，再振作起精神，坐起来写。这封信，吴运铎足足写了一个月才算完成，寄给了苏红。这封信与其说是吴运铎写给苏红同学的，不如说是吴运铎给全国残疾青年写的最后的一封长信。现在，许许多多残疾青年听到了吴运铎在信函中发出的声音，耳闻目睹他做的一桩桩、一件件贴心残疾人的实事，从中体察吴运铎的一片冰心，一掬深情。

谁也不会想到，居住在北京市西城区社会路铁二区的盲人朱宪臣的坎坷境况，会使吴运铎的心深受触动，怜悯之情溢于言表。朱宪臣于1982年12月7日在《中国青年报》上写文章陈述自己时说："我在身残眼盲后的漫长岁月中，一直走着一条艰苦的文学创作之路。我没有进盲校，必须学会盲文才具备创作的手段，这是第一大困难；我的生活底子薄，必须体察生活才具备写作的基础，这是第二大困难；经济不独立，不能购置创作必需的资料，甚至连一斤盲文纸都买不起，这是第三大困难；我只上过六年小学，要阅读古今中外名著，必须求助于朋友们诵读和自己反复默记，这是第四大困难；我与女友相处多年，但由于各方面的阻碍，没有最后成功，这给我感情上带来很大波动，常常需要坚强的毅力克制自己的感情，把精力投入到事业中去，这是第五大困难。诸如此类，困难是数不胜数的。"是的，朱宪臣有许许多多困难，但他没有倒下，没有畏惧，因为他具有正确的人生奋斗目标，所以他在精神上是富有者，知识上也是富有者。几十年来，他仅凭一个破旧的电子管收音机，学习了时事政策、文学艺术、天文地理、京剧曲艺、作词谱曲。他与人聊起来，满腹经纶，引经据典，侃侃而谈，许多病残人称他为天才的"盲人作家"。他耗费了多年心血，创作三四部电影剧本，虽没有一部被采用。还写出了一部33万字的长篇小说。这部小说仅盲文纸就用了40千克之多。他的奋斗精神十分感人。为此，吴运铎视他的困难为自己的困难，尽力去帮助解决。

1983年初，医院大夫怀疑吴运铎患了肺癌，家里人为之担忧。而他却把"肺癌"置之度外，好像没有那么回事，该干啥，就干啥，整天想着别人的事，三番五次安慰人家，写信劝慰别人。1983年2月16日，他给朱宪臣的信中这样写道：

来信悉。我的所谓肺癌，经验谈三天，结果没有能找到癌细胞。一场虚惊，只好苦笑而了之。

这次病后，迄今仍常感不适。准备在近日里去医院住院检查，弄清楚究竟是何病。近两年来，我体重由116斤，降到96斤，现今仅剩下80斤。茶饭不香，四肢无力。我感到是由一种病而引起的，弄清了，我也就心里踏实了。

关于大作，我已托赵长安同志多帮助。打算先找一出版社编辑过目后，提出修改之意见。常言道："文章是改出来的"，你当有思想准备。

我浏览了几页，觉得应将可有可无的章节删去一些，文字少点，质量就会高点，成功的可能也大些。鲁迅先生说得好，即使有一个可有可无的字，也该去掉。你说是吗？两种办法请你考虑，一是你找个助手合作，根据上述意见，重新修改一次，再交编辑审阅。另是先送编辑审阅，并请审阅者提出修改之意见，再加工修正润饰。你认为哪个意见好，可来信告之，争取书的出版，我当竭力而为。

在吴运铎的关心下，笔者托人转呈了朱宪臣写的电影剧本，还亲自采写了朱宪臣的长篇人物专访，刊载在《盲人之友》上。在社会各方面的支持下，朱宪臣在文学创作上发表了一些作品。他是《希望的曙光》的词作者之一。这首歌曾在中央人民广播电台播放过……

1984年，朱宪臣与徐廷秀结婚，并给笔者发来请柬。遗憾的是笔者出差不在北京，未参加婚礼。吴运铎病逝后，笔者想起他曾特殊关心过的朱宪臣，便给朱宪臣写了一封信，表示有空去聊聊天。谁料1993年3月29日朱宪臣的妻子徐廷秀回信说：

……朱宪臣不在人世了。他不幸于1989年11月15日病逝在中国残疾人康复中心研究院，终年49岁。命运对他太不公平了……1987年有一个女儿叫朱子怡。我身体也有残疾，由于自己没有职业，于1989年申请办理个体工商户，在区政府和各级组织的帮助下……建立一个8平方米的商亭，经营烟、酒、饮料、小食品、冷饮之类的项目，收入还行。现在我和女儿朱子怡相依为命，生活上过得去。女儿很乖，也很聪明，很像她爸，有头脑。3 月 24 日，月坛第一幼儿园比赛棋，她获幼儿园第一名……

笔者看完她的信，悬着的一颗心才算落了地。朱宪臣总算没有白白奋斗一生。他的妻子、女儿在党和邻里乡亲一片爱心关护下，能够生活得幸福，这对他的亡灵是莫大的慰藉。

1984 年 8 月底，一个秋高气爽，碧空澄澈的日子里，于晓波去北京卫戍区医院探视吴运铎。据陆平说，这个热情、脸色红润，说话颇有分寸的残疾姑娘经常去帮助她照顾吴运铎。吴运铎在思想上、学画上也给她一些帮助。她在给父亲的信中说："爸爸，要不是吴运铎爷爷，我也就丢掉画笔了！"

于晓波家住铁路附近，5 岁那年，命途多舛，意外地被疾驶的机车车轮轧断了左臂，右手也只剩下小指、无名指和半截拇指。初中毕业后，她开始学画。为拜师学画，她于 1983 年 2 月从河北迁安来到北京，暂住在父亲的老同事、首钢一位老工人家里。10 月，首钢《矿山报》对于晓波身残志坚，努力学画的事迹做了报道。于晓波很受鼓舞，学画的决心更坚定了。

翌年 8 月的一天，于晓波的启蒙老师，中央美术学院附中校长带着她去拜访 20 世纪 50 年代挚友吴运铎。她以为吴运铎这个中国的保尔·柯察金，一定是身材魁梧，声若洪钟，可是一见面，没想到是个穿着一身蓝粗布工作服，言谈举止普普通通的瘦老头儿。她向吴运铎倾诉学画的酸甜苦辣。还说，她一度对学画缺乏信心，认为自己不是那块料。吴运铎听完于晓波这番话，鼓励她好好学画，对她说："你我都是残疾人，对待生活很重要的一点是树立崇高的理想，不要受外界干扰，才能使

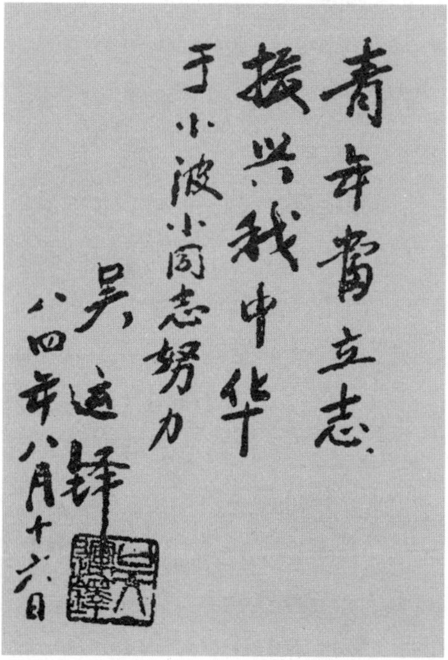

吴运铎为残疾女青年
于晓波题词。

自己残而不废。画画既能使人有出息，又能陶冶一个人的高尚情操，但愿你能坚持下去。”他还说：“人生的旅途不是一帆风顺的。只有不向困难低头的人，才能不懈地去追求，在艰辛的创造中品味成功的甘甜。”吴运铎还在于晓波的日记本扉页上题词：“青年当立志，振兴我中华。”于晓波乖巧、执着，悟性好，当晚在日记本上写道：“我要记住吴爷爷的亲切教诲。我要把今天作为生活的转折点。”几年过去了，于晓波请教过十几位老师，积累绘画资料、画稿，摞起来有七块砖高。她创作的画，两次参加首都钢铁公司矿山美展。首钢美术协会吸收她为会员。1987 年 8 月 16 日，她与首钢搞电修工作的小伙子张强举行了婚礼。吴运铎特意叫人送去了贺喜的影集。1988 年，她考取了吉林省长春大学特殊教育学院，成为中国第一代残疾人大学生。毕业后，她回到了北京。

有一年，日本几家公司在北京举办一次商品展览会，吴运铎前去参观。在展厅里，他对一个助听器产生了兴趣。他向讲解员详细地询问了助听器的性能和特点，又把助听器拿在手里仔细观察。然后他又把助听器戴上试了几次，并问了助听器的价格。对方回答一个要 200 元人民币，他当时就要买下来。由于助听器是日方的商品，现场管理人员不能做主。第二天，他叫来前一天陪他去参观的器材科小王（王志忠同志），递给他 200 多元钱，让他办这件事。当小王兴致勃勃地把助听器买回来交给吴运铎时，他却说："小王，你还得辛苦一下，请把这个助听器交给（北京）无线电厂。"他还写了一封短信交给小王，信上写着："请你们尽快研制生产，为耳聋人做一件好事。"

吴运铎为耳聋人买助听器，支付 200 多元，这可不是一笔小数目。当时，一个大学毕业生每月工资也就四五十元。

一位外省市的残疾人给吴运铎写信说："北京，是可爱的地方。北京的残疾人学习、生活境况更让我们羡慕、向往。""您为北京残疾人风里来，雨里去，找工作，办工厂；为他们申冤，为他们解难。""同是一片蓝天白云下，我们这里却是另一番模样。我们虽然身体残疾了，心却是红的，永远跟党走，永远年轻，永远不会残疾！"

信中的铿锵之音，触动了吴运铎，让他想起难以忘怀的往事：黑龙江省萝北县向阳农场王国新同志，小时候被火烧成双手残缺。成年以后，心情不好，情绪低落，失去生活的信心，想以死来结束一生。他曾经多次给吴运铎写信，叙说自己的苦闷，社会上不公平的待遇，等等。吴运铎多次给他写信帮助他……

渐渐地王国新思想有了很大转变，对人生的态度有了比较正确的看法。但在社会生活中，一碰到实际问题，思想又由好转坏，想完结一生。吴运铎很担心王国新在漫长的生活道路上还会有思想反复，经常写信开导他，做他的思想工作。王国新把吴运铎给他的信珍藏起来，一遇到困难、思想转不过弯，就读吴运铎的信，平衡自己的心态。

1983 年 2 月 1 日，吴运铎给王国新同志写信说：

你去年 12 月 17 日来信，直到上周才转来。耽误太久，使你等急了。得知你是个有志的病残青年，且目前正在自学，又想当体育广播员，欣甚。

我不认识中央人民广播电台的广播员宋世雄同志，但我通过他们电台的同志转告他了，请宋世雄同志给你去信……

这封信正是吴运铎患肺炎住院时写的。说实话，那时他自顾不暇，身体消瘦得不成样子，心里还惦记着这个住在遥远北国的残疾青年。

14 天之后，吴运铎又给王国新同志写信说：

……人生的道路总不是一帆风顺的。经常伴有不幸的逆境。但一个在逆境中的年轻人又应该怎样生活呢？无数同志的事实告诉我们，我们不是什么残疾人，我们是生活里的强者，因为我们这些缺腿少胳膊的人，始终在以顽强的毅力而拼搏着。

自我参加北京青年病残人工作之后，看见我的病友都是生活的强者。他们即使在极端困难中，也从未想走毁灭自己的绝路。你是个青年人，要经得起逆境的考验。千万不可作轻生之想……

被团中央誉为模范共青团员的钟铧同志，是个不满 20 岁的女青年。她患有血癌症，谁都知道这是不治之症。在死亡的威胁下，她仍是努力地学习，顽强地生活和工作着。她说："即使我明天死去，今天我还要给同学们留下我的笑脸。”疾病的折磨，死亡的威胁，她始终是一如既往，从不产生厌世的错误想法。病残朋友们动人的事迹是很多的。前些日子，我在报纸上读到一位失掉一双胳膊的年轻人，他竟能将自己一双脚板放在桌子上，用脚趾当手指，拿起工具来修理钟表。许多病残人的事迹，使我深受感动。我愿向他们学习一辈子。

国新，丢掉你那不切实际的想法，不悲观，不颓丧，也不怨天尤人，鼓足勇气，拼搏吧！要千方百计地练就一项能为人民服务的技能。为祖国、为人民做出贡献，即使自己的贡献是微不足道的，但也不愧为是个战士。

你的胳膊能否安装有手指活动的机械手呢？能否学习外语做个翻译呢？你能否……

这封信，吴运铎写了好几天，查阅了剪报资料，才在艰难的苦思冥想中完成。他是想用自己的真情，一颗忠于党的赤诚的爱心去熨平、抚慰一颗青年的心呀！

20 多天之后，吴运铎梦见了王国新在单位有上佳表现，但迈的步子还不大。于是又给王国新写信，想趁热打铁，盼他改变他原来错误的认识，不走回头路。吴运铎写道：

由于我的健康状况欠佳，没能及时复信，欠甚。自读你的来信后，我心里悬着的担忧事总算放下来。我觉得你今后千万不能胡思乱想，要振作起来，努力学习，在逆境中培养锻炼成一名有用之材，为社会主义祖国尽力。

你来信要我帮你找点体育方面材料，我因为对体育方面了解不多，希望你来信说明，要些什么材料，请具体写明，以便我托人去找到寄给你。

不知订阅《体育报》没有，今寄 10 元钱，作为你买书订报用。最后盼你努力学习，加紧锻炼身体，早日自学成才。

吴运铎写的这封信，实实在在，直来直去，没有雕饰，他是把一位老共产党员的一片丹心，朴朴实实呈献给青年朋友，呈献给王国新。他当时的心情是，只要王国新能转变思想，走上奋发自强之路，哪怕托他在北京帮办十件事、一百件事，只要他力所能及，就要尽力帮助他。这件小事对吴运铎本不值得一提，但笔者认为，这是一位老共产党员对年青一代的情与爱的真实写照。

笔者曾以写信的方式采访过王国新同志，那时他在吴运铎多次去函帮助下，与从前判若两人，思想、精神面貌发生了根本性变化。1983 年 5 月 4 日，他给笔者的信中说：

……我必须努力学习，才能对得起吴老对我的关怀。4 月 17 日，我到萝北县城和向阳农场进行了一场篮球播音，得到了部分观众的赞扬。大家对我身残志不残非常佩服。我只有一个目标，就是向张海迪姐姐学习一辈子。另外，现在我还担任我队通信报道员工作，所以时间也是比较紧迫。残疾人的道路确实是坎坷的，但是，许多残者已经给我做出了榜样，我决心努力学习文化知识。目前，我除了练习体育播音外，正在复习中学语文课本。我现在的想法确实同以前不同了……

就在吴运铎病逝后一个月，王国新专程来到北京。他跪在吴运铎遗像前失声痛哭："吴伯伯，我没见过你，可我天天想见你一面。没想到，你与我们永诀了！你给我的信，是我一生最珍贵的财产……"

1982 年元旦前夕，盛产苹果的辽宁省前所果树农场青年工人王殿兴，精选了一箱质优的苹果寄给"北京吴运铎"。邮局的同志说："近来天气冷，怕苹果冻坏了，暂不办理这方面的业务。"王殿兴好说歹说也无济于事，悻悻而归。

王殿兴与吴运铎既不沾亲，又不带故，为什么要千里迢迢给吴运铎寄苹果呢？这得由下面的一封信说起：

吴老：您好！

生活中常有些不愉快的事情发生，它压抑着我，使我不能放开手脚，自由前进。

农场根据1982年上级文件，向锦州市劳动局报表申请，将场内职工子女转为国家正式工人，与我一起毕业的同学都转正了，唯独我没有被批准。就因为我的身体，才没有转正。社会对病残人的要求太高了，大学不让考，因为人多，照顾不过来。可转为职工得批准我吧，连这可怜的要求都不能实现。要是在往常，我一定要到劳资科去找一找，发发牢骚，但我现在决定不那么做，因为在此之前，我收到了您的信。您信中告诉我："首先把工作做好，要出色地完成任务。另外，要利用好工余时间，抓紧学习。"这谆谆教导有如春风化雨，滋润着我的心田，我自己开导自己，不要自寻烦恼吧，要那些包袱有什么用，不是正式职工就不能更好地工作？当然不是，我只有发奋学习，才能对得起您老，不做"劣等公民"……

王殿兴为了报答吴运铎给他的忠告，想寄一箱苹果作为薄礼相赠。

苹果没有寄出，王殿兴这颗纯真的心没有得到慰藉，惶惶不安，旋即决定将自己的劳动所得——从当月工资中拿出20元寄给吴运铎，并写信说："无论如何请您笑纳。新年将临，我身在外地，不能在您老身边为您分忧解愁，请您用这钱买一些节日用的食品吧！"还说："在这一年里，唯一使我高兴的是跟您老人家的通信。您老每信必复，并且都是在接到信的当天就给我回信，令我激动。我要像您老人家那样努力工作和学习。我以后将怎样走，怎样才能使我病残之身为人民作出贡献，怎样做才能使我的生活过得有意义，请您老人家不吝指教！"

"人非草木，孰能无情。"吴运铎阅毕来函，眼窝里湿润了，立刻给"北京病残青年俱乐部"负责人孙恂同志写信：

我怎能收他（王殿兴）的辛苦钱？真是却之不恭，受之有愧。经考虑，我代表王殿兴同志将20元赠款转赠给“北京病残青年俱乐部”作为办公费。与此同时，我给王殿兴同志写信致谢，让他“不要慨叹生活的痛苦！——慨叹是弱者”……并书写了一幅题词：“峰高无坦途，我当自奋力”，勉励他要正确对待自己，正确对待他人，清除社会对残疾人的种种阴霾，横扫荆棘，奋力攀登科学高峰。

1983 年 8 月，大连市残疾青年协会成立时，吴运铎应聘担任了大连也是全国第一个残疾青年协会的名誉理事长，并亲笔为协会《自强》杂志题写了沿用至今的刊名。滨城大连曾经是吴运铎生活、战斗过的地方，大连市残疾青年一直期待着能在家乡亲自见到吴运铎。1984 年 7 月 10 日下午，李阳等七位残疾青年驱车前往棒棰岛宾馆，拜见了景仰已久的吴运铎。

67 岁的吴运铎同大家进行了近两个小时的座谈。他们向吴运铎详细汇报了大连市残疾青年多方面的情况及残青协会工作情况，吴运铎不时点头称好。当大家谈到许多残疾青年自强不息，勇做生活强者，为社会做奉献时，吴运铎无限感慨地说：“在人类历史上，有许多的科学发明创造是残疾人立下的功绩，残疾人也是国家的一分子。作为 80 年代的残疾青年，没有任何理由悲观失望，应该振作起来，残而不废，发愤学习，努力工作，正确对待人生，为祖国的建设事业贡献力量。”

他们请吴运铎为残疾青年协会题词，吴运铎欣然挥毫，写下了“废字与我无缘，强音做我们的主旋”这句协会的响亮口号。最后，他们陪伴着吴运铎到宾馆附近的海滨，面对着浩瀚的大海，留下了使人永难忘怀的珍贵镜头。

1985 年 5 月，吴运铎还特意向大连市残疾人发表了录音讲话，语重心长地勉励大家：“峰高无坦途，我当自奋力。”

1984年4月，吴运铎病重住院后，每天也闲不住，只要身体允许，都要给各地青少年、残疾人回复十余封信，还要接待和处理来访来信。

谁也不会想到，吴运铎对一个普通的残疾姑娘刘××的来信也会那样认真阅读。这位姑娘（下肢瘫痪）不甘心一生就此了结。她要走强者之路，搞专业写作，以文为生，走文学创作的艰辛旅程。吴运铎读信后，很感动，就给笔者写信说：

> 今有皖南宣城一残疾姑娘系高中毕业，爱好文学，写了一篇习作《稻花》。她寄给我，要我帮她修改，而我实在无能为力，故转寄给你，请你阅后提提意见，给予帮助。

几天之后，笔者给吴运铎回信说：

老吴同志，像您这样一个名气很大的人物，身体伤残且多病，连如此区区小事也要管，真是够热心，够负责了。如果在我们社会里的各行各业工作人员，都能像您这样献出一片爱心，那么，全社会为人民服务的公仆意识会大大加强。我一定按您信中嘱托去办，让病残的孩子感到在洒满阳光的中华热土上生活，是永远温暖如春的。她也是祖国幸福大家庭中当然的一员，同样是时代的骄子，上天赐予人间的安琪儿……

在1984年，游凤秀是湖南省资兴矿务局宝源煤矿理发店的理发员。她是一个矿工的家属。

13岁时，她因患肺炎住院治疗。一次医疗事故使她耳朵突然听不见了。从此，她心灵笼罩了一层阴影，脸上失去了清纯、天真的笑容。1968年，游凤秀下农村接受“再教育”，几次招工，都因耳朵有病未能如愿以偿。同她一起下乡的知青陆陆续续回矿有了工作，而她回矿工作没有着落，后来被安置到矿上的理发店当临时工。

因耳朵聋，她在工作中闹出不少笑话，也受到过顾客的痛骂。有一次，她问一个顾客想理什么式样的发型，那位顾客说“西装”。她没听清楚，以为是“推光”，结果推子下去，从后脑勺推到前额。那位顾客发现不对头，急了，非常气愤，痛骂了她一顿。打这以后，找游风秀理发的顾客日渐少了。

为治好她的耳病，家里想尽一切办法，花了不少钱，曾两次送她去长沙市大医院治疗，却无一点好转。工作上的困难，生活上的不便，社会上一些人的歧视，使她更加悲观厌世，有时竟产生轻生的念头。

1983 年 2 月，游风秀偶然读到《中国青年报》上刊载的一篇报道：“当代中国的保尔——吴运铎关心残疾青年”，非常受感动。她心想，天底下竟有这么好心肠的人。我也是残疾人，写封信把我的情况告诉他，看他能不能帮我解脱一点忧难。由于她不晓得吴运铎的通信地址，只好把信寄给天津市《八小时以外》杂志编辑部。编辑部收到信后，将信转交给吴运铎。过了不长时间，吴运铎给游风秀写了信：

> 我非常同情你的不幸，但你千万不要自暴自弃，更不能厌世轻生。你患耳疾，是你的不幸，并不是你的罪过。你要抬起头走路，做生活的强者，现在不是有很多残疾青年，身残志犹坚，在为振兴中华努力拼搏吗？
>
> 诚与信充溢的社会才是五彩斑斓的社会，诚与信充盈的人生才是魅力无穷的人生。诚信的内涵是永恒的。拥有它，你必将拥有世界上最好的一切。

在游风秀跟吴运铎联系的半年多时光里，吴运铎给她写了六封信。有的信是吴运铎在病榻上给她写的。他每次写信都要询问她和她一家人的身体、生活情况，并邀请她一家到北京来做客。吴运铎还说：“我也是个老矿工，同矿工都是一家人。”还问她：“宝源煤矿在湖南哪个县，离长沙多远。如果天气暖和了，我有机会去湖南，一定去看望你们一家。”吴运铎在给她的第一封信里，就主动提出要帮助她买一个助听器，并说：“有了助听器，会给你带来工作和生活的方便。”为购买一个质量好的助听器，吴运铎托人到北京市王府井大街医疗器械公司等地去买……那年春节前夕，总算在天津买到了合适的助听器，吴运铎当即用航空给她寄去了。

游凤秀到邮局取回助听器，兴奋得一夜未眠，想了许多许多，想到了共产党，想到了社会主义制度好，想到了这位“中国的保尔”……她对同事们说：“我是一个普通矿工的家属，能得到素不相识，而且是中国有名望的人热情关怀，这是我一生最大的幸福。现在，我深深感到我们的国家到处充满着温馨和友爱。生活在社会主义中国的每一个人都是幸福的。”

游凤秀戴上助听器，别人问她：“这是助听器，对吗？”她笑着说：“对，是助听器。这是从北京寄来的。昨天下午我去邮局取回来，今天就戴上了。”有人好奇地问：“你有什么亲戚在北京工作吗？这样的亲戚真体贴人！”游凤秀满怀深情地说：“给我寄助听器的不是我的亲戚，但比亲人还要亲。他的名字叫吴——运——铎。”“是被称为中国保尔的那个吴运铎吗？”游凤秀深沉地微笑，欣然地点点头，眼里滚动着泪珠……

1984 年 3 月 15 日，吴运铎在全国残疾人福利基金会成立大会上，代表全国残疾人讲话，呼吁全社会关爱残疾人。他自己满腔热情地鼓励残疾人自尊、自强、自救，做生活的强者。他脚踏实地地为解决残疾人的工作、生活和学习等方面的困难做了大量的好事、实事、迫在眉睫的事。

在笔者记忆里，1986年之前，吴运铎多次患重病住院，也恰恰在这段时间，外地来访者颇多。有一次，新疆的残疾青年旅行团来到北京，大家企盼能见上吴运铎一面，了却多年的心愿。吴运铎得知他们这个想法，不顾自己的病况，连忙答应："好哇，好，我要和他们好生谈谈。"见面那天，吴运铎要静脉输液，不得不躺在病床上和来访的青年交谈了两个多小时，其间，有知心的平等对话，解答问题，也有殷殷嘱咐……此后多年，交往频频，互倾情愫。

与孙恂书信往来

1982年，"北京病残青年俱乐部"负责人、40岁左右的女同志孙恂先后给吴运铎写了好几封有关病残人生活、工作问题的信。吴运铎看后，很受感动，也很激动，曾与笔者慨叹地说："没有万贯家财，不能在资财上帮助她，只能在感情上、精神上多给予她信赖、爱抚、体贴、叮咛。"他收到信之后，10月3日回信写道：

读了你的信，欣甚。节前让孩子去看望你，很惦念你的病情。看了你的来信，又惦着你作复信之艰难。

得知你经济不宽裕，考虑你购书之困难，买书是要钱的。在朋友之间互助，请不要客气收下（钱）买书吧。

我的活动日程已排到节后。过节后，定去看你。我很愿意为咱们病残人做点事，可是我对你们的情况一无所知，明后天我与高老（著名科普作家高士其）联系，我想他定会赞助的。总之，怎样干，请告知我。

前次信建议你专攻文学，只是考虑你的健康，唯恐加重你的病情，若能坚持则更好。湖南少儿出版社发行《小蜜蜂》杂志，你能否为该杂志撰稿？

听说你兄嫂、姐姐们不和你在一起生活，是何人帮助料理你的生活？

又听说，你还要自己做饭、洗衣，真为你担心，你要多多保重。

债台高筑，不知你何日能还清。我年老少眠，夜半起床弄笔，倒可免去难眠之苦。

几十年来，由于组织的关心和照顾吴运铎生活过得还好。但有些病残人得到社会、组织、家庭的温暖很少，生活、就业都很困难，吴运铎老想为这部分病残人做些力所能及的事，让他们感到生活在社会主义的大家庭，时时处处都有党的阳光雨露滋润，活得充实。当然，吴运铎只不过是沧海之一粟，共产党员一分子，力量微乎其微。但他不因势单力薄而不为之，推宕党员的社会责任，相反他实行助人为乐，温暖病残人的心，从而折射出党的光芒。10 月 8 日，他给孙恂同志的信中这样写道：

频繁地给你写信，是会增加你的负担的，阅后你不要急于作复或不要复信。这两天，我老想着你的三大理想，其中办残疾人流动图书馆一举，我有个想法，由于经费困难，可以采取从小到大的办法。例如，先筹资 100 元（我负责），买 100 元的书，以后逐月增添书籍，像滚雪球那样越滚越大，你看可行否？

我家住在甘家口商场新华书店对面的大楼。进院一问，大人小孩都知道我们居处。恐怕我外出，来前可拨电话。

“忙即幸福。”有人说：吴老这句话很精辟，很像是一句箴言。对此，吴运铎说，这不过是自己多年工作、学习、生活的感受，充其量只能算是“微言”。他也经常把这个思想灌输给病残人，促他们去奋斗、开拓、创造。吴运铎于 10 月 13 日，给孙恂同志的信可理解其中含义：

我是较忙的。一天做一次报告，已排到本月 28 日，忙一点总是幸福的。

前日，服药过敏，摔了跤，右耳撞在镜框上，撞裂一条缝，流了一点血，没事。

忙过这一阵子，我再去看望你。还希望你能来我家做客。我们可抬你上楼。

我们的俱乐部图书馆和就业问题，并不是轻而易举的，还得要我们自己努力。近日，你的健康情况如何，念念。

孙恂这位病残人，生活相当艰辛，吴运铎朝思暮想为她们的小小图书馆分忧解难。10 月 16 日，给孙恂的信中这样写道：

昨日去中国人民大学一分校做报告，见到宗同志，我告诉他去你家，帮你安装取暖火炉。有事可请他代劳。

（你们的图书馆）书籍不多，暂不必腾出你家的住房，待将来书多了再说。我还想请化工设备厂做两个较大的书架。

等春暖花开之际，我接你来家做客。

吴运铎的健康状况不佳，身体弱不禁风，且哮喘病像恶魔一样缠着他。他不大在意，病稍好点，便以“既来之，则安之”的乐观态度对待一切。这一点，从 11 月 22 日吴运铎致孙恂的信可以看出来。

流感袭人，未能幸免。来势突然，且剧烈。我这辈子可说是头一回。病发时，突然右手止不住颤抖，体温上升至 39.3℃。随着我的老年哮喘病恶性升级，气阻胸塞，像一条上了岸的大鱼，张口扇（翕）腮，喘得上气不接下气。

连日来，经吃药打针，病情已渐缓和。昨日下午才下床，去医院透视、验血，白细胞高达 13000 多。医生留我住院，但又无病床。近三天来，病情渐趋好转，也就不打算住院了。我仍在家治病，医生、护士每日来家。

为使残疾人自食其力，有工作做，帮他们办的工厂生产适销对路的产品，吴运铎真是绞尽脑汁。同时，也为病残人自强、自立，自己解放自己而高兴。11 月 26 日，他给孙恂写信说：

送来有关部门捕蟑螂器及鼠头资料，鼠头之结构倒也简单，但灵敏度并不高。捕蟑器之原理我尚未想通。上周北京市一轻局团委的同志来我家，要我为他们局的青年搞的发明创造举办展览会题词。据说，有数百项，若我们办厂采用他们的发明项目生产，他们可作技术转让。介绍了几个项目，但大多数需要机床设备才能生产，没有许多的开办费是不好办的。倒是有一项目：泥塑（用泥捏成之京剧脸谱及猫、兔等小动物）很合适。据说在国外销路甚好。一轻局有一个青工会捏，可派人去当学徒。读来信，得知申沛农同志（笔者注：2001 年 5 月病逝）善剪纸。这就可结合起来办一个病残人工艺美术产品之工厂。这种工厂小本经营，亦适合病残人之劳动。希望有机会能与申沛农同志说说，也希望能见到他的大作。

得知你们投稿《光明日报》，这真是一件大好事，希力争搞好“病残者怎样生活才能有价值”的讨论。

吴运铎关心残疾人物质生活问题，更祈盼他们的精神生活得到改善，社会地位提高。至于他自己，有功不居功，时时解剖自己，走自己的路。从 12 月 18 日他给孙恂的信可以证实。

接吕争鸣的电话，他似乎在参加团中央的十一大会议，问我有何提案？我告诉他，请他为成立病残青年俱乐部一事向大会提出。盼能早日得到政府部门的支持。

一个人做了一点好事，总是会有人说长道短的。这次中央人民广播电台播出《把一切献给党》后，收到许多赞扬的信件，但也听到一些喊喊喳喳。总之，自己应有自知之明，不论是过去、今天，我做的都是我应该做的，根本不需要嚷嚷，我写《把一切献给党》一书也是奉命写作的。人的一生，总是有好的一面，但也难免有不足的一面，这就要正确地对待了。除此，桑榆晚年，我只想默默地为党、为人民做点有益的事而已。我为病友做一点微不足道的事，希望今后不再向人提及，我自己更应该注意。

1983年9月，孙恂给吴运铎写信说，她病残在家，真想为党、为人民、为病残人多做些事。她平生立下三大志愿：一是帮助病残青年办一个流动的图书馆；二是帮助病残青年办一所大学；三是帮助病残青年办一个门诊所。吴运铎看完信，觉得她的主意很不错。成立图书馆，可以加强病残朋友之间的联系，起到病残青年俱乐部的作用，有助于调动病残青年大干四个现代化的积极性。吴运铎很佩服她的雄心壮志及热爱残疾人事业的精神。他急切地想请来孙恂这位不凡的女同志谈谈，但因身体不好，就派孩子做全权代表，前去探望孙恂，并写信给孙恂，表示自己完全赞同她的"三大志愿"。

吴运铎考虑到她们的事业刚起炉灶，就先捐100元，并亲自到离家附近的新华书店去买书。他吁请老战友、中医研究院前党组书记樊复哉同志亲自去俱乐部看望大家，并且把书送去。这之后，中央电台、四川人民出版社、教育出版社、北京轴承工业公司团委、北京造纸厂团委及一些文化艺术界的名人谷建芬、黄苗子、韩素音等纷纷捐书。同时，吴运铎对怎样建立这个特殊的图书馆，及图书馆的名称、人员、规章制度，借书的图章，借阅的范围，借书卡片的制作，购置什么样的图书等细微琐事，都提出了自己的想法和意见。他给孙恂的信中说："我们是残疾人，要搞流动图书馆倒不如固定的较好。如开始固定在你家或其他同志家，借阅者可凭借书证到固定处借书。若有行动困难者，可托他人持借书证代借书……既有图书馆就必须有办事员，最少也得有一人。这办事员在初创时还得无偿地为病残人服务。”他在给孙恂的另一封信中又写道：“图书馆可命名为：‘北京市病残青年图书馆’或‘病残人图书馆’，由你任馆长，确定一个借书范围。因初办，书不多，借书人只是现在和我们有联系的残疾人。请你拟定一个购书单，买些什么书，订购什么杂志。书单拟成后请交给我，我可托甘家口书店代购。”“请找一位会刻图章的同志，刻一个‘病残青年图书馆’之印章。在每本书上以及借书证上都盖章。制作借书证，证面上还可盖你的图章为证。要拟定图书馆之规章。每人可借书两本。我想，在我们病残同志中是可以找到轮流任借书服务员的。”

孙恂收到吴运铎的信，按照信上指点，很快办起了“病残青年图书馆”。吴运铎为图书馆的名誉馆长，借书证为第一号。孙恂任馆长。地址在孙恂家。这个馆初办时，就有许多个人、集体和新闻出版单位及知名人士赠书刊335本。

世事变迁，棹移人远。久未听到孙恂音讯了，但笔者依稀记得，在20世纪80年代初的一天上午，去北京羊肉胡同拜访过她。她在20世纪50年代患上肌肉无力症；学生时代在国际性作文大赛中获过奖。那时，她已经坐在轮椅上生活了。她给笔者印象：是一个坚强的女性，对未来充满着希望，酷爱文学……

结缘“北京病残青年俱乐部”

“北京病残青年俱乐部”成立以来，它能够像常青树一样透出盎然生机，活跃在燕京大地，成为病残人“开路先锋”的一面旗帜，这主要应该感谢社会主义制度的优越、中国残联的关怀备至和各级政府领导的支持，才能立足于社会，焕发激情，富有朝气，正当英年。

当然，在回顾这一漫长历史进程中，我们尤其不能遗忘吴运铎曾经对中国残疾人事业和“北京病残青年俱乐部”的建立发展作出的重要贡献。

2000年11月至12月间，曾任中国残联肢残人协会副主席、“北京病残青年俱乐部”主要负责人的孙恂女士饱含对吴运铎浓浓的情意，给笔者回信中说：“转瞬十年，苍松无语。吴老音容仍历历在前……”这只言片语，坦露她在悠悠岁月中脑际里无时无刻不在默念吴运铎，深情地缅怀吴运铎。

孙恂同志为让笔者全面了解吴运铎，和他日夜为之操劳的“北京病残青年俱乐部”所做的大量工作，特意把俱乐部的“大事记”（1982—1992）寄给笔者。

作为吴运铎精神的传播者，笔者有义务把他在晚霞夕照的最后十年，为“北京病残青年俱乐部”做的工作原汁原味地呈现给读者，以展示吴老博大的内心世界和他对病残人的友情、亲情和真情。

1982年9月26日，“北京病残青年俱乐部”宣告：中国第一个残疾人民间组织正式成立。病残人科普作家高士其、“中国保尔”吴运铎、市劳动模范李玉梅、优秀共青团员钟铧（1987年因白血病逝世）、作曲家谷建芬等数人参加。吴运铎在会上讲了话，鼓励病残青年学习知识与技能，生产自救，提高自身素质，创建美好未来……

吴运铎对“北京市病残青年俱乐部”的人员就业、生活、家庭倍加关爱。从他于1982年10月至12月给负责俱乐部外联人员吴国兴同志的三封短信，可见他对病残人关心之至。

吴国兴同志，你好

……

关于建立我们的图书馆的具体措施，盼你能来家商谈一下。这些日子里，我每天都有报告，你能否在13日的上午、14日的下午，或15、16日上下午来我家一叙？由于每天都有社会活动，你来我家前请拨电话：894450，恐我外出散步或去医院，最好是你见信后就给我来个电话。

在我们“朋友之间”你堪称是“小伙子”，就得烦你多跑腿，我们的事，也就只有我们自己干，对吗？

等着你来电话，代我问朋友们好。

近安

吴运铎

10月11日

吴国兴同志，你好

19日下午，我去积水潭医院就医，医生为我透视（肺炎）及检血（白细胞高达13000多）。医生留我住院，但又无病房，只得回家治疗。每日服药打针，病情已渐趋好转。为避免二次感冒，我仍不敢下楼。

关于病残人就业问题，现今虽想在海淀办个小厂，但因产、供、销问题一时难以解决，因而我也在考虑自作产品。前曾听你说起搞点什么时兴产品（如捕蟑螂器等），不知你是否能找到一些产品的资料，以资参考。

暇时请来我家一晤。

近安

吴运铎

11月22日

吴国兴同志，你好

请速来我家取北京一轻局举办的青年“四小”竞赛主要成果简介的展览会参观票（还有说明书）。来前先给我家来个电话，恐我去医院看病。

礼

吴运铎

12月19日

在吴运铎一再催办和孙恂等俱乐部负责同志的努力下，

1982 年 11 月 16 日，北京病残青年图书馆成立。这是中国第一个残疾人自办的图书馆。吴运铎捐款并赠书。

1983 年 1 月 27 日，吴运铎还发动了老战友、中医研究院前党组书记樊复哉去俱乐部看望大家，赠医学书籍 14 本。并联系中医古籍文献出版社赠书 27 本。樊老此后曾去俱乐部谈帮助病残青年办中医诊所及按摩班。

3 月 9 日，吴运铎去俱乐部观看图书室及馆匾，十分高兴。鼓励残疾朋友利用好图书馆，学知识，学技能，自立自强。

7 月 10 日，在俱乐部庆祝会上，吴运铎在讲话中鼓励残疾青年团结友爱，生产自救。

8 月 5 日，“北京病残青年俱乐部”核心组部分成员宣布退出俱乐部。吴运铎知道这一变故后，十分着急，非常关心这个班子，立即分别给核心组成员打电话，约他们谈心。吴运铎在与朱宪臣同志交谈时，从“团结就是力量”这首歌词谈起，并顺便讲了历史上唐朝时吐谷浑有个国王，当他临终时，下令把他 20 个儿子叫到眼前。他命令侍臣拿一支箭来交给他的大儿子去折，大儿子遵命，动手一折就把箭折断了。国王又命令侍臣抱来很多箭，数出 20 支，再交给他大儿子折，这回却无论怎样用力也折不断了。国王拿箭打一个比方，嘱咐他的儿子们说：看到这箭了吗，一支箭很容易折断，很多支箭合在一起，便折不断了。我死后，你们要像这 20 支箭一样，好好团结在一起，那就没有谁敢欺侮你们。国王是用折箭这个事例来教育儿子，任何时候都不要分裂，永远团结在一起。吴运铎是想通过这个生动的故事，启发和教育俱乐部核心组成员，在大的原则一致，小事不去计较的基础上，搞好团结。团结才能有力量，团结才能发展壮大。尽管吴运铎做了细致工作，也未得到挽回。为此，他很惋惜，曾对笔者说："我多无能！推心置腹地谈了那么多话，也没有效果。思想政治工作是一门大学问呀！"

1984年3月1日，中共海淀区委办公室张洪庆副主任去残疾人俱乐部访谈，出示吴运铎给中共海淀区委书记贾春旺的信，请求帮助批准"筱晓书店"（即俱乐部安置重残青年就业办的书店）申请用地，以及贾春旺指示。

4月20日，"筱晓书店"开业。吴运铎题写名匾。出席开业的有：吴运铎、"军民共建"的解放军总后勤部59241部队领导、战士60余人和十几位俱乐部会员。"筱晓书店"安置了重残青年朱晓峰、钱明华、裴雅丽等。这是俱乐部建立的第一个经济实体。后来，书店面积扩大到50余平方米，人员有所增加……

1986年2月15日，中共中央办公厅派二人去答复俱乐部关于报告吴运铎病危的求救信（2月8日）：已批复兵器部部长；中央办公厅秘书局副局长去友谊医院看望吴运铎，王副院长主持抢救，他已脱险。

1988年6月26日，俱乐部十几位会员去西山北京工人疗养院探视吴运铎。

吴老关切俱乐部成员就业和"筱晓书店"的情况，问《朋友之间》刊物和病残青年图书馆的情况。吴老还为俱乐部题词"互助互学，共同进步"，并合影留念。

多年来，吴老一直提示俱乐部创始人之一孙恂同志，要她发挥写作这方面的长处，多给报刊写稿，把主办的《朋友之间》刊物办好。孙恂未辜负吴老的期望，她先后发表了诗文数十篇，主编出版《做生命的酋长》以及《中国残疾人故事丛书》一、二辑，于1990年加入了北京市作家协会。

就是这样一位百事缠身的人，尚能经常关心、思考“北京病残青年俱乐部”会员的思想情况、生产自救、提高素质、婚姻状况等，实在令人感动。正是由于他工作敬业，作风求实，不断向社会呼吁残疾人的酸甜苦辣，才引起各级领导的关注和社会的关爱和支持。

中国残联主席邓朴方先后多次去俱乐部看望大家，详细询问俱乐部的情况，并与俱乐部负责人孙恂讨论中国残疾人事业；还邀请孙恂、史铁生等9位朋友一起座谈有关残疾人立法等问题。

1991年1月15日，《中国残疾人保障法》座谈会在人民大会堂召开。人大常委会副委员长严济慈、王汉斌、王光英和各部委正、副部长，中残联邓朴方主席出席了座谈会。会上，孙恂女士作了题为《从人道主义到权利》的发言，引起与会者的重视。随后，中央各报刊、电台、电视台等对残疾人的事业，“北京病残青年俱乐部”的工作，病残人的典型人物，做了不少宣传报道。1991年12月25日中央人民广播电台439播音室邀请孙恂主持“残疾之友”信箱。信箱名为“孙大姐信箱”。孙恂成为中国国家级电台第一位残疾人主持人。

国际友好人士、国内各社团组织、文化艺术界朋友纷纷来俱乐部走访、慰问、赠书、赠画、赠款和组织义演活动，以表达他们的一片赤诚之心。

美籍作家韩素音女士多次到俱乐部听取汇报工作。她赞叹道：“你们的精神真了不起！奇迹！”著名小提琴家盛中国、著名歌唱家胡松华、罗天蝉等参加中央乐团为病残青年生产自救募集资金的义演；许多文化名人热忱认购义演券，其中包括国民党革命委员会主席屈武，文化部副部长贺敬之和夫人柯岩，中国音乐家协会主席吕骥，人民文学出版社社长韦君宜，北京市京剧院院长张庚及夫人，著名画家范曾、辛莽等。北京评剧院也踊跃为病残青年募集资金义演，著名评剧艺术家李忆兰主演《张羽煮海》；著名京剧艺术家李和曾全力支持义演；中国歌剧院著名舞蹈艺术家赵青积极参加残疾人义演活动。中央音乐学院院长赵沨、琵琶演奏家刘德海等人主动给俱乐部的部分会员参加的北京市民盟艺术班讲课……

俱乐部经历了风风雨雨，每个会员都渴望自强、自救、奉献，实现俱乐部章程中确定的“自立互助”宗旨。

从 1983 年 3 月以来，俱乐部的会员上街开展义务服务。这是中国首次残疾人义务服务活动，目的是展示残疾人的精神风貌和才能，启发残疾人的社会义务意识，增进社会对残疾人的了解，促进残健融合。

今天，“北京病残青年俱乐部”正踏着改革开放的步伐在前进中一天天发展壮大。俱乐部的会员实践着吴运铎在参加俱乐部的成立大会上讲的“学习知识与技能”“生产自救”“提高素质”的要求，并迈出了坚实的一步。

用爱编织残疾人的生活。用爱引导残疾人向前。只要人人献出一份爱，残疾人就会过上幸福的生活。

改进“牵引弓”

吴运铎在北京市积水潭医院治疗时，偶然间，发现做牵引的病人把“牵引弓”压在腿上，钢丝拉得病人大汗淋漓，疼痛难忍。他看到这个情景，心里很难受，思谋着，难道我们的医疗器械就如此落后吗？连治疗这样一般病的医疗器械都不能改进改进，减少病人一点痛苦吗？一种为人民服务的责任感，促使他要设计一种方便、有利于患者的“牵引弓”。

吴运铎出院以后，病情时好时坏，常发高烧，但一想起拉牵引的病人的痛苦，就顾不得自己了。经过八天时间思考、创新、修改，最后精心设计出一套先进、廉价、轻便的“牵引弓”。它采用微型滚珠轴承，大大减轻患者的痛苦。这套“牵引弓”在北京煤矿机械厂做出了样品，并送到积水潭医院试用了。

之后，为了千千万万的小患者，吴运铎又绞尽脑汁设计了一套小患者用的“牵引弓”。

1975 年 5—6 月，一天，吴运铎过马路时，被一个骑自行车的青年人撞倒，大腿骨折，送到 301 医院治疗，吴运铎同事的儿子王星照同志去医院探视了他。

又过了一段时间，王星照再次去医院看吴运铎的时候，大夫告诉他，吴运铎住院这些天也没有闲着，搞了骨折康复设备技术革新，把原来关节处的方向固定的康复机械改为万向节，大大减轻了病人治疗的痛苦。

当王星照和吴运铎提到这件事时，吴运铎不矜不伐，谦虚地说：“这些都是轴承厂帮助加工的，我没做什么事……”

像这样点点滴滴的小事，谁能数得清楚吴运铎做了多少？他给予人民的爱太多，太多。至此，笔者想起英国大剧作家莎士比亚说过的一句颇为引人深省的话：“生命短促，只有美德能使它流传到遥远的后世。”

与张海迪交谈

当吴运铎从记者口里知道“优秀团员”张海迪来京，并渴望见到他的消息后，就在 1983 年 3 月 3 日 10 时半，兴致勃勃赶到张海迪住的北京万年青宾馆。

那天，阳光和煦，春意融融。张海迪坐在轮椅上，激动地握着吴运铎的手，说：“吴伯伯，您好，您身体好吗？”吴运铎怕她站起来吃力，就向前紧走两步，说：“好，好——”然后，吴运铎坐在沙发上关切地问海迪：“你身体怎么样？吃饭怎么样？”海迪真是没想到，吴老已66岁的人了，反而问候起她的身体健康状况和饮食起居。海迪连忙说：“我好，我好！”然后，以深挚的情感，亲切地和吴运铎说出她埋藏在心底许久的话：“这些年，我非常感谢您，您的《把一切献给党》那本书给了我很大的力量。最初，我也觉得自己不行了，不中用了，后来，看了您写的书，心想，您老受了伤，几经磨难，还继续战斗，又搞创作，使我非常感动……”海迪希望吴运铎送她一本《把一切献给党》，他欣然答应了。

海迪还关切地问吴运铎：“您眼睛还好吗？”

吴运铎用手指着深陷的左眼说：“这只眼是假的，右眼还行。”又抬起失去四个半指头的左手对海迪说，“这只手残了。右脚也残了，都是战争年代造枪炮炸的……”

海迪脸上带着无限怅惋的表情，抚摩着吴运铎那只残疾的左手，望着这位头发银灰的老英雄，以无比崇敬的心情对他说：“您真是一位不知休息的人。我们的事业应该有很多像您一样具有献身精神的人。”

海迪略微沉思一下，又说：“有很多人把您写的‘做共产主义铺路泥’条幅寄给我，我很早就想给您写信，就是不知往哪里寄……”说着，海迪从身边放着的笔记本里取出一张照片递给吴运铎，“为了从您的事迹中吸取力量，我保存着您的这张照片。”

吴运铎看了这张照片说：“这是前年我在北京小汤山疗养院

1983 年 3 月，吴运铎在北京万年青宾馆与“优秀团员”张海迪畅谈人生、理想、工作和生活。

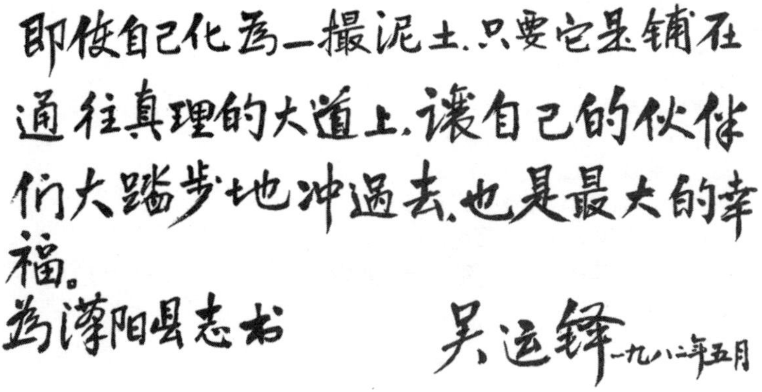

1982 年 5 月，吴运铎为《汉阳县志》题词。

摔坏腿之后，在医院里照的。”

吴运铎又问海迪：“你现在身体好一些吗?”

“做过四次手术啦，没有什么效果。”

吴运铎鼓励她说：“要乐观!”

“对!”海迪坚定地说，“多少年来，我就是以《钢铁是怎样炼成的》《把一切献给党》作为自己的精神支柱才生活到今天。”

吴运铎向她建议说:“你是不是可以把自己的经历写一写?”

海迪把正准备着手写一本自传体小说的计划告诉吴运铎。对他说：“我打算在北京的活动完了就回去工作，像您那样，把自己的情况写一写。”接着，海迪又请吴运铎向她详细介绍写作《把一切献给党》一书的过程。吴运铎把亲笔写的一张条幅赠给海迪。

几天之后，报纸上刊载《青年先锋，时代楷模——张海迪》的报道。吴运铎读完报即给海迪写信：

> 3日那天的见面，时间虽然很短，你却给我留下了非常深刻的印象，使我很高兴。
>
> 昨天，又听到团中央给你的命名，使我更加高兴。这是多么令人羡慕啊!
>
> 我觉得，你是无愧于这一光荣称号的。

接着，吴运铎把在报纸上看到关于张海迪事迹报道后的一些想法写信给她：

> 3月5日《工人日报》一来，我一口气看了两遍，很受感动，我的心情是很激动的。
>
> 激动什么呢？我想，同样是青年人，同样都是经过10年内乱的青年

人，却有着这么大的差距！大多数人固然是忧国忧民、为国为民、奋发有为，在为振兴中华的长征中做出了许多贡献。但也有个别的人却仍然怨天尤人。

你是党和人民哺育成长起来的新一代的优秀代表。尽管你没有上过学，却学习了三四国文字；尽管你的疾病是那样严重，你却坚持不懈地为人民做了那样多的工作，成了治病救人的人民医生。

我是很理解的，要做到一个健康人所能做到的同样的工作，你是要付出比他们多得多的劳动的。其中的困难可想而知。

困难，包括疾病，是很能考验一个人的。在困难面前摇头、退却的人，和对困难逆来顺受的人，从来不可能成为生活的强者。一个强者，必然是困难越大，拼搏的劲头就越大，并且他总是能够战胜困难，总是胜利者。

从你的情况来看，你完全依靠父母过日子，也能够过得很好。可是你认为："只要心在跳动，我就要努力学习和工作，顽强地与疾病抗争。相信我是一个胜利者。用生命的火花去照亮通往美好未来的征程。"你是这样说了，也是这样做了，而且做得很出色。

这些天，我时常想，我们的时代，的确是一个英雄辈出的时代，这就使得不仅仅是健康的人们，就是残废的人，只要他有一颗强烈的振兴中华的心，就都能为国家做出贡献。青年人更是这样。只要他是尽了自己的力量，那么，即使他的贡献是微不足道的，但他也不愧为"战士"的光荣称号。

我们时代的青年人，都有远大的理想，而只有具有远大理想的人，他的精神才永远是充实的。这理想，就是为人民的幸福、为国家的富强而奋斗，而献身。

还有，我们有着一种相互帮助的新型的社会关系——一个温暖的社会大家庭。这一点，是那些仅有高度物质文明而没有社会主义精神文明的国家的青年所望尘莫及的。你看，自从你的事迹登报后，有多少人向你伸出了友谊的手啊！

我觉得，这不仅是你一个人的幸福，而且是我们全国青年的幸福；这不仅是你自己应该骄傲，我们全国青年、全国人民都应该为我们能有这样的党、这样的人民、这样的社会制度而骄傲！”

这封信既是吴运铎与张海迪之间往来的书信，也是吴运铎鼓舞、勉励全国残疾人的一封信，更是吴运铎致当代青年人的一封热情洋溢的信。从这封信里，可以看到吴运铎对前途、理想、信念、追求、困难、斗争、幸福等问题的深刻理解。因此，这封信是今天青年人立志成才，陶冶高尚道德情操的精神财富。这封信是吴运铎讴歌社会主义祖国的美好、可爱，更是吴运铎历经沧桑岁月，发自心底的自白。

不久，张海迪给吴运铎回信写道：

敬爱的吴伯伯：

您好！我多么想您啊！

本来，我早应该给您写回信，拖至今天才写，是很不礼貌的，希望您能谅解我。

我没有及时回信的原因，倒并不是因为我进医院了，也并不是因为我总是忙。我要接受治疗，要不间断地学习外文，还要写作，还要看一些同志们的来信……每天的时间总是不敷分配。医护人员为了让我好好休息，不断地劝我少看书，少写字，甚至强迫我休息。可是，我怎么能休息得了呢？当然要养好身体，可我一再想，难道养好身体仅仅就是为了活着吗？活着就是目的吗？许多老一辈革命家都离休了还要拼命地为人民工作，难道我们年纪轻轻的反倒要坐享清福吗？

我没有及时给您写回信的原因，主要是有些问题我需要继续探索，再搞清楚些。您信中说，只有生活的强者，才是幸福的。您还说：“一个强者，他必然是困难越大，他拼搏的劲头就越大，并且，他总是能够战胜困难，总是胜利者。”这些话，使我想了很久。的确，在有些人看来，我从小就残废了，连学也没有上过，父母又受到过冲击，等等，因而认为我必定是可怜的，必定是和“不幸福”连在一起的。

可是我呢？我觉得我是幸福的。这倒不是说我也算是一个生活的强者，不，因为，如果没有我们这样好的党，这样好的国家，这样好的人民，这样好的社会，给我以战胜困难的力量，如果我是生活在另一个社会，我能有今天吗？我还能会有为人民做点贡献的机会吗？肯定是不可能的。别说是什么“强者”，就是有十次生命也活不下来。这里，我又想起了是在哪一本书里有过这么句话：“不是因为我是人民的伟大儿女，而是我是伟大人民的儿女。”

我们的民族，是伟大的。但是，我们的国家，还远远没有繁荣富强，困难还很多很多，她需要千千万万强者，才能振兴，才能崛起。可我自己呢？多么微不足道啊！越是想到这些时，我就越觉得我有无穷的力量，应该尽我的力量，为人民做些贡献，才觉得幸福。否则，我就只有惭愧。

我还远远不是一个强者，因为在我未来的生活道路上，仍然有各种各样的困难在等待着我，要同我较量，要考验我。因此，我只能说我愿做一个强者。客观因素是有利的，再加上有苏联的保尔和您以及许多年轻的先进人物做我的榜样，我深信我会成为一个坚强的人。

吴伯伯，我说的不对的话，您也不会笑话我吧？望多指教。

祝您健康！

海迪

1983年5月6日

1983年11月2日，吴运铎给张海迪写了一封信，不知海迪是否读过此信。最近，笔者从工人日报社一位离休已久的资深记者那里获得了原稿。现抄录如下。

海迪：

你的来信，使我很高兴。我和工人日报社的同志时常通气，对你的情况还是了解的，也是放心的。但是，仍然禁不住我要惦记你，时常想打听你。主要是惦记你的身体。

正因为这样，我不把你的这封信看成是一般的来信，我认为是喜讯。

特别是你说你的肺活量达到了 2800，这是出乎我的意料的，因此，是喜出望外的。这说明你的健康情况是相当好的。可喜、可贺、可贵。

这一点，你千万要珍重才是。身体好了，才有为人民服务的本钱；身体好了，才能为人民做出更多的贡献；身体好，才有可能把你的书写好。

正因为这样，我就不大赞成你明年参加运动会的打算。平时做些适当的运动是必要的，要坚持，甚至要有一定的规划，但是，参加运动会的打算却值得考虑。因为，我知道你好强，好胜，但是我觉得，这个打算势必会使你分散精力，势必会成为你的负担。我认为，你还是坚持做一些一般的锻炼就行了。我还想，真的去参加运动会，搞好了，当然好，万一搞不好，那可就难说了。这可不是闹着玩的。

为什么我要和你唱反调呢？因为你有着更重大的任务——写书，这是首先要保证的。你现在所坚持的一些力所能及的活动、运动就够了，和写书的任务是相适应的。运动会的打算恐怕不仅不会对你写书起保证作用，反而会分散你的精力。

你能在写书方面做出贡献，这是很重要的，这是任何人都代替不了的。一本好书，可以影响好多的人啊！所以，你一定要把书写好。我也相信你，一定能把书写好。我早就有重新写《把一切献给党》的打算。可是，因为我的杂事太多，也因为我的身体不争气，至今未能开工，这已经成了我的一块心病。你已经开始写了，而且党组织为你创造了这样好的环境，这是十分十分可贵的，应该格外珍惜这个机会。

本来，我想早日给你写信的，可是，恰好你来信时我正住在医院里。我要在医院给你写信的话，反而会给你增加负担，使你为我操心。所以我就想出院后再写。但是，一出院我就参加了中国工会第十次全国代表大会，一开会，就忙得不亦乐乎了。除了会议本身之外，来自全国各地的代表纷纷来访，大有应接不暇之势，这样，写信的事就只好拖到了今天。

不过，从这情况你也可以看出来，我的身体还是可以的，请你放心。

我等着看你的书。

请代我问你父母好。

吴运铎精神激励、鼓舞着当代青年人，张海迪是千百万青年中的佼佼者，不负众望，于1992年正式向国家教委直属的全国重点综合大学——吉林大学，申请硕士学位。该校接受了她的申请，并向她提出了6门需要完成的本科生及研究生课程。

海迪最终通过了所有必修课的考试，并于1993年4月2日出色地通过了题为《文化哲学视野里的残疾人问题》的硕士论文答辩。

当张海迪戴上硕士帽，坐在轮椅上，语句简短，铿锵悦耳地讲道："这是我一生最难忘的日子，因为我是中国第一位坐在轮椅上获得硕士学位的女人，这是我用整个生命换来的。感谢我的导师孟宪忠，感谢我的母校吉林大学……"

你们是"金不换"

时间已经进入1983年，吴运铎想，既然自己要把青年教育工作抓起来，首先在社会上造成一种氛围，成立相关的组织帮助落实，这是必要的，更重要的是要尽快行动起来。第一步从何处入手？先从失足青年做起行不行？拿不定主意……

从哪里找突破口？电话铃响了，是北京市高级人民法院办公室顾问费路路打来的。她约吴运铎去家里聊一聊，吴运铎不知道这位法学专家要谈什么事，但他知道前些天北京市门头沟区工读学校请她当了名誉校长，她有点不安。吴运铎还鼓励她："你勇敢地挑起这副担子吧！哪里请你做校长，我就在哪里做你的校外辅导员……"

到了费路路家里，孙敬修、高士其二老等候在那。费路路高兴地对吴运铎说："今天咱们四个人，包点馄饨吃。"说着，大家就动起手来，一会儿，包完了馄饨，煮好了，就围着桌子吃起来。他们一边吃，一边高兴地谈着，屋里气氛显得格外热烈。

69岁的费路路说："我们离休了，离休后干些什么？总不能待在家里光吃饭不干事呀！"沉思一下，又说："是党挽救了我，党的政策给予我巨大的力量……生命之光已经不多了，我要争分夺秒地为党多做一些工作。但愿苍天宽时限，夕阳未必逊晨曦！"还说："近两个月，我走遍了北京市七个工读学校，看到那里的孩子很可爱。这些孩子是祖国的花朵呀！工读学校的学生只是受了'病虫害'，社会更应该关心他们。我们要帮助组织给工读生及早地医治……"坐在费路路身边的我国著名科普作家高士其翕然从之。孙敬修老爷爷频频点头，幽默地说："好事多磨呀，干成一件事，哪能没有困难，这个理儿，连小朋友都知道！"他们不约而同地笑了。吴运铎打心眼里赞成他们的意见，并欣赏费路路打的比方，说工读生是祖国的花朵，不过是受了"病虫害"，真是形象、贴切。吴运铎说："我们的目标是共同的，一定要把快散架的工读学校扶持起来。"几个人七议八论后，费路路做了总结性的发言，她说："事不宜迟，近日我们四个人一起去石景山工读学校一趟，看看那里的失足青年……"

三天之后，几位老人披着绚丽的朝霞，驱车去了北京市石景山工读学校。师生们为他们召开了欢迎大会。费路路在会上鼓励学生不要破罐破摔，要振奋精神，迎着朝阳，向前看，向远看，未来是属于青年人的。还送给学生们一棵大松树，祝愿他们要像松树一样不畏严寒，不惧风暴，长得秀美挺拔，常青永驻。吴运铎为工读学生题写了"可怜天下父母心"七个大字。老师们看后赞不绝口，讲得儒雅一点，什么"笔力遒劲酣畅”“体态奇峭，婀娜多姿”。学生们看后百感交集，唏嘘，抽泣，纷纷表示：“抛弃昨天，面向明天！”“过去属于死神，未来属于自己！”

1983年8月份的一天，在北京市一所工读学校任教的王志强老师，受全校师生的委托去探视吴运铎。吴运铎对王老师说：“你是从事特殊教育的老师，很辛苦，了不起。”他又问起学校的情况，老师的工作、学习和生活怎么样，学生的身体状况、学习兴趣。还问起王志强老师的个人情况。当吴运铎听说王老师是20世纪60年代初毕业的师范大学生，现在仍从事工读教育，就十分感动。吴运铎说：“据我知道，那时毕业的大学生有不少人都已经改行了，这是工读教育事业的损失。不过，不能怪他们，这是因为我们落实知识分子政策存在偏差，造成不尊重知识，不尊重人才，不尊重教师，迫使大部分老师转行。一个学校没有一批好的教师队伍，怎么可能教出好的学生！”临别时，吴运铎还对王老师说：“教师工作是太阳底下最光辉的事业。教师的职业是最神圣的，教师的爱是博大的爱，理智的爱。要在全社会创造爱的氛围。你干的是特殊的教育，担子重啊，不做出特殊的、非凡的牺牲，很难有好收成。”

这次见面后，大概又过了一个多月，王志强老师代表学校领导邀请吴运铎到校去作报告。当王老师赶到吴运铎家时，才知道他因身心俱疲，住进了北京卫戍区医院。王老师又匆匆去医院探望吴运铎。在病房里，王老师看吴运铎打着吊针输液治疗，一时间，怜悯与失望交织在心头。他未敢讲学校的事和领导交给他的任务。恰巧，那天吴运铎的精神尚好，顺便问起工读学校的一些事。从王老师的答话中，吴运铎意识到学校遇到了困难，猜出他是请自己去学校作报告的。吴运铎没有作任何考虑，就说：“握起的拳头力量大，教育工作有时也像打仗，需要集中兵力打歼灭战。你们学校有了事，我不能不去讲一讲，怎么能让老师和孩子失望?”说着，吴运铎挣扎着起来，让护士拔下针头。医护人员忙上前劝阻，他执意不肯，对医护人员说：“战场上讲轻伤不下火线，今天的工读学校也是战场，是争夺接班人的战场，我这点病算个啥?”医院领导也无可奈何。为了避免出现意外，医院派了一位大夫带着氧气袋跟吴运铎一起去了。

学校里的全体师生对吴运铎去学校作报告，感动不已。吴运铎也被他们的真情所感染。有道是情到真处情更浓。吴运铎在报告中流下了热泪，对同学们作了一番颇为动情的即兴讲话：“……你们都亲切地叫我吴爷爷，可我听了很难过。看到你们我心疼！我这个爷爷没有当好！我对不起你们……无数的革命先烈流血牺牲，换来了今天这样美好的社会主义社会，可不能败在咱们的手里呀！我相信你们不是‘败家子’，而是‘金不换’!”他的讲话，语调抑扬顿挫，感情澎湃飞扬，让人流下了热泪。瞬间，会场里一片寂静。片刻的沉寂之后，爆发出长时间的掌声。老师和同学们有的流泪了，有的啜泣了。这时，忽然有人激动地喊着：“吴爷爷理解我们!”“不能给吴爷爷丢脸!”是负疚、忏悔，还是激奋、喜悦？是一缕缕真情沟通了你我他，是一片片爱心焊接在一起!

此时此刻，世界著名大作家萧伯纳的名句言犹在耳：“人生不是一支短短的蜡烛，而是一支由我们暂时拿着的火炬，我们一定要把它燃得十分光明灿烂，然后交给下一代的人们!”

吴运铎做工读学校学生的工作，当然不是从 20 世纪 80 年代开始的。刘书良著《人生的答卷——中国保尔吴运铎》为我们提供了一份感人至深的证词。早在 20 世纪 60 年代初，北京一所女子工读学校的 100 名学生，在老师的带领下，专程从北京远郊区赶到市内，去请教过病中的吴运铎。

学校之所以组织这次活动，是因为在一次“民意测验”中，有一道题是：“你最崇拜的人是谁?”有一大半同学说的是吴运铎。她们都渴望亲眼见到吴运铎，并把想了许久的问题当面向他请教。根据同学们的要求，学校才安排集体去聆听吴运铎的教诲。

吴运铎和同学们在五机部的小礼堂见面了。首先他说：“感谢同学们来看我。我这里没有什么好吃的，瓜子、糖、茶水，大家随便。”吴运铎在会上说：“大家这样相信我，那么，我想就同学提出的问题谈谈自己的想法。”吴运铎完全是平等的、父辈般的循循诱导。他说：“你们都是十五六岁的孩子，正是青春鼎盛时期。那么，青春应该怎样度过呢?有的如同烈火，永远照耀别人；有的却像萤火虫，只发出微微的亮光；有的却是浑浑噩噩，不求进取，认为幸福生活就是个人要什么有什么。这种人的幸福建立在别人的痛苦之上。哪一种生活是完美崇高的呢?”

“在我们这个时代里的青年人，人人都可以大显身手为人民作出有益的贡献。可是也有一些和我们的时代极不相称的青年人。他们失掉了伟大的志向，失去了青年人的荣誉感，他们想到的不是祖国和人民，却把自己陷入让人厌恶的圈子里。他们对国家命运漠不关心，把个人享受当作自己生活的目的。”

吴运铎看到有的同学低下头来沉思。他继续说道：“当然，年轻人犯错误是有多种原因的，不能全是责备你们，因为你们还年轻，有些同学是在没有认清是非的时候被坏人拉下水的，我们这些成年人也有不可推卸的责任。过去的就让它过去，让我们共同创造一个美好的未来。”

这时，很多同学感情难抑，呜咽失声，会场一片唏嘘。

哭声是自责，是悔恨。说明这些姑娘的灵魂深藏着没有泯灭的真诚、正义和良心。

吴运铎喝了一口水，稍沉思片刻，又笑着说：“哭吧，哭哭也好，这是悔恨的眼泪，让悔恨流出来，很有好处。因为留下的才是你们本来就有的纯朴和善良的品行。”

一个姑娘激动而又担忧地问吴运铎：“还有人会相信我吗？”她曾误入流氓团伙，当时才 14 岁。两年来，她一直悔恨自己，她的养父母只去工读学校看过她一次。连自己的亲人都不能原谅自己，别人还会原谅吗？

吴运铎理解她，就说：“我觉得，跌倒了并不可怕，在哪里跌倒了，从哪里爬起来。你的爸爸妈妈也犯过错误，怎么只允许大人犯错误，就不允许孩子们犯错误？问题是犯了错误能不能改正，保证以后不犯这样类似的错误。”

“吴老，您也犯过错误吗？”一个女学生怯生生地问。吴运铎笑了，举起失掉四个半指头的残手说：“这就是犯错误造成的。我也是人，也吃五谷杂粮，也犯过不少错误，任何再伟大的人都不可避免地会犯这样或者那样的错误，比如，我三次负伤，就是犯了三次错误，我是在犯了错后摸索出制造武器弹药规律的。”接着，他讲起了自己在淮南造枪造炮的经过……他告诉同学们，我军自己的枪炮就是在这一次次失败的试验中不断总结经验，才取得成功的。

两个多小时的讲话、交谈，吴运铎已经很疲惫了，但姑娘们纷纷围上来请他签名留念。他满足了大家的要求。

吴运铎的谈话成了她们走向新生活的良好开端。之后多年，仍有不少人和他有书信往来。一位后来当了工读学校教师的学生给吴运铎写信说："在我第一次见到您那一瞬间，我仿佛看到了一个浑身闪光的伟人向我微笑走来。您就坐在我的旁边，听着您谆谆教导，我良心发现，过去我做了许多对不起别人的事。和您相比，我真恨不得钻进地下去，我觉得自己不配和您坐在一起……""听了您一席话，我才知道伟人也会犯错误，特别是您坦诚地讲过您犯的错误，我才觉得自己愚昧可怜，连人最起码的自尊也全不要了……我发誓要向您学习，要学好。我能有今天，要说一声谢谢您。"

吴运铎是一本教科书，从他那里，每个人都学会许多东西。吴运铎是棵大树，永远是那样郁郁葱葱。

去掉嫉妒心

从工读学校出来十多年的刘××，在某单位工作表现得很出色，同志们一致叫好，因此他多次被评为先进。

1984年，党组织考虑他的一贯表现，准备提他为副科级干部。等派人下去征求意见时，情况却发生了突变，有人说："刘××工作加班加点，是洗刷自己过去犯的错误，特意做出样子给人看。"还有人说："不怕苦，不怕累，在单位里也不止他一个人。再说，他年轻力壮，就应该干好工作。"甚至也有人说："他经常学习理论文章，讲自己的认识，那是因为他智商高，爹妈给他的。会讲会道的人，不一定是优秀的人。"部分群众的意见，组织上经过研究，认为这不是与人为善、公正地评价一个人的正确态度，而是嫉恨人家，态度不端正。

吴运铎听到一个残疾青年讲了刘××的事，对有嫉妒心的人很不以为然。他说：“有的青年过去犯了错误，经过改造，认识了错误，并用实际行动改正了错误，工作很好，就应该和别人一样，该信任的信任，该提拔的提拔。”他还说：“现在社会上人与人的关系不如过去和谐。某些人嫉妒心太重，说话老是踩别人。有个别人愿去找领导说三道四，反映片面的情况，抬高自己，打击别人。假如领导者原来对某人就有偏见，经别人一‘扎针’，很可能错怪了好人，扶植心胸狭窄、嫉贤妒能的人。”吴运铎对笔者直抒胸臆地说：“我听过好几个同志说到社会上流行的‘嫉妒症’，看来是比较普遍的传染病。一般的同志患了这种病，无关宏旨，若是比较负责的干部染上这种病，轻则冤枉和委屈了好同志，工作受到损失，重则让居心叵测、自私自利的人钻了空子，革命事业遭受损失。”于是，他想撰写一篇文章，提醒各级领导干部重视这个问题。

1984 年 8 月的一天，笔者接到吴运铎的电话，他悃诚请笔者代他查几个资料：一是中国历史上孙膑与庞涓的故事；二是在《三国演义》中周瑜说的“既生瑜，何生亮”，是在怎样的背景下说的；三是隋炀帝杨广忌人并杀人的事。吴运铎在电话里客客气气。末了，又说：“给你添麻烦了，对不起，谢谢。”

第二天，笔者去吴运铎家把查找的资料给他，并简单地作了介绍：“孙膑，是战国时的军事家，孙武后裔。他曾与魏国大将庞涓一起师从鬼谷子。两人虽为同窗学友，思想品质却有高低之别。庞涓追求名利地位和享受，很早就下山投奔魏国。孙膑是他的师兄，老实厚道，不为名利，一心造福国家和百姓。庞涓自以为不如孙膑，心存畏忌。在魏惠王时，庞涓当上了将军，派使者召孙膑到魏，曾借故编造罪状，对孙膑施以毒刑，截去其膝盖骨，使成终身残疾。后来，孙膑为齐国军事家，在马陵之战，指挥齐军主动撤退，诱敌深入，设下埋伏，打败庞涓，庞涓自杀。”吴运铎听了这段历史故事，频频点头。笔者接着又说：“《三国演义》中的周瑜，本是东吴的水军都督，有卓越的军事才能，但他刚愎自用，不能容人，猜忌人，数次暗用心机，算计诸葛亮，然而老是被诸葛亮所识破。周瑜无可奈何，于是道出了‘既生瑜，何生亮’这千古名句。最后，周瑜竟然被气死。”吴运铎听后插话道：“周瑜有统率千军万马的本领，却连一个诸葛亮都容不了，心眼小得可怜！”他还补充道：“有些领导干部有雄才大略，善运筹帷幄，但对下属犯上，却妒火中烧，毫不宽恕，耿耿于怀。”

在谈到历史上隋朝的杨广皇帝时，笔者说，杨广是个霸道的人，他平生不愿有人高于自己，是忌人之长的坏人。比如，杨广与大臣杨素交情甚厚，但他得到政权之后，忌杨素才华，致使杨素病卒。又如，一次，杨广在殿上命群臣为所作《燕歌行》唱和时，突然借故将吟出第一佳句“庭草无人随意绿”的王胄杀掉，说：“看你今后还能写出‘庭草无人随意绿’吗？”吴运铎听了笔者的介绍，又看了交给他的资料，感慨尤深，说道：“看来一个人是需要不断增长知识的，特别是中国历史知识。我平时读报知道这几个故事，但不知出自何处，到哪去查找，连门牌号码也找不到。”笔者说：“我是搞报纸工作的，如不多浏览一些古今中外的书，知识贫乏，思路就要受到影响，久而久之，便不能很好地胜任工作……”

在告别时，吴运铎意味深长地对笔者说：“看来嫉妒这东西，古已有之，否则韩愈不会在脍炙人口的《原毁》中，精辟地总结出‘事修而谤兴，德高而毁来’这样的警世名言。嫉妒是心灵的肿瘤，卑劣的人比不上别人的品德才华，便用最毒辣的一手，贬抑他人。嫉妒症是不可饶恕的！”笔者自忖，吴运铎这话不是专指某一事件，指某一位或某几位同志，而是在告诫这一代人，务必去掉嫉妒心，不做卑微的小人。

社会应该接纳他们

对工读学校的学生我们要挽救他们，多做工作，即便是被判刑的青年人，凡可以挽救的人，吴运铎都尽力去做细致的思想工作。某企业有一个毕业不久的名牌大学的学生，因触犯了法律，被判处三年有期徒刑。吴运铎知道后，去找有关人了解这个大学生的情况，才晓得他不是坏人，因一时鬼迷心窍，走了错路。经人介绍还知道，他在技术上很有一套……

这个大学生入狱之初，觉得今后前途未卜，一度产生了厌世悲观的情绪。了解到这一心态后，吴运铎就主动写信开导他，讲党的政策，讲党对知识分子的重视，让他老老实实接受改造，争取早日出狱，回报社会……

这个大学生在狱中接到不知是谁给他写的信，当他拆开信，看到信的落款是吴运铎以后，禁不住大吃一惊。片刻，落下了无比感激的眼泪，感谢吴运铎看得起他，感谢社会还接纳他。在给吴运铎回信时说：“我做梦也没有想到自己现在会变成被社会遗弃的人，我还会有人关心？我还会对社会有什么用处？悲观、寻死、上吊的念头像幽魂一样整天游荡在脑子里……收到你的信之后，我想了很多，非常感谢你，好像我又从地狱之门回到人世间。现在，我想的是今后该怎么办，也想到出狱后应该怎样回报社会，回报家人……”

此后，吴运铎经常给这个大学生写信，给他讲改革开放的大好形势，社会生活发生的巨变；反复讲法国大思想家卢梭那句名言“人生的价值，是由自己决定的”真正含义。吴运铎也在信中谈自己对一些问题的认识和感受，列举一些做出成就的青年人……这个大学生给吴运铎的多次回信中，主要是汇报思想转变的情况和劳动改造的心得与体会，决心用劳动汗水洗刷自己的罪过，重新做人。这一老一少，频频书信往来。

时间一年一年过去了，这个大学生刑满释放后，吴运铎为了让他感到党和人民时刻在关心他，周围的群众在关心他，社会在呼唤他，便不辞辛苦地东跑西颠，为他找到了专业对口的工作，充分发挥他的特长。这个大学生很快就成了工作骨干，他感觉到生活着是美丽的，工作着是幸福的。后来，还当了一家国营企业的副厂长……

此事虽小，但它提醒我们，对犯过错误的青年人，甚至违法犯了罪、进过监狱的青年人，只要他们能够认识错误，真诚地愿意改造自己，重新做人，社会都应该接纳他们，给他们真正的爱，给他们出路，使他们变成对社会有用的人，绝不能把他们推到社会主义的对立面。

签名留念

群众出自对吴运铎的钦佩，在他“解放”之后，纷纷致函问候，有的人求他签名，有的人求书条幅，有的要求与他合影留念，或索取一张近照。吴运铎对群众的渴求非常理解，耐心地去一桩桩、一件件落实。如他寻找机会为老英雄郅顺义书写条幅“峰高无坦途，攻坚莫畏难”，与上海劳动模范一起合影，等等。即便是普通干部一个小小的要求，他也认真对待，视为群众对他的信任和鼓励。

舒兵同志在北京化工三厂教育科多年从事职工教育管理工

20 世纪 80 年代初，吴运铎（左）为我国解放战争时的战斗英雄（原沈阳军区炮兵某师副政委）郅顺义题写的条幅：“峰高无坦途，攻坚莫畏难”。

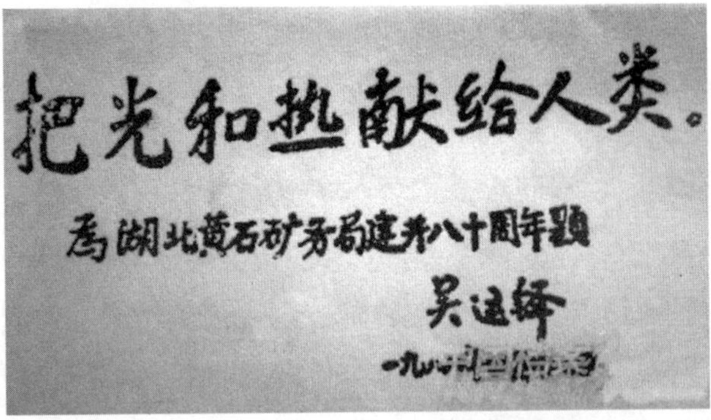

1988 年 4 月 28 日，吴运铎为湖北黄石矿务局建井八十周年题词。

1982 年，吴运铎和上海市劳动模范在一起合影。(王光禄摄)

作。他出于对《把一切献给党》一书作者吴运铎的敬佩，于1981年6—7月间，给吴运铎写了一封信。大意是这样：我在孩提时代就读过奥斯特洛夫斯基写的《钢铁是怎样炼成的》一书。后来，又多次读过您的《把一切献给党》。您在革命战争年代舍生忘死，制造各种枪支弹药打击敌人，为革命负伤累累，仍以坚强的意志与病残作斗争，写出了轰动一时的自传体小说《把一切献给党》，使我深受教育和感动。我感到像您那样生活和工作才充实才有意义。做人就是要做您这样的人，把一切献给党，为党的事业而斗争。

在这封信中，52岁的舒兵还把多年喜欢集邮的爱好告诉吴运铎，并把自己珍藏的庆祝中国共产党60岁生日的邮票寄给他，请他在百忙中题名留念。吴运铎收到后，非常理解舒兵的心情，欣然为舒兵的邮票签名。之后，还为舒兵庆祝“六一”国际儿童节的附捐邮票（为新中国成立后我国第一套附捐邮票）签名和盖章。舒兵为吴运铎这样的名人、英雄理解自己而很感动，多次给吴运铎写信，汇报自己的思想、工作情况。1981年秋，吴运铎在病中为鼓励舒兵同志的进步，曾给他寄去两张条幅和一幅画。条幅上题写：“把一切献给党”“节高骨坚，宁折不弯，为梁为薪，献身于民”。

此后，吴运铎还应舒兵的要求，为他写了一张条幅：“勤学苦练”；给舒兵的同事郭绍强同志写的条幅是：“业精于勤”；给舒丁庆同志写的条幅是：“学无止境”。在吴运铎的鼓励和鞭策下，这几位同志进步很快。舒兵同志于1986年加入了中国共产党。入党后，他仍以吴运铎为学习榜样，勤奋工作和学习，在1987年、1989年、1990年三次被评为本厂先进工作者，一次被评为北京市委工业部先进教师，还被评为优秀党员。舒兵同志在谈到自己的思想变化和取得的成绩时，感慨地说：“我的进步，与吴老的亲切教诲是分不开的。是他，为我在人生的道路上树立了楷模，是他，奋斗不息的精神，鼓舞我正视人生，不断前进。”

鱼儿离不开水，瓜儿离不开秧，共产党永远离不开人民群众。吴运铎生活在群众中，没有傲气，没有官气，始终与群众打成一片，关心他们的工作、学习和柴米油盐。

“不要过于悲观”

1983 年 3 月 22 日，《工人日报》编辑部收到河北省保定地区压缩机厂工人高万铭同志的来信。信中说，他从报纸上看到了“中国的保尔”吴运铎和张海迪喜相逢的消息后，心里极不平静。20 多年前他和吴运铎一次短暂的相逢，使他久久难忘。

那是 1952 年春，高万铭在地沟里修理管道时，不慎被扳手打伤左眼，眼球玻璃体部分流出。厂领导马上派人将高万铭护送到北京同仁医院和北大医院治疗，后又转到东北、西安等地医院治疗仍无效。1955 年春，转入北京中苏友谊医院（今友谊医院）治疗，虽经名医、专家多方抢救，但已无复明希望。

高万铭同志的右眼在新中国成立前已被铁屑打瞎，今又失去了左眼，心中悲怆至极，痛不欲生。在那漫长的治疗过程中，一天，他在医院阳台上唉声叹气的时候，忽然一个高个子的陌生人走到他跟前关爱地问长问短，特别是当他知道高万铭同志因公双目失明时，心情也很难过，便用低沉的声音安慰高万铭同志说：“不要过于悲观，即使双目失明也能找到为人民服务的方法。只要你时刻想着人民，就会感到活着的意义。”说完，他又从衣袋里掏出笔记本，迅速地在上面写下了共勉的话，然后，撕下这一页纸，交给高万铭。当时，负责护理高万铭的同志轻声读着："高万铭同志，瞎吧！瞎吧！只要我们的心脏还在跳动，就要全心全意为人民服务。"

当高万铭听到落款是吴运铎这个家喻户晓的名字时，激动得不知说什么好，紧紧握住吴运铎的双手不放……

20 多年过去了，高万铭把吴运铎留给他的这页人生箴言，珍藏在工会"会员证"里，随身带着并常叫身边的人观看，受到教育和鼓励。不幸的是，时间太久了，吴运铎的"笔体已经失落，甚为歉疚……如不把吴运铎同志平易近人，关爱他人的精神传播出去总觉于心不安，也将是我终生憾事"。

高万铭同志虽已双目失明多年，但他那感人的肺腑之言，淳朴的德行，与吴运铎给人的印象又那么相同。这个故事让人深切地感受到吴运铎对一个素昧平生的普通工人、病友的怜悯与同情。吴运铎的切身经历使他对"眼瞎"有多么深恶痛绝，因此，他用自己特殊的语言表达方式勉励高万铭同志，"只要我们的心脏还在跳动，就要全心全意为人民服务"。这句蕴含着坚强意志，爱民无疆的名言，给了因病而悲观的高万铭等病友巨大的力量！

传家宝不能丢

1982 年 5 月 6 日，吴运铎给笔者写信说："这些日子，社会活动多，全总召开的全国劳模会议，我也只在开幕和闭幕时参加。现在，我一天一个报告，从 4 月 23 日始，到 5 月 13 日才能结束。我的稿债也愈积愈多。天津市的《支部生活》来了四位同志，要我写稿，并限期交稿。湖南有几个杂志社也来索稿。我的健康情况欠佳，实疲于应付。你来信要我撰稿，待 5

月13日后，我给你去电话再联系。很久不见了，盼暇时来家聊聊。”5月15日，吴运铎给笔者打电话，要笔者去坐一坐，谈谈写稿的事。

那天，我们谈完了写稿的内容、要求和交稿的时间之后，吴运铎和笔者拉起了家常事。他问笔者有几个孩子？平时是否讲吃讲穿？我告诉他，两个小孩都在中、小学读书。我和妻子经常向她们讲一些报刊上的革命故事和艰苦奋斗的故事等，目的是给他们灌输向先进人物学习、勤俭节约的思想……他听后表示满意，说：“我们几个孩子从小就知道节省。我和陆平也都注意给他们做出榜样。他们吃饭掉在桌上一个饭粒，都叫他们捡起来吃了；穿的衣服总是那两件，不搞奇装异服。平常他们也不要钱，每月开支给他们一点零花钱，买笔、本等零用。我们孩子都20多岁了，还没有穿过皮鞋。前几天，老三问我，想买一双皮鞋行不，我说买吧，他才去买了。他为什么不敢买

1984年，吴运铎在住院治疗期间，与本书作者合影。(吕国兴摄)

皮鞋？因为我们俩谁都不穿皮鞋，孩子穿了也不好意思。”还说：“现在虽然不是战争年月了，艰苦奋斗这个革命传家宝不能忘。”接着，他回忆起战争年代的生活：“那时，我们穿的草鞋是用没有办法再补的破衣烂袜子编织成的；写字用的钢笔是子弹壳做成的；信封是用废报纸糊的；医院里消毒用的器具是蒸窝窝头的笼屉。护士把沾满脓血的纱布和绷带洗净后放在笼屉里消毒，然后再用。医院里的条件也很差，伤员用的枕头是用报纸包着的土坯和砖头。那年月，大米不多见，苞米吃完吃高粱，高粱吃尽吃地瓜……”吴运铎看笔者静候他继续说下去，又补充说：“郑板桥有过这样的话：‘富贵足以愚人，而贫贱足以立志而浚慧。’这当然不是说生活越清苦、越贫困越好，而是说，艰苦的环境可以锤炼人的意志，贫家之子，多立学有成。对孩子来说，要从小做起，为一生打下基础。”笔者觉得吴运铎说的话很有哲理，信手记在采访本上，录以备忘。

干一行，爱一行，钻一行

1982 年国庆佳节前一天，全国劳动模范、北京市丰泽园饭庄厨师陈爱武去看吴运铎。陈爱武说：“从上小学戴红领巾那一天起，我就梦想有那么一天能亲眼看看为中国革命立过大功的吴老。”那天，陈爱武还把自己精心雕刻的萝卜花献给吴运铎。他在萝卜花上雕了一对昂首阔步、形象逼真的白仙鹤，祝愿吴运铎健康长寿。

陈爱武到吴运铎家作了自我介绍，然后简单汇报了多年工作情况和学习刻萝卜花的技艺。他说：“我 16 岁初中毕业后，离开了北京郊区大兴县，来到了北京丰泽园饭庄当学徒，成了一名国家正式职工。我怀着为社会主义建设大干一场的决心，投入了这一新的工作。记得我刚懂事的时候，得了一场重伤寒，生命垂危时，住进了儿童医院。医护人员把我从死神手中夺回来。母亲激动地对我说：‘孩子，是社会主义给了你第二次生命啊！’从此，‘社会主义’就在我幼小的心灵深处扎了根。我在农村的家里时，当工人的父亲和种田的母亲常教育我：做人一要正直，二要有为，我也记在心里……参加工作以后，我把雷锋的‘干一行，爱一行，钻一行’贯彻到自己的工作中……那会儿，正是‘四人帮’横行之时，企业里干与不干，干好干赖都一样。我不听邪，坚持早上班，晚下班，搞好卫生，为师傅们分劳……在跟师傅学习过程中，我总结出四句话：师傅操作留心看，自己操作师傅鉴，手勤脚快别偷懒，请求师傅多指点。开始我学的是冷荤拼摆，为创造新花样，我到处搜寻有特点的图案，用萝卜皮、白菜帮当原料，一摆就摆到深夜。经过几年钻研，我能熟练地拼摆出难度比较大的‘凤凰穿牡丹’和‘孔雀开屏’等40多种冷荤菜。在1978年全局技术表演赛中，我以10分37秒的时间，拼摆出姿态神似，颇富立体感的‘孔雀开屏’，获得了冷荤拼摆第一名。之后，王义均师傅对我说，你学学刻萝卜花吧，刻花在我们丰泽园饭店是个空白，从此我就跟王师傅学习刻萝卜花……”

陈爱武在平凡的工作中，做出了不平凡的成绩。1979年被评为全国新长征突击手和全国劳动模范。

吴运铎听完了他的汇报，高度赞扬了这个30岁出头的青年人“干一行，爱一行，钻一行”的学习精神，并鼓励他克服前进中的困难，继续学习。吴运铎还给他介绍了自己在新四军兵工厂工作时，与大家一起克服种种困难，一面打仗，一面生产，有空就抓紧时间学习的故事。末了，他宽慰地一笑，说，记不得是哪一位名人说过："拥有知识，就拥有一切。"

分别时，吴运铎在陈爱武的要求下，给他题写："即使自身化为一撮泥土，只要它是铺在通往共产主义的大道上，让伙伴们大踏步地冲过去，也是最大的幸福。"

急人所难，雪中送炭

1982年7月1日，中共中央书记处书记胡乔木同志到北京师范学院看望了北京市劳动模范李燕杰同志。乔木同志鼓励李燕杰要继续做好启迪青年心灵的思想政治工作，并希望他一要继续注意学好理论和专业；二要注意身体健康，不能有求必应，否则无论什么人也受不了；三要多注意培养同他一样的演讲员；四要注意谦虚谨慎，有些关于他的宣传难免有溢美之词，这虽不是他的责任，但也值得注意。胡乔木同志还说，要人们树立共产主义信念和人生观。共产主义作为一种思想、行为和运动并不渺茫，每天都在出现。共产主义过去有，现在也有；从有共产党开始，就有了共产主义。我们要批驳"共产主义渺茫，像天上的月亮那样可望而不可即"的观点。最后，乔木同志说，我们要对积极分子讲书上的道理。对青年人要让他们看到活生生的共产主义……

1984年，组织上派北京师范学院副教授李燕杰出国慰问留学生。李燕杰想，拿什么礼物来慰问远在异国他乡的留学生呢？他联想一年多以前，乔木同志曾亲自对他说过的话，"对积极分子讲书上的道理。对青年人要让他们看到活生生的共产主义"。那么，我这次出国对留学的青年人说些什么"书本上的道理"和"活生生的共产主义"？他忽然想起多年来青年人最信任、最崇拜的吴运铎。他是教育青少年的专家，能不能帮自己出些主意，想些办法？于是，他请教了吴运铎。

当时，吴运铎还在医院里做输氧治疗。他得知李燕杰要出国慰问留学生，便高兴地说："我年纪大了，身体又不好，出不了国，也不能与留学生见面，趁我现在还能动动笔，写几个字带去，算尽了一点绵薄之力。"

几天之后，吴运铎呼吸平稳、顺畅了一点儿，便拔下氧气管，铺上备好的纸，奋笔疾书，写下这样几幅字：

"即使自己身化为一撮泥土，只要它是铺在通往共产主义的大道上，让伙伴们大踏步地冲过去，也是最大的幸福。"

"我们时代的年轻人，不应该像'驴推磨'似的打发日子。如果今天不比昨天做得好，也学得更多，那么生活将会走向暗淡无光。"

"峰高无坦途，我当自奋力。"

吴运铎说，这些字虽写得不怎么样，但它表达了我的期盼和愿望。它会催人自强，催人奋起，催人向新的目标攀登。

吴运铎还想，青年们离开祖国——母亲的怀抱，远离故土，在外做事，很不容易，特别想赠送几则处世良言：

"人生在世，度量放宽些，一切好歹都要容得；眼界放大些，一切高下都要包得。"

"曲意而使人喜，不若直躬而使人忌。"

"小人之誉人反为损。"

因只写了这三条，就大汗淋漓，无攥笔之力，故没有再写下去……

他把写好的字送给李燕杰同志，并嘱咐说："燕杰同志，请去国外转告我们的留学生，他们在大洋彼岸为中华民族的振兴、强大、不失自尊而努力，我向他们致敬；他们要自强、自爱，加倍地学习、工作，我感谢他们。祖国正期待着他们早日回来投入建设的行列。我们党对他们寄予殷切的希望。”吴运铎说这些诚挚、撩动心弦的话，不是信口说的客套话，它凝聚着吴运铎对全体中国留学生深沉、炽热的爱。

李燕杰老师那天也很激动。他表情凝重，两眼含着热泪，紧紧握住吴运铎的手。天生具有演说家口才的李燕杰，居然说不出更合适、更贴切的话来，只是连声道：“谢谢，谢谢……”

吴运铎急人所难，雪中送炭，帮了李燕杰的大忙！

把钱用在刀刃上

吴运铎 72 岁时，在北京市工人疗养院住院治疗期间，给报纸写文章说：“我到过的医院多了，可唯独这里的环境哪儿也比不了。这里空气新鲜，环境优美，没有噪声，确实是个养病的好地方。哦，屈指一算，我来这里也快两年了。前些时候，我给《康复报》写了一篇《医德万岁》的文章，刊登出来后，有个卖豆腐的小青年来看我，说想吃豆腐尽管说，他会给我送来最新鲜的豆腐。唉，我身体不好，每天只吃二三两东西，我对他说：‘你干了个体户，赚了不少钱，但有钱不一定有知识，知识比金钱更宝贵，知识是花钱买不到的，你说对不？’年轻人笑而不语，但他还是经常来看我。每次我都要问他在学什么，做什么，我和这个卖豆腐的小青年成了忘年交。”

别人也告诉吴运铎，这个年轻的个体户靠自己诚实的劳动，赚了一些钱，但他有一个致命的缺点，不爱学习，知识贫乏得可怜。吴运铎听说后，三天两头地开导他，苦口婆心地对他说教：“当今的社会钱很重要。一般来说，每一个人都离不开钱，没有钱，吃穿住行就会很困难。你现在挣了点钱，这是好事，是你的优势。但是，你知道，有钱并不一定有知识，知识比金钱更宝贵，知识是花钱买不到的……你应该发挥你的优势，把钱用在学习上，把知识学到手，丰富自己的头脑，那有多好啊！”吴运铎还常用自己学习知识的往事鼓励他学文化。这个年轻人说自己基础差，一看书头就发涨，疼得要命。吴运铎说：“那是因为你还没有认识到学习知识的重要性。你要下决心学习，就不会头疼了。”还说：“不管你怎么不愿学习，不管你有多少客观原因，毕竟你是中学毕业生。在旧社会，中学毕业，那可了不得啦，称得上是秀才！你说你基础差，我比你少读四五年书，基础比你差一大截！现在你要是把学过的知识重新捡起来，制订一个学习目标，专一读书，心无旁骛，天长日久，你一定会获得更多的知识。即便你想做一辈子豆腐，随着你脑子里的知识日积月累和科学技术的发展，你一定会问：做豆腐能不能实现机械化、自动化？你也一定会问自己，我除了做豆腐，还能不能干些别的事？人是有思想的，思想又是在内因和外因条件的作用下不断发展变化的。这是人与动物的重要区别。有一位外国著名大诗人但丁从本质上把人和动物划分得很清楚。他说：人不能像走兽那样活着，应该追求知识和美德。”

起初，这一老一少之间的交谈，是吴运铎说他听。经过一段时间交往，开始了对话式的交流，青年人不时地提出一些思想问题：担心自己学不下去，白白浪费时间，耽误了玩乐和挣钱，等等。吴运铎针对他的思想，反反复复地讲，让他增强信心，向先进者学习……

后来这个青年想通了，一下子变了，把逛街、看电视武打节目的时间都挤出来读书了。他每次到医院看吴运铎，吴运铎都要问他学习了没有，读些什么书，有什么心得体会……当然，吴运铎也问他现在看书头还疼不疼了，脑袋发不发涨，是不是拿起书本就想睡觉。他不好意思地说："那都是借口，是学习的拦路虎。我现在觉得时间过得很快，拿起书没翻几页，一个多小时就过去了。"

再往后，他们两个人交谈轻松自如，无拘无束，言语间透出文化的品位，层次高多了。听说这个年轻人不仅能够刻苦自学，还能追求进步，上进心也强了。

吴运铎为使他能学出个名堂来，不断提醒他："你读书学习的程度还远远不够刻苦，所学到的知识，也是皮毛，一知半解的。许多宝贵的时间你抓得还不狠，匆匆溜掉了……"

吴运铎还专门和他讨论过生命和时间的关系，并且给他背诵著名诗人汪静之先生的名诗《时间是一把剪刀》：

时间是一把剪刀，
生命是一匹锦绮；
一节一节地剪去，
等到剪完的时候，
把一堆破布付之一炬！

时间是一根铁鞭，
生命是一树繁花；
一朵一朵地击落，
等到击完的时候，
把满地残红踏入泥沙！

诵完诗之后，吴运铎对他说："剪刀"和"铁鞭"是公正、无情的，对任何人都是一样的。"锦绮"和"繁花"虽是短暂的，转瞬即逝，但是，作为你和我，都要在有限的时间，让生命迸发更加耀眼的光芒，多给人间一片爱，多给社会一份情。

你的时间比我多呀……

给她们一定的生活空间

全国青年给吴运铎来信很多。有一天，吴运铎在一些来信中，发现一封“火急”的信件，引起他的注意。信是这样写的：

爷爷：

您好。

我今天给您写信，是向您诉说我心中的烦恼。

我叫蒋××，今年16岁，是一个刚刚进入高中的学生。人们都说，青春是人的一生的黄金时代，充满着朝气，充满着理想。但人生对我却是残酷无情的，我多么想吃上一瓶安眠药，了结自己的一生。我有两个妹妹，在我们三个人中，原先成绩最好是大妹妹，其次是我。去年，正当我满怀信心，集中精力迎接升学考试时，不幸降落在我身上，我开始大量地脱头发。因此，身上背着包袱，整天闷闷不乐，成绩由全班的前十名下降到中下。可想而知，这次考试的成绩，只够分在普通班的资格。我多么后悔啊，我的远大理想成为泡影，我对周围的一切都绝望了。父母每次骂我都是说：“你还有脸见人，看看你的同学，原先比你差的同学都考取了中专，还不如早点跳河死了好。”我何尝不想死，一个人没有理想，就等于死了一样。每次看见父母消瘦的身影，心就软了。我的父母都是普通的工人，每月收入只有100来元。父亲两年前动了手术，母亲患有头痛病，牙齿大量地出血。父母为了我们能好好念书，舍不得吃，用省下的钱给我们买参考书，希望我们能成为社会上有用的人。可我辜负了他们的希望。可以说，我是父母的吸血鬼。我现在等于在欺骗我的父母，自从开学到现在没学到什么。每天背着书包去上学，只是去做个样子，其实，什么也没听进去。数、理、化根本吸引不了我。我爱好音乐，从小就喜欢唱歌，把它当成我今后的奋斗目标。可父母总是加以阻拦，他们一点也不了解我，每天晚上坐下来，想起以前的事，总是偷偷地流泪。妹妹每次说：“你这样消磨时间，简直是慢性自杀。”仿佛，周围的一切都在和我作对。

我已经决定到北京去找您，请您收留我在您的身边，我可以得到人间的温暖。爷爷，我还有许多心里话要对您说，多么想早日见到您。可惜，由南昌到北京去的路费要30多元钱，我又没有钱。我想到医院去卖血，用卖血的钱做路费。我不要父母的钱，因为我对不起他们。爷爷，答应我这个请求吧！我知道，我如果再不离开这里，被社会上一些流氓拉一把，就会陷入无底的深渊，变成社会上的废品，我真害怕。爷爷，救救我，可怜我——这个被人生折磨得还有一口气的我。只要您能收留我，不管您把我当成您家的什么人，我都愿意。只要在您身边，我就能振作起来，我渴望长大以后成为对祖国有用的人，来报答祖国，父母的养育之恩和您对我的恩情。

（爷爷：请您写封信，告诉我您家的地址）

我的地址：江西省……

祝您晚安

蒋××

1982. 10. 10

吴运铎边读信，边思量，真难呀！他对笔者说：“过去，造枪造炮中，再难的问题我都不怕，都能想出来辙。今天，面对这个十几岁孩子写的信，搞得我坐不住了，在屋里踱步几十次，也找不出更好的解决办法。陆平问我：‘怎么了，焦躁不安？’我把情况和她说了，她也觉得为难。”讲到这里，吴运铎停了一下，难过地说：“这样一个问题我都答不上来，交了白卷，真对不起这孩子和她的父母。我说过，要做青年人的师长和知心朋友，起到沟通两代人的桥梁作用。现在看来，我不称职，胜任不了这个工作！”

从这件事出发，吴运铎深深体会到，学生家长对子女的教育方法是多么重要。思想方法不对头，很容易引起孩子的反感，捅出大娄子。对青年人的教育切忌唠叨、讽刺、挖苦、逼供、打骂、偷看其隐私，等等。要允许孩子在家里自由发表意见，要给孩子一个轻松的生活空间。学生应以学习为主没有错，但也应允许看课外书籍，如文史、地理、小说、音乐、图画，还可看电视。不要限制太死，影响孩子拓宽知识面；要允许孩子学习成绩下降，允许孩子犯错误，走弯路，但一定要尽快帮助他找到原因，帮助他们提高成绩，改正缺点和错误。听了吴运铎这一席话，笔者认为基本上是可行的。只要每个家长能够参照吴运铎的话去办，肯定不会使孩子离家出走或自寻短见。

吴运铎又说："在无可奈何的情况下，我怕这个女孩子出事，只好求助于你们报社，将信转给群众工作部或读者来信部，及有关同志阅读，务必要认真落实，快快落实，这也就了却我一桩心事，灵魂得到慰藉。"

最后，吴运铎认为这孩子的信很典型，写得也很好，他留下了信的原稿，说是日后写一篇文章，答复这个小同学。同时，他又戴上花镜，亲笔重新抄了一份让笔者带走……

吴运铎是一个办事牢靠，守信的人。尤其是对外地人、平民百姓。无论托他办什么事，他都不厌其烦，任劳任怨，即便自己有再大难处，也尽力克服，去帮助别人把事办好，办得圆满。我的朋友星照告诉我，1975 年吴运铎骨折了，在家养伤，他和几个人去探望。一进门，没想到吴运铎半个臀部坐在椅子上，正聚精会神地一笔一画给一位远在四川的女拖拉机手写回信。原来这位女拖拉机手知道吴运铎在书画界小有名气，便写信表示要学习画画，请吴运铎帮帮忙，给介绍一位画家老师辅导。

吴运铎没有让这位年轻的工人失望，利用休养时间帮助联系，满足了她的恳切要求，既帮助他人，也快乐自己。

星照还告诉我，在吴运铎的写字台上，堆着一大摞已经写完、准备邮寄的回信。写这些信没有三四个小时，是写不完的。有些事满可以放在一边，以后再说，但是，吴运铎做不到，守时守信是他为人处世的原则。因此，他名义上离休了，实际上，有办不完的事，写不完的信，做不完的报告，还不完的“文债”。一时间，真是被各种活动逼疯了。

我们从1982年11月23日《中国青年报》刊登的《自立与共产主义理想》一文的“记者附记”便可看到吴运铎多么忙：

一天下午，为了请吴运铎写这篇文章，我来到他的家里。上午他到海淀区工读学校，看望那些在人生道路上一度误入歧途的青年，现在刚刚回来。坐下之后，我向吴老谈起了关于青年应该怎样对待自立问题的讨论情况……这时，电话铃响了，是一个工厂请吴老去做报告，吴老答应了。他刚放下电话，有人敲门，进来的是街道党委的同志，她请吴老去给党员上党课。她还没有走，又有两个人推门进来，他们是一所中学的老师，来请吴老去给同学们讲讲革命传统。一会儿，又来了两个年轻的姑娘，她们说，因为生活中遇到了挫折，想找吴老谈谈。

看到这种情况，我明白，我们的谈话是无法继续下去了。我听说，吴老正在为创办一个福利工厂奔忙。前几天，他又自己出资为北京市的病残青年建起了一个图书室。这就够忙的了，而眼下又有这么多人需要他。望着吴老清瘦的面庞上那掩饰不住的疲惫神色，我决定另约时间再和他谈。

他同意了，顺手递给我一个活页本，让我把下次找他的时间写在上面。我打开一看，这是一份日程安排表，从十一月一日一直到二十八日，活动安排得满满的。机关、部队、学校、商店、街道都在邀请他去做报告、去座谈。费了好大劲儿，我才找到一天下午的空白。

归途中我想，一个因公致残，已经离休的老英雄，如果坐享清福的话，该有多么好的条件。然而他却不。为什么呢？难道不正是为了他一生中追求的那个崇高的理想吗？

是的，为了崇高的理想，吴老十分坦然地说：“人民需要我们做什么，我们就去做什么。只要是为了人民的利益，粉身碎骨、赴汤蹈火也在所不惜，而且毫无怨言。”“人，生活在世，时间是多么有限呀！挤时间为社会、为他人多做事，也就成了我一生的夙愿。”

吴运铎忙于工作，忙于参加各种活动，忙于接待来访，忙于给读者回信……忙，何时才能缓解？1984 年 4 月 7 日，他给笔者的信中说：“近来我也真有些忙不过来，上个月 15 日上午在政协礼堂参加‘全国残疾人福利基金会’成立大会，还代表全国病残人讲话，当天晚间就随河南安阳市委派来接我和孙敬修的人同去安阳出席‘安阳市关心下一代协会’的成立大会，还被推选为该协会的名誉会长。上个月 22 日回京后，忙于参加丰台区角门中学的名誉校长大会。每日来家索要字画的，一天也没断过，而且还欠下了大批的字画债。我自己作为晚年度日的写写画画，实为雕虫小技，不登大雅之堂，虽然我一再婉言推谢，大家仍是坐在家里不走。还有还不清的稿债，我真吃不消，但又无法解决，今天下午还得去气象学院作报告。由于忙，也没和你联系，暇时还盼你来家聊聊……”

第二十二章　战友、同事、家乡

对战友、同事和家乡的爱，是一个人爱的一部分。爱，反映了一个人的政治信仰、思想品质、工作作风、道德情操。归根结底，它蕴含着一个人的人生观、世界观和价值观。

朱遵三冤案得到平反

吴运铎是个非常务实，不尚空谈的人。对待当年并肩战斗的老战友感念不忘，一往情深。有一位熟悉吴运铎的晚辈王星照同志，现已逾耳顺之年。不久前，他交给笔者一篇自己写的文章。他是这样写的：

"1984 年春，我调到河北省国防科工办 376 厂，听一位厂离休干部朱遵三说起他和吴运铎同志是老战友，他曾是新四军修械所所长，新中国成立后他离开部队，调往华北兵工局任职。因为离开了熟悉他的同志们，以致受到不公正的对待，在反贪污运动中，被打成'老虎'，受到行政降两级处分。我知道他的情况后，对他的身份表示了怀疑，致信运铎叔叔……"

吴运铎收到王星照的信之后，很高兴，即回信说："来信谈及朱遵三厂长，他原是新四军皖南军部修械所的所长，我们之间很久不联系了，主要是不知他在何处。今得知他的通信处，欣甚，我将给他去信问好。"很快，吴运铎怀着无限的喜悦，给朱遵三同志写了一封情真意切的信。

过了一段时间，朱遵三同志告诉了王星照，说他“上北京找到吴运铎同志反映了自己的冤案，吴运铎帮助他马上去找中组部反映。没过半年，经过甄别，取消他背了多年的处分，恢复了级别”。

“后来，我和运铎叔叔谈起这件事，表示给他添了麻烦，他却不以为然。反而谢谢我帮他找到了老战友。他说，有些人就是靠整人吃饭，我们看到不公平的事，能帮就帮，无非是多跑几趟腿。”这次如果不是碰到吴运铎一生坚守“看到不公平的事，我们能帮就要帮”的朴实信条，如果不是碰到吴运铎这样一位老英雄，一位讲党性，讲原则，一心为民办事的共产党人，朱遵三的冤案焉能很快平反？

不忘宋景湖的父母

吴运铎对老军工、老战友情意甚殷。宋景湖的父亲是吴运铎投身革命之初，在皖南新四军军部修械所的司务长，而吴运铎是修械所的钳工。宋景湖的母亲，是1940年新四军苏北盐城军部下设三厂（子弹厂）的工人，吴运铎是三厂政治指导员兼工务主任。宋景湖是吴运铎的勤务员。

宋景湖和他的父母都是吴运铎的战友。如今宋景湖已离休多年，其父母年事已高。

新中国成立后，吴运铎走上我国兵工领导岗位，但他没有忘记艰苦战争年代的老军工。我们从以下几封信中就可以看出他对战友浓浓的真情，一直装在他心里。

1971年3月13日，吴运铎给宋景湖的信中说：

昨日从蔚县回京，见到了你的来信。几年来，你给我来过很多信，衷心地感谢你对我的关心。

每次接到你的信，总使我回想起那1941年艰苦年代。那是我们在苏北建立兵工厂的斗争年代。关于你的父母，我总是念念不忘的。

几年来，我是很少写信的。关于我，你们也许听到一些情况。这几年即使我父母兄弟也是不通信的。我只怕因为我而给别人不必要的烦恼。很久不给你回信，希望你原谅。

我已回北京，何时分配工作，尚不得知。很是想念你的父亲和母亲。衷心祝愿你们身体健康。

若你给你父母通信，请把这信转寄你父母看一看。问你们一家人好。何时来京，希望来家一叙。

你婶陆平尚在河南罗山“五七”干校，孩子们早已去各省工作。家中仅我一人。盼来信。

这封信字数不多，却表达了他与老战友亲密无间的真挚感情。同时，也传达了他在“文革”中的不幸遭遇。直到写此信时，他这个老弱病残，孑然一身，在家治病，生活多难呀！

1978年，吴运铎得到了彻底平反。他给宋景湖的信中说：

5月间，我曾出差去洛阳，在洛阳忙了几天，上火车去西安时，我突然想起你们的老家，在火车里我问秘书，洛阳到巩县有多远，他说乘小汽车一个多小时就到了。真后悔在洛阳时，没抽空去巩县探望你妈和景福他们。下次去洛阳时，我一定去。

两个月后，吴运铎给景湖的信中，特别关照、问候他母亲。他写道：“你妈今年七十几岁了？是否还能干点家务劳动？她身旁还有谁照顾她，真愿她健康长寿，你去信时，代我向她老问个好。”

在另一封给景湖的信中说：“知道你母亲病已好转，也叫我们放心了。盼你去信说我们向她问好，并请她多注意身体。听说你父亲要来北京，我们很高兴，盼他来京玩玩。”还说：

“‘五一’节将至，很希望你来北京家里玩玩，且不要带任何东西，以免浪费。我们都是老同志，千万别客气。”“请转告你妈，我向她问好。她还有什么困难没有，有没有钱用，请来信告诉我。”

读信至此，让我不由自主地联想唐朝诗人王昌龄七言绝句中的“洛阳亲友如相问，一片冰心在玉壶”。吴运铎像冰一样澄明的心，像玉做的晶莹壶一样，心地如此纯洁，表里如一。他对老战友嘘寒问暖，可谓无微不至。

不仅如此，吴运铎与宋景湖及其弟弟经常交流思想，并指明方向，引导他们不要忘记过去，以身作则，努力工作。

1979 年 9 月 2 日，吴运铎给景湖的信是这样写的：“你近来工作、学习都好吗？你是从小在革命队伍里长大的，时刻都要记住过去的艰苦斗争。在工作中要做群众的表率，要艰苦奋斗，以身作则，更要听党的话，加强学习，不断提高思想，奋勇前进。”1984 年 3 月 12 日去信又写道：“来信谈及老同志的处境问题，这类问题还要想开一些。为了党的事业，我们仍要谦虚谨慎，不仅要理直气壮，而且要心情舒畅，迎接我们幸福的晚年。”

“你的父亲是个好同志”

1969 年冬，林彪一号令下达之后，吴运铎和一起工作的老同志王铨从“牛棚”里出来，被下放到河北蔚县炮兵“五七”干校。

是年底，已去延安插队的王铨之子王星照准备去干校探望父母。临行前，王铨打电话叫儿子王星照去吴运铎家一趟，说吴运铎正请假在京看病，许多人托他往干校带食品，他一个残疾人，带东西不方便，让儿子顺便帮助带来。

王星照听了父亲的话后，便去吴运铎家里拜见了自己敬慕已久的老人家。王星照写文说：“运铎叔叔见到我，第一句话就是，你的父亲是个好同志，没有什么问题，不要听信别人胡说八道。不要到社会上乱跑，我们就是对你们这些孩子不放心。”

吴运铎给王铨同志做的结论性评语，并非是随口一说、空口无凭。他是基于对同事经年累月的了解，从心底迸发出的吼声，因为他知道新中国成立之后，国防工业部门会集了一批国内及从国外留学归来的技术专家。二机部系统有高级工程技术专家数十人。个中就有王铨这位国内著名的炮兵技术专家。

吴运铎清楚知道，王铨祖籍河北定州，出生在一个普通农民家庭，年少父母双亡，靠祖父和哥哥帮助读完小学、中学，1925 年考入汉阳兵工专门学校。1929 年由汉阳兵工专门学校大学部火工品火炸药专业毕业。1935 年，政府派十余人组成验收团去德国工作。当年 5 月，验收完毕。但因有后续工作未完，期间他进入柏林大学工科学习。1938 年 12 月回国，即参加抗日战争。

解放战争爆发，王铨拒绝去台湾，秘密和共产党建立联系。在中共地下党领导下，组织护厂队保卫工厂。新中国成立后，继续担任（原金陵兵工厂）厂长。在我国三年经济恢复时期，他领导全厂职工仅用半年就迅速恢复了军品生产，为抗美援朝战争及剿灭国民党残匪源源不断地输送军品，使工厂成为年轻的共和国军事工业的中坚力量。

1954 年，王铨同志已经奉命进京参加兵器工业部门的组建工作，担任二机部二局工程师（国家技术二级）。20 世纪 60 年代初，在我国试制短程战术火箭过程中，苏联撤走专家，带走图纸，王铨作为火箭组组长，研发成功了我国60~80公里战术火箭，连续三年被评为先进工作者，国家给予了他崇高荣誉，参加国庆、“五一”观礼，受到党和国家领导人多次接见。特邀列席第三届全国政协会议，当选第三届全国人大代表。

1963年以后，吴运铎和王铨的办公室相邻，常在一起切磋技术上的问题，关系日益增进。“文革”浩劫开始，1967年上半年，中央“文革”领导小组副组长江青在天津一次讲话中，影射新中国成立初期以兵工学校教授和校友为基础成立军事科学研究室的陈毅元帅，骄横恣肆地胡说：“兵工学校没好人。”毕业于兵工学校的王铨就这样被扣上莫须有的罪名，惨遭林彪、“四人帮”的残酷迫害。

王铨同志有着高尚情操，无所畏惧，堪称知识分子中的硬骨头，与吴运铎性格相似，两人心心相印。所以，1969年底吴运铎见到其子王星照时，为免去儿子对老子的担心，慨然说出那句推心置腹的话：“你的父亲是个好同志！”

1975年5月，王铨同志含冤去世。由于当时环境恶劣，未能彻底洗刷掉强加给王铨的罪名。追随江青反党集团的某些人，一再压低王铨丧葬规格。家属不断抗争，致使追悼会一再延后。最终家属同意了，按师级以上干部规格，不再明确正军副军了。后经时任总后副部长孙洪珍过问，颁发了军级干部抚恤证明。

当王铨之子王星照去吴运铎家报丧的时候，他是这样描述的：运铎叔叔安慰我说，“用不着和他们生气，别以为总是他们的天下。你的父亲是了不起的知识分子，他为社会主义作出许多贡献，人民自有公论。”6月11日，王铨同志追悼会在八宝山礼堂举行，王星照写道：“那天，早早地，我忽然看见吴叔叔站在广场对面，便急忙跑过去请他到休息室。他忧伤地说：‘我昨天去西单买了双鞋，今天来送送你父亲。’我看见他穿了双白布懒汉鞋。随后，他大声说：‘不要管我，我不会和他们坐在一起！’”

由此可见，吴运铎敢爱敢恨，立场鲜明。他憎恨“四人帮”及其一伙死不悔改的喽啰；他深爱着与自己相知20余年的老同事，为党为国防事业作出杰出贡献的王铨同志。

“道不同，不相为谋。”在“四人帮”嚣张之时，吴运铎与那小撮丑类势不两立。今日之中国，扫除阴霾，他们的天下已经一去不复返了。朗朗天地，人民当家做主。

王铨同志去世七年后，1982年王铨冤案终于得以平反。1992年，当代中国出版社出版的《当代中国的国防科技事业》一书，内有王铨同志的介绍；中央文献出版社于2011年出版的《保定人物志》一书，王铨同志名列其中。1999年，“两弹一星”的授勋典礼上，中国“导弹之父”钱学森致答谢词时恳挚地说：“没有清华、浙大、兵工学校，中国就没有原子弹和氢弹；没有交大、同济、兵工学校，中国就没有导弹和人造卫星。”兵工学校荣获此等赞誉，作为它第一期毕业学员的王铨同志可以含笑九泉了。

以江青为首的“四人帮”，声嘶力竭叫喊“兵工学校没好人，”其险恶用心是反对我国搞原子弹、氢弹、导弹、人造卫星，妄图削弱我国国防建设、颠覆无产阶级专政，达到篡党夺权的罪恶目的。

缅怀军工战士

吴运铎曾说过：抗战时期，由于弹药不足，我们的战斗部队伤亡惨重。上级命令我们火速建立兵工厂，但是，造弹药所需的材料严重缺乏。怎么办？为了打败敌人，保存和壮大我抗日力量，他的许多战友宁肯冒着生命危险去收集破钢碎铁。有位姓王的军工，装成小炉匠，到敌人占领的县城里，修锅补碗，暗地收集破钢碎铁，出去几天，弄个十斤八斤。有一次，他被敌人发觉，捉去拷打。他什么也没承认。敌人就把他折磨得死去活来，才放了他。他带着重伤，回到兵工厂，大口大口吐血而死，可是他手里还紧紧攥着一块铜块。

为了搞到火药，我们的军工们把胶卷紧缠在身上、腿上，混过敌人的盘查，跑几百里路。等到回来，身上出的汗，把影片的显液粘在身上，像贴了一身膏药，重的得了皮肤病，轻的身上捆的印子几天不能消。我们材料科有位姓张的同志，在过封锁线时，被敌人查出来了。残暴的敌人，就用火点着胶片，将他活活烧死，他全身着火，始终没说一句话。我们的兵工事业，不是靠钢铁，而是靠这些如钢似铁的军工英雄们的鲜血和生命发展起来的。他们默默地离开了我们，没有留言，没有骨灰，没有碑文……我一想起来，心里就受不了。有时一闭上眼，那些朝气蓬勃、乐观、阳光、年轻的军工的音容笑貌就浮现在我的眼前。

吴运铎还说：有些制造弹药的材料不易搞到，战友们就横下一条心，甘愿用自己的生命作代价。比如，翻砂用的红砂土，需要量特多，根据地没有。敌人兵力把守得很严，我们只好派战斗部队强攻敌人的据点，夺些红砂土过来。这些仗都打得相当残酷，完全可以说，是为红砂土而战，这些红砂土浸透了多少战士的鲜血！

吴运铎想起他的两位入党介绍人：罗克绳同志和秦永祥同

志。罗克绳同志曾对吴运铎说："党需要你这样的战士，你可以正式提出入党申请。"秦永祥在此之前，也对吴运铎说："共产党人并不是超人，他也是靠批评和自我批评来加强自己的党性。一个人如果是把革命利益放在第一位，他就会有最大的勇敢，最大的智慧，最坚强的毅力，他也就敢于进行自我斗争。"入党后，吴运铎的一生就是把这些至亲至重的话语融入自己的工作和战斗中。

"皖南事变"前的1940年11月，罗克绳同志被日伪逮捕，他英勇顽强地斗争，最后被活埋了，为革命献出了年轻的生命。为了纪念这位革命引路人，吴运铎给在大连市出生的第一个宝贝女儿，起名为吴克，取罗克绳名字中的"克"字，作为吴运铎对他永久的怀念。

在1944年秋天，抗日战争胜利的前夜，时任厂长的秦永祥同志，在为改进炮弹信管自动化，解剖缴获的日本炮弹引信过程中，发生了剧烈的爆炸，壮烈殉国。

面对战友，吴运铎扼腕叹息，常常叨念："我只是一个普通的革命战士，是千千万万个为革命胜利流血牺牲的军工战士中的一员。我所做的一切，完全是党培养和同志们不断帮助的结果，真正的功臣是那些英勇捐躯的人。想想那些死去的战友，我们不过是革命的幸存者，享受着那些先烈的光荣。"

浓重的思乡情结

湖北省黄石市委党校资料征集办公室张驷征同志写了一篇题为《竹子的风格和骆驼的精神》的文章。内容是叙述吴运铎在黄石的一段经历。笔者以为，用竹子来比喻吴运铎的风格和用骆驼比喻吴运铎的吃苦耐劳、坚韧不拔的意志是恰如其分的。

张驷征同志在这篇采访记中所记述的往事与吴运铎曾给笔者描述过对黄石市的印象是一模一样的。每次吴运铎与笔者谈起当年在黄石的事，总是感慨万千，精神亢奋地说：“哦，黄石可是个好地方哟！它是湖北省内长江南岸的重要码头，钢铁、煤炭、水泥等工业非常发达，是湖北一个重要的城市。我已有30多年没有回去过啦！我忘不了这个第二故乡！”“前些天，黄石市政协请我写写在那工作八年的煤矿史，那是血泪劳动的八年，我一生不会忘却！”“我们一家人逃亡到黄石，我在黄石度过了八年的矿工生活，黄石的父老乡亲养育了我，把我培养成为一个机电工人，指引我踏上了革命征途。”

笔者问他：“你过去在那里当工人劳动状况怎样？”他告诉笔者：“黄石是汉冶萍公司的一部分。在旧社会，工人受到帝国主义、封建主义和官僚资本主义的残酷压迫，实在活不下去。日本鬼子也很凶。他们的轮船上挂着太阳旗就停泊在江中心，把我们生产的矿产品装上船，掠夺走了。那时的黄石人可惨了！但是，我们黄石、大冶的人民是有着光荣的革命斗争传统的，从1921年起，一直扛着红旗不倒。据说在第二次国内革命战争时期，参军、参干的就有上万人。我们新四军的兵工厂里，有很多人是从大冶来的。像教我修枪的师傅罗克绳同志就是大冶人。罗克绳同志，是红军经过大冶时，他父母抱着他，把门一锁，全家人都参军了。他的父母都是共产党员，在五次反‘围剿’的战役中牺牲了。后来，这一家人全都为革命牺牲在杀敌的战场上……”吴运铎一谈到他的入党介绍人罗克绳同志就悲痛得说不出话，“噢，他是一个多么好的同志！多好的人哪！”声音有点沙哑……

吴运铎告诉笔者，1981年5月，《长江日报》一位女记者风尘仆仆地来京找他约稿。他听到她满口的汉口话，使久不闻乡音之人，乡思不绝。

她约我写《作家与武汉》，我真有点犯愁。一是我这个湖北的煤矿工人，新四军的造枪修炮工人，也认为是作家，用家乡的话说“不敢当”；另是我在安源煤矿生长，13 岁那年，一家人被饥饿赶回湖北老家。那年头，老家只有穷和愁，一家人又逃亡到黄石市。我在黄石市度过了八年矿工生活，我对武汉市虽有所接触和了解，但要我为《作家与武汉》写稿，难免有文不对题之嫌。

我已是 60 多岁的人了。我的一生大多是工作、战斗在他乡外省。但是那环抱长江雄伟壮丽的老家——武汉，早在我的童年时代就深深地镌刻在我的内心里。它抚育我度过了苦难的青少年时代，培养我成为一个机电工人，是它指引我踏上了革命征途。

那年头的武汉，是备受帝国主义、军阀以及国民党的官僚政客、买办巨商践踏的武汉。大江上下停泊着外国掠夺者的巨轮，轮船上的起重机日夜喧嚣，摆动长长的吊杆，劫走我资源。外国军舰肆无忌惮地在我国的江面横冲直撞，逞凶显威。盘踞租界里的中外权贵，他们灯红酒绿，纸醉金迷，残酷吸取着劳动人民的血汗；另一面却是饥寒的乞丐、逃荒的灾民在街头巷尾痛苦地呻吟，强颜作笑的妓女在暗淡凄凉的夜灯下，徘徊街头。钢铁厂、纱厂和矿山，更有千万挣扎在饥寒和死亡线上过着非人生活的工人。我这老家——武汉，是地地道道的“朱门酒肉臭，路有冻死骨”的罪恶渊薮。正是由于无尽的痛苦和罪恶，武汉，又是具有光荣革命历史的名城。在这里曾掀起震惊世界的“二七”京汉铁路工人大罢工。我在参加革命后，每当唱起高昂的新四军军歌“光荣北伐，武昌城下……”时，我总是热血沸腾，为我光荣的老家而骄傲，并受到鼓舞。

13 岁那年，我进了黄石市的富源煤矿当学徒。钻煤窑、爬煤井，我开始了新的苦难生活。资本家是从不顾工人死活的。矿工们说：“进了窑就是鬼，出了窑才是人。”由于没有通风巷道设施而造成窑内瓦斯爆炸，大水突然淹灌煤井，成批的矿工惨死窑里，资本家只给领尸人发十几串的卖命钱，就算了事。那时，我们工人的一条命，不如有钱人家的一条狗。

我像牛马般地干着最脏、最沉重和最危险的活，却只能得到每天一角钱的工资，还得忍饥挨骂受欺侮。一次，我煤气中毒倒在煤气过滤罐里。还有一次，我被高压电击倒在配电盘后，坠落在直井中。

我进煤矿的第二年，江水猛涨，冲溃了武汉的大堤。千里赤县，尽成泽国。武汉的大街可行船，我家床下可捕鱼。凶猛的江水，卷着人畜尸体，巨浪推着房架和茅草屋盖咆哮东去。哀鸿遍野，望江啼泣，滚滚长江，何日才能流尽人民的苦痛和民族的屈辱啊？

卢沟桥事变后，全国人民同仇敌忾掀起了抗日怒潮。不甘当亡国奴的人们，更多的是沦陷区的年轻人，纷纷地组织了抗战救亡团体，还有背井离乡的儿童们组织的“孩子剧团”，都集中到武汉。周恩来、叶剑英、董必武诸位同志来到武汉，成立八路军办事处，出版了《新华日报》。激昂的抗战歌声震撼了武汉上空，人民愤怒地喊出了：“保卫大武汉！”武汉沸腾了，它成了全国抗日救亡的中心。

许多救亡剧团相继从武汉来到黄石市工业区演出，冼星海同志也从武汉赶来教我们唱抗战歌曲。武汉新华社也派来共产党员到黄石市开展抗日救亡工作。在这心潮澎湃的日子里，经铁厂党员的介绍，我认识了新华社的同志，在他们的指导下，我在煤矿和矿工们成立了《新华日报》发行站，组织“工人时事座谈会”，建了矿区墙报，宣传党的抗战方针政策，读报、座谈、教唱抗战歌曲，提高矿工们抗日救亡的觉悟。每天放工后，我忙着工作到夜深。

1938年煤矿遭破坏，工人被遣散。在这民族危亡之际，我决心到前线去，拿起枪杆消灭敌人。我在汉口搭上一只难民小船，踏上了去皖南参加新四军的征途。我伫立木船上，久久眺望江汉关钟楼，心里荡起了依依难舍之情。我默默地念着：“别了，我亲爱的故乡。”

浴血奋战的日子刚刚过去，解放了的祖国开始了社会主义建设。1950年的夏季，我怀着喜悦回到了武汉，被分配到中南重工业部工作。

重踏故乡土，一草一木更钟情。我伫立江岸高处，极目远眺，大江东流去，淘尽千古恨，旧貌新颜，终是换了人间。武汉已是人民的武汉，人民正洋溢着建设者的热情，在党的领导下为建设新的武汉而奋斗。

谁能料到无端风云起，林彪、“四人帮”一伙为了篡党夺权，搞全面内战，使我国人民遭受了一场浩劫，多少人家破人亡，多少人蒙受不白之冤。我亲爱的故乡——武汉，也未幸免于这一巨大灾难。我自己也像许多同志一样，被加上许多莫须有的罪名，折腾得没完没了。

不论暗夜有多长，天总是要亮的。那腥风血雨的日子终于过去，我们多灾多难的祖国又是风和日丽、春意盎然了，我们的党领导人民全力以赴，医治灾难后的斑斑创伤。党的十一届三中全会提出了把一切工作重点转移到四个现代化上来，采取了一系列的措施，正本清源，认清了“左”的思想危害，平反大量的冤假错案，健全法制，制定了各种法律，实现了安定团结。在国民经济方面，采取的调整、改革、整顿、提高的方针已见成效，生产增长，经济搞活了，人民生活日益改善。这一切，激励着全国人民向四化进军的高昂斗志，是我们国家和民族的希望。但是，我们这个人口多、家底薄、遭受多年折腾的国家，要实现社会主义现代化，不是轻而易举的。全国人民要紧密地团结在党中央的周围，继续发扬艰苦奋斗的优良传统，为我国的繁荣富强而奋斗。

我这个造枪修炮的人，哪能谈什么文学写作？只是在1953年，利用假期写了一本《把一切献给党》。这本书说不上是什么文艺作品，主要是将我参加革命前后，在党的教导下，把自己的成长过程向读者作个汇报。从这以后，也断断续续为报纸杂志写过一些短文，去年改写完《和青少年谈道德修养》一书。在这多病之晚年，我仍将继续学习，继续为实现我国社会主义现代化而写作。

愿借这个园地，问武汉的老乡们和同志们好！让我们在党的领导下，为了我国的繁荣富强，把一切献给党。

第二十三章　晚年生活

潜心磨铁砚

在吴运铎的卧室里，从 1984 年起多了一个条幅，上面写着："老骥甘伏枥，躯残英气飒。潜心磨铁砚，笔塚生新花。"这是那几年他思想、精神、生活的真实写照。他拖着病残的身子，不甘落后于人，英姿勃发，忘我地奔波于社会，穿梭在青年和残疾人中。稍有闲暇，就钻研书法、绘画，书写文章。

朱熹说："读书有三到，谓心到、眼到、口到。心不在此，则眼看不仔细，心眼既不专一，却只漫浪诵读，决不能记，记亦不能久也。三到之中，心到最急。心既到矣，眼口岂不到乎？"

我国北宋文坛巨擘欧阳修有言，为文"三多"，即"看多、做多、商量多。"当代著名历史学家吴晗先生说过："学习要三多：多读、多抄、多学。"吴运铎在笔记本里记下了这些格言警句，他当真没有忘了这些哲理深邃的隽语箴言。平常，吴运铎在读书看报时，很喜欢摘抄。他抄了好几个小本子，建立了自己的"资料库"。

吴运铎的札记本里，不仅记下了一些诗词、格言、警句，还摘抄一些他弄不明白，似懂非懂的字、词、成语及个人读书看报写的杂感。有时移录没有时间，他索性剪贴报刊上的短文、国画……在读诗词、短篇小说时，往往还要留下自己精心写作的评语和体会。

他的小本子记下的警句、格言有：

“事业是生命的盐，如果一生在事业上无所作为，人生将淡而无味。人生的乐趣在于创造……”

“对搞科研的人来说，勤奋就是成功之母！”

“美是生活。”

“只有知识才是力量……只有知识才能使我们成为坚强的、诚实的、有理想的人。”

“重复是学习之母！”

“人的活动如果没有理想的鼓舞，就会变得空虚而渺小。”

吴运铎对有些精辟句子，还作了短评。

“挫折就像一块石头，对于弱者来说是绊脚石，让你却步不前；而对于强者来说却是垫脚石，使你站得更高。”

他对巴尔扎克这一妙语，抒发了自己的感受：“革命不是一帆风顺的，逆境、曲折、坎坷，是对于每一个革命者严峻的考验。”

吴运铎还把平日读报时看到的一些隽永、犀利的短文剪贴下来。如《撬客神通考》《闲话“松鹤图”》《刘禅也有一点可爱处》《何必“称孤道寡哉！”》《有感于王伦式的“小人”》《美在生活中》，等等。

在他的另一个本子里，像小学生一样工工整整地抄了不少字、词、成语和句子。有的还作了较为通俗的解释。比如：矗（音畜）：直立、高耸；徙（音喜）：迁徙；泐（音乐）：石头劈开；劼（音结）：努力、谨慎；仂（音勒）：余数；饾饤：供陈设的食品；犬儒：指玩世不恭。

对有些常见诸报端的词汇和成语也作了摘记，比如：桀骜不驯，颐指气使，独辟蹊径，矢志不渝，献媚取悦，“满者遭损，谦者受益”“苍松挺新枝，岁老根弥壮”“傲骨凌寒独自开”。

有的同志大概不相信像吴运铎这样一个多年从事军工的专家，阅读报刊竟然从字词学起，记下这么多浅显的字、词、句子。这是不是刻意编造笑话，近似天方夜谭？不是的，这是笔者从他的札记本上一字一句摘抄下来的。学习如逆水行舟，不进则退嘛！有些字、词，长时间不用，易于忘却。年龄大了，记忆力差了，做些记录，可帮助自己巩固学过的知识，同时又能积累新的知识。字、词，是读书、写文章随时要用的，就像建筑高楼大厦所需要的砖、瓦、钢筋、水泥一样，没有这些最基本的材料，是盖不起大楼的。同样道理，掌握不好字、词、句子的性质、用法、规律，是写不出好文章的。

吴运铎一向酷爱文艺作品，常看一些小说、散文、诗词，以及与提高文学素养和写作有关的书籍。在读诗词时，他常把一些含义深刻、优美的诗、词记录下来，保存在笔记本里，经常反复诵读、欣赏，并有所思、有所想。比如，陶渊明的“盛年不重来，一日难再晨。及时当勉励，岁月不待人”。读后，记录了他内心的真实想法：“我是多么渴望自己还能返老还童，能像今天的青年一样，自由地茁壮成长。”我国著名教育家陶行知先生在新中国成立前写的《傻瓜》一首诗：“傻瓜种瓜，种瓜傻瓜，惟有傻瓜，救得中华。”引起了他极大的兴趣，称赞道：“写得好，好。在那种社会环境中，写这首诗要冒多大风险！”

吴运铎在《父母必读》杂志上读到一篇题为《为了孩子》

的小说后，评论道："人物可爱，结构严谨，语言生动，矿山气息很浓。"又写道："浓淡相宜的笔触，浓郁的生活气息，向读者展现出一幅生动的图画。这篇小说短小精悍，耐人寻味。在1000多字的篇幅中，作者着意刻画出了一个热爱祖国的形象……"吴运铎常常向人求教怎样写好散文，并探索写散文的奥秘。他在记事本上写出自己的感悟："散文是什么？凡是以描写真实事物为基础、抒发感情的作品，只要它不属于诗歌、小说、戏剧、童话等范围就是散文……"

笔记本，是吴运铎学习的记录，热爱生活的象征，珍惜生命价值的见证。

"开卷有益"是吴运铎的座右铭。在他家干活的老保姆颇有兴致地对笔者说过："吴老看书挺有意思的，经常是拿一本书看完了才罢休，有时一直看到天亮。"书是他的良师益友，帮他度过了漫长的学习岁月和痛苦的病床生活。

1984年6月，笔者和几个同志到他家闲谈，看到卧室兼书房的墙上贴着诗配画。

第一首诗是："色共水月皎，质比琼瑶坚。仗我笔锋利，割取峨眉巅。"另一首诗是："小斋雨过漫焚香，几净窗明竹树凉。午枕觉来无余事，自磨新墨写潇湘。"于是，笔者便开玩笑地问："吴老，你这两幅引人注目的墨笔画及题诗是不是表露你有时遇到麻烦和不顺心的事，思想上产生过不思进取的念头，幻想一种与世无争的安逸生活？"吴运铎直率地说："从我参加革命第一天起，就没有退缩过，没有后悔过，更没有想自己过安生日子。我一生遵循和追求的是什么？正如我的一幅墨竹上题的诗所言：'节高骨坚，宁折不弯。为梁为薪，献身于民。'我觉得人生就那么短短几十年，况且这几十年又不能不休息，处理个人事宜，真正用在工作上的时间就很少了。上天给每个人的时间是一样的，在这有限的时间，就得争分夺秒、全神贯注地工作，跟时间赛跑……”吴运铎这一点拨，忽然使笔者茅塞顿开，想起唐伯虎在《七十词》中描述的：“人年七十古稀，我年七十为奇。前十年幼小，后十年衰老；中间只有五十年，一半又是在夜里过了。算来只有二十五年在世，受尽多少奔波烦恼。”初读，有点让人伤感、消沉、悲叹。甚至认为唐伯虎是怂恿人去及时行乐，了此一生。若是换一个思维方式，你会觉得唐伯虎的话对大多数人而言是客观的描述，无可争辩，是真话。

细算一下，一个人按60岁退休计算，从出生到6岁上学，经过小学、初中、高中、大学，直到大学毕业，总共占去22年。60岁减去22岁，余下工作时间38年。在38年中，一天24小时，即便你工作12小时，也只不过19年。在有限的19年里，因为身体原因、爱情、家庭及子女等，不可能不占用时间。如此，可以想象，一个人能在一生中工作多少时间呢？这不能不让人感到时间的紧迫。看来，吴运铎比我们感触深，想得明白。因此，他才能说那番话语：“凡是生活在社会上的人，谁也跳不出这个人生的自然法则。人，生活在世，时间是多么有限呀！我要挤时间为社会、为他人多做事，也就成了我一生的夙愿。即使在困难、苦难，太难煎熬的时候，我的思想仍是向上的，不曾失望，也没有过灰溜溜的情绪。”至于吴运铎写的那两首小诗，意思也很明确。特别是第二首，乍一看，给人的印象是吴运铎离休后，生活过得悠闲自在，“无余事”可做，每日吟诗作画，倒还舒适安逸。其实，这是误解。前一首诗，抒发他一生面向“刀丛”，面对鬼蜮无所畏惧，以中国人民的硬骨头精神与资本家斗，与日本鬼子斗，与国民党反动派斗，与“四人帮”和一切恶势力进行不屈不挠的斗争。他笑到了最后，胜利属于他。后一首诗，表达了他为党、为人民的事业忙碌了一生，修复了难以数计的步枪、刺刀、大炮，制造了多少令敌人闻风丧胆、心惊肉跳的杀伤武器：子弹、迫击炮弹、地雷、枪榴弹、平射炮……此时此刻，他真感到光阴如白驹过隙，时间之快，自己一天天变得苍老了，身体疲倦了，憧憬有朝一日，以他的智慧，大书特书养育他的祖国最新、最美的篇章。让社会主义大家庭沉浸在和谐、宁静、恬适、温馨的氛围中，人民都能过上丰衣足食、安居乐业的幸福生活。

“旧的不灭，新的不长”

光阴荏苒，岁月如梭。当20世纪带着辉煌与成就融入时间的长河，新世纪带着希望和梦想即将向我们走来时，有的青年朋友目光犀利，率直地请教吴运铎：“吴老，你的本行是搞兵工的。据外电报道，你是中国著名的‘火炮专家’，为什么要拿起笔来写书、做文章？是不是你当初选择的志愿有失偏颇？写文章和你修枪造炮有什么关系？”吴运铎回答：“从表面来看，搞武器研制与写书、做文章是风马牛不相及的，没有什么关系。但是，具体问题要具体分析，从我的成长道路来看，关系又是很大的。”

吴运铎是在新四军里成长起来的。在党的教育下，他的觉悟不断提高，对“党”和“人民”这两个名词认识得更具体、更深刻。党，是人民的领路人；人民，是党存在的土壤。它们是鱼和水的关系。没有水，鱼怎么生活？党离不开人民，人民也离不开党。所以，他对党更加热爱，对敌人更加仇恨。他研制武器是为了什么？就是为了消灭国民党反动派和日本鬼子。这种阶级仇、民族恨，从童年时代就在他心里生根发芽了。他能在工作中，不怕艰难困苦，不怕流血牺牲，没日没夜地钻研技术，做出了成绩，是与他的阶级觉悟、思想认识、人生观、世界观密不可分的。如果他在这方面出了岔子，有了问题，就不会有那么多成绩，也就不可能有《把一切献给党》。《把一切献给党》凝结着老军工的鲜血和生命，是老一代军工群体的化身。吴运铎之所以写了那么多针砭时弊、有广度、有深度、有力度、有教育意义的文章，与他始终生活在军工之中，密切联系群众有着极大关系。

他写的书和大量文章，同时也剖析了自己的灵魂，使他从中得到思想升华，受到教育，印证了自己思想认识的是与非，进一步提高了他的政治敏感力和洞察问题的深度。所以吴运铎既要搞兵工，也要写书、做文章，这就是他在改造客观世界的同时，自觉改造主观世界的真谛。

吴运铎选择兵工之路没有错。在搞兵工之余，读读书，练练书画，纯粹是增长知识，博采众长，提高文学素养之所需和个人兴趣爱好所致，也是对人生多侧面的体验与感悟。

这几十年，他通过写文章大大加速了世界观的改造，并奋发学习更多高科技知识，紧跟改革开放的脚步。

时代在前进，吴运铎在每一个历史转折的十字路口上，总要把视角投向青少年，关注他们的困惑和思想的误区，以撰文与其对话等独具匠心的形式，在政治思想工作园地里，摆脱以往的“窠臼”，帮助年轻人寻找确立人生的前进路标。

这个工作在 1953 年《把一切献给党》面世前，他就开始大胆地尝试了。

《把一切献给党》的问世，给他的写作带来了春的信息，增添了无穷的力量。于是，在有的人看来，他有点忘乎所以，经常拿起笔杆子写一些联系思想、工作实际的文章。他之所以要自讨苦吃，闯入自己陌生而又不擅长的文化圈，干文化人的事，是想通过写文章剖析自己，找出自身存在的缺点和问题，在前进的道路上，不断改正，不断进步。具体地说，一是想把自己对党的路线、方针和政策的理解，对社会、人生的认识告诉给读者，与他们沟通，取得他们的帮助，提高自己的思想水平和工作能力，把本职工作做好；二是想借助报刊这个宣传窗口，帮助青年答疑解惑，多给他们一些正能量，全心全意为人民服好务。基于此，从20世纪50年代至90年代，吴运铎为数十家报刊、电台撰写了近百篇文章。他的文章不是空洞的说教，没有不着边际的胡吹调侃，唱高调，都是结合他个人成长过程中思想、工作、学习、生活的切身体验和针对青年朋友想不通的问题而写的。其文章内容都是探讨当代青年应该有什么样的人生观、世界观、价值观，有什么样的理想和信念，怎样对待生与死，应具有怎样的道德品质，追求什么样的快乐、幸福，以怎样的态度对待学习与劳动，怎样克服个人主义，如何处理同志之间的关系……

比方说，1952年7月2日《工人日报》刊载了吴运铎的《党给了我无穷的力量》一文。文中主要写他在成长历程中产生革命力量的源泉是什么？那就是："我亲眼看见了共产党领导的安源煤矿工人大罢工。从煤矿工人轰轰烈烈的革命斗争中，从烈士慷慨就义的英雄气概中，从安源工人俱乐部领导同志所讲的革命道理中，懂得了一条真理：穷苦人活在世上，并不是没有前途的，只要在共产主义和共产党的光辉照耀之下，工人阶级一定会创造一个全新的社会。”从此，他就有了希望，有了信心，知道将来应该向什么方向奋斗。虽然吴运铎一生中，遇到过好多困难和危险，但他处之泰然，积极进取，乐观向前。

1957年2月28日他在发表在《中国青年报》上题为《树立伟大的志向》一文中说：“在我年轻的时候，也想过一个人应该怎样活着，一个年轻人应有一个什么样的志向。在那人剥削人，人压迫人的社会里，我长期找不到答案。党指引我走上了革命的道路后，我看到自己的劳动和人民的解放事业结合起来了，从内心感到不能遏止的幸福。党的教导和斗争的体验，使我懂得，一个人只要具有一个崇高的全心全意为人民服务的志向，不计较个人得失，把自己的命运交给人民，他才能具有最大的智慧和勇气，把革命坚持到底，他才能经得起任何风暴和困难的考验，成为一个有益于人民的人。”“要树立全心全意为人民服务的伟大志向，就必须严格地要求自己，要不断地同自己的弱点作斗争。尽管你入党或者是入团时作过庄严的宣誓，如果你处处宽容自己，很可能有一天你会发现，你的行动同你最初的志向是背道而驰的。”

“人生的最大快乐是什么？”1959年《中国青年》杂志开展大讨论。吴运铎在这次讨论中受到了启发和教育，给杂志社写了一篇题为《人生最大的快乐》的文章，刊在同年第13期上。文中写道：“人生最大的快乐是什么？我认为，我们的快乐是多方面的，像战斗的胜利、学习的进步、自己劳动的成果已成为人民的幸福。总结起来就是为集体造福，才是人生最大的快乐。”“……我负伤后，清醒过来时，发现自己左眼炸瞎了，左手炸残了，右腿也炸断了。我想，要革命就必然有牺牲，不是自己，就是我的同志。个人的某些痛苦，在我们伟大的事业里算不了什么。我们的血是不会白流的，它一定要换来革命的胜利。当我想到这胜利里也有我一份，我就感到无上光荣和快乐，从未因为自己残废而感到心情不畅，或者认为自己吃亏了。在建设社会主义祖国的今天，我们仍然能和全国人民一起来从事祖国的建设，我更感到无限快乐……”

《工人日报》编辑部给吴运铎转来一封读者的来信，要他和刚入厂的新工人谈谈心。他考虑了一下，还是和他们谈谈劳动吧！于是，写了一篇《做一个热爱劳动的人》刊载在1959年2月24日《工人日报》上。他是这样写的：

一个真正的劳动者，必须具有热爱劳动、无限忠诚于社会主义事业的高贵品质，并且能够自觉地遵守劳动纪律。对每一个学徒工来说，首先要在思想上明确进厂学徒是为了什么。对待这个问题，有两种截然不同的态度。一种是抱着献身于伟大的社会主义和共产主义事业而进厂，他们知道在我们的时代里，任何有益于人民的劳动都是高尚的，劳动人民也是最受尊敬的……另一种是抱着自私自利的打算进厂学徒。他们压根儿就不愿意为国家和人民着想，而把追求个人名利当作生活目的。这种人不是热爱劳动的……我们进工厂做学徒，不是做生意，对待劳动不应该挑肥拣瘦。挑肥拣瘦不是一个真正劳动者应该有的品质……一个热爱劳动的人，也是一个热爱学习的人。学习对我们青年学徒工来说，有特别重要的意义。迅速地掌握生产技能，懂得更多的生产理论知识，这是祖国和人民对你们的期待，也是你们自己的责任。

吴运铎在文章的末尾讲了对青工的要求：

要爱护国家资财，爱护机器，爱护工具、材料。哪怕是一针一线，一小块铁片，这都是属于我们社会主义国家的财产。使用材料，不要大手大脚，必须要精打细算，对机器和工具也要加倍爱护。

在中华人民共和国成立十周年前夕，1959年9月28日

《工人日报》刊载了吴运铎撰写的《为了实现共产主义大目标》一文。文中指出：

新中国建立以来，不仅生产建设飞速发展，也根本改变了劳动人民的政治地位……党不仅使工人成了国家的主人，而且要工人做文化科学的主人……而今，我们都是几十岁的人了，党还要我们学习文化。差不多每一个工厂、矿山，都有自己的职工业余学校。不少人一个字不识，现在成了中学、大学毕业生，当上了技术员、工程师。是谁把我们这个如同一张白纸的国家，描绘得如花似锦？是谁把我们引入这太平盛世？是谁为我们开辟了通向社会主义的大道？

我们的第一个回答：是党。我们知道，党从诞生那天起，就决心在中国实现伟大的目标——建立"各尽所能，按需分配"的共产主义社会。为了实现共产主义大目标，党在每一个时期，都制定出了方针、路线，领导着全国人民，排除困难，走向胜利……党，是灯塔，照耀着我们前进的方向。

我们的第二个回答：是在经济建设事业当中，全体人民英勇地忘我劳动。我们知道，在祖国的各个生产战线上，多少人……大搞技术革命，为国家创造了大量的财富。普通木工黄荣昌创造了56部机器，使手工操作的木工房，变成了机械化生产。太原钢铁厂工人，创造出世界上最先进的三槽出钢法，提高了钢铁生产水平。还有数不清说不完的英雄人物，那创造活性燃料的奚翔云，那创造万能工具胎的王崇伦……

我们的第三个回答：是在整个战争年代，为了消灭敌人，为了实现党的最伟大的理想而英勇奋斗，辛勤工作，甚至牺牲了自己生命的人……

今天，我们还不过是刚刚进入社会主义建设的大门。要把中国真正建设成为一个具有现代化工业、现代化农业、现代科学文化的社会主义国家，还有一段比较艰巨的行程。要顺利地走完这一段路程，汲取过去的经验和教训，是十分必要的。

没有共产党，我们就不能获得真正的幸福。这一点，从许多铁的事实中，人们已经看得很清楚。我们每时每刻，都要听党的话。党的事业，是解放全人类，是为全人类造福的。当个人利益和党的利益发生矛盾的时候，应该放弃个人利益，服从党的利益。因为你要知道，你个人的利益，不过是暂时的、局部的呀！记住吧，只要把党的话永远记在心上，把自己的一切献给党，在你整个生命的旅程中，你就不会迷失方向，就会具有旺盛的生命力。

还要记住，幸福是靠劳动创造的……建设社会主义，不像摘苹果，伸伸手就可以摘下来，而是要我们付出艰苦的劳动，要进行创造性的劳动……

1960年国家经济暂时困难时期，《中国青年》杂志社向吴运铎约稿。吴运铎撰写了《让可爱的青春发出亮光》一文，刊在同年第七期的刊物上。他写道：

只有发亮光的青春，才是可爱的！青春没有亮光，就像一片沃土，没长庄稼，或者还长满了荒草。它令人惋惜。

青春应该怎样度过？有的如同烈火，永远照耀别人。有的却像荧光，甚至也照不亮自己。不同的生活理想，不同的生活态度，决定一个人在战斗中的位置。一个真正的战士，在冲锋陷阵的时候，想到的是夺得胜利。他会一往无前，而不为个人的命运忧虑。旁观者就不一样。他可能时常想到自己会不会中了流弹。因此，他关心的不是战斗的进程，而是保护自己。在生活中，人人应该做战士，而不应该做旁观者。因为我们是生活的主人。

是战士就不会离开整个战斗来寻找自己的岗位，是主人就不应该离开集体的事业来营造个人的幸福。

生活要向下看，思想要向上看，眼睛要向前看。我们的一切努力，都是缔造美好的生活。

“海阔凭鱼跃，天高任鸟飞。”我们的时代为每个人的发展开辟了广阔的天地。请想一想，历史上哪个时代，人会得到这样高度的重视！我们每个人都应该胸怀壮志，奋发有为，循着党指的方向，献出我们可爱的青春。

在“文革”前，吴运铎的本职工作很忙，但他的写作欲望也十分强烈，现在有据可查的文章有：《谈骄傲》《个人主义是新时代最大的耻辱》《不要美化个人主义》《学习保尔》《对困难的回答是战斗》《什么是真正的幸福》《旧的不灭，新的不长》《做个自觉的革命者》等文章。

1966年“文革”开始不久，吴运铎失去了自由。粉碎“四人帮”以后，他才重新拿起笔来写文章，又写了数十篇。其中1979年8月15日刊载于《工人日报》上的《让植根于现实的理想闪闪发光》一文中，针对少数青年职工说的“革命理想好是好，可是远水不解近渴，不解决现实问题”，吴运铎的回答是：理想，就是人们的奋斗目标。每一个革命者，特别是青年人，应该有远大的革命理想。这个理想就是：

为实现四个现代化以至最终实现共产主义大目标而奋斗。有的同志所谓“现实”又是什么呢？无非是指与人们眼前生活有关的物质利益以及升学、就业、恋爱、婚姻等问题。理想不等于现实，也不能代替现实。但是，理想是生活的动力，是指导现实的，和现实有着十分密切的关系。

革命理想对于我们无疑是很重要的。有了革命理想，生活才有目标，奋斗才有方向；有了革命理想，才能激发人们奋发图强、改造现实。但是，光有理想，而不为实现理想而奋斗，只能是一种空想。理想植根于现实，是一种改造现实的愿望。所以，为理想而奋斗，必须立足于现实，不然，理想只能是空中楼阁。

理想与现实的关系，往往是整体利益与个人利益，长远利益与现实利益的关系。从根本上来说，这种关系是统一的……有的青年在现实生活中摔了跟头，走了弯路，从此忧心忡忡，觉得理想不过是空话。有的人，本来对社会主义充满美好的想象，可是，当理想中的一切美好事物，诸如房子、爱人、工资待遇、理想的工作等不能如愿以偿时，就觉得理想成了泡影，于是心灰意懒，甚至对社会主义怀疑动摇。他们扬言把一切都“看透”了，而自己就像点不着火的湿木头，不起火，光冒烟，让时间把自己化为灰烬……

理想的核心是生活态度问题，也就是人们常常议论的“人为什么活着”的问题……有的人在平凡的岗位上，不断发热发光，交出了一份份“出色的答卷”。但是……也有的青年把“理想理想，就是有福可享；前途前途，就是有钱可图”当成生活的准则。似乎人生在世，就是吃穿二字。

……个人的理想与客观现实是有矛盾的。这种矛盾，实质是个人与社会的矛盾。社会问题不解决，个人的问题也无从解决……革命理想，不是可有可无的点缀品，而是一个人生命的动力。有了理想，就等于有了灵魂……无论是做工、种田、搞科研，最后都是回答时代的要求，一心奔“四化”。

1980年5月，《解放军报》编辑部的同志要吴运铎就《把一切献给党》这个题目谈谈体会。20世纪80年代与20世纪50年代不同了，体会也是不一样的。但不管有多少差异，他把一生献给党，为实现人类最壮丽的共产主义理想没有变。于是，他撰文《愿做共产主义的铺路泥》。文章中写道：

要把一切献给共产主义，这是作为一个共产党人应该有的美德和情操。在这一方面，我做得是很不够的，距离党的要求还很远。可是，没有党就没有我个人的一切。我参加革命后，是努力按照党的要求去做的。

接着，他又写道：

我逐渐地懂得，党的利益高于一切，个人利益要服从党的利益。没有这个“服从”，把一切献给党就是一句空话。党的利益，就是无产阶级的利益。因此，献给党，就是献给阶级解放与民族解放的、共产主义的、社会进步的事业。我有时想，即使我变成一撮泥土，只要是铺在通往共产主义的道路上，让我的伙伴们大踏步地走过去，那也是莫大的幸福。

这篇文章的结尾，言简意赅，句句贯以理，语语含真情：

我现在头发已经斑白了，过了花甲之年。人虽然老了，但把一切献给党仍然是我努力的方向。献给党，不能只献一阵子，而要献一辈子。有了成绩之后也不能停顿。什么时候停顿起来不求进步，不做贡献，什么时候就不是合格的党员了。情况是可以变化的，工作重点是可以变化的，但把一切献给党这一条不能变。

这以后，《北京日报》开展人生观笔谈，《工人日报》开展人生目的大讨论，吴运铎分别为两报撰写题为《为人民创业》《心底无私天地宽》的文章。《山西青年》杂志为纪念中国共产党诞生60周年，约他撰写一篇题为《一个老共产党员的希望》的文章……

这里，特别应该提到的是1984年初，笔者应安徽人民出版社编辑李先轶同志之约，编写《劳动模范谈劳动》一书，拟请他撰文和题写书名。

不久，吴运铎就打电话说，他对这个题目很有兴趣，想进一步议一议。很快，他便完成了《为社会主义现代化忘我地劳动》一文。该文是他一生中写的最重要的一篇深入浅出、娓娓道来的好文章。文中说：

世界上的财富是工人、农民、知识分子创造出来的。如果没有他们的忘我劳动，我们吃的、住的、穿的和用的从哪里来呢？我们的工厂、矿山、铁道、机关、医院和学校等，也是不会有的；更谈不上自力更生制造汽车、火车、拖拉机、飞机、导弹、人造卫星……劳动的伟大意义，当然不仅于此。劳动还可以改造人的思想，提高人的思维能力，不断增进社会的精神文明，促使社会日益发展，进步。

接着，他联系个人的工作经历，写道：

入伍后，我被分配去造枪造炮，建立我军的敌后兵工厂。那时，尽管条件艰苦，原料缺乏，设备简陋，但工厂里的每一把锉刀，每一把钳子，都是我们工人自己的。我打心眼里爱上了我们那山沟里的茅屋兵工厂。因为这里的劳动，没有剥削和压迫。劳动的目的是拯救多灾多难的祖国，解放千千万万受压迫的劳动人民。当个人的劳动一旦与祖国的命运联结成一体，劳动就成为崇高的事业，我感到无限的自豪，工作起来，有使不完的劲。我暗自下定决心，要把一切献给党。

有人说，我们从事兵工的是和死亡做伴的人。一种新的武器和弹药的试制，产品的爆炸威力试验，还要拆卸从敌人那里缴获的炮弹，或从敌机投下来没有炸的炸弹里挖取炸药。谁都知道，这工作是要冒着生命危险的。这工作一开始，你就得接受一个严峻的考验：是自己躲开，让别的同志来冒险，还是让同志们走开，我自己动手挖炸药？我是厂长，我不挖炸药让谁去挖？凡是涉及生命危险的工作，我全都承担下来，要像那些浴血奋战的革命战士那样，为了革命去作生死的斗争。

在建设我国社会主义现代化的今天……有的人却不能把自己的劳动和祖国繁荣富强，人民的生活改善联系起来，他们失去了为振兴中华而忘我劳动的自豪感，没有正确的劳动态度，没有劳动干劲，特别是有少数青年工人，出工不出力。吃饱肚皮混日子。接受生产任务时，就问多少钱，有没有奖金，他们是钱多多干，钱少少干，没钱不干，这哪像是我们社会主义时代的工人。也有的青年工人不遵守劳动纪律，上班聊天、逛大街，经常迟到早退；还有的人对工作挑肥拣瘦，怕苦怕累，这怎么能为我国社会主义现代化而献身？我们的共产主义事业，是一个统一的整体，各行各业都是革命事业不可缺少的，无论干哪一行，只是社会分工不同。你只要认真地去干，行行都能出状元……

人生的道路不总是一帆风顺的，在我们的劳动中也免不了出现一些事故。我们常说，要为实现共产主义而奋斗，这“奋斗”二字就意味着去“吃苦”，甚至意味着“流血牺牲”。

从我参加革命工作以后，每当想起自己用劳动、血和汗为革命兵工事业做出了一点成绩，心里总是感到无限快慰。但由于自己的科学知识少、能力所限，我又常常感到内疚。即使自己做出了微小的贡献，也是在党的亲切教导下，和同志们共同劳动而获得的。这首先应该感谢党交给了我们能为党的事业做出贡献的权利。如果没有党，我这个旧社会的“煤黑子”又能做出什么呢？现在我已是年近古稀的老人了，我常想，自己一生从党那里取得的太多，而为党贡献的太少。党曾两次送我出国治病，派我出国深造，使我在火炮专业方面学到更多的知识。党曾多次表彰我，称我为“中国的保尔”，命名我为全国劳动英雄。我虽于去年六月经中央组织部批准离休，但是，我仍要做点力所能及的工作。我殷切地希望我们的青少年朋友，在全面开展我国社会主义现代化建设的今天，紧跟着我们的党，努力学习文化，学习科学技术，时刻准备着把自己的力量和聪明才智，无私地贡献给我国社会主义“四化”的伟大事业。

吴运铎在几十年中，发表了诸多文章。其间，著有《把一切献给党》《和青少年谈道德修养》《人生絮语》等书，满腔热忱地为广大读者提供了健康的精神食粮。这些文章和书籍对改造他的世界观有很大的益处。对于怎样跟上时代的步伐，为社会多做贡献的问题，他说，至关重要的是“两个不忘”：一是不忘个人世界观的改造任务，二是不忘自己是个普通一兵。

这些年来，许多朋友在报刊上看到吴运铎的名字，知道他没有在“文革”中被坏人、恶人从地球上消灭。多少群众和稔知的同志、战友来信问候，使他又融汇到人民群众的汪洋大海之中。他要用对党的忠诚，对人民的挚爱，对事业的执着，奏响生命的赞歌，把全部爱奉献给亲爱的祖国。

发挥余热，永葆一兵本色

《把一切献给党》这本书在全国产生了异乎寻常的反响。有些学校、工厂、军队召开向吴运铎学习的大会，有的以吴运铎的名字命名，成立许多学习小组。1955 年，北京琉璃寺小学召开了“向吴运铎同志学习”的少先队员中队会。会上，少先队员歌颂了吴运铎的事迹和思想品德，还邀请吴运铎为中队会作报告。吴运铎说：“……在艰苦的战争年代，科学技术非常落后，土法制炸药和武器随时都有牺牲的可能，但为了前方战士少流血，就必须不顾个人安危，在没有资料和设备的条件下也要干……就是在一次研制中炸断了腿，手指残缺，眼睛失明……”这活生生的一课深深地印在少先队员的脑子里，鼓舞着他们奋勇向前。

28 年过去了，那时参加中队会的少先队员如今都已经是中年人了，但许多人还牢记着吴运铎为少先队员作报告的情景。他们说，是吴运铎的事迹激励着他们踏过惊涛骇浪，越过沟沟坎坎，驰骋在无垠的土地上。

在北京搪瓷厂美术室工作的侯文禄同志就是琉璃寺小学当年那次中队会的参加者。1983 年 4 月的一天，他为了教育自己的下一代，和北京市安定门地区的 20 多名少先队员们一起来到吴运铎家里。三代人相会，大家都感到格外高兴。

侯文禄的孩子捧着镶嵌在镜框里的《黄山迎客松》走到吴运铎身边说：“祝吴爷爷健康长寿。”吴运铎小心翼翼地接过这幅含义深远的国画，说：“谢谢，谢谢大家！”这是一次多么难忘的会面啊！

屋里静下来了，吴运铎对大家说：“我们国家在 2000 年要实现四个现代化，这就要求我们每个同学，从现在起必须占有知识。一个人只有知识富有才能接好革命的班，胜任党和人民交给的工作任务。前人打天下不容易，后人搞建设更不容易，都需要有一种献身精神。你们现在不光要读像《把一切献给党》这样的书，还要多读其他方面的各种书，尤其是科学技术的书。书是前人经验的总结，你们可以从中取得知识，取得经验，少走弯路。战争年代没有现成的资料和书籍，当年搞科研是要用生命作代价的。今天的幸福生活和战争年代没法比，要知道今天的幸福来之不易，你们一定要刻苦学习，不辜负老一辈的殷切期望。”

20 世纪 50 年代初成立的“吴运铎青年铆焊组”，是黑龙江省佳木斯联合收割机厂若干班组中的一个全国闻名的先进班组。

1956 年，这个班组被原第八机械工业部命名为“吴运铎第一青年组”。1959 年，这个组出席了全国群英会。会上，第一任组长石福义同志代表全组同志聘请吴运铎为该组名誉组长。春去秋来，30 多年里，这个组的同志一直将吴运铎写的《把一切献给党》作为全组的必读书。他们以吴运铎为榜样，在建设社会主义事业中大搞技术革新，埋头苦干，提前 16 年跨入 2000 年。小组曾 38 次被评为全国、省、市的先进班组。小组的代表曾三次进京并参加了全国群英会，受到党和国家领导人的亲切接见。1986 年，又被国家计委、经委、全国总工会命名为全国先进班组。他们的事迹传遍大江南北。

改革开放以来，这个小组决定把班组建设的水平提高一步，让“吴运铎青年铆焊组”先进事迹绽开鲜艳的花朵，他们与市总工会一起拍摄一部反映小组 30 多年战斗历程的专题片，献给全国基层班组和人民。市总工会郑志国同志与联合收割机厂的领导、青年铆焊组第一任组长和现任组长，还有市电视台两名记者专程赴京看望吴运铎，并准备为他拍下珍贵的镜头。

1986 年 6 月 20 日，他们到京后，得知吴运铎已离休，因肺气肿正在 522 医院治疗。当天下午，他们就去医院探望，感谢吴运铎 30 多年来对“吴运铎青年铆焊组”的关心，使佳木斯市班组建设发展很快……当吴运铎听说他们是专程从东北来看望他的，还要给他录像时，就说："只要我还能对四个现代化有点贡献，就听你们的。以前我几次到东北出差都准备到佳木斯看望同志们，因各种原因未能如愿。"他还诙谐地讲："看我的身体情况，恐怕今生今世再也不能实现这个愿望了。"

21日早晨，郑志国等几位同志带上摄像机来到医院。他们用轮椅把吴运铎推到会议室。拍摄工作开始了，首先由郑志国同志和收割机厂的领导向他汇报了联合收割机厂班组和"吴运铎青年铆焊组"的班组建设情况。领导把该小组自筹资金买的东北特产药材送给他，祝他早日恢复健康。还代表全厂2000名职工向他赠送了厂徽、建厂40周年纪念册和"吴运铎青年铆焊组"全体组员的合影照片。吴运铎非常高兴，当即挥毫为他们写下了"即使自身化为一撮泥土，只要它是铺在通向真理的大道上，让伙伴们大踏步地冲过去，也是最大的幸福"的题词。这句题词已经题过多次了，因为它是吴运铎用生命谱写出来的，是他一生崇高思想境界的真实写照。随即，他又为"吴运铎青年铆焊组"题写了"人心齐，风格高，技术精，永进取"，以便让全组的同志把它发扬光大。最后，他们还向吴运铎征求对"吴运铎青年铆焊组"的意见。吴运铎本着高度负责的精神，提出了三点希望：一、希望小组的同志要有远大的革命理想，要为实现四化奋斗终生；二、光有美好的理想是不够的，理想要通过行动来实现才有价值，空喊理想不去实现那就只能是空想；三、实现理想还要有过硬的本领，要针对当前科学技术飞速发展的新形势，刻苦钻研，努力学习，不断提高技术水平。最后他还说："请同志们回去后，代表我向全市职工、联合收割机厂的同志们问个好，祝大家身体健康，工作、学习获得好成绩。"

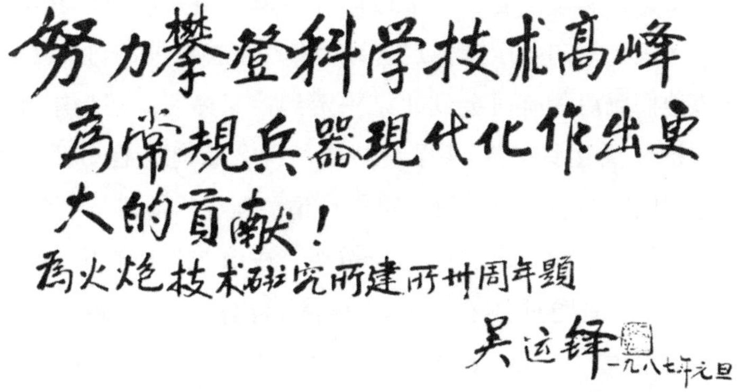

1987 年元旦，吴运铎为中国兵器工业第二〇二研究所建所 30 周年题词。

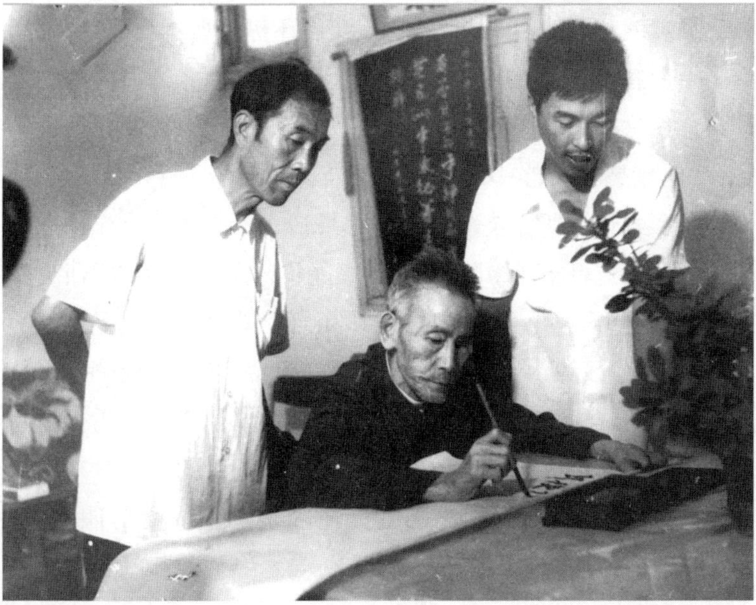

“吴运铎青年铆焊组”第一任组长石福义同志和时任组长李瑞波同志请吴运铎题词的情景。

翌日，郑志国同志和“吴运铎青年铆焊组”时任组长李瑞波同志代表大家向吴运铎告别。吴运铎一再挽留他们再住几天，并希望他们以后如有机会到北京一定到他家做客。还嘱咐他们要经常把“吴运铎青年铆焊组”的情况告诉他。在分手的时候，郑志国同志感到这个机会难得，请吴运铎给他留下一句话，吴运铎欣然提笔写下了“学习、奋斗、进取。与郑志国同志共勉”。郑志国把题词捧在手里，心情无比激动，长时间握着吴运铎的手说：“我一定要为革命努力学习、奋斗、拼搏、进取……”

1986 年 12 月 2 日，二〇二所王吉文等一行三人去北大医院附属医院看望吴运铎所长。此时的吴运铎平卧病榻，身体虚弱，鼻孔插着气管。他们说：“吴老，我们还称呼您所长吧！”吴运铎马上回答：“我已离休多年，又住医院，称老吴一样感到亲切。你们这次是专门看我，还是有事登门？”他们告诉吴运铎说：“明年是咱们老一所建所 30 周年，兵器部又召开专门会议，发文，要各厂、所、企事业单位编撰厂、所史志，您作为老一所首任所长，希望能为咱们建所 30 周年题词，并为编写所史作序。”吴老听后，十分感慨，说：“30 年，多快啊，真是弹指一挥间。”他停了停，很肯定地说：“好吧！”接着，他侧身，从床头取出一本线装古书，指着夹在里面的单位或个人邀他题写字、词的若干个纸条，风趣地说：“这都是我的任务呀！等身体稍能支持了，我就办。”随后，他又指桌上的文房四宝说：“你们看，东西都是现成的。”大家看吴运铎插着氧气管说话不方便，就问：“吴老，氧气能离开吗？”“可以。”说着，自己便拔掉了氧气管，但不到两分钟，就大口大口地喘气，赶紧又插上了。那时，吴运铎吃饭很少，一天才吃 2 两，全靠药物和氧气维持，离开氧气就喘不上气，憋得脸色发紫，十分难受。笔者去看他，他以一颗平常心微笑着说："人生一世，草木一秋。生老病死是自然法规嘛!"他还对家里的人说："身体不好，随时都会离开人世，去见马克思，但万万不能耽误了二〇二所题词这件大事呀!"

1987 年元旦，吴运铎强忍病痛，拔掉氧气管，撑着身子坐起来。让人把一块木板横担在他胸前，在木板上铺了宣纸，然后艰难地提笔挥毫。他每写两个字，就得吸几口氧气，躺在床上休息一会儿。尔后，再拔掉氧气管，坐起来继续写。这样反复多次，用了近两个小时，才写好"努力攀登科学技术高峰，为常规兵器现代化作出更大的贡献"的题词。这 25 个字，字字如血，字字如火，这是血与火的交织，是毅力、不屈的精神释放出的巨大能量。写完这个题词，吴运铎顿觉浑身轻松了许多，就像战争年代党组织交给自己的任务，胜利完成之后的那种如释重负的喜悦心情。

1987 年 7 月，组织上安排吴运铎到北京工人疗养院住院治疗，病情得到一些控制。但他的身体、精力远不如前些年了。他知道生老病死是不可抗拒的自然规律。但只要还有一天的希望，生命还没结束，他就不会忘记自己是一个共产党员，不会忘记自己还是一个战士，永远是共和国的战士。此刻，吴运铎的心态正像他挥笔为一位干部题写的条幅："微笑着面对人生。"这既是勉励别人的箴言，也是他生活的信念。

1988 年 6 月 26 日，十多位"北京病残青年俱乐部"会员和几位艺术界朋友前去工人疗养院探视吴运铎。北京爱晚画会副会长李树萱先生将代表俱乐部画的牡丹花条幅赠送给吴运铎，吴运铎当即就把画挂在病房里。他欣然赞美说："蓬荜生辉!"

一般来说，人在医院住久了，或者人的岁数大了，都爱在空闲时静静地想自己经历的事。吴运铎也像许多老人一样。先打听俱乐部朋友们的就业、筱晓书店情况、俱乐部的刊物《朋友之间》办得怎么样、病残青年图书馆借阅的情况……在医院里，吴运铎也多次想起皖南战斗生活和去苏联学习的情景。那天，他向朋友表示要写《把一切献给党》的续集。他说，那段时光是他真正走上人生的起点，是他从工人阶级队伍光荣加入中国共产党的队列中。“去苏联学习”是他生平第一次广泛深入地接触苏联人民和工程技术人员。苏联人民对他的教育和友情太难忘了。从他们那里学到了尖端科学技术，并在火炮技术方面大开眼界，长了见识。

过去，吴运铎《把一切献给党》一书写得简略，没有详述事情的过程，没有把思想变化展开来写，有些遗憾。对苏联人民的友好感情也写得少，因为写作《把一切献给党》的时候，是他去苏联学习之前。1955 年去苏联学习之后，他亲历苏联人民对中国人民的深情厚谊，忘我地工作，对自己的国家充满着建设社会主义的必胜信心，受到莫大的鼓舞，从而更加坚定了走社会主义道路，坚持马列主义和毛泽东思想。同时，他也感到自己的工作有不少差距，生活方面有很多感悟……

这一天，令人愉悦，室内洋溢着欢声笑语，吴运铎异常兴奋。他说，要把身体养好。朋友们说，气功能锻炼身体，要教他练气功；有人说，游泳是强健身体最有效的运动，等他病好后一起去游泳……大家同吴运铎一起高唱曾经在中国流行的苏联歌曲《喀秋莎》……

1988 年 6 月下旬，《首钢报》记者郝洪力、马立昆采访了吴运铎。那天，正赶上吴运铎病情稍重。他躺在床上，鼻孔插着输氧管，右臂输着液。两位记者担心他病成这个样子，能接受采访吗？他俩等了片刻，护士来通知：“吴老让你们进去。”

吴运铎见到他俩，一边半欠起身和他们握手，一边热情地说：“欢迎你们！请坐，请坐。”然后，歉意地说：“对不起你们，和你们躺着谈话，太不礼貌啦！”

那天，尽管吴运铎病重，但老人家十分坚强，他硬撑着接受采访。为打消两位记者的顾虑，吴老乐观而又自信地说：“我耳不聋，心脏和血压也还好，就是肺气肿叫人讨厌！”接着，根据记者的提问，他滔滔不绝地讲起来。他叙述了自己参加革命后，追随浴血奋战的将士驰骋大半个中国；新中国成立后，坚持“只要我活着一天，一定为党为人民工作一天”的信念。记者马立昆插话说：“20 世纪 50 年代，我就在首钢听过您的报告。您的事迹教育了我们几代人，现在首钢的党员和很多老同志都惦记着您。您一定要保重身体啊！”吴运铎谦虚地说：“请替我谢谢首钢的同志们。我去过首钢几次，现在一定变得比过去更好了。”当他听两位记者介绍完首钢改革的成就后，出生颇多的感慨并充满着对未来的憧憬，他说：“今非昔比喽，首钢赶上好时候了！”他默默地沉浸在对往事的回忆中……1984 年 3 月 15 日，中国残疾人福利基金会成立。吴运铎曾任理事。当他谈到中国残疾人福利基金会用首钢的捐款建了一家康复医院时，兴奋的脸上洋溢着美好的笑容，称赞地说：“首钢办了一件大好事！”吴老为了表达对首钢的感谢之情，欣然给首钢全体职工题词：“向首钢共产党员和全体职工问好。祝首钢取得更大成就。”

1989 年 7 月 15 日，是中国工人出版社建社 40 周年。当时，社里决定出版一部纪念该社 40 周年的大型画册。《把一切献给党》应占这个画册的重要位置，成为最引人注目的精彩一页。于是，便想着重采写作者吴运铎与工人出版社是怎样密切合作的，经历了怎样艰辛的创作过程和《把一切献给党》一书是怎样堪称中国工人传记文学艺苑中别具一格的一朵奇葩！

这年4月下旬，出版社特派编辑刘岚女士去北京工人疗养院采访了吴运铎。

吴运铎平时深居简出，伤痛和哮喘逼他不得不待在病床上，稍有劳乏，就会加重病情。那天，吴运铎精神尚佳，听刘岚女士说明来意，他深沉地微笑了一下，真诚而亲切地回忆40年前的沧桑岁月。

吴运铎说："1951年，我和鞍钢的老孟泰、北京的时传祥、山东的郝建秀一起到北京参加国庆观礼。《人民日报》发表了题为《钢铁是这样炼成的——介绍中国的保尔·柯察金兵工功臣吴运铎》的报道。新华社发了通稿，传遍全国。这篇报道，概括地介绍了我的事迹。随后，《工人日报》派记者采访我，并给我的讲话录了音。过了些时间，就在《工人日报》上连载出来，影响挺大。后来，全总领导同志鼓励我自己写出来，意思是让我写一本书。我说：'我是小学五年文化，写书谈何容易！'于是，《工人日报》就派人来帮助我写书。这人，就是何家栋。"吴运铎谈到这儿停顿了一下，吸了一会儿氧气，喝了口茶水，脸上绽出十分真诚的笑容，深情地说："何家栋是我走上文学道路的老师。"

接着，吴运铎回顾说：那时，工人日报社在北京西总布胡同收拾了一间平房，我和老何住在一起，因为工作、生活不方便，以后我干脆搬到老何家里住了，不分白天黑夜地写。我说，老何记。有时我写，写完了老何改。在老何家住了整整好几个月。后来，为了画插图方便，我和老何又搬到中央美术学院附中去住。由罗工柳、王式廓、尚沪生等老师插图。这期间，写书并未中止，老何每天早起晚睡。老何这人真不错，他写作水平很高。我本来是个煤矿工人，一辈子不敢想写书的事。写文章是很艰苦的，在小学写作文，我嘴里咬着笔杆，咬下了一半也没写出来。写作真难啊！我过去经过的事很多，但如何下手，怎么开头都捋不清楚。

开始写这本书时，我是有什么写什么，什么都写，老何手把手教给我。同样一件事，哪些应该写，应该重点写，哪些不应该写，应该删掉，老何都一一指出。他告诉我，写文章事先要搞写作设计工作，设计好了，才能动工。《把一切献给党》没有一篇不经过老何修改。只有最后一篇《搞定时炸弹》，是我自己写的，他一个字也没改。当我写完这篇时，老何高兴地说："写得不错了。"

我本是一个根本不会写文章的工人，通过老何的帮助，脑子才有点开窍。老何虽然没给我讲文学课、写作课，但他帮我一点一点地改文章，这本身就是帮助我、提高我。我认认真真地去写作，老何具体帮助我一次又一次修改。写文章真不容易！

通过写这本书，我才认识到当作家也不那么容易。我曾对老何讲过："我宁可造一支新的步枪也不愿意写文章。写文章太困难了，写出来，不感人，等于浪费别人的时间。同样一件事，由于水平不同，两个人写，两个样。"

"通过日积月累的努力，我在写作上有所进步，而没有当初老何那一次一次帮助我练笔，就没有我的今天。"吴运铎说到此，上气不接下气，赶忙又吸了一会儿氧。吸完之后，脸上的表情轻松多了，精神也好起来。他又说：

1988 年 6 月，吴运铎为首钢广大职工题词："向首钢共产党员和全体职工问好。祝首钢取得更大成就。"（马立昆摄）

“我想不到，我真的写出了一本书——《把一切献给党》出版后，影响很大。我的弟弟写信告诉我：在重庆，那年10月1日国庆节游行时，《把一切献给党》的封面被做成牌楼那么大，四个人抬着游行。我怎么也想不到，我一个普普通通的工人，居然当上了作家。”

谈话进行了很长时间，刘女士担心吴运铎太累了，便故意岔开采访的沉重题目，想谈一点轻松的话题，但吴运铎似乎意犹未尽，他又重述多次：“老何，永远是我的老师。直到现在，我写什么文章，交给他，请他修改，提提意见，而他的每次帮助，都使我有所收获。我幸运，我写这第一本书就遇上了何家栋这位呕心沥血的责任编辑。是他引导我走上了文学道路。”

说到此，要纠正一点，何家栋参与写作《把一切献给党》，并非是工人出版社派的，而是被罢官（出版社办公室主任）后，自己找上门的。邢小群先生写的《何家栋访谈》中便可得到证实。不妨引何家栋的口述：“我被罢了官，让我到校对科。也不是做校对，也不算是当编务，搞的是标字号、设计版式一类的工作，没有什么名义。我心里当然有气。吴运铎的《把一切献给党》就是在这个时候写出的。出版社并没有给我任务，我是自己找上门去的。吴运铎在俄专学俄文，准备出国，我就利用中午间隙，到俄专操场球架下等他，他口述，我记录，再回来整理。新中国成立初期，文艺作品多是写穷人翻身、新旧对比、婚姻自由这类题材，这本书是写共产党人是怎样战斗的，格调不同，所以书一出来，不胫而走，发行了几百万册，社会反响很大；但除了韦君宜写了个评介，文艺界不认为它是文艺作品。我给周扬写了一封信，周扬叫《文艺报》关心一下，冯雪峰就请杜鹏程写了鼓吹的文章。”

就在《把一切献给党》出版36年后的1989年，共青团中央为了给青年人树立“人生的路标”，选出了十本必读书。邓颖超大姐在该书的序言《树立起人生的路标》中说：“同新中国一起成长起来的一代青年，有谁没有从《钢铁是怎样炼成的》《把一切献给党》《红岩》等书中汲取过力量的源泉，找到人生的路标。”吴运铎得知身为党和国家领导人的敬爱的邓大姐，对他的作品给予了极高的评价，无比欣慰。而“文革”中，某些整他的人，深文周纳，硬说《把一切献给党》是一本宣扬走“白专道路”的“大毒草”，是对抗毛主席革命路线，利用写传记反党……其用心何其险恶。这分明是在光天化日之下，谣言惑众，颠倒黑白，陷害无辜！

当吴运铎得知全国、全军学习雷锋先进个人座谈会在北京召开，听到了张子祥、李润虎和朱华的事迹，心里很激动，多么想见一见这几位有作为的晚辈。同样，这三位年轻的军人也盼望见到这位革命老英雄。

1990年3月11日下午，面容清瘦的吴运铎，躺在北京工人疗养院一张床上，鼻孔里插着氧气管，与中国人民解放军学习雷锋的先进人物张子祥、李润虎、朱华三人会面。

“吴老，我们向您学习来了！”三位年轻的优秀军人兴奋而庄严地向他敬礼。

吴运铎离休之后，一直对青年一代大讲革命传统，宣传雷锋精神。笔者在本书第十四章已叙述过。1956年前，还在小学读书的雷锋看了吴运铎的《把一切献给党》，写的心得中说：“吴运铎同志是我学习的最好榜样。”“我一定像他一样……把一切献给党。”1984年已经67岁的吴运铎为沈阳部队“雷锋班”题词：“学习雷锋精神，把一切献给党。”1990年，吴运铎为学习雷锋先进人物题词：“向雷锋同志学习，把一切献给党。”并对学习雷锋的标兵张子祥、李润虎和朱华同志说：“你们向雷锋学习，我也要向雷锋学习，我们大家都要向雷锋学习，学到老、做到老。”

雷锋与吴运铎是两代人，他们无私奉献，相互砥砺，相互学习，谁全心全意为人民服务得好就向谁学习，这是我们这个时代最崇高的品质和美德。

新时代的活雷锋、沈阳军区的张子祥胸前挂着一枚金光闪闪的金质“学雷锋荣誉章”，显得格外英姿勃勃。他弯下腰贴近吴运铎，激动地说：“吴老，我从小就读您的书，您的《把一切献给党》的精神激励着我。”吴运铎问：“听口音你是苏北人，我在你家乡打过游击。”张子祥说：“我的家乡很多老人都知道您的名字，大家都向您学习，祝您身体健康长寿。”

入伍近 20 年、被誉为 20 世纪 90 年代活雷锋的李润虎同志说：“我是红军师的，您曾经在我们师战斗过，好多老首长都能记起您的事迹。”吴运铎激动地伸出手，说：“我们的传统没有丢！”

朱华同志告诉吴运铎：“1984 年，您到沈阳讲学时，曾为雷锋班题词：‘学习雷锋精神，把一切献给党。’这个题词现在还挂在班里，鼓舞着我们沿着老班长走过的道路前进。”

吴运铎听了三个年轻人的话，很动感情，眼窝里有些湿润，就提高嗓门说：“学习雷锋要树立为共产主义奋斗的崇高理想。我们有了这个坚定的理想，就会经得起一切考验。我们要加强锻炼，努力学习，成为我们党的一个伟大战士。你们向雷锋学习，我也要向雷锋学习，我们大家都要向雷锋学习，学到老，做到老。”

1990年，吴运铎为学习雷锋标兵张子祥（右二）、李润虎（右三）、朱华（右一）题词："向雷锋同志学习，把一切献给党。"（车夫摄）

临别时，吴运铎应他们的要求，题了几个字：“向雷锋同志学习，把一切献给党。”并一再叮嘱他们：“你们要当好学雷锋的带头人！”

他们没有辜负吴运铎的嘱咐。据报载，原兰州军区某师军械修理所所长李润虎，走上领导岗位后，渴望有机会进大专院校深造。他最终被解放军西安政治学院破格录取。张子祥、朱华在各自岗位上也做出了不平凡的成绩。

看到他们，吴运铎很自然地回想自己这一生。他说：我一生幸运的是找到了共产党，真正走上了为中华民族、为受压迫人民大众解放的革命道路。

吴运铎 21 岁那年，投奔新四军，听了新四军政治部副主任邓子恢的话，认识到“拿枪修枪都是为了革命”的道理，便服从组织决定，放弃上前线打日本鬼子的初衷，愉快地去皖南云岭新四军司令部修械所工作，开始了军工事业上艰苦创业的革命征程。

从吴运铎入党到新中国成立的漫长 10 年中，他一直战斗在军工生产岗位上，追随浴血奋战的将士驰骋大半个中国。为了战争的需要，不惜冒着生命危险，宁肯雷管在手里爆炸，炮弹在脚下爆炸，也要完成党交给的紧急重要任务。

他先后三次身负重伤，是党的关怀和信任、教育、鼓励，使他又回到革命队伍，是苏联奥斯特洛夫斯基《钢铁是怎样炼成的》一书的启迪和激励，使他克服了种种困难，以顽强的革命意志战胜了死亡的威胁。

每次负伤后，他都是未等伤愈就重返岗位。他和战友们白手起家，自力更生，为兵工生产设计并制造出了工作母机；先后建立了子弹厂、引信厂、炮弹厂，制造各种地雷、平射炮等，还研制成功了使敌人心惊肉跳的枪榴弹……

新中国成立以后，吴运铎被国家定为一级甲等残疾军人。但他坚持“残而不废”“残疾人也是国家一分子”的豪情壮志，奋发向上的精神状态，郑重地宣明：“只要我的心跳动一天，我就要为革命事业忠诚地工作一天”，“只要我呼吸没停止，我就要为党工作”。

20 世纪 50 年代以后，他曾任湖南株洲兵工厂第一任厂长、二机部第一研究所所长、447 厂副厂长、总工程师、第一机械工业部第一研究所（今第二〇二研究所）第一任所长、五机部兵器科学研究院副院长、副总工程师……为我国导弹地面设备和兵器工业的发展壮大默默地奉献。

十年动乱期间，他屡遭劫难，受到了不公正的待遇，被发配到荒僻的地区劳动改造。这一切都没能使他屈服。党落实了干部政策，他才得到了彻底解放，曾任五机部兵器科学研究院副院长、副总工程师。

历史进入 20 世纪 80 年代后期，吴运铎的身体日渐衰弱，伤病缠身，看过多家医院都无济于事。用他的话说：“在北京市的大医院，除了中日友好医院没去住过，哪儿都看过，收效甚微。”吴运铎的老伴陆平经常去他住的病房里照顾他。1986 年 7 月的一天，陆平送走探视吴运铎的客人，忙着做饭，一不小心，被病房里氧气瓶的管子绊倒，臀部、头部都着了地，造成股骨粉碎性骨折。手术后，自身行动不方便，不能去照顾吴运铎。孩子们工作忙，不可能请长假守在他身边，他就雇了一个保姆，支付每月收入的一半。有的同志对吴运铎说，让组织上帮助解决一名服务人员。他斩钉截铁地说：“千万不能那样做。我是不能向组织张这个口的。因为我已经不能为革命做什么工作了，尽量不为自己的事给组织上添麻烦。这是我唯一的一点贡献了。何况离休以后，组织上照顾得不错。”在他的脑子里，想的是自己不能工作，成天躺在病床上，花了大量的医药费，对不起党和人民，心里愧疚呀！

吴运铎是为革命而致残的，完全应该按政策享受国家每月发给的50元护理费。别人都有，他没有，他也从不过问这件事。还是一位关心他的同志提起此事，并帮助他给上级有关部门打了报告才批下来。如果这事要让他知道，肯定拒办、拒收。

吴运铎在北京工人疗养院治疗期间，1990年11月，王星照同志去探视他，写文说：“他住在普通病房，房里没有暖气，很冷。运铎叔叔正在输液吸氧，呼吸十分困难。他告诉我，和城建共青团员在院子里合影时着凉了，肺心病犯了。他挣扎着要坐起来，我赶快叫他躺下。我说，‘叔叔，你是国家的功臣，怎么谁叫你照相你就照？’吴运铎却说：‘大冷天，小青年来看我，我还是应该感谢他们呢。’”

多年来，吴运铎吃的穿的坚持低标准，一身平民百姓着装打扮，以至于常发生让人意想不到的事：有一次，吴运铎去北京人民医院看病，大夫拿着他的病历，莫名其妙地微笑着说：“你不仅和吴运铎的名字一样，同名同姓，就连眼睛和手的伤残部位都一样，真奇怪了！”大夫的话，吴运铎听了异常淡定，既不否认，也不肯定。微微一笑了之。是啊，吴运铎几十年来不但依然穿着一身乡下人爱穿的毛蓝布衣裳，走路不稳，眼神又不好，言谈举止都很平常，难怪那位大夫以为自己认错了人。

平时，吴运铎一身平民衣裳，总怕自己有官架子，与群众疏远，给党造成不好影响。听一位同事讲，“一次，于成都某饭店开航空部质量会议，在电梯间看见服务员训斥一个残疾人。

后来，才知道吴运铎因视力关系，误入外宾楼层。同事说，吴运铎只是让他（服务员）训斥，什么也不说。最后，还是有人看不过去了，才为他解了围。”

在公共场合，吴运铎不仅注意自己的言行，做事低调，而且处处为别人着想。1975 年 5 月，王星照同志的父亲去世后，为答谢吴运铎等他父亲的同事、朋友，他们家在北京西单的四川饭店摆桌。席间，服务员竟然打扫起卫生来，扫得乌烟瘴气，客人很生气，要找饭店领导理论，吴运铎却说：“别给人添麻烦了！”压住了大家的火气。

吴运铎遇事总是与别人的看法不同，带着一种平民意识，换句话说，以平民心态处理问题。一次，他过马路被人撞倒，大腿骨折。事发后，问他情况，他持怜悯而又不安的情绪说：“撞我的是轴承厂一个小青年，急着上班。派出所拘留他，调查有无背景。我就够倒霉的了，别再连累他呀！我现在还要帮他的忙，请派出所放了他。他厂领导来时，我再三说他们不要处分他，不要让孩子背上包袱……”你看，碰上这档子事，谁都会冒火的，可吴运铎想的是“别连累小青年”，帮他解脱，担心会影响他的工作和前途……

吴运铎在生活中很随和，跟大家紧密打成一片。听朋友说，吴运铎爱吃湖南的泡菜。1974 年 10 月，他去看一位在家养病的同事王铨同志，午间主人家做了一桌菜招待客人。吴运铎看见桌上有一碟泡菜，马上把泡菜端到自己面前，说道：“这是我的专利，别人不许动！”逗得客人哈哈大笑。席间，有人说，当年吴运铎工作过的厂子，工人师傅现在还常念叨他，并且还能记住他的讲话，老师傅建议给他编语录。他听了连忙说：“使不得，不敢当，只有毛主席语录。”

吴运铎是个闲不住的人，只要病魔不向他进攻，他就要工作和学习。他床头堆着《枪械手册》《兵工大观》《兵工史料》《残疾人工作通讯》《中国现代美术家名鉴》等书刊，一有空就翻阅。它们伴着他，给他的人生增添了无限的乐趣。他说过："知识是用来完成伟大革命事业的手段，但绝不是用来追求个人名利的本钱，更不是炫耀自己身价的资本。""一个人没有知识，必然要在工作中走弯路。知识不能反，谁拒绝和反对学习科学知识，那是愚蠢的"。"开卷有益"是他的座右铭。

吴运铎勤奋学习是大家公认的，他不但自己孜孜以求，而且还愿意去帮助别人学习。他的儿媳黄华英回忆说："文革时期，我在黑龙江插队的时候，想在连里办个图书室，就请吴老帮我买书。当时，买书可不是件容易的事情，因为文化单位都瘫痪了，而我也不知道买书会那么难，可把吴老累坏了。他费了好大劲，也托了不少人，给我买到了《鲁迅全集》等书。他还想给我们买本字典，在全北京市都买不到这本书。于是，他把家里仅有的一本汉语词典寄给了我们。无论是谁，只要愿意学习，他就会尽力帮助。"

吴运铎在北京工人疗养院卧床四年多，"骨瘦如柴，体重严重下降，只剩 74 市斤"。为使他早日康复，医护人员和他们单位的领导，都劝他从普通病房搬进设备比较完善的干部病房，他却一推再推。他曾对笔者说过："我多年对国家无所赞襄，对人民无所贡献，还搬什么干部病房？普通病房已经很不错了。"后来，医护人员多次动员他搬进干部病房，他激动地说："我是已经脱离工作岗位多年的老病号，今年已经 74 岁了，不可能再为党、为人民创造出什么财富。我的病需要治疗，空调、地毯、电话等对我的治疗起不了什么作用。我不能从事什么工作，常年在这里治病，已经给国家花掉很多很多钱，如果我为个人安逸、舒适，再搬进那里去，那我就是拿国家的钱搞浪费。”此后，领导和医护人员一次又一次婉言相劝，都这样被他一次又一次回绝了。他在这个普通病房里，同其他患者一样每天订饭进餐，一样去排队等候大夫治疗，和大家没有一丝一毫不一样的地方。他多次说过：“我参加革命，并不是把自己存进银行，打算捞一笔丰厚的利息，得到一些特殊的待遇，我是要把一切献给党，把一生敬献给祖国。”笔者不记得是在哪一本书里，有一位记者在法国专访戴高乐将军墓，写下了盛赞的词句。他说，戴高乐“是一个不要特权的人，一个要把自己放在和人民平等地位的人”。戴高乐将军，当然与我们中国共产党人吴运铎不可同日而语。就其这一点而言，吴运铎在人生的最后时刻，非但不要一点特权，还能严己自律，身体力行，而且由衷地感谢“人民养育了我，不能给人民增加负担”。吴运铎所做的这一切，不是任何一个共产党员都能做到、做得这么好的。他实践了自己的心愿：“把我们的力量，我们的智慧，我们的生命，我们的一切交给祖国，交给人民，交给党！”他在纷繁复杂的社会中，坚守做人的原则，展示了一个完美的人格，透溢人性的真正光辉。古人有言曰：“忘己之为大公，无私之谓公。”吴运铎真可谓是一个大公无私的人。不论是在战争年代，还是在和平建设年代，甚至于面对死神即将被吞噬之际，他的精神追求仍希冀“扩大公无我之怀”的高深精神境界。

第二十四章　永恒的纪念

爱情常青树

吴运铎与陆平的婚姻，可以说是自由恋爱的结果。在革命队伍里，他俩在一起演过戏，同在一起上过党课，同在一起造过炮弹……尽管他俩的心扉紧锁着，谁也未道破“结合”的意思，谁也未主动去找对方吐露真情，实际上已处于朦朦胧胧的暗恋之中。最终，还是王新民部长穿针引线，向陆平通报了“军情”，才使他俩有缘走到了一起。他俩的爱是感情的积淀，相互仰慕之爱。在共同事业的基础上，建立起美满的家庭。

45年风雨沧桑，爱情之常青树是他俩共同耕耘、共同培育的结晶。

笔者曾尝试让陆平谈谈他们的往事，温馨的家，谈谈对吴运铎印象最深刻的事，她都很有分寸、很有礼貌地辞谢了。如果说，笔者略知一些有关他俩的情与爱，那都是在采访吴运铎空闲之余，非正式闲聊中听到的，而且都是零星的、断断续续的。有一次，在笔者的提示下，陆平不经意间流露了深藏心窝里的真心话。她说：“那时，我们经常唱《喀秋莎》《一条小路》《神圣的战争》等苏联歌曲，以革命的浪漫主义歌曲鼓舞抗战斗志。当时新四军里有很多大城市来的女学生，喜欢老吴的人很多，抢着给他洗衣服，我都抢不上。老吴这人挺聪明的，

吴运铎与妻子陆平在一起。

见到什么，一看就会，一动手就能做成。我们家里书柜什么的，就是他看过人家的样式搞出来的。他动手能力是很强的。”还有一次，她说：“老吴这个人爱动脑子，爱劳动，是个劳动的人。”“老吴骑马也相当好，骑得特别快！”第三次闲谈时，陆平也是在不经意间向战友们说：“老吴这些年有病，吃了不少苦，够坚强的了。”大约是在这次交谈之后的一天下午，笔者与吴运铎一起谈他当年制造枪榴弹的趣闻逸事，陆平提着热水瓶进客厅沏茶，她看我们谈得兴致正浓，便插了几句：“老吴，你忘了吗？造枪榴弹时，车间里有一个模型工小丁还和你打赌，说你造的玩意儿别没炸死敌人，炸了自己。还说你要能造出真正的枪榴弹，他给你买一只老母鸡吃。后来，枪榴弹造成功了，小丁输了……”一向不苟言笑的吴运铎听陆平这么一说，却莞尔一笑，高兴极了，思绪顿时飞到 40 年前制造枪榴弹时火热的战斗场景，便把这事详细叙说了一遍，仿佛老爷爷有滋有味地给子孙后代讲童话故事。他脸上洋溢着轻松愉快的表情，平时是不多见的。这几个小插曲，虽不是陆平直接称赞吴运铎的，但我们从陆平的言笑自若可以看出她不仅深知丈夫的沉稳、聪明和智慧，而且也深信他是个做事心里有谱，相当认真、相当自信的硬汉子！

2011 年，吴运铎之子吴小荣在一篇访问他的短文中还说：“妈妈陆平曾告诉我们，父亲是个非常聪明和有魅力的男人，多才多艺，受到新四军很多知识女性的仰慕。”

由此可见，陆平一生是多么深爱着吴运铎，以至于她在 20 岁出头金子般的年华，便把自己一生的爱情和幸福寄托于他。陆平告诉笔者：“1942 年，我与广大热血青年一样，投身到抗日战争的洪流中，参加新四军警卫团服务团做宣传抗日的群众工作。1943年，在抗战最艰苦的年月，我从文工团调到新四军六师军工部化工组，而后又调到新四军二师火药厂当工人。在那里，我与老吴相识了。当时，他才26岁，主管技术工作，任军工部工务科科长。他是一个多才多艺的人，能写会画，会吹口琴，会唱歌曲。逢年过节，他总是带大家一起去为老百姓演出我们自编自演的节目。我们曾同台演出过《兄妹开荒》，在他编导的话剧《过年》中，他扮演爷爷，我扮演孙女，在共同的战斗生活中，我们结成了革命伴侣。”她为这个充满温馨的家，为五个子女含辛茹苦，倾注全部精力，献上一片亲情……

吴运铎与陆平结婚后，作为战友、妻子的陆平，给予他无微不至的呵护和体贴。她非常担心吴运铎的身体健康状况，视他的身体如同自己的生命。

吴运铎负伤后，家里的力气活，陆平统统包揽在自己的身上。这样的事，三五个月还不难做到，十年八年也还有个盼头，而陆平在40多年中始终如一。《元曲·争报恩》中云：“路遥知马力，日久见人心。”陆平的心宛如水晶般透明、纯净，像耀眼的金子，光彩熠熠，价值连城！

吴运铎的腿脚不便，视力很差，一旦天凉感冒，哮喘病就格外严重。每次他去外地出差，陆平的心里都忐忑不安，怕他过沟沟坎坎会摔伤腿。万一疏忽，未带医治哮喘的药，会憋得上不来气……如此牵肠挂肚，放心不下。其实，她何尝不知道，操这份心是多余的。她强迫自己不去惦记他，把悬着的心放下，超脱一点，但硬是做不到。这种莫名其妙的情感，作为局外人，甚至是许多老夫老妻也很难诠释。唯有吴运铎心里像明镜似的最清楚，深知陆平给他的爱有多么重，多么深。吴运铎全身伤痕压着伤痕（笔者在一次送审稿中，吴老将全身“一百多处伤痕”改成“伤痕压着伤痕”）。事后请教他，他说，“用数字表示不准确，不科学，不少碎弹片都和肌肉长在一起了。”他经历的大小手术太多了。1981 年 8 月 17 日给一位老战友的信中说：“这已是我一生中的第 30 次手术了，真是多灾多难。”从他的脚底到头顶，随处可见手术的刀痕。这些伤痕，碰到阴雨天，就会给吴运铎一个下马威，搞得他坐立不宁，浑身疼痛，吃药也不管事。咋办？便用写字画画来应对。一位记者在 1981 年下半年去北京市小汤山疗养院采访他时，见他桌上摆着笔墨纸砚，可随时写字作画，他的住屋还贴着两幅新作：一幅是竹画，上面题字，“傲霜斗雪节骨坚，不随落叶舞寒风”；另一幅是松画，题字别有趣味，道出了他学画、练书法的真谛，“我爱写写画画，既写不好，也画得真不怎么样。但从中能获得美的享受，能使我生活得更充实。当我处在病困之逆境时，画一挺拔的劲松，作一傲霜之翠竹，它能给我力量，不被挫折压倒”。每当他作画时，陆平在一旁见他伤痛似乎止住了，脸上的表情松弛了，她的心仿佛才落了地。有多少个日日夜夜，陆平就是这样用最大的耐心，抚慰他，帮他度过痛苦的每一分每一秒……

吴运铎住院需要家人看护和陪住。子女、儿媳、女婿等都争着尽孝心。父母考虑的是不能影响孩子们的工作，所以经常性的陪住，陆平认为自己是最合适的。多年来，陆平把陪住和照顾吴运铎看作是她分内事。

谁都知道，医院发出“紧急抢救”“病危通知”之类的信号，并不是没有根据的。在吴运铎一生中，有过多少次这样“抢救”“病危”信号，家里人也记不清了。有人风趣地说，这成了“老吴的专利”，他听了细细品味，还津津乐道地说：“你们可别抢我的专利呀!”多次的惊吓，多次的“抢救”，把身体结实的陆平搞得心神极度疲惫，日渐消瘦。

对活着的人来说，“死亡”一词意味着什么?它分明是向活着的人宣告，此人即将从这个美好的世界消逝。吴运铎病危通知单已多次下达给陆平。你想，一个家庭还有什么事情比这更令人伤心、悲恸的。陆平极不情愿地默默承受着个中的辛酸、苦痛……如果她不是一个胸襟开阔、豁达、大度的女人，是很难经受这一次又一次重大打击的。然而，她在世人面前，用坚韧的精神力量支撑着，挺过来了。有谁能知道，那时，她的大脑像是要爆炸一样，神经已经麻木，心脏好像完成了工作，静静地不再律动，似乎自己步履蹒跚走进了地狱之门……

吴运铎经历“九死一生”。从他第一次负伤到病逝，50年中，为什么能与死神多次擦肩而过，没有过早地被夺去生命?除了党组织和群众的关爱，广大医护人员发扬人道主义精神，还有更直接的原因是陆平温柔体贴，悉心呵护、照顾。不妨举两个例子：吴运铎从“五七”干校回京后，身体一直不好，医生诊断说，“营养不良，急需调理和补养”。当时，吴运铎的工资被扣除一部分，全家收入有限，五个孩子中有两个插队（内蒙古和陕北延川)，一个在兵团，两个在“五七”干校劳动，生活都很困难，需要寄钱。陆平尽一切可能照料吴运铎的身体，把他当作家里重点保护对象。如何保护呢?自然无钱给他购买高级营养品，只能量力而行，常给他开点小灶。陆平知道，在残酷的战争年代，粮食匮竭，南瓜、白薯、笋是军工们经常性的口粮，吴运铎已吃伤了，现在一吃就反胃，所以，家里一般不去买这些。为了让吴运铎吃得顺口，多一点，增加营养，陆平常到市场上买些吴运铎爱吃的鱼头、扒鸡、春卷和啤酒。那个年月，商品奇缺，市场供应无序，价格又高，买这些东西每月要支出一笔很大数目的钱，实在难以承受。但是，陆平一想到吴运铎的身体状况不佳和医生叮嘱，宁肯在其他方面减少开支，也要狠下心来去买些适合吴运铎吃的有营养的食品。陆平常常为买到几瓶限量的啤酒，不辞辛劳，排两三个钟头的长队，为能买一只扒鸡，要去西单路口以西的一爿小店站一个上午……她费了九牛二虎的劲，把东西买到了，饭、菜、汤也做好了，吴运铎却吃得很少，有时一顿饭吃两三个春卷，喝几口鱼头汤，就放下筷子不吃了。陆平在一旁看着着急了，就劝他再多吃几口，他还是那句老话："吃得很饱了，再也吃不下了！"陆平心疼，百般无奈。

吴运铎曾说过："战争年代不过生日，革命胜利了，天天都可以过生日。"多年来，只要吴运铎没有去外地出差，陆平年年都要给他庆祝生日，一次也未忘过。每到吴运铎生日那天，陆平都要精心去操持，除了必须买的蛋糕，还要炒几个他爱吃的菜，并允许他稍喝一点酒，让他有个好心情，多吃一点。当陆平看吴运铎吃得很开心，多吃上几口菜，她心里觉得舒服，什么辛苦，什么疲劳，顿时化为乌有，心里高兴得不得了，就像有什么喜事一样。相比之下，陆平对自己要求很严，吃穿都很随便，花一角钱也要掂量掂量，看是不是值。当然，这不是她刻意要这么做，而是她多少年自然而然养成省吃俭用、艰苦奋斗的习惯。她从不给自己过生日。即使家人要给她庆祝一下，她也借故婉拒："今年免了，明年再说吧！"等到明年重提此事，她依然是那句话："今年免了，明年再说！"陆平是中国传统贤妻良母型的女性，是一个勤劳、质朴、善良、豁达、忘我的伟大女性。如果我们国家颁发老夫老妻恩爱勋章的话，陆平完全有资格荣膺一枚共和国英雄夫人勋章。40 多年来，她用海一样的情怀关爱、照护吴运铎，用钢铁一般坚强的意志支持吴运铎的工作。既尽妻子的义务，又尽战友的职责，为吴运铎分担了巨大的精神和肉体上的苦痛。

陆平对吴运铎何止是身体上、生活上的照顾，她最优秀的品质、最高尚的情操，是无限忠实党的事业，顾全大局，深明大义，实事求是，在关键问题上当断则断，表现出一位老共产党员的高尚品德，远见卓识。

吴运铎负伤的左眼，经历了大炼钢铁日夜煎熬，病情加重，给他的生活、工作投下了苦难的阴影。他经常头痛，有时疼得发昏，晕倒。在万般无奈的情况下，吴运铎向医生表示："情愿做摘除眼球的手术。"有人知道后，议论纷纷，说摘除左眼球，会牵连右眼，天长日久导致右眼失明。吴运铎想，现在左眼已妨碍休息，更耽误工作，尽快做手术吧。与他朝夕相处的陆平，亲眼见他疼痛时的一幕一幕揪心的情景，心疼地听从了

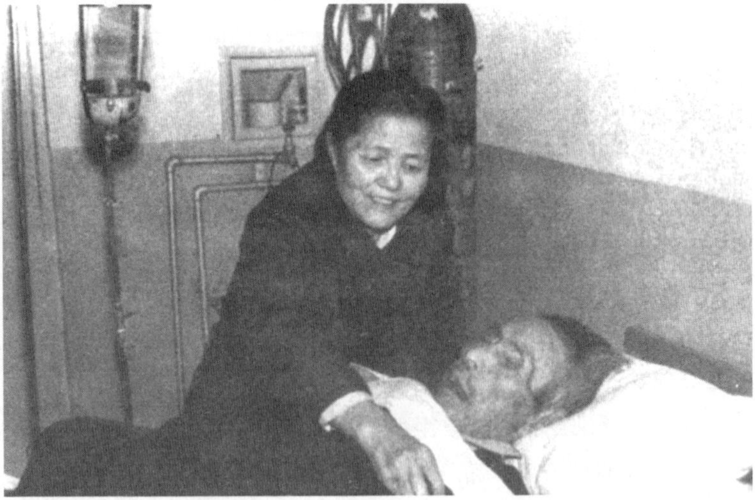

1984 年，吴运铎住院治疗时，与妻子陆平在一起。（吕国兴摄）

他的意见。她不怕术后牵连他的右眼。她打定主意，即便吴运铎两只眼都瞎了，她也要伴他出行，伴他走完一生，不能让他再受这份罪了！

吴运铎在大连身负重伤后，右腿医治效果很不理想。听医生说，为了保住性命，锯掉一条腿，一星期可以出院。吴运铎表示，只要能让我快回厂工作，什么疼痛我都能忍住，什么困难都能克服，锯一条腿也没事。结婚不足两年的陆平坚决阻拦。她饱含深情地说："你，不是一个人的，你有家，你还要研制炮弹，你要保住这条腿，为我和党的工作负责任。"陆平还说："腿能锯掉，眼也能挖掉，对个人来说，顶多有些不方便。可是今后怎么工作呢？"话不在多，说得入情入理，吴运铎无话可辩。结果，刚刚30岁的吴运铎保住了一条腿。

当吴运铎发觉自己右眼视力消失了，预料到，他也会像苏联的奥斯特洛夫斯基一样双目失明。于是，他想自己从前学过拉胡琴，一旦变成了盲人，还可拉胡琴到农村去当一名党的政策宣传员。他向陆平提出要求：买一把胡琴。陆平欣然同意。她想，如果有那么一天，老吴不能正常工作了，她也要跟老吴一起离开城市，离开工厂，换岗到农村去干革命。

在解放战争中，吴运铎在大连联合兵工企业建新公司工程部任副部长，兼引信厂厂长。在他肩负炮弹爆炸试验重任的日日夜夜里，整天忙忙碌碌地工作，与陆平在一起谈话的时间很少，全部精力投入工作中。陆平完全明白搞炮弹试验的危险性，随时随地都会把人送入阴曹地府报到。此时此刻，她已经是怀有身孕的年轻女人。她是多么需要家庭的温馨，多么需要丈夫守护在身边，多么需要老吴的温存和爱抚。然而，吴运铎一直帮助搞炮弹爆炸试验。她的心当然是不会安宁的，分分秒秒都

1984 年，吴运铎妻子陆平同志。(吕国兴摄)

在牵挂吴运铎，时刻置于一种惴惴不安的境地，但她无一句怨言。她不顾小家，只顾大家，只顾大局，只顾解放战争的胜利。陆平想没想到会出现意料不到的事故？她想过，也有思想准备。但她不愿去多想，更不愿意和老吴说……当吴运铎出事后，她立刻明白不幸降临了。不等别人叫她的名字，她就上了汽车直奔医院。她是那样镇定自若，那样坦然，那样有控制力，而没有惊慌失措，没有一滴眼泪……难道这是一个20多岁的年轻孕妇所能够承受得了的吗？她是一个特殊材料制成的人。真应了社会上传诵的那句赞美女性的哲言：一个英雄的男人，身后必有一个了不起的女人！

陆平曾经说过："从1984年底，老吴三天两头住院，没在家待多少天。为使他在医院不孤单，我去陪住，照顾他的生活。眼看老伴瘦骨嶙峋的身体，1.78米的个子，体重只剩下41公斤，两顿饭只能吃一二两，于是，就每天给他做点软食，为他调剂下胃口。他能多吃上两口，我心里就感到舒畅一些。真倒霉，就在1986年的一天，我送走了一批客人，急忙回屋准备做饭，一不留神，被输氧气瓶的管子绊倒，造成了大腿骨折，做了手术。"从此，照顾吴运铎的事，只好靠保姆。当时，陆平住在医院里，唯一盼望快点出院，看看老吴，再给他煮点鸡汤，补一补身子……她一点也未想到自己也是一个病号。

40多年来，吴运铎和陆平由同志、战友，发展到相敬如宾、相濡以沫的恩爱夫妻。陆平曾深情地说："是老吴坚强的意志鼓舞了我。我们既是夫妻，更是同志和战友。"吴运铎谈及妻子陆平，他无比敬重，感触颇多，曾说过这样一些感人至深的话："她为我牺牲的太多了！""她一切都为了我！""我们结婚几十年，搭帮老陆，我才活到了今天！"的确，他俩是一对情深意笃，互谅互帮，真诚、幸福的终身伴侣。

如今，吴运铎已经离开我们整整 30 年了，陆平仍一如既往地想念着他。他有什么信函，他有什么电话，他荣获什么奖励……她为之欣喜，为之骄傲，为之荣耀。

1998 年 4 月，原云南省民族出版社总编辑黄士鼎先生和云南省教育出版社副编审黄敏先生来京找笔者约稿，说中国作家协会创研部与云南教育出版社合作编辑一套“铸魂丛书”。这套书将收录我国当代残疾人著名作家的长篇文学传记，吴运铎是这十位作家中唯一已过世的，盼我能为其代笔写出力作。我觉得这是一件于党于民有益的事，且可以更好地宣传吴运铎的精神，便应允下来。继而冷静一想，我每日业务繁忙，抽时间写作困难，于是便请二位先生找陆平举荐一位更适合承担此项重任者。两天之后，二位先生又来社里找我，说陆平推荐我写吴运铎的文学传记。事后，我还给陆平打了电话，表示力不胜任。然而，陆平同志在电话里一再说：“就你了解老吴，写吧，没事。《把一切献给党》就是你们社老何帮忙的。”在这种情况下，我把任务接下来。按以往笔者对陆平的了解，揆度她定会推辞约稿。那么，她这一次为何同意写吴运铎的事迹呢？个中的意蕴是她对吴运铎的深刻理解和无比的崇敬、深沉的爱。从她在 2010 年 10 月 20 日为笔者编辑的《中国的保尔吴运铎人生隽语箴言》一书所作的前言中便能细细地品味出来。她坦诚地写道：“作为他的伴侣、战友，我非常理解运铎的心情。我深深懂得，党和人民之所以给他如此高的荣誉，是为了通过宣传他和他的战友们在为民族解放事业的斗争中，白手起家、自力更生，不怕流血牺牲的英勇事迹，弘扬老一辈革命者为人民利益献身的崇高理想，一不怕苦、二不怕死的硬骨头精神。为此，运铎把弘扬共产党人的世界观、人生观、价值观作为自己义不容辞的光荣使命。”此为其一。其二，她想的是，吴运铎是中国作家协会会员，要支持作协的工作，把老吴一生对祖国、对人民、对党的“大爱”告诉给后人，要像他那样赤胆忠心干革命；要把老吴对同志、对朋友，乃至于家人的“小爱”传达给周围的人，要他们务必把处世、为人、道德、情感处理稳妥，珍重“小爱”，才能像老吴那样一心一意为建设社会主义现代化尽力工作。其三，她想的是有老吴的书放在身边，就像有了主心骨，随时可以阅读，既可鞭策自己进步，又能更好地教育子女树立远大理想，把一切献给党。

这本《奏响生命之歌》，于 1999 年 1 月正式出版。在一次“铸魂丛书”研讨会上，中国作家协会党组书记翟泰丰同志说，这套书通过记叙残疾人为理想、为信念而奋斗不息的经历，展现了他们自尊、自信、自强、自立，以及生命不息，奋斗不止的崇高精神，具有很强的艺术感染力。他还特别就吴运铎的品格、品质和“文化大革命”中的坚定立场发表了由衷的赞美感言：“深受教育”“上了生动的一课”。到会的专家、学者给予“铸魂丛书”一致好评。此书荣获了第五届国家图书奖入围奖。当我把这一喜讯转告陆平时，她说：“是吗？好哇！”然后默默无语，似乎在对吴运铎悄声说，老吴，未经你同意，我私下决定写了宣传你的书，你不会埋怨我吧，我实在太需要它伴随我的余生……

2001 年初，陆平给笔者打电话说：“前几天，大连市来人告诉我，老吴被评为‘大连百年工人运动十大杰出人物’了！过几天，他们就送来证书。”是啊，十年了，党和人民依然牢记着吴运铎！历史不会泯灭吴运铎的功绩！

不久，笔者在陆平家里看到了那本《荣誉证书》。上面题写着：

吴运铎同志：

荣获大连百年（1899~1999 年）工人运动十大杰出人物称号。

大连市总工会
1999 年 10 月

这本《荣誉证书》是吴运铎的光荣，也是陆平同志的无上荣光。

不倒的英雄

吴运铎在病重期间，一再向家人重申 1983 年他立下的遗嘱："后事从简，不开追悼会，不搞遗体告别，不保存骨灰。"

在吴运铎住院期间，中共中央办公厅、全国总工会、机电部、兵器工业总公司和北京市领导及社会各界人士和青年朋友去医院看望他。在全国助残先进集体、个人暨自强模范代表大会召开前夕，中国残联主席邓朴方同志去北京工人疗养院看望他，并告诉他为了表彰先进，激励广大残疾人为社会主义物质文明和精神文明建设贡献更大力量，民政部、人事部和中国残疾人联合会决定：授予吴运铎等 194 名同志"全国自强模范"的光荣称号。号召广大残疾人学习他们自强不息、无私奉献的精神，以他们为榜样，自尊、自信、自强、自立，为实现我国社会主义现代化建设的宏伟目标建功立业。

1991 年 4 月，吴运铎仍然奋力与死神抗争，但病魔一天天吞噬他的肌体。就在他的人生轨迹到了最后节点的时候，他依然留恋我们的国家和人民，想念我们的党。他庆幸自己当初选择了一个伟大、光荣、正确的引路人——中国共产党，因此，他庄重地宣称："假若我能返老还童，假若我有来生来世，我还要选择中国共产党，永远跟党走，把一切献给党！"其忠诚可鉴，天地为之动容！

1991年5月2日上午，吴运铎接待了三批来访者，并同他们一起合影留念。就是在当天下午2点零5分，因肺心病复发，抢救无效，吴运铎停止了呼吸。一颗传奇式兵工之星从此陨落了。

噩耗传来，人们络绎不绝地赶到他家里，在他的遗像前默哀告别。许多残疾人或坐着轮椅，或拄着双拐，到他家里致哀。中国残疾人联合会主席邓朴方同志也到他家里表示沉痛哀悼。朗朗明月，煦煦清风，哀思无尽无穷。

5月12日下午，北京八宝山革命公墓第三告别室庄严肃穆。"中国的保尔"吴运铎同志安详地躺在松柏、鲜花丛中。他是中国工人阶级的优秀代表，中国共产党的优秀党员。他实践了把一切献给党的忠实诺言，无愧无悔地把自己献给了党和人民。

原定由吴运铎的家属和少数同志参加的告别仪式，竟然有200余人怀着沉重的情思闻讯自发赶来向吴运铎致哀告别。他们高举着"吴运铎精神永垂不朽"的横幅，赞扬吴运铎是"兵工战线上的英雄，思想战线上的模范"。横幅的周边布满了悼念者的签名。

吴运铎，他像一棵高耸入云的青松，永远屹立在我们共和国的土地上。他的丰功伟绩、无私奉献的精神，他那大度高洁、容纳百川的情怀，永远铭刻在亿万人民的心中。

5月18日，新华社发出通稿《"中国的保尔"——吴运铎同志逝世》。文中说：

中国共产党优秀党员、“中国的保尔”——吴运铎同志，因病医治无效，于5月2日在北京逝世，享年74岁。

吴运铎同志于1938年参加革命，1939年加入中国共产党。在革命战争年代，他历任新四军司令部修械所班长，淮南根据地子弹厂厂长，军工部副部长，大连联合兵工企业建新公司工程部副部长兼引信厂厂长。新中国成立后，他历任株洲兵工厂厂长，中南兵工局第二副局长，五机部科学研究院副院长、顾问等职。他是第一届全国人大代表，全国总工会第八、九、十届执行委员。

吴运铎是我军兵工事业的开拓者。1939年，他和战友们建起我军第一个军械修造车间，成功地制造出第一批新步枪。

吴运铎是一位意志坚强、无私无畏的革命战士。在试制武器过程中，他舍生忘死，三次身负重伤，仍然忘我工作。

吴运铎也是新中国第一代工人作家。他1953年撰写出版的自传体小说《把一切献给党》，出版了500多万册，被译为俄、英、德、日等多种外国文本，在青年人中产生了广泛而深刻的影响。

吴运铎同志忠于党、忠于人民、忠于无产阶级革命事业，无论遇到什么政治风浪，他都始终不渝地坚持共产党人的政治方向和共产主义信仰，从未动摇过对党、对社会主义事业的信念。他为人刚直坦率、光明磊落、廉洁奉公、艰苦朴素。他一贯严格要求自己及其子女，从不谋取个人私利，对党内不正之风疾恶如仇，始终保持了工人阶级先锋队的本色。

吴运铎同志病重住院期间，中共中央办公厅、全国总工会、机电部、兵器工业总公司和北京市领导及社会各界人士和青年朋友前往医院看望。

吴运铎走了，永远地走了。陆平不相信这是事实，真像一场梦。她神志恍惚，眼里滚动着泪珠，手里翻着一封封来自全国各地的唁电、信函……

陆平同志，惊悉中国共产党优秀党员，我会理事吴运铎同志不幸逝世，我们怀着无比沉痛的心情对吴运铎同志表示最深切的悼念，向您和亲属表示最亲切的慰问。

吴运铎同志这个中国的保尔，他以坚韧的毅力顽强拼搏的精神，把自己的一切无私地献给了党、献给了祖国，为中国人民的解放和新中国的建设事业奋斗了一生，做出了突出的贡献，立下了不朽的功勋。

吴运铎同志，用一言一行，书写着一个真正的共产党员平凡而伟大的人生，在他担任基金会理事期间，关心我国几千万残疾人的疾苦，亲自帮助残疾人解决困难，动员社会力量关心支持残疾人事业，体现了崇高的社会主义的人道主义精神。

他的不幸辞世，不仅是党和国家的重大损失，也是中国残疾人事业的巨大损失。他虽然与世长辞了，但他的功绩永远铭记在全国数以亿计的广大残疾人、残疾人亲属和残疾人工作者的心中。他光彩耀人的精神和高尚品质，永远是我国残疾人的宝贵财富和巨大的精神力量。我们永远怀念他。

这封600多字的唁电是中国残疾人福利基金会发来的。

惊闻吴运铎同志不幸病逝，我们非常悲痛！60年代初期吴运铎同志带病为儿童时代杂志撰写《红色少年讲座》，连载两年，以亲身经历的英雄行为向广大少年儿童进行革命传统教育，很受小读者欢迎，影响深远。吴运铎同志的英雄形象将永远活在亿万青少年儿童的心中。特致电吊唁，务望节哀。

这是中国福利会儿童时代杂志社发来的。

惊悉吴运铎同志5月2日辞世，我们公司一万多名职工感到非常悲痛，谨此表示深切哀悼，并向陆平及亲属子女表示亲切慰问。吴运铎同志是我公司的前身株洲兵工厂的第一任厂长，在从事兵工工作中，他舍生忘死，带领广大职工艰苦奋斗，勤奋钻研，创造了英雄的业绩，为航天工业的诞生奠定了坚实的基础，给我们树立了光辉榜样。在中国共产党诞生70周年前夕，我们公司4000多名党员还在开展学习吴运铎，把一切献给党的活动。我们决心化悲痛为力量，继承吴运铎的遗志，开创科研生产的新局面，以优秀成绩向党和人民汇报。

这是吴运铎首任厂长的株洲兵工厂现改为航空航天工业部南方动力机械公司职工发来的唁电。

吴运铎离休后，与他一起从事失足青少年教育事业工作的老一辈著名法学专家费路路在《工人日报》上发表了题为《悼吴运铎》的文章：

在我不能正常工作长达22年之后，我是多么渴望再为党尽我一点微薄之力啊！当我选择将我的余生奉献给挽救失足青少年事业之时，您和孙敬修、高士其三位革命老人向我伸出热情援助之手。那时，北京几个工读学校请我做名誉校长，您鼓励我说："你选择这条路是对的，勇敢地承担起这副担子吧，哪里请你做名誉校长，我们三人就在哪里做校外辅导员。"

日复一日，年复一年，社会上关心失足青少年的工作开展起来了。不管严冬酷暑，也不管是年老体弱，您的足迹遍布工读学校、少管所和劳改劳教单位，讲故事，作报告。您和失足青少年促膝谈心，用您肺腑之言打动了多少孩子的心。您春节不在家和亲人团聚，却和失足青年一起包饺子、放鞭炮，您就是这样不辞辛苦地度过了多少春秋。

我尊敬的吴老，您为祖国贡献了您的终生，您把一切献给了党，全国人民尊敬您，失足青少年怀念您。在您卧床四年多，骨瘦如柴的时候，工人疗养院为了您早日恢复健康，请您搬进设备比较完善的新楼，您谢绝了，您说："我已经病了好几年了，没有给党工作，反而花了国家很多钱，我绝不能再增加国家的医疗费用。"您就在这间10平方米大的小屋内离开了人世。

4月27日，我去看望您时，您很高兴，和我们谈了许多话，包括过去、现在和未来。您还嘱咐我给您买平喘新药。可是只过了几天，还没有等到新药寄来，您竟永远离开了我们。

尊敬的吴老，您的一生是伟大的一生，光辉的一生。我代表许许多多失足青少年感谢您。

残疾人保障法公布了，您的名字被誉为第一位自强模范受到表彰。您永远是青年人学习的楷模。您的不朽功绩将与日月同辉。

时任北京市副市长的张百发在吴运铎逝世之后，以题为《怀念我尊敬的老师——吴运铎》的回忆文章发表在《工人日报》上。他朴实、亲切、感人的回顾，《新华文摘》全文转载。

我的老师，我心目中的楷模吴运铎，你悄然离我们而去。听到你去世的消息，我沉痛，我内疚，我后悔，我怎么没在你病危之际再去看望你，讲几个笑话给你听！你不会怪我吧，我知道你是在幸福中与世长辞的，你一生无愧，无悔，你把一切献给了党和人民，党和人民也给了你无限的关怀和照顾。近年来，我们虽不常见面，但你那高尚的情操，我是永远也忘不了的。

我记得，我们是在1955年相识的。那年，团中央召开全国青年第一届社会主义建设积极分子代表大会。我们俩在大会上见面，并结下了友谊。你那时是特邀代表，我是主席团成员。你在我心目中是老一代英雄，是我学习的楷模。因此，我怀着崇敬的心情，拿着我的笔记本，请你给我签名留念。你欣然答应了。从那时至今，有36年了，我一直珍藏着这一签名。

你的传记文学《把一切献给党》教育了两代人，它可以说是一本革命人生观的教科书。我觉得，你在《把一切献给党》一书中，反复讲的就是这样一个真谛："我的一切都是党和人民给的，我要把一切献给党和人民。"这给我的教育极为深刻。我读了这本书，更坚定了自己的人生观：党和人民培养教育了我，我的一切一切也是党和人民给的，因此，我要像你那样把一切交给人民，交给党，服从党和人民的需要，把工作做好。

我还记得，我们经常在一些活动中，在一些会议上相聚。我们吃住在一起，建立了友谊。你对我们这些青年人不摆一点架子。从你的言行中，我感受到了一个真正共产党员的崇高精神。

——你平易近人，善于和青少年交朋友。我记得，我喊你“吴老”，称呼你是老前辈，而你却说：“老前辈可不敢当，就叫我兄长吧!”我喜欢开玩笑，有时叫你吴老，有时叫你兄长。你很喜欢我开玩笑，我去和你聊天，你也很高兴。我们在一起开会时，我常在休息时间，跑到你的房间，听你讲战斗故事。你给我讲战争年代艰难困苦的生活；讲打仗没有炮弹的难处，为了造出炮弹，你冒着生命危险去拆敌人的旧炮弹，从雷管中挖雷汞，为此，你身负重伤多处，几乎送掉了性命。你的故事是那样的多，那样的生动，我总也听不够。和你在一起时，一点也不拘束，感到你和我们的心贴得很近。你是兵器工业的专家，但你总说：“我是一名工人。”你是我们工人阶级中最优秀的代表。

——你为党和人民无私奉献。你家庭人口较多，生活不宽裕。然而，你却把《把一切献给党》一书的稿酬捐献给少年儿童教育事业。

——你生活艰苦朴素，夏天穿一身布面的中山装；冬天加上一件半短大衣，那还是你去苏联时穿的。你生活上不要特殊照顾。我记得在一次会议上，服务员为了照顾你的身体，给你专做了软食。你当时很不高兴，说：“我和大家一起吃饭就很好，挑一点软的吃就行了，干吗要开小灶!”三年困难时期，你和大家一样，过着苦日子，然而你立场非常坚定。你曾对我说：“我们一定要相信组织，困难是暂时的，有毛主席领导，我们一定能克服困难。再说，这点困难，跟战争年代比算不了什么。现在只是吃的东西少了点，而战争年代，我们脑袋今天在，明天还在不在就不知道了。”你艰苦朴素的品质，给我们树立了榜样，增强了我们战胜困难的信心。

——你时刻关心青少年的成长。你曾谆谆告诫我千万不要骄傲自满。我一直是按照你的教导去做的。你热心青少年教育，你交了数不清的青少年朋友，他们都从你的身上获得了力量。

——你经常念叨的是我国的经济建设，是党和国家的前途、命运。记得在粉碎“四人帮”后的1979年，我们在一个座谈会上见了面。你那高兴劲儿就别提了。你说，“四人帮”横行时你是如何焦虑，现在可好了，又看到了国家的希望。我和你的想法非常一致，我们越谈越带劲儿。13年过去了，国家的经济建设取得了巨大成就，人民生活得到了改善。现在又制订“八五”计划和十年规划，你可以微笑地走了，不必牵挂什么了。

我尊敬的吴老，你的一生实践了共产党人公而忘私、全心全意为人民服务的宗旨。你真正做到了“不因虚度年华而悔恨，不因碌碌无为而羞耻”。你永远是我们学习的楷模，你人虽去了，但精神永存。

雪片般的唁电、信函、悼念文章抚慰着陆平，一颗悲痛至极的心得到了莫大的慰勉。

我国著名诗人臧克家说得好：“有的人活着，他已经死了；有的人死了，他还活着……有的人把名字刻入石头想‘不朽’，有的人情愿作野草，等着地下的火烧。”中国兵工专家吴运铎的一生是灿烂辉煌的，他的精神永生。《中华人民共和国资料手册》《中国科学技术专家传略》《中国军事百科全书》等许多重要文献资料都记载了他的英名。他是我们国家的骄傲，我们民族的脊梁。他风骨长存，光耀千载。

吴运铎已经离开我们30年了。他那言谈举止，刚直坦率、光明磊落、平易近人的性格；他惜时如金，刻苦勤学，拼搏创新，不怕困难，不怕牺牲的革命精神；他始终不渝地坚持共产主义信仰和对社会主义事业的坚定信念；他自强、自立，生命不息，战斗不止，无私奉献的优秀品质；他廉洁奉公，艰苦朴素，密切联系群众的工作作风，是我们学习的榜样。吴运铎，他那非凡的经历，赫赫战功，铸造了一座巍巍不朽的丰碑。

吴运铎没有死，他还活着，他仍然活在千千万万中国人民的心里。1991年6月，新华社发消息：经有关部门批准，中国的保尔·柯察金——吴运铎纪念馆于6月8日在京成立。1992

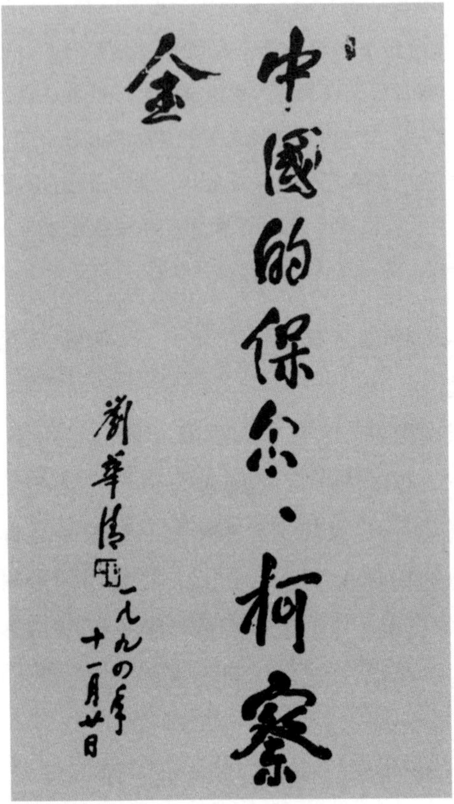

时任中共中央政治局常委、中央军委副主席的刘华清同志为二〇二所竖立的吴运铎所作铜像的题词。

年广播电影电视部首映由峨眉电影制片厂摄制的《九死一生》，颂扬吴运铎光辉一生。1994 年 5 月 4 日，中国兵器工业第二〇二研究所为吴运铎同志竖立的铜像揭幕，同时创建了吴运铎纪念馆。1994 年 11 月 20 日，中共中央政治局常委、中央军委副主席刘华清同志，为吴运铎铜像题词：“中国的保尔 · 柯察金。”吴运铎铜像后面竖立 20 米长、3 米高的文化墙，展现出二〇二所建设和发展的辉煌历程。面积 200 多平方米的吴运铎纪念馆，展出 200 余幅图片，200 多件遗物，生动地展示了吴运铎完美、光彩、动人心弦的一生。

同年，吴运铎这位新中国第一代工人作家的代表作《把一切献给党》被中宣部、国家教委、文化部、新闻出版署、团中央联合会推荐为“百种爱国主义教育图书”之一。至今，这本书译成俄、蒙、英、法、德、日、朝鲜、西班牙，罗马尼亚等多种文字。根据此书改编的同名话剧、电影、电视剧等久演不衰，在青少年中产生广泛而深刻的影响，被当作人生的教科书。

新世纪灿烂的曙光普照祖国大地，2001 年，我们又迎来中国共产党建党 80 周年，吴运铎的名字更加响亮。北京市委宣传部、北京电视台拍成 8 集电视连续剧《中国保尔——吴运铎》，制片人、总导演解芳去吴运铎家里拜见陆平同志，并进行了访谈。广东电视台改编《把一切献给党》，也拍了 7 集电视连续剧，讴歌吴运铎光辉的一生。接着，解放军文艺出版社出版了《80 位共产党人的故事》，作为建党 80 周年的献礼。

书中讲述中国 80 位共产党人艰辛曲折的革命历程，书写了他们一生为安邦兴国而奋斗的最壮丽的篇章。在《北京青年报》刊载的《中国保尔炸不倒》的标题下吟咏诗文“盛赞吴运铎”：

> 威风凛凛数运铎，死神屡屡擦肩过。
> 拼将残躯酬壮志，换来神州满春色。
> 山沟兵工慑寇倭，以身铸剑砥砺多。
> 中国保尔人钦敬，垂范后世称楷模。

人民没有忘记吴运铎，人民永远牢记 20 世纪中华人民共和国的英雄——吴运铎。吴运铎的精神，将永远激励中国一代又一代人前进。

2001 年 5 月 2 日，家人将吴运铎的骨灰从明山秀水的司马台长城脚下，移至北京市“万佛华侨陵园”安葬。

当你走进树木郁郁葱葱的陵园，左转，近百米，映入眼帘的是左侧沿着坦缓的山坡筑起的台阶。拾级而上，二三十米，是一个绿树环绕的草坪，吴运铎的墓碑立在草坪的一角。墓前，一人多高的青石碑上镶嵌着一尊古铜色的头像，蓬松的头发，低垂的双眼，深锁的浓眉，像是谛听远方战场上的炮声，又像是在沉思一种尖端武器将要诞生……在吴运铎墓碑一侧，相伴当代著名画家吴作人之墓。画家似乎随时挥笔作画，为中国军工英雄留下精彩的瞬间。

吴运铎的墓碑，簇拥着花圈、挽联，上面题写“中国保尔，军工楷模”“吴运铎精神不朽”“吴运铎同志流芳千古”……吴运铎的亲人和当年的战友、朋友30余人告慰他的英灵。

吴运铎老战友程仁涛流露出凄婉之情，悲痛地说：

“运铎同志，您离开我们已有十个年头，您和我们在艰苦岁月相处的日子，永远铭记在我的心中。您的格言：把一切献给党。您是党最坚强的卫士！”

吴运铎在大连工作时的同事张建玉女士以散文诗的形式，纪念他：

你来到人世间就被三座大山压顶，灾难深重的生活造就了你坚韧、刚强的性格。

你找到了党，革命熔炉铸成了你钢铁般意志，为革命赴汤蹈火，把一切献给党。

你用同辈人少有的聪明才智为党奉献，研制兵器，支援前方。

你的超前意识，组织兵工作坊，把敌人手中的枪炮夺过来拆卸仿制，造出枪支炮弹为“淮海”打胜仗。

你用博大的爱，关怀战友和群众，自己承担着最危最险。在多次负伤中，视事业为最高最重。

你有着与生俱来的天赋，多才多艺，你的乐观精神和歌、舞、剧，琴、书、画，感染着战友和千百万人。

党和人民给你很高荣誉，你从不居功自傲，过着俭朴的生活。

你刚正不阿，“文革”中任凭怎样的屈辱、诬陷、中伤，你却傲骨铿锵。

你有一颗平常心，爱家人，爱亲人，爱世间一切美好的善良人，保持淳朴的平民本色。

晚年，你在病魔煎熬中，首先想到的是组织，他人，连身边工作人员都不忍心多打扰，为他人减轻负担。

在改革开放的熊熊火焰中，你悄然乘黄鹤离去。十年后，回眸一望，大地一片光芒，祖国繁荣富强，国泰民安，众心所望。

你的老伴和战友，白发苍苍，老有所养。

你的后辈，立足世界之林，成为国家栋梁。

你的精神激励几代人，将永远闪闪发光。

2005年7月25日，新华社发表一篇关于中国兵器工业集团公司的报道中，还列出了吴运铎光辉熠熠的名字。文中说：“兵器工业是国防现代化建设的基础，在国防现代化建设中发挥着基础性战略地位和作用。在70多年的发展历程中，兵器工业为中国人民解放军和社会主义现代化建设事业作出了重大贡献，涌现出中国的保尔——吴运铎等一批党和人民的优秀儿女。”吴运铎同志，你是中国兵器工业集团公司的骄傲！中国兵工人为你是何等自豪！

2005年，在共产党员先进性教育活动中，中宣部、中组部组织十几个部委、人民团体、新闻单位联合录制了《永远的丰碑》在中央电视台播放，其中报道了吴运铎作为建党80多年历史上的优秀代表人物、革命先烈和劳动模范的光荣事迹。

吴运铎的名字，穿越历史的时空，半个多世纪以来，依然光彩照人；一部人生的教科书，拂去岁月的尘埃，今天依然那么感人至深，沁人心脾。

2009年，在庆祝中华人民共和国成立60周年之际，中宣部等十一个部门评选“100位为新中国成立作出贡献的英雄模范人物”，吴运铎的名字备受全国人民的瞩目和敬重，以高票当选。

2011年初春时节，在迎接中国共产党成立90周年和人民兵工创建80周年之际，北京中视远图影视传媒有限公司，联合中共包头市青山区委员会、中国兵器工业集团公司、中国残疾人联合会、大连市残疾人联合会等摄制了电影故事片《吴运铎》。

中国残联主席张海迪为拍摄影片《吴运铎》题词：“吴运铎同志的事迹还应该再一次宣传，他是一个真正把自己的一切献给党的人。要下功夫塑造一个中国人自己的英雄。”

参加拍摄的各兵工单位和全体演职人员的共同心愿是，不能让流逝的岁月冲淡人们对这位英雄的名字的记忆，要把英雄形象永久树立在亿万人民眼前，熔铸在当代青年的精神的世界。《吴运铎》这部电影，是为建立新中国和建设新中国流血牺牲的杰出人物的代表树碑立传，是为中华民族前赴后继、自强不息的爱国主义、革命英雄主义精神，呼唤出来，传承下去。

2013年11月，《人民日报》《工人日报》等主流媒体连续刊登《工人有工人样》讲文明树新风公益广告，内有王进喜、时传祥、孟泰、张秉贵、梁军、吴运铎、田桂英、尉凤英等全国著名劳动模范画像。当年80岁的尉凤英看后，激动地说：“这些人中已经没有几个健在了，可党和人民没有忘记我们，时代需要劳模精神，我一定不辜负党和人民给我的这份崇高的荣誉，永葆劳模本色。”她的话，道出了劳动模范的共同心声。

2019 年，为隆重庆祝中华人民共和国成立 70 周年，经党中央批准，中央宣传部等九个部门决定在全国范围内广泛开展“最美奋斗者”学习宣传活动。

这次受表彰的个人和集体，是新中国成立 70 年来各个时期的先进分子，各行各业的杰出代表。他们忠诚于党、报效祖国，扎根基层、奉献人民，在各自岗位上做出了非凡业绩，赢得了人们的广泛赞誉。

吴运铎生前系国营 447 厂（内蒙古北方重工业集团有限公司）总工程师人选。

吴运铎同志，是中国兵器工业战线上的杰出代表。吴运铎同志，是我们共和国建立 70 年“最美奋斗者”。

吴运铎同志一生矢志兵器，献身事业；著书、撰文，教育和影响了一代又一代中国青少年。他的事迹悲壮、震撼、辉煌，他是中国人民自己的英雄！

2021 年 8 月 30 日完稿于北京六铺炕

◎吴运铎年谱

1917 年 1 月 17 日	出生在江西省萍乡县安源煤矿。
1923 年春	入教会办的萍矿小学读书。
1924—1926 年	在安源俱乐部东区职工子弟小学读书。并参加了儿童团。
1927 年	参加保卫安源煤矿的活动。
1928—1929 年	开始参加劳动，靠挑煤，捡炭渣，帮助家里维持生活。
1930—1938 年	在湖北省大冶县黄石市富源煤矿、富华煤矿和源华煤矿当机电工人。
1938 年 9 月	离开源华煤矿，参加了新四军。在新四军司令部修械所当修械工人，青年班班长。
1939 年 5 月 18 日	加入了中国共产党。
1940 年夏	第一次身负重伤。
1941 年 7 月	在苏北盐城新四军军部下设子弹实验厂任政治指导员兼工务主任。
1941 年 9 月 20 日	到达淮南新四军二师师部驻地黄花塘。

1941 年 10 月	奉命到江苏省高邮县闵塔区（今金湖县金沟区）平安乡仙墩庙筹建年产 60 万发的子弹厂。
1941 年 11 月 22 日	第二次身负重伤。
1942 年	在新四军二师淮南敌后抗日根据地任子弹厂厂长，并研制生产地雷。
1943 年春	在新四军二师读了《钢铁是怎样炼成的》这部小说。
1943 年 3—5 月	研制成功新武器——枪榴弹。
1944 年秋	拆卸美国飞机轰炸日本占领区在我国仪征、扬州地区投下八枚未爆炸的炸弹。
1944 年 8 月	成功地主持、制造了平射炮。
1945 年 9 月	在淮南任二师军工部副部长兼工务科科长。
1946 年元旦	与陆平同志结婚。
1946 年 6 月	任华中局军械处副处长兼华中炮弹厂厂长。

1946 年 8 月	他率领军工部等向北转移到沂蒙山区，继续制造弹药。
1947 年 3 月	从鲁南转到了胶东。在烟台脱下军装，渡海到大连。
1947 年 7 月	在大连联合兵工企业建新公司工程部任副部长兼引信厂厂长、党委书记。
1947 年 9 月 23 日	第三次身负重伤。
1948 年 4 月	在疗养期间，研究成功高性能炸药。
1948 年夏	在疗养院研究设计信管。
1948 年 8 月	回厂工作，兼实验室主任，“全保险型引信”研制成功，正式生产。
1948 年冬	测绘设计的 M48 引信与仿美 75 毫米山炮弹试制出第一批样品。
1949 年底	去苏联医治眼疾，左眼重见光明。
1950 年 5 月 1 日	参加了“五一”国际劳动节莫斯科红场观礼。
1950 年 6 月	在湖南株洲兵工厂任第一任厂长。后

	调到中南局工业部兵工局任副局长。
1951 年 9 月	应中央人民政府政务院和中华全国总工会邀请，以特邀劳模代表身份到北京参加国庆观礼。
1951 年 9 月 30 日	在中南海怀仁堂受到毛主席和中央领导同志的接见。
1951 年 10 月 1 日	新华社播发《钢铁是这样炼成的——介绍中国的保尔·柯察金兵工功臣吴运铎》电讯稿。10 月 5 日，《人民日报》刊载此文。
1952—1953 年	在北京俄专二部学习俄语，准备出国。
1953 年 7 月	撰写自传体小说《把一切献给党》，由工人出版社（今中国工人出版社）出版。
1954 年	吸收他为中国作家协会会员，成为新中国第一代工人作家。
1954 年 4 月	当选为武汉市人民代表，第一届全国人民代表大会代表。
1955 年 2 月	任 447 厂副厂长兼总工程师。

1955 年 5 月	任中国赴苏学习先进科学技术组组长，率 100 余人去苏联西伯利亚高炮厂学习。
1957 年 1 月	从苏联回国。
1957 年 5 月	当选第三届共青团中央委员。
1957 年 6 月 1 日	第二机械工业部第一研究所成立。
1957 年 12 月	当选中华全国总工会第八届执行委员会委员。
1958 年 3 月—1961 年 10 月	任第一机械工业部第一研究所（今中国兵器工业第二〇二研究所）首任所长。
1959 年	出席全国工业财贸系统群英会。
1960 年初	带领科研人员研制成功“三无”（无烟、无声、无焰）弹，为国家节省了 40 万美元。
1960 年初夏	去苏联医治眼疾。
1963 年 10 月—1966 年 5 月	任第五机械工业部机械科学研究院副总工程师。

1964 年 3 月	出席中国兵工学会成立大会。
1966 年 5 月	“文化大革命”中遭受“四人帮”迫害。
1969 年冬	去河北省蔚县炮兵“五七”干校劳动。
1971 年 3 月	从“五七”干校回京治病。
1978 年 9 月 18 日	冤案得到彻底平反。重回工作岗位，任五机部第 20 研究院兵器科学研究院副院长、副总工程师和党组成员。
1978 年 10 月	当选中华全国总工会第九届执行委员会委员。
1980 年 9 月	撰写《和青少年谈道德修养》一书，由上海教育出版社出版。
1982 年 2 月	向中央组织部申请离休。6 月，正式批准离休。
1982 年夏	与关心青少年成长的贺龙元帅夫人薛明交换意见后，决定组织人力，进一步做好青少年思想工作。
1983 年 3 月	在北京会见了“优秀共青团员”张海迪。
1983 年	与孙敬修、费路路等人在河南倡议成

	立“关心教育下一代协会”。
1983年10月	当选中华全国总工会第十届执行委员会委员。
1984年3月15日	任中国残疾人福利基金会理事。
1984年夏	与高士其、孙敬修、费路路等老一辈联合倡议并发起成立“北京市关心青少年教育协会”。
1987年元旦	为中国兵器工业第二〇二研究所建所30周年题词。
1989年7月15日	接受中国工人出版社建社40周年访谈。
1990年3月	会见中国人民解放军学雷锋先进人物张子祥、李润虎、朱华同志。
1991年5月1日	国家民政部、人事部、中国残疾人联合会授予他“全国自强模范”称号。
1991年5月2日	在北京病逝，享年74岁。

◎后记

我与吴老的初交是在1980年。当时，我是工人日报社的编辑，在约稿中相识。

人与人的相识并不难，相知却不那么容易。至今，我也弄不明白，他和我怎么那样有缘，彼此面谈几次，就那么投契，产生了友情，有了信义。

后来，不断来往，频繁接触，进入一种无话不谈的境地。我们在一起畅谈人生、信仰、道德、求知，亦谈社会、婚姻、家庭，等等。甚至彼此在工作、生活中碰到不尽如人意的事，奇异的想法，都愿向对方述怀。有时他个人的小事，也愿托我帮忙。当然，不是熟人、信得过的人，谁也不会这样做。

大约到1983年底，我手头积攒的吴老的故事越来越多，便把它整理出来。未料，整理稿已是厚厚的一大摞了，细细一读，顿觉有些意思，深受教育。于是，将稿子呈送吴老过目，是否有错讹之处。一周后，吴老送还，并函告："阅毕，觉得可以，只是粗了一点，有时间尚可谈一谈，细一点更好。"我期待吴老身体早日康复，一起逐页逐句修改。然而，事与愿违。我与吴老试图谈过两次，都被病魔搅黄了，谈不了多久，他就呼吸短促、困难，我才不得不搁笔。这是一件无法弥补的憾事。

1991年5月2日，吴老病故后，我在悲痛之中，开始撰写

《中国的保尔吴运铎的故事》。5月18日，新华社发布吴老的悼词。两天后，即5月20日，《中国的保尔吴运铎的故事》在《工人日报》的《理想与道德》专刊连载，共刊出八个月（每周一次）。后来，应读者的要求，辑录成书《中国保尔——吴运铎》，于1993年2月由军事谊文出版社出版。

1998年4月，中国作家协会与云南教育出版社共同策划、拟合作出版“铸魂丛书”。其中包括“中国的保尔”吴运铎的文学传记。主编瑙尼（笔名）、副主编黄敏来京约稿。经吴老夫人陆平的举荐，我用了七八个月的业余时间撰毕吴运铎传记文学作品《奏响生命之歌》，于1999年12月出版。

2000年4月26日，中国作家协会、《文艺报·文学周刊》与云南教育出版社在中国作家协会活动中心联合召开“铸魂丛书”研讨会。我在会上作了简短的发言，并首次披露在吴运铎逝世十周年之际，写一本《吴运铎传》。

会后，一位负责同志鼓励我：“老赵，你写吧！你不写吴运铎传，中国是不会有人去写的。你和他有那么长时间的接触，谁了解的情况有你多？这是一件很有意义的事。”

他真诚的话语，拨动了我的心弦，以至于日后较长一段时间，一想起当时的情景，激动的心情难以抑制。我想，如果我不完成这部吴运铎传记，将来会有遗憾留给自己和后人。

2002年5月，《吴运铎传》同广大读者见面了。它主要依据吴老的著作、撰文和谈话，吴老的亲人、战友、同事等的书信、回忆文章，还有吴老平日给我的有关资料，采访笔记，以及我的诸位同人关于吴老的报道，等等。

时光易逝，几十年过去了。有关吴老的历史资料不断丰富，与之相关单位和热心读者也提供了大量的新材料。我以为，当下应写作一部比较完整的吴老全传了。

《吴运铎全传》，确系吴运铎74年人生的翔实记录。

自吴运铎出生，到中华人民共和国诞生的32年里，他与苦难的生活搏斗，与帝国主义、资本家、工头的压迫、剥削、辱骂进行不屈不挠的斗争，直至为工人阶级获得解放发动了煤矿工人大罢工。

在新四军的兵工厂里，吴运铎在党的培养教育下，实现了加入中国共产党的终生夙愿。他以对党的无限忠诚，不怕苦，不怕死的革命精神，在一无材料、二无设备、三无资料的困难条件下，因地制宜，以“土”代“洋”，以“石雷”代“铁雷”，以“铁炮”代“钢炮”，用“土”办法挤压炮筒内壁“来复线”，代替精密机器自动刻“来复线”，用绸子缝成“火药包”，代替发射火药的铜壳炮弹。如此等等，千方百计地去完成了上级交给的生产子弹、迫击炮弹、地雷、枪榴弹、平射炮、高能炸药、仿美 M48 引信与仿美 75 毫米山炮弹的任务，为抗日战争、解放战争研制生产出一批又一批武器弹药，支援前线。他还冒着生命危险与战友们一起拆卸敌人投下未爆的定时炸弹、“瞎火”炮弹，打破了威胁人民生命安全的不可战胜的魔障。

吴运铎为中国革命战争取得的伟大胜利，作出了突出的贡献，战功赫赫。

新中国诞生后的 42 年中，吴运铎身居兵工战线领导岗位。为防御敌人侵略，保家卫国，加强我军现代化武器装备，他吃苦在前，深入科研、靶场和生产第一线。当他走进工厂，看到车间里为抗美援朝战争生产的手榴弹壳打孔是简易模具，便重新设计制造出一台新钻床，使弹壳打孔进入半自动化，大大提高了生产效率。

吴运铎是中国第一代工人作家。他于 1953 年 7 月出版的《把一切献给党》风靡全国，在广大青少年中产生了广泛而深远的影响，成为人生的教科书，教育了几代人。因此，20 世纪 90 年代，被中宣部、国家教委、文化部、新闻出版署、团中央联合推荐为“百种爱国主义教育图书”。该书全国印数达 1100

余万册，并译有俄、英、法、德、日、蒙等十余个国家的外文版本。

1955 年，吴运铎任国营 447 厂副厂长兼总工程师，主持完成了 100 毫米高射炮的研制定型，为早日装备部队作出了贡献。之后，吴运铎任第一机械工业部第一研究所首任所长期间，主持完成了研制 63 式履带装甲战车、75 毫米无坐力炮、65 式 82 毫米无坐力炮、高射炮、迫击炮、无闩无坐力炮、轻武器的重任，并为“东风一号”“东风二号”“红旗一号”导弹地面设备的研制，竭尽全力，尽职尽责，为我国“两弹一星”事业作出了贡献。

吴运铎解放思想，敢于跟踪国内外先进科技发展走势。1959 年，他决定研制电子管计算机，专门成立研究小组，结果电子管计算机喜获成功。在国家缺乏钢材，而兵工生产又急需大批量钢材时，他筹建了材料研究室，成立塑料实验室，领导科研人员研制成功新型材料——玻璃钢，用于国防生产。1960 年，国家经济困难时期，他拒购外国“三无”（无烟、无声、无焰）弹专利，坚持自力更生，带领科研人员争分夺秒，夙兴夜寐，埋头工作。从设计到靶场试验成功，仅用短短的 28 天，为国家节省了 40 万美元。为中国争光，为中华民族争气。

1982年6月，吴运铎离休了。但他离而不休，把全部的热情和精力投入青少年思想道德建设工作。他教育青少年坚定信仰，树立远大的革命理想，“为人民的幸福、为国家的富强而奋斗，而献身”。他与几位革命老人倡议和发起成立了“关心下一代协会”“北京市关心青少年教育协会”。他支持和帮助北京市残疾青年建立福利工厂，办书店、图书室等解决残疾青年生活和就业。他任中国残疾人福利基金会理事后，做了大量工作。多年来，吴运铎被邀请到部队、科研单位、学校、工厂、机关作报告数百次，接待全国各地来访者和收到信函不计其数，并且有的信，他都要亲笔回复。

吴运铎心系国家，终日劳碌，把自己的光和热，无私地奉献给了亲爱的党和勤劳、勇敢、智慧的亿万中国人民。

这部《吴运铎全传》，自1980年我采写的题为《吴运铎谈人生观问题》专访，到今天整整40年；从我出版的《中国保尔——吴运铎》(1993年2月）至今已有27年。积40年沉淀，27年充实与修补，增改若干处。例如：①《把一切献给党》甫一出版，文学界异常冷淡，有人提出这不算文学作品，把它列为“社科类”。②吴运铎第二次身负重伤原确定的时间是1941年11月23日。现经查阅可靠资料，改为1941年11月22日。③吴运铎二次身负重伤，“左手炸掉了四个手指”。那么，另一个手指呢？对此，经过深入采访，吴运铎的子女作了合情合理的解释。④《把一切献给党》出版之前，我国资深记者赵荣声亲自采访并以吴运铎名字发表的《我是劳动人民的儿子》一文，在1953年4月3日《工人日报》连载。该文的发表意味着什么？⑤20世纪50年代，吴运铎去中南海给周总理汇报工作。总理得知他没有专车，便指示有关部门给他配一辆卧车。⑥吴运铎调整科研人员队伍，研制成功电子管计算机和玻璃钢。⑦吴运铎去苏联高炮厂学习，作为学员和他的秘书兼翻译，现已80多岁的傅安生老人提供了他在苏联工作、学习、生活的情况。⑧王志忠老人回忆他亲手办理吴运铎由苏联购置各种小机床并无偿地送给北京市海淀区少年宫当教学设备的手续。⑨我国三年自然灾害时期，吴运铎允许职工在院内空地种庄稼，以免职工饿着肚子上班；还提出成立副业科，改善职工伙食。他与职工同甘苦，共患难，不去“小灶”。⑩“文化大革命”中，吴运铎被批斗、抄家、挨打、受辱，现已80多岁的目击者许家发老人控诉了所谓的“造反派”丧尽天良的罪恶。⑪吴运铎的母亲和兄妹离散多年，乞讨为生，落户湖南二八二厂。吴运铎为该厂选址、勘测、布局、建厂，筚路蓝缕，艰苦备尝。⑫吴运铎关心、指导外甥周宪、周律思想、工作和学习。他们一位曾是江南厂工程师、驻厂军代表，另一位是从事坦克研究的研究员级高工，为我国几代反坦克武器的研制作出了贡献。诸如此类，举不胜举。

这部《吴运铎全传》，资料丰富，翔实可靠，事例感人，可谓当前国内关于吴运铎最完整的传记作品。

这部《吴运铎全传》，与其说是我的作品，不如说是新闻界诸多同人的心血结晶，是他们的真实报道奠定了这部书的坚实基础。这里，特别应该提出在宣传吴运铎这一传奇式人物中，作出突出成绩的四位前辈。

罗菡子（笔名菡子）。她是第一个把吴运铎称为“中国的保尔”的人，并为宣传吴运铎竭尽全力。2002 年，我们给她发去采访函：“请她谈一谈关于苏联的保尔和中国的保尔吴运铎。”同年 5 月 20 日她回信说：“远在 40 年代，我为适应文化不高的（主要农村）读者的需要，我曾经把《钢铁》缩写成了一本 8 万字的通俗本，50 年代发行，再版过多次，‘文革’以后还印了两次，共计 100 多万册。在解放区我就与吴运铎同志是老战友，所以也做了些宣传他的工作。我也曾在 50 年代初，参考他童年的背景写了一篇《中国的孩子》发表在《上海青年报》上，这次被收录我的文集内（约 2 万字）。我今年已经 81 岁，离休也已十多年了，学习保尔的精神，还多少做一点事，心有余而力不足，请你原谅我。”信写得如此朴实、谦和。一年后她永远地离开了我们。这封亲笔信，可能是她留给这个世界最后的珍贵文字。70 多年来，“中国的保尔吴运铎”之所以家喻户晓，与菡子是分不开的，我们要铭记这位有功的“新闻人”和作家。

在新四军曾经采访过吴运铎的沙惟同志。1953 年 7 月，《把一切献给党》面世，他读后感动得彻夜不眠，很快就写出一份提纲，想把它编成同名多幕话剧搬上舞台。经过若干波折，他的心愿才得以实现。仅 1959 年，此剧在东北就演出 200 多场，在天津人艺演出 400 余场。接着在上海人艺、武汉人艺、四川人艺等全国十几个专业院团上演百余场。沙惟把宣传吴运铎扩展到人民群众之中，使吴运铎精神广泛深入地传播在中国大地上，又一次掀起学习吴运铎的热潮。

2002 年 11 月 11 日。沙惟先生给我写信说：“吴运铎传记拜读啦！您的功劳是大大的，是金钱买不到的，是 21 世纪共产党人最好的精神财富。榜样的力量是无穷的。”2003 年 3 月 26 日，沙惟先生撰文说：“《吴运铎传》的发表，使我的夙愿得以实现，我激动地读了多遍：这是用一支朴实无华的笔撰写的一部鲜活的革命教材，倘若搬上话剧舞台也很有意义；写出了一个共产党员‘把一切献给党’的崇高形象，写出了一个大写的‘人’，特别是写出了吴运铎的生命价值、献身精神和不朽人格。这是一本写给人民大众的书……我问自己，这本书写出了你心目中的吴运铎吗？回答是肯定的：这正是我所了解的‘老吴’——中国的保尔吴运铎！钢铁正是这样炼成的！”沙惟先生如此溢美之词，是在鞭策我尚须努力奋斗！

我国新闻界的前辈赵荣声同志。他以其新闻记者敏锐的政治嗅觉和眼光，料想不到的契机，捕捉到吴运铎这个典型。他认定吴运铎是时代的骄子——人民英雄，便迅速采访与写作。1953年4月，在《工人日报》刊出了署名吴运铎的《我是劳动人民的儿子》长篇连载。他认为，用吴运铎自述会更真实、更亲切，读者青睐这种表现形式。所以，他放弃了自己的署名。他尽到了一个我国新闻工作者的责任和使命。

经验丰富的编辑、记者何家栋同志，凭借对国内出版界文艺图书的内容、风格的熟悉，意识到吴运铎这个典型，将会改变中国图书出版的方向。吴运铎正是那个时代读者追寻和崇拜的英雄。因此，从吴运铎进京在全国总工会作报告之日起，何家栋就一直关注他，收集材料，采访在俄专学习的吴运铎。当他得知全国总工会领导要吴运铎写书时，便主动找上门，帮助吴运铎写书。他俩仅用半年的时间，就写完了《把一切献给党》，1953 年出版后，赢得了广大读者的赞誉。何家栋同志是引领中国兵工英雄吴运铎走进文学艺术殿堂的好老师。

在本书写作中，得到了许多相关方面和友人的慷慨协助。在此，我由衷地向中国兵器工业公司第二〇二研究所“吴运铎纪念馆”、政协武汉市蔡甸区委会《赤诚——中国保尔吴运铎》大型画册编辑部，以及二〇二研究所王吉文同志、西安资深兵工专家叶英同志、天津市刘桂升同志、北京兆祥和科技开发有限责任公司原监事长王星照同志、北京航天发射技术研究所王丽秋同志、湖南省江南集团宣传部刘可亮同志、武汉市蔡甸区郑立宏同志、山西晋中原成光同志表示感谢。最后，我要特别向吴运铎的老伴陆平同志，吴运铎的子女吴克、吴小荣等同志表示诚挚的谢意。

赵长安

2022 年 9 月 2 日于北京六铺炕

◎主要参考书目

吴运铎．把一切献给党．工人出版社，1953

吴运铎．和青少年谈道德修养．上海教育出版社，1980

吴运铎．人生絮语．工人出版社，1983

吴运铎．回忆淮南斗争的岁月（初稿）．1978

赵长安．中国保尔——吴运铎．北京军事谊文出版社，1993. 02

赵长安．奏响生命之歌．云南教育出版社，1999

赵长安．吴运铎传．中国工人出版社，2002

赵长安，王吉文．“中国的保尔”吴运铎的故事．兵器工业出版社，2005

赵长安．吴运铎文集．中国工人出版社，2009

赵长安．中国的保尔吴运铎：人生隽语箴言．兵器工业出版社，2012

赵长安．劳动模范谈劳动．安徽人民出版社，1984

赵长安．吴运铎传（修订版）．中国工人出版社，2008

吴运铎．我是劳动人民的儿子．连载《工人日报》，1953. 04. 03

吴运铎．童年琐忆．载《神剑》，1985 年 1~2 期

吴运铎．当我年轻的时候——吴运铎自述．载《中国青年

报》，1991.05.29、30

吴运铎．一切为了实现共产主义．载《天津日报》，1983.04.29

吴运铎．为了幸福．载《天津青年报》，1957.04.10

刘书良．人生的答卷——中国保尔吴运铎．八一出版社，1993.12

叶英．身残志坚，心存科技——回忆良师益友吴运铎．载《工人日报》，1992.05.26

陆平．生命不息战斗不止——回忆与吴运铎共同战斗生活的日子．载《人民日报》，2001.08.11

涂元季，莹莹．钱学森故事．解放军出版社，2011.11

吴运锷（吴运铎七弟）2001年2月16日给本书作者的信

周宪（吴运铎外甥）2001年3月1日给本书作者的信

《新四军军工史料》第367页．1990

王吉文．吴运铎与安全文化．军工报，1997.1.18

高士其．生活与思考——十老的叮咛．宁夏人民出版社，1985

王星照，王铨．从旧中国的火工所长到新中国军工专家．载《纵横》，2010年12月第12期

孔从洲．回忆杨虎城将军．载《革命英烈》，1983. 03
彭介人．大青山下的枪声又响了——吴运铎在“文革”下放期间修枪记
《赤诚——中国·保尔吴运铎同志生平事迹》《蔡甸文史资料》第 27 辑，2017. 12
北京病残青年俱乐部．十年大事记，1982—1992
俞启英、胡序同．难忘的岁月——忆在二师军工部工务科的一年
刘可亮．吴运铎的“江南情结”．载《江南报》，2011. 01
不尽的思念——忆与老所长吴运铎共同工作的岁月．兵器 202 所编，2015. 03

本书所用图片大部分是由中国兵器工业部第二〇二研究所“吴运铎纪念馆”、政协武汉市蔡甸区委员会编的《赤诚——中国保尔吴运铎》大型画册提供的，仅有少部分由摄影者提供，如吕国兴、王光禄、车夫、陈德荣、李玉文、庞家驹、马立昆、郑志国、陈万生等。在此，一并致以谢意。